主　编　厉　声

副主编　李　方（常务）　李国强

编委会成员（按姓氏笔画排列）

于　永　于逢春　马品彦　王利文　方　铁　厉　声　冯建勇
毕奥南　吕文利　许建英　孙宏年　孙振玉　李　方　李国强
张永攀　周建新　孟　楠　段光达　倪邦贵　高　月　崔振东
翟国强

中国社会科学院中国边疆史地研究所 **厉声 主编**

当代中国边疆·民族地区典型百村调查：**内蒙古卷（第三辑）**

分卷主编：**于 永 毕奥南**

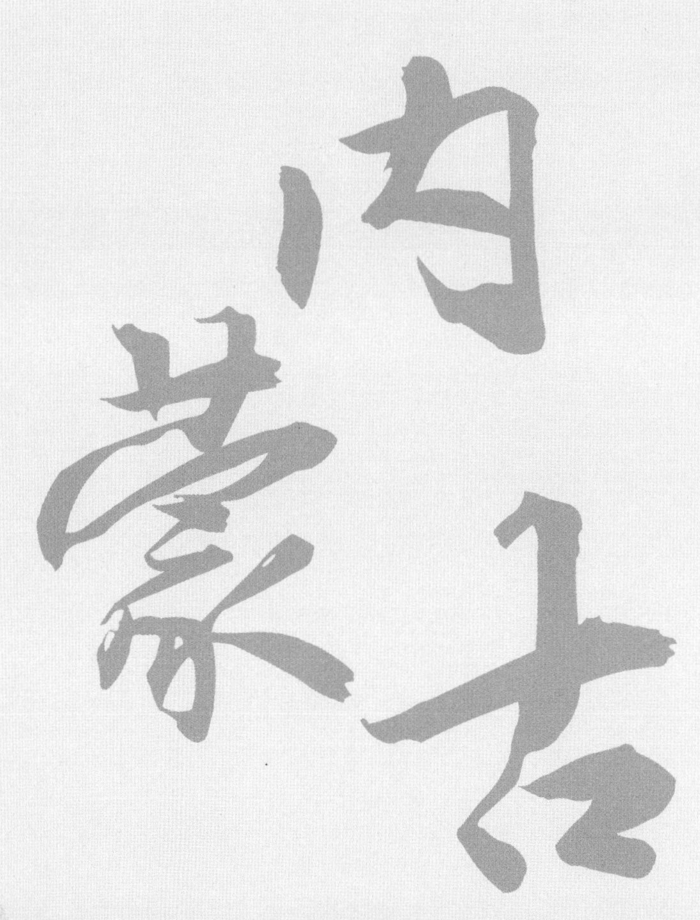

赛汉高毕苏木远景（拍摄于2009年7月7日）

乌日根呼格吉勒嘎查地貌（拍摄于2008年3月）

嘎查牧户蒙古包内景（拍摄于2008年3月16日）

嘎查个别牧户所使用新型金属结构蒙古包内景（拍摄于2008年1月21日）

中国社会科学院中国边疆研究所 厉声 主编

当代中国边疆·民族地区典型百村调查·内蒙古卷（第三辑）

塔木沁草原上的嘎查

——内蒙古苏尼特左旗乌日根呼格吉勒嘎查调查报告

牧仁◎著

社会科学文献出版社
SOCIAL SCIENCES ACADEMIC PRESS (CHINA)

“当代中国边疆·民族地区典型百村调查”

总序

深入实际，开展国情调研，是中国社会科学院肩负的重要科研任务，也是中国社会科学院履行好党中央、国务院赋予的“思想库”、“智囊团”职能的重要方式。中国边疆省区占国土面积的60%以上，边疆区情及当地的民族社会调研（边疆调研）是中国国情调研的重要组成部分。正如一位边疆工作者所说：不了解少数民族，就不了解中华民族；不了解边疆，就不了解中国。1983年中国社会科学院中国边疆史地研究中心建立后，特别是1990年以来，一直将边疆调研作为学科研究的重点之一。

2004年，中国边疆史地研究中心承担国家哲学与社会科学基金特别项目“新疆历史与现状综合研究”（简称“新疆项目”）。2006年，中国边疆史地研究中心牵头，立项开展“当代中国边疆·民族地区典型百村调查”（简称“百村调查”），作为此特别项目的子课题。“百村调查”以新疆为重点，在新疆、西藏、内蒙古、宁夏、广西五个民族自治区和辽宁、吉林、黑龙江三省基层地区同时开展，共调查100个边疆基层村落。调查工作在“新疆项目”领导小组和专家委员会指导下，由“百村调查”专家委员会暨编委会组织实施。在中国边疆史地研究中心主持拟定的调查大纲框架下，发挥每个省区的优势，体现各自的特色。

本项目的实施得到了边疆地区各级地方党政部门的支持。首先，调查工作注意与地方党政部门的相关工作衔接，在实施调查之前，主动向各级党政部门汇报情况，听取指示和意见。其次，调查组主动让各级党政部门了解调研的全过程，在调研过程中出现问题时及时向相关党政部门请示。最后，调研阶段成果和最终成果的副本同时提供地方党政部门参考。

“百村调查”的调研主题是：改革开放30多年来中国边疆基层村落的民族社会和经济发展的历史与现状。具体内容包括：乡村概况、基层组织、经济发展、社会生活、民族、宗教、文教卫生、民俗风情等。项目调研的时间是：2007～2008年（资料下限至2007年底或适当延长）。

“百村调查”的调研对象为：100个具有典型意义与特色的中国边疆基层村落。课题以基层乡、村两级为调查基点，大致每个省区选择2个地州，每个地州选择1～2个县，每个县选择2个乡，每个乡选择2个村。新疆共调查22个村，其他地区均为13个村（辽宁、吉林、黑龙江以东北边疆为单元，共调查13个村）。调查点的选择要求：

（1）本地区社会稳定与经济发展中具有典型意义的基层乡和村。

（2）存在边疆现实政治、社会或经济发展的热点、难点问题。

（3）与20世纪50年代全国边疆民族调查能有一定的衔接。

“百村调查”采取学术调查与现实政治相结合的方法，以社会人类学入村入户调研方法为主，同时关注现实政治、社会与经济发展中的热点、难点问题；一般共性调查与专题专访调查相结合，在一般综合性调查的基础上，选择好专访或专题调研的“切入点”；总结经验与完善不足相结合，在总结各项工作经验的同时，善于发现问题和提出解决问题的对策与建议。调研注重入户访谈和小范围座谈的专访调查。在一般性问卷和统计资料收集的基础上，注重对基层干部、群众典型、教师、宗教人士等特定人员的专题访谈，倾听和收集他们对基层社会稳定与经济发展的看法、意见和建议，形成能说明问题的专访或专题调研报告。

“百村调查”的成果形式分为调查综合报告与专题报告两大类。

（1）调查综合报告：依据大纲规定，撰写有关乡村经济社会等发展状况的综合报告，课题结项后分期公开出版。专题报告及调查资料可以公开发表的，在篇幅允许的情况下，作为附录附在综合报告末尾。

（2）专题报告：内容较敏感、不适宜公开出版的专题报告，集成《专题报告集》，内部刊印。

“百村调查”主编　厉声　谨识

2009年8月25日

目　录
CONTENTS

图目录
FIGURE CONTENTS

表目录
TABLE CONTENTS

序　言
FOREWORD

“当代中国边疆·民族地区典型百村调查”是2004年度国家社会科学基金特别项目“新疆历史与现状综合研究项目”的子课题。内蒙古自治区既是中国少数民族聚居地区，又是中国边疆地区，于是顺理成章地成为这个子课题的有机组成部分。按照课题的整体设计，内蒙古自治区需要调查13个典型村。由于多年合作关系，项目主持单位中国社会科学院中国边疆史地研究中心决定依托内蒙古师范大学历史文化学院，委托院长于永教授和中国社会科学院中国边疆史地研究中心的毕奥南研究员共同主持内蒙古自治区的子项目。

接受任务后，根据内蒙古地域辽阔、农村牧区基层社会类型多样的具体情况，在选择典型村时，我们考虑了以下几个标准：第一，选择的典型村应该覆盖内蒙古的东西南北。因为内蒙古东西部经济文化以及地理因素存在诸多差别，南北风貌也不尽一致，所以典型村的选择如果集中在一个地区，很难反映内蒙古作为边疆民族地区的全貌。我们认为应该在内蒙古的各个盟（市）范围内，尽量做到每个盟（市）选择一个村（嘎查）。第二，需要兼顾内蒙古不同地区的不同经济社会类型。广袤的内蒙古自治区有农

区、牧区、半农半牧区；有城乡结合地区，还有边境地区；有蒙古族聚居区，有汉族聚居区，有其他少数民族聚居区，还有蒙汉杂居地区。因此，典型村的选择必须兼顾这些类型差异。

根据上述考虑，我们在内蒙古最东部的呼伦贝尔市（原呼伦贝尔盟）选择了额尔古纳市恩和村。这个村既是中国俄罗斯族聚居区，又是中国东北部与俄罗斯临界的边境村。从该村社会发展可以观察中国边境地区俄罗斯族经济文化变迁轨迹。

在兴安盟选择了科尔沁右翼中旗高力板镇的国光嘎查。这是清末蒙地放垦后形成的村落，经济形态上经历了由游牧到半农半牧的演变，在民族成分上是蒙汉杂居地区。由于地理区位上处于两省区（内蒙古自治区与吉林省）之间，经济发展思路值得关注。

通辽市（原哲里木盟）是全国蒙古族人口聚居比例最大地区。我们在该地区选择了三个村，分别是扎鲁特旗东南部道老杜（原巴彦茫哈）苏木保根塔拉嘎查和扎鲁特旗西北部鲁北镇（原毛都苏木）的宝楞嘎查，以及科尔沁左翼中旗白音塔拉农场二爷府村。这三个村都是蒙古族聚居的农业村落。扎鲁特旗的两个嘎查是清末蒙地放垦以后，在牧业地区逐渐形成的农业村落。中华人民共和国成立以后，国家在内蒙古自治区建立了很多农场，对于科尔沁左翼中旗白音塔拉农场二爷府村的调查能够让我们对内蒙古地区农场的变迁及其经营现状有一个认识。

赤峰市喀喇沁旗地处燕山山脉深处，是清代前期（康熙）开始农耕化的地区，历经几百年，当地的蒙古族已经汉化，现在是以农业为主业、牧业为副业、汉族人口占多数的蒙汉杂居地区。喀喇沁旗王爷府镇富裕沟村是内蒙古的山村，对该村的调查能够开启一个窗口，了解内蒙古南部地区农村社会的基本情况。

锡林郭勒盟地处中国正北方大草原，正蓝旗赛音胡都嘎苏木和苏尼特左旗赛罕高毕苏木是典型的牧区，这两个地区保留着传统蒙古族的生产生活方式，受农耕文化的影响比较小。正蓝旗是察哈尔蒙古族聚居区，赛音胡都嘎苏木地处浑善达克沙地，传统牧业经济由于受生态环境恶化影响，已经难以发展。苏尼特左旗地处内蒙古的北部，是紧邻蒙古国的边境旗，因为环境恶化严重，正在执行“围封转移”政策。对这两个牧区嘎查的调查，可以让人们了解到草原生态形势严峻，以及牧业经济发展的困境。进而引发的思考是，在发展经济的同时，蒙古族传统文化怎样迎接社会转型的挑战？

呼和浩特市清水河县的窑沟乡老牛湾村，是内蒙古南部地区与山西偏关临界的一个山村，地处黄土高原丘陵区，临黄河和长城，与山西省仅一河之隔，在清代前期即有山西移民进入，是山西移民在内蒙古组成的汉族村落，也是有名的贫困地区。调查者以扶贫挂职方式深入当地生活，与当地干部密切合作，回顾历史发展历程，探索新的发展思路，尝试揭示这个村的前生今世。

呼和浩特市土默特左旗小浑津村是城乡结合部的蒙古族村落，这里蒙古族居民的语言和生产方式已经汉化，但是还保留着浓厚的蒙古族习俗。面临社会转型、生产方式改变，这个蒙古族村落如何保留自己的习俗，调查者希望通过努力，来揭示民族文化变迁的轨迹。

鄂尔多斯市（原伊克昭盟）准格尔旗十二连城乡五家

尧村濒临黄河，现是内蒙古自治区的新农村建设示范点。目前，村落社区面临全面转型，既有生产、生活方式的变革，也有社区治理格局的转变。调查者准备对这种转型进行截面式描绘，展示该村改革开放以来取得的成绩及存在的问题。

巴彦淖尔市（原巴彦淖尔盟）杭锦后旗双庙镇继丰村地处河套平原与乌兰布和沙漠交会处，是内蒙古地区近代典型移民村。这里自然环境恶劣，但居民顽强地适应了生存环境，并通过长期奋斗使环境沙化得到遏制。改革开放30多年来，这里的社会经济得到长足发展，调查者拟通过实地走访，入户恳谈，努力勾勒这个村的发展历程。

包头市达尔罕茂明安联合旗明安镇白音杭盖嘎查地处大青山北，是以蒙古族为主的纯牧业区，因为生态环境恶化，根据国家政策已经全部禁牧。但是，如何安置当地牧民，涉及诸多问题，这在内蒙古地区推行城镇化及生态移民的实践中具有典型意义。

在初步择定调查点后，为了保证调查工作顺利实施，为了能够得到真实的调查材料，课题组采取了以下措施：

第一，选择熟悉典型村的专家学者担任主持人。内蒙古地区13个典型村的负责人可以分成两种类型：一种是在该村生活数年或者十多年，与村民熟悉，对该村的情况比较了解的人员；另一种是在调查村有特别熟悉的人员，能够起到引荐的作用。鄂尔多斯市的五家尧村、巴彦淖尔市的继丰村、赤峰市的富裕沟村、通辽市的三个村、锡林郭勒盟的两个嘎查、呼和浩特市的老牛湾村9个典型村的负责人都属于第一种类型。其他典型村负责人属于第二种类型。

选择熟悉并且与典型村有密切关系的专家学者担任主

持人，能够有效地消除调查者与被调查者之间的隔膜，消除被调查对象的顾虑，得到调查对象的配合，从而获取真实的信息。所选择的熟悉典型村的专家学者，大都是出生在典型村，高中毕业后因考入大学才离开了所在的村庄。他们在本村生活了近20年，对本村的历史、环境、经济、政治、生产生活方式、风俗习惯、文化心理等，都有深切的感性认识，能够准确地表述本村情况。

第二，对参加调查人员进行业务培训。首先认真研读中国社会科学院中国边疆史地研究中心下发的有关本次调查的文件，参考其他省区调查成果。根据调查文件，结合内蒙古地区的实际情况，在多次商讨的基础上，拟定了内蒙古地区调查的大纲、调查问卷、访谈大纲、调查表，请有经验的调查人员介绍了调查中应注意的问题。

第三，选择呼和浩特市老牛湾村进行试点调查。老牛湾村距离呼和浩特市比较近，其他各村的主持人首先到该村参与调查，得到一定的锻炼，取得一些调查经验，再开始本村的调查。

第四，对13个村的调查基本上采取线型推进的方式，没有采取平推的方式，目的是先开展调查的村能够给后开展调查的村积累调查的经验。

参与内蒙古地区典型村调查的学者多出身于历史学专业，在调查过程中，他们主要使用了历史学的方法，直接收集典型村的档案资料，通过访谈获得第一手的口述资料，通过调查问卷获得一家一户的数据性资料，通过观察获得感性资料。在通过不同方式最大限度地获取资料后，试图全面客观地描述典型村的现状及历史变化，目的是让读者对典型村的状况能有一个全面的认识。

第一次在内蒙古地区做这样一个比较大规模的调查，从我们的角度来说是一个尝试，受主客观条件的制约，调查成果肯定还有很多问题，我们期盼着同行的指正。

于　永　毕奥南

2009 年 12 月 1 日

第一章 概况与历史

第一节 基本情况

乌日根呼格吉勒嘎查是内蒙古自治区锡林郭勒盟苏尼特左旗赛汉高毕苏木所属嘎查。其北部与本苏木巴彦图古日格嘎查接壤，西部与本苏木萨如拉登吉嘎查毗连，南与本苏木宝拉格嘎查相接，东南部与满都拉图镇萨如拉塔拉嘎查为邻。

1995 年 11 月，根据国家《土地法》第三次划分草场之后，乌日根呼格吉勒嘎查总面积为 777000 亩，其中集体牲畜草场 238450 亩，牧户承包草场 480663 亩，集体干旱草场 43482 亩，提供给苏木综合服务站土地 1500 亩，嘎查种畜场 8500 亩，无法利用的未分草场 4405 亩。该嘎查还有饲料基地 50000 亩和草库伦 40000 亩。

2003 年 3 月，统计全嘎查围栏面积 207655 亩。截至 2008 年，全嘎查有 36 户，其中蒙古族 35 户，汉族 1 户；总人口为 134 人，其中蒙古族 130 人，汉族 4 人。截至 2008 年 1 月，牲畜总头数是 6576 头，其中大畜 755 头（牛 356 头，马 362 匹，骆驼 37 峰），小畜 5821 只（绵羊 4104 只，山羊 1717 只）。4104 只绵羊全部由牧民经营，其中母畜 3168 只，种公畜29只，其余为公畜，全为地方良种。1717只山羊亦由牧民经营，其中母畜1285只，种公畜25只，其余为羊羔，全为地方良种。良种母畜总数4453只，良种公畜总数54只。

2003年，政府开始组织生态移民，部分牧户围封草场进行转移。留守嘎查牧户承包土地面积总和为413160亩，政府规定可承载牲畜数量为8332羊单位，嘎查全体牧户实际可养牲畜为4971只（头、峰）；留守牧户租用转移牧户和邻近嘎查牧户的土地面积合计为236945亩，可养牲畜2847只（头、峰）；嘎查外租用土地与嘎查内承包土地总和为437800亩，实际可养牲畜为5260只（头、峰）。围转前的2003年3月时，该嘎查24户牧民拥有畜棚，其中7座为暖棚，17座为普通棚；18户有畜圈；该嘎查拥有机井18口，土井9口。据2009年统计，该嘎查人均年纯收入2886元，畜圈共有10座40间，暖棚有18座72间，普通井4口，机井26口，围栏草场28座23万亩，个人定居房屋16座112间，21户牧民有电视，4户人家通长电，全嘎查共拥有摩托25辆，大车4辆，小车2辆，风力发电机14个，牲畜药浴窖1座，使用或存放着的蒙古包36顶。①

第二节　历史与建制沿革

一　历史概况

苏尼特是历史久远的蒙古族部落，然而其早期发展史缺乏完整记录。《蒙古秘史》记载，孛端察儿正妻生一子，

① 以上数据由档案材料与入户采访综合得出。

名合必赤。合必赤之子，名为篾年土敦。篾年土敦生了7个儿子，长子是合赤曲鲁克，合赤曲鲁克之子，名海都，海都的第三子名抄真斡儿帖该，抄真斡儿帖该生6子，四子称雪泥惕。[①] 这个雪泥惕便是苏尼特部之祖先。成吉思汗建立大蒙古国之前就有由出身雪泥惕都落的斡歌列扯儿必与忽都斯合勒潺共同指挥70个护卫散班。创建大蒙古国后，成吉思汗将其管辖的散班增添至1000个，仍命斡歌列扯儿必统领，这说明雪泥惕人可担任成吉思汗侍卫军首领职务。拉施特的《史集》则称雪泥惕部是“现今称为蒙古的突厥部落”，其认为合卜秃儿合思部落是雪泥惕部落的分支。《元史》记载：“每岁，十二月下旬，择日，於西镇国寺内墙下，洒扫平地，太府临供彩币，中尚监供细毡针线，武备寺供弓箭环刀，束秆草为人形一，为狗一，剪杂色彩段为之肠胃，选达官世家之贵重者交射之。非别速、札剌尔、乃蛮、忙古台、一列班、塔达、珊竹、雪泥[②]等氏族，不得与列。射至糜烂，以羊酒祭之。祭毕，帝后及太子嫔妃并射者，各解所服衣，俾蒙古巫觋祝赞之。祝赞毕，遂以与之，名曰脱灾。国俗谓之射草狗。”[③] 可见雪泥部当时并没有资格参加“射草狗”仪式。

北元时期，如萨囊彻辰的《蒙古源流》、罗桑丹津的《黄金史》等蒙古文史籍里方可觅得苏尼特部的历史踪迹。1480年，达延汗统一大漠南北蒙古诸部，分封诸子设六万

---

① 巴雅尔整理：《蒙古秘史》，内蒙古人民出版社，1980，第59~69页。

② 此处的“雪泥”与上文的“雪泥惕”及下文的“雪尼特”等指称是今苏尼特部落称谓的不同写法，本报告均依从相应史籍之原文。

③ （明）宋濂等：《元史·志第二十七下·祭祀六》，中华书局，1976，第1923~1926页。

户，苏尼特部归属于不地汗统辖的察哈尔万户，为其一鄂托克，因此，清代的《蒙古王公表传》载，“苏尼特部……元太祖十六世孙图噜博罗特，再传至库克齐图墨尔根台吉子嗣，长布颜珲台吉，子绰尔衮，居苏尼特西路。次贝玛墨尔根伊勒都齐，次布延泰车臣贝哩卓哩克图，裔不著。次布尔海楚琥尔，子塔巴海达尔罕和硕齐，居苏尼特东路”。库克齐图默尔根承领时期，苏尼特部落大概游牧于南自今阿巴嘎旗库尔查干淖尔北岸直到杭盖戈壁，东自浩齐特西至四子王旗的广阔地域。达赉逊库登汗东迁时，雪尼特部跟随达赉逊库登汗东行，牧地在查干沐沦河流域。

腾机思是达延汗六世孙，是苏尼特东路首领塔巴海达尔罕和硕齐长子，号墨尔根台吉。苏尼特部因与林丹汗政见不合，便与蒿齐特、乌珠穆沁、阿霸垓等部一同脱离察哈尔，穿越沙漠，投靠关系密切的外喀尔喀左翼车臣汗硕垒部。

齐木德道尔吉的《腾机思事件》一文推测，公元 17 世纪 30 年代初，苏尼特部大概驻牧于克鲁伦河源，肯特山阳的噶鲁台湖和那噶尔山一带。1639 年，腾机思率部南迁，依附清朝。清廷嫁郡主给腾机思，腾机思成为和硕额驸。1641 年，清朝又封腾机思为札萨克多罗郡王，设苏尼特左旗，牧地在固尔班乌斯克河，苏尼特东路由此被纳入清廷的盟旗制度中。1643 年，清太宗死，腾机思与摄政王多尔衮间出现矛盾。1646 年春，腾机思再次率部北迁，奔喀尔喀车臣汗部。在清廷眼里，此事很严重，漠南蒙古与喀尔喀的联合是清廷最为担心的，故决意严厉打击苏尼特部。清廷派豫亲王多铎率八旗与外藩蒙古兵进击腾机思，在克鲁伦河一带，苏尼特和喀尔喀车臣汗兵与追来的清军大战，最终被清军打败。苏尼特部付出了惨重代价，腾机思的奥鲁被夺去，三个儿子被杀害。腾机思被追到土拉河一带时，虽然得到喀尔喀左翼土谢图汗和丹津喇嘛的兵援，但未能挽回败局。苏尼特部元气大伤，清军亦停止追击，撤回[①]。据说，到后来，腾机思和他的弟弟腾机特 1648 年率部归附清朝，腾机思死在路上，清廷让腾机特承袭郡王爵位。1641～1946 年，共十七代郡王统治了苏尼特左旗，传承王位 305 年。

二　建制沿革

据相关史籍与《苏尼特左旗志》记载，公元前 3 世纪之前，该地区为北方民族澹褴所居。西汉初，该地区属匈奴单于庭直辖。东汉时期，为北方民族乌桓鲜卑所居。十六国时期，属前秦辖域，鲜卑、柔然二部所居。晋朝太和元年，从前秦划出，改属鲜卑代国。386 年拓跋珪重建代国，同年改国号为魏，为燕州怀荒镇、御夷镇北境。唐朝时，该区域受制于东突厥。隋朝与唐朝强大时，分别为隋涿郡北境和唐关内道突厥单于都护府南境的定襄都护府、桑乾都护府所辖。五代十国时期，该地归属契丹上京临潢府黑车子室韦，辽代为上京道所辖，金代为弘吉剌部所居，元初属中书省兴和路，北元时期是达延汗所封察哈尔万户辖地。

清朝于 1636～1670 年在漠南蒙古设立了 49 个外藩札萨克旗，由若干旗组成一个盟会。雍正年间，以盟会地点为名，在漠南形成了锡林郭勒、哲里木、卓索图、昭乌达、

---

① 齐木德道尔吉：《腾机思事件》，明清档案与蒙古史研究，内蒙古人民出版社，2002，第 121 页。

乌兰察布和伊克昭等六个盟。盟旗制度是清朝在内蒙古地区推行的一整套行政和军事合一性质的组织，是蒙古制度、八旗制度和郡县制的混合体。苏尼特腾机思率部附清后，苏尼特东路被纳入盟旗制度之中。清康熙十四年（1675），清朝将原来驻义州一带的布尔尼王余众迁移到今锡林郭勒盟南部和乌兰察布市南部，以及独石口、张家口、大同以北地带。从清崇德年间开始到康熙年间，北部的苏尼特、阿巴嘎、阿巴哈纳尔、浩齐特、乌珠穆沁五部，陆续设左、右翼十旗。据《蒙古游牧记》记载，苏尼特部居于张家口北 550 里处，距京师 960 里，东西相距 406 里，南北相距 580 里，东与阿巴嘎为邻，西与四子部毗连，南与察哈尔正蓝旗和镶黄旗相接，北与大戈壁接壤。

根据相关历史资料及《苏尼特左旗志》记载，当时苏尼特左旗下设东、西、南、北 4 个扎兰。按清制 5 苏木为一扎兰，苏尼特左旗共辖 20 个苏木（佐）。每个苏木设有章京（佐领）、坤都、博西格（领催），苏木治所不固定，苏木界不明确。清乾隆二十六年（1761），清朝始设察哈尔都统，除统管察哈尔八旗、四牧群外，还管理锡林郭勒五部十旗诸王及民众事务。

民国时期，北洋军阀政府将内蒙古划分为热河、察哈尔、绥远三个特别行政区，锡林郭勒及察哈尔八旗、四牧群，隶属察哈尔特别行政区，受制于都统。1928 年，国民党政府将三个特别行政区改为省，察哈尔省下有昭乌达盟、锡林郭勒盟、乌兰察布盟、伊克昭盟。

1935 年，日本侵略者占领锡林郭勒地区。次年，设立“蒙古军政府”，辖苏尼特左旗。1937 年“七七事变”后，日军占领归绥（今呼和浩特市），将“蒙古军政府”改为

“蒙古联盟自治政府”，并建立“察南自治政府”和“晋北自治政府”。苏尼特左旗隶属“蒙古联盟自治政府”。1939年，“蒙古联盟自治政府”“察南自治政府”“晋北自治政府”合并为伪“蒙疆联合自治政府”，苏尼特左旗隶属该伪“蒙疆联合自治政府”。

1945年抗日战争胜利，苏尼特左旗仍实行札萨克制，同年11月，内蒙古自治运动联合会在张家口成立。1946年4月，锡林郭勒盟民主政府成立，内蒙古自治运动联合会分会在锡林郭勒盟成立；同年7月，内蒙古自治运动联合会在贝勒庙召开首次全旗各族各界人民代表大会，选举产生内蒙古自治运动联合会苏尼特左旗支会和苏尼特左旗民主政府，政府设在二苏木境内桑吉德庙，建立由10~15户组成的基层支部，后改称小组，苏木由原来20个缩编为14个，共168个组。1947年5月，内蒙古自治政府在王爷庙成立，苏尼特左旗归内蒙古自治区管辖。1949年3月，苏尼特左旗民主政府从桑吉德庙迁到贝勒庙，并对全旗行政区划进行调整，将原来14个苏木缩编为1~6个联合苏木，分别设驻地，每个苏木下设3~4个巴嘎，每个巴嘎建立1~3个小组。1951年，苏尼特左旗撤销第五苏木，将第六苏木改为第五苏木，此间各苏木驻地略有变动。第三联合苏木的巴彦图古日格苏木阿拉坦敖都大队为本调查点嘎查所属赛汉高毕苏木前身。1954年3月，依照中华人民共和国第一部宪法，苏尼特左旗召开了首届人民代表大会，选举产生了苏尼特左旗人民政府。1955年11月，苏尼特左旗人民政府改称苏尼特左旗人民委员会。1956年10月，经苏尼特左旗第二届人民代表大会通过，用当地代表性地名命名所辖五个苏木，一苏木为白日乌拉苏木，二苏木为昌图锡力苏木，三苏木为达日罕乌拉苏木，四苏木为巴彦乌拉苏木，五苏木为塔日干红格尔苏木。

1958 年 9 月，政府撤销察哈尔盟建制，其行政区域并入锡林郭勒盟，合并后的锡林郭勒盟仍辖苏尼特左旗。在该年人民公社化运动中，苏木建制改为人民公社，苏尼特左旗建立 4 个人民公社，6 个公私合营牧场，11 个生产大队，52 个生产小队。公社和牧场分别是：白日乌拉人民公社、昌图锡力人民公社、达日罕乌拉人民公社、巴彦乌拉人民公社和巴彦乌拉牧场、边境牧场、奈日木达勒牧场、查干敖包牧场、巴彦努如牧场、萨如拉塔拉牧场。1958 ~ 1961 年，本调查点嘎查归达日罕乌拉人民公社呼格吉勒图亚大队。1961 年，又做一次调整，苏尼特左旗建立 11 个人民公社，43 个生产大队，建立 3 个公私合营牧场。在此次调整中，从达日罕乌拉公社分出新的赛汉高毕公社。1962 年，又增设乌日根呼格吉勒大队。关于乌日根呼格吉勒大队的前身，找不到明确说明。2010 年，由苏尼特左旗政府文史委员会主持编写，内蒙古人民出版社以蒙文出版的“永恒的故乡”丛书第三分册《赛汉高毕苏木地名沿革》里的说法是：“1953 年的时候，从满都拉图·巴彦·额格里图的‘钟对’互助组、塔毕玲，巴彦拓海地界上的毛诺海的哈布苏日拉（互助组），在哈拉塔尔·本巴图地界里的乌兰塔尔扎的互助组内各取一部分牧户，组建了新的好日绍吉勒（合作组），1954 年的时候取名为莫日格吉乐图·巴日嘎达（生产大队），归赛汉高毕苏木管辖，1962 年改莫日格吉乐图·巴日嘎达为乌日根呼格吉勒·巴日嘎达（即乌日根呼格吉勒生产大队），当时赛汉高毕共辖四个生产大队。”1968 年 2 月，经锡林郭勒盟革命委员会批准，苏尼特左旗成立革命委员会。1981 年 6 月，苏尼特左旗第六届人民代表大会取消革命委员会，恢复苏尼特左旗人民政府。1984 年，人民公社体制改革，将公社—生产大队的名称改为苏木—巴嘎，将全旗 12 个人民公社，49 个生产大队改建为 1 个镇 12 个苏木 49 个巴嘎。1985 年又将巴嘎改为嘎查。在此更迭中，乌日根呼格吉勒隶属赛汉高毕苏木未变。由于历史原因，当时嘎查与嘎查之间的界限不甚明了。20 世纪 90 年代以后，为了明确划分草场，进一步落实“草畜双承包责任制”，政府对各苏木、嘎查交界详细划分，按家庭绘图规划承包，对此有了明确规定，乌日根呼格吉勒嘎查有了自己明确的地界。

2000 年，苏尼特左旗辖 2 个镇和赛汉高毕等 12 个苏木，乌日根呼格吉勒等 49 个嘎查。第五次全国人口普查时，赛汉高毕苏木辖乌日根呼格吉勒、宝拉格、巴彦呼布尔、萨如拉登吉 4 个嘎查。2005 年，苏尼特左旗行政区划进行调整，辖 2 个镇、赛汉高毕等 9 个苏木，乌日根呼格吉勒仍隶属该苏木。2006 年，苏尼特左旗将原有的 11 个苏木（镇）合并为 5 个苏木（镇）。调整后，达日罕乌拉苏木并入赛汉高毕苏木，后者由 4 个嘎查增至 9 个嘎查，乌日根呼格吉勒嘎查至今仍属该苏木管辖。

第二章　自然环境

第一节　地理位置

苏尼特左旗位于内蒙古锡林郭勒盟西北部，地理位置在东经 111°12′~115°12′，北纬 42°58′~45°06′，北部到阿日嘎拉山、达力岗嘎等地与蒙古国交界，东部到呼和勒山、西日扎拉图等地与阿巴嘎旗接邻，南部到查干淖尔、安格尔图西勒、海却宝拉格等地与正镶白旗、正蓝旗接壤，西部到色日乌拉、乌兰哈达与苏尼特右旗相接，国境线长 316 公里，全旗总面积 34251.7 平方公里。赛罕高毕苏木位于苏尼特左旗中北部偏西位置，苏木驻地包恩巴图距满都拉图镇 87 公里，距二连浩特市 55 公里，撤乡并镇后辖 9 个嘎查，总面积 7124.3 平方公里，占全旗面积的 20.8%。乌日根呼格吉勒嘎查距离苏尼特左旗政府所在地满都拉图镇以西约 90 公里，距离赛汉高毕苏木政府所在地包恩巴图 20 公里，距离二连浩特市政府所在地以东 85 公里。嘎查在苏木东南部，位于东经 112°51′40.8″，北纬 40°49′128″处，海拔 945 米，同旗政府所在地满都拉图镇交界，苏木西北部与二连浩特市、蒙古国接壤，有 23 公里长边境线。古代从张家口到库伦的“公主路”就从嘎查正中穿过。如今，满都拉图镇至二连浩特市公路贯穿赛汉高毕苏木，中经乌日根呼格吉勒嘎查，与其他苏木、嘎查相比，该嘎查交通相对便利。

2010年，由苏尼特左旗政府文史委员会主持编写，内蒙古人民出版社以蒙文出版的“永恒的故乡”丛书第三分册《赛汉高毕苏木地名沿革》内详细记录了乌日根呼格吉勒嘎查地名、地理坐标和名称由来，兹翻译如下（译文括号内容系笔者所加）。

“恩格尔·陶日木”：该地属乌日根呼格吉勒嘎查，位于东经112°41′51.7″，北纬43°50′39.6″处，海拔948米。风调雨顺的年份经常形成水泡子（陶日木），北边倚着称为“恩格尔·波罗·和硕”的山丘，所以取名为“恩格尔·陶日木”。还有一种说法是，过去有个叫“恩格尔·巴彦”的富有人家居住在这里而得名。

“乌花·敖包图”：位于东经112°40′17.8″，北纬44°50′39.9″处，海拔976米。有人将此地名误解为花色马的敖包，实际上“乌花”是指智慧。因富于智慧且僧徒众多的阿拉腾格日勒庙曾在此地，故而由此得名。

“乌诺斯图因·努如”：位于东经112°39′44.0″，北纬43°51′10.8″处，海拔975米，也称为“有很多坑的努如”。此名的使用开始于1962年，当年国家在这里勘探矿产，挖出了大量灰色的石头，远看一片灰色（蒙语称灰色为乌诺斯），由此得名。

“围京·本巴图”：位于东经112°45′43.4″，北纬43°48′09.8″处，海拔904米。由口语中的“围京·好日娃”演化而来。乡里人说，“本巴图”有宝物多多之意。

“查干·哈西雅图”：位于东经112°50′14.5″，北纬43°45′51.6″处，海拔921米。此地虽然不产碱，但有许多戈壁白土（蒙语称白色为“查干”），又是洼地，故得此名。这里曾发现过古生物化石。

“毕其罕·敖包”：位于东经 112°43′12.6″，北纬 43°48′53.1″处，海拔 966 米。没有祭祀过的敖包，乡亲们亲切地称为“毕其罕”（蒙语小之意），为标记性敖包。

“呼和·德日苏”：位于东经 112°54′20.8″，北纬 43°45′53.9″处，海拔 959 米。20 世纪，这里曾是牧户的冬营盘，芨芨草（德日苏）长得很密，冬春季节牲畜没吃完的芨芨草，远看呈一片青色，故得此名。

“呼和·德日松乃·波产·额布勒吉野”：位于东经 112°54′20.8″，北纬 43°45′05.3″处，海拔 959 米。紧挨着上述冬营盘，此地建了额布勒吉野（冬营盘），为了与上述冬营盘有所区别，故取了此名。

“围京·查干·和硕”：位于东经 112°43′27.7″，北纬 43°48′28.7″处，海拔 964 米。此地离“围京·本巴图”不远，故得此名。

“哈西雅图因·查干·和硕”：位于东经 112°48′23.8″，北纬 43°53′35.2″处，海拔 957 米。这里离“围京·查干·和硕”不远，为区别故取此名。

“宝思恒乃·额布勒吉野”：位于东经 113°05′54.7″，北纬 43°37′35.7″处，海拔 1021 米。该地有一座叫作“宝思恒乃·努如”（陡立的山体）的山，该冬营盘正是依山而建，故得此名。

“也图根图因·宝思哈拉”：位于东经 112°53′14.3″，北纬 43°43′42.0″处，海拔 1054 米。“也图根”为萨满师或巫师。过去祭祀敖包的时候，从这里请萨满师。据说，祭祀那天，敖包所在地和这里会同时下雨。“宝思哈拉”是

“垒起”之意，因为这里是后来垒起来的，故得此名。

“宏德来因·额布勒吉野”：位于东经 112°59′08.5″，北纬 43°44′40.6″处，海拔 1030 米。“宏德来”为牲畜的臀后部，该冬营盘位于著名的塔木沁塔拉草原边沿，故得此名。

“阿鲁因·商达”：位于东经 112°57′32.8″，北纬 43°43′40.2″处，海拔 1043 米。这里紧邻“宏德来因·额布勒吉野”，故得此名。

“道劳恩·格尔温·希拉·陶鲁盖”：位于东经 113°01′42.6″，北纬 43°42′38.7″处，海拔 1051 米。20 世纪，牧民在过游牧生活的时候，经常有“道劳恩”（七个）人家结伴而居，故得此名。

“准伊贺尔因·额布勒吉野”：位于东经 113°01′22.5″，北纬 33°37′34.0″处，海拔 1025 米。虽有左中右三个“伊贺尔”（蒙语中成双成对称“伊贺尔”，有时吉祥的事情或吉祥的数字也称“伊贺尔”，“准”在蒙语中是左方的意思）冬营盘，然而只此左冬营盘在乌日根呼格吉勒嘎查境内，故得此名。

“塔木沁·塔本·陶鲁盖”：位于东经 113°03′13.5″，北纬 43°41′53.6″处，海拔 1040 米。该地是上述“道劳恩·格尔温·希拉·陶鲁盖”的东南处相邻的五个小丘陵。嘎查老人说，著名的苏尼特民歌《忽赫星·浩罕》里唱的“塔木沁·塔本·陶鲁盖”就是指这里。

“巴彦·陶鲁盖”：位于东经 112°54′26.1″，北纬 43°48′41.0″处，海拔 947 米。该处算是本地地势最高处，登高而望可以看到嘎查全景，故得此名。

“宝日·胡吉仁·陶日木”：位于东经 113°03′57.2″，北纬 43°38′38.9″处，海拔 1023 米。这个区域本是缺少碱的地方，只有这个“陶日木”（水泡子）附近能找到可供牲畜舔食的碱，故此得名。

“都日博乐吉”：位于东经 112°53′44.5″，北纬 43°46′42.2″处，海拔 984 米。该地名的由来与捡牛粪时用的都日博乐吉（四方框）无关，主要是依其地形而命名。

“扎门·洪克尔”：位于东经 112°52′53.7″，北纬 43°50′33.6″处，海拔 946 米。“扎门”为路，“洪克尔”为洼地。该地名有历史意义，旧时连接库伦（今乌兰巴托）和张家口的驼队必经此洼地。清朝时该洼地也称“公主的洪克尔”，是说清朝下嫁蒙古的公主来时经过的地方。直到 20 世纪四五十年代，驼队小路的遗迹还明晰可见，如今已变成公路。①

“呼图勒·查干·敖包”：位于东经 112°00′58.3″，北纬 43°37′37.9″处，海拔 1031 米。苏尼特有 13 个得到祭祀的敖包，此敖包便是其中之一。

“格兀·巴日亚齐因·胡德格”：位于东经 112°37′06.2″，北纬 43°56′19.6″处，海拔 940 米。“格兀”为母马，“巴日亚齐”为抓马人，“胡德格”为水井。很久以前，在这个水井周围的草原上，长期居住着一家富裕的牧主，每逢夏季，这家人就拴起很多马驹，挤许多马奶，把许多酸马奶无偿送给四方的百姓们喝，一直坚持了很长时间。因为马奶能够清理体内垃圾，补充人体营养，为人们的健康和生活提供帮助，人们为了纪念这家人，将这口井亲切地称为“格兀·巴日亚齐”的井，意为“抓马人的水井”。②

“查干·哈达”：位于东经 112°42′54.0″，北纬 43°47′

① 该词条非翻译，是采访当地人获知的传说。

② 该词条非翻译，是采访当地人获知的传说。

55.5″处，海拔937米。“查干”指白色，“哈达”为岩石，巴彦宝拉格嘎查和乌日根呼格吉勒嘎查交界线上矗立着的岩石，颜色与周围完全不同，呈银白色，过路人远望常以为立着一匹白马，因此得名。

“阿曼·乌孙乃·胡德格”：位于东经112°37′40.4″，北纬43°55′处，海拔939米。“阿曼·乌孙乃”意为日常饮用的，“胡德格”是水井的意思。这口井长期以来不仅供给人畜所需用水，而且清凉通透没有任何杂质，是熬制奶茶的绝好用水，所以牧民们不嫌路途遥远来到这里，用牛车或骆驼将水驮回去享用。对此大自然的恩赐，牧民始终抱着感恩的心态，累世饮用到现在。

“兀登·阿玛”：位于东经112°43′33.6″，北纬43°54′44.9″处，海拔932米。“兀登”是门，“阿玛”是口子，这里地貌酷似将一座山从正中劈成两半，看起来像是朝北的一扇门一样，故此得名。

“莫日根·海日罕”：位于东经112°53′55.5″，北纬43°43′40.2″处，海拔1050米。“莫日根”是指有智慧，“海日罕”是对山的尊称。

“额恒·乌孙乃·胡德格”：位于东经112°49′01.7″，北纬43°54′35.7″处，海拔918米。“额恒”意为源头，“乌孙乃”是名词水的所有格，“胡德格”是水井的意思，此地是活水源头。

“额恒·乌孙乃·希拉·陶鲁盖”：位于东经112°48′17.5″，北纬43°54′49.3″处，海拔933米。“希拉·陶鲁盖”是黄色丘陵，该丘陵就在“额恒·乌孙乃·胡德格”的附近，故此得名。

“古尔班·少布格尔”：位于东经112°51′21.8″，北纬

43°46′00.8″处，海拔984米。“古尔班”指三个，“少布格尔”指尖状，此处山体呈尖状，故得此名。

“准·少布格尔”：位于东经112°52′39.4″，北纬43°46′11.7″处，海拔991米。“准”是东侧的意思，该地位于“古尔班·少布格尔”的东侧，故得此名。

“巴润·哈仁贵”：位于东经112°48′30.1″，北纬43°47′11″处，海拔944米。旧时，这里有富裕牧主过冬的左中右三个“哈仁贵”（暗黑之地），其地形奇特，平整的草地到此陡然变为洼地，所以老乡在这里立起警示牌，防止车辆因不熟悉地形而发生事故。清晨或傍晚时阳光照不到该地，一片昏暗，故得此名。

“敦达·哈仁贵”：位于东经112°50′14.0″，北纬43°47′49.8″处，海拔940米。“敦达”是中间的意思，即上述位于中间的“哈仁贵”。

“准·哈仁贵”：位于东经112°50′36.2″，北纬57°48′15.2″处，海拔945米。“准”是左的意思，即上述位于左侧的“哈仁贵”。

“巴彦·陶鲁盖因·哈仁贵”：位于东经112°52′51.2″，北纬43°49′00″处，海拔933米。该地在上述三个“哈仁贵”的东面。

“噶尔罕图因·额布勒吉野”：位于东经112°49′16.2″，北纬40°49′37.0″处，海拔951米。其地貌呈环形链状，又是理想的冬营地，故得此名。

“噶尔罕图因·希拉·陶鲁盖”：位于东经112°49′49.2″，北纬43°50′11.1″处，海拔960米。因在“噶尔罕图因·额布勒吉野”的旁边，故得此名。

“查干·胡德格”：位于东经112°43′33.6″，北纬43°

54′44.9″处，海拔932米。该水井是在白色沙地上挖的，故得此名。

“毛瑞因·火布”：位于东经112°44′22.2″，北纬43°55′38″处，海拔924米。“毛瑞”是弯曲的意思。此地雨后常积水，雨水丰沛的年份积水蜿蜒流淌，像弯弯的溪流，故得此名。

“布塔因·额布勒吉野”：位于东经112°49′22.7″，北纬45°52′33.3″处，海拔943米。“布塔”是灌木，该冬营盘灌木丛生，故得此名。这里有时能捡到一些青铜物件，20世纪70年代部队勘探队曾在这里钻探过。

“乌兰·洪克尔”：位于东经112°48′32.7″，北纬43°50′03.2″处，海拔940米。此地是较深洼地，雨后易积水，由此得名。

“哈日·高勒”：位于东经112°51′25.7″，北纬43°44′28.1″处，海拔987米。此地因以其空旷而得名。

“章高特因·陶日木”：位于东经112°47′33.7″，北纬43°46′46.4″处，海拔940米。这里雨后易积水，因生长章高草（苍耳）而得名。

“查干·和硕乃·马新·胡德格”：位于东经113°05′28.8″，北纬43°35′19.3″处，海拔1028米。“马新·胡德格”指机井。该地在苏尼特左旗与右旗交界处，两旗牧民共同使用此机井。该机井离“查干·和硕”这个地方不远，故得此名。

“嘎查乃·浩沁·包日”：位于东经112°55′09.8″，北纬43°48′04.4″处，海拔939米。乌日根呼格吉勒嘎查办公地旧址。

“新嘎查”：位于东经112°51′40.8″，北纬43°49′12.8″

处，海拔939米。该地为乌日根呼格吉勒嘎查当前办公地。

第二节　地形地貌

苏尼特左旗地形呈自西北向东南的狭长形，海拔高度1000～1300米，中部地势低平，海拔在1000米左右，南部地势抬高，海拔1000～1200米，整体上呈现西北、东南两端偏高，中部低平的地势。

苏尼特左旗地貌类型简单，有高平原、丘陵、沙地、湖盆地四大类型，以高平原、丘陵为主。如表2－1所示。

表2－1　苏尼特左旗地貌情况

类型	丘陵	高平原	沙地	湖盆、低地	合计
面积（万亩）	720.82	3485	698.22	233.76	5137.8
占总土地面积（%）	14.03	67.83	13.59	4.55	100

资料来源：策引批力《苏尼特左旗志》，内蒙古文化出版社，2004。

高平原是该旗主要地貌类型，南北均有分布，占地范围广。沙地多分布于南部，属于浑善达克沙地西端。湖盆、低地零星分布，70%分布在南部。丘陵区分布于北部和满都拉图镇东南，丘陵区宽度较窄，一般为5～10公里。乌日根呼格吉勒嘎查地貌即属于该类型，丘陵坡度较陡，多在15°～35°，相对高差在20～150米（见图2－1）。丘陵地貌与该区域高平原相对高差不大，地势平坦开阔。笔者在走访途中所见地貌基本是平整的草地及起伏和缓的丘陵，平地与丘陵相间，牧民住房一般建在平地或丘陵下的草地上。

图 2－1　乌日根呼格吉勒嘎查地貌

第三节　水文气候

一　水文

（一）地表水

根据《苏尼特左旗志》介绍，该区域地表水并不充沛，只在南部地区有一条常年性河流——努和斯高勒，属库尔查干淖尔水系，发源于正蓝旗的“扎格斯台·古日本·巴彦淖尔”，流经苏尼特，称为恩格尔河，流入阿巴嘎旗库尔查干淖尔。乌日根呼格吉勒嘎查境内现在已没有河流，也没有常年性和季节性湖泊。牧草生长主要依赖大气降水，人畜饮水依赖地下水。

（二）地下水

根据《苏尼特左旗志》介绍，该区域地质受构造运动的影响和长期的风化剥蚀作用，形成了西东走向的 11 个丘陵隆起带基岩裂隙水区、丘间平原孔隙潜水区、高平原坳陷带孔隙裂潜水区以及沙漠孔隙水区。苏尼特古河道穿越赛汉高毕苏木南部，苏木驻地通自来水。乌日根呼格吉勒嘎查牧民主要以机井和土井相结合的方式汲取地下水。

二 气候

乌日根呼格吉勒嘎查地处内蒙古北部边疆，与蒙古国接壤，位于中纬度内陆地区。该嘎查同全旗气候一样，受西风环流控制，以中纬度天气系统影响为主。由于海拔高，又受大兴安岭和阴山山脉影响，海洋暖湿气流难以到达，且受北极大陆气团控制时间长，因此该地为中温带半干旱、干旱的大陆性气候，气候有寒有暑，寒暑剧变，冬季严寒漫长，春温剧升，秋温剧降，降水量少，春季风大，气候干燥，光照不充足，蒸发量大，易发生干旱。该地寒冷期主要表现是气温低、时间长。据《苏尼特左旗志》介绍，全年1月最冷，月平均气温-21℃～-19℃，年极端最低气温-39℃～-37℃。月平均气温从11月至翌年3月均在零下6℃以下，寒冷期可达5～6个月。受大气环流、西伯利亚和蒙古国高压及季风等主要因素影响，苏尼特左旗常年多风，且风力较大。大风主要出现在3～5月，年平均大风日数74天，最大风速28米/秒，年大风日数最多达159天。该地深居内陆，距海远，海拔高，加之由大兴安岭和阴山山脉所构成的天然屏障阻挡，使暖湿气流很难深入境内，造成雨季短促，降水量少，且年月变率大。近30年，该地平均降水量为185.2毫米，而且分布相当不均匀，多数为局部降水（每年夏季都会有40～80毫米的局部强降水），致使该区域常年有区域性或阶段性干旱发生。通过观察近30

多年苏尼特左旗气象局降水资料可看出，该区域降水总体趋势是减少的（见表2－2），由表2－2可见从20世纪末到21世纪初降水量的减少是相当明显的。2001～2005年，年平均降水量已锐减到163.1毫米，而且分布相当不均。

表2－2　苏尼特左旗30年间降水变化情况

单位：毫米

时段	春季	夏季	秋季	冬季	平均
20世纪70年代	8.0	42.1	13.0	1.8	194.7
20世纪80年代	7.6	37.0	12.0	2.2	176.4
20世纪90年代	8.2	42.0	9.9	1.5	184.6
30年平均	7.9	40.4	11.6	1.8	185.2
2001～2005年	9.7	35.8	7.6	1.5	163.1

资料来源：根据苏尼特左旗气象局降水资料整理。

苏尼特左旗降雨主要集中在7～8月，降水量南部与北部差异较大，南部地区年降水量为215毫米，北部地区为198毫米，南部多于北部。乌日根呼格吉勒嘎查地处北部，因降水量少，易发生干旱。

第四节　生态环境的恶化与应对

一　生态环境的现状

（一）草原退化

乌日根呼格吉勒嘎查地处中纬度西风气流带，属中温带半干旱、干旱大陆性气候，这种大的气候背景决定了该区域为荒漠化类型。从20世纪80年代初，在国家政策缺乏有效保护措施的情况下，个体在利益驱动下，超载放牧，加上连年的春夏连旱，该区域的干土层最高达26厘米，导致多年生植被存活率很低，使草原退化。根据自治区统计资料，20世纪90年代，该区域牧草平均亩产鲜重为104.1斤、干重为53.9斤，平均高度为16厘米。而2001～2005年，天然草场牧草平均亩产鲜重为40斤、干重为20斤，平均高度为6厘米。可见，牧草亩产量及高度都急剧下降，亩产干重降低了33.9斤，高度降低了10厘米。同时，优质牧草种类减少，数量降低，一年生牧草及杂类草数量增多，草场退化、沙化，草原生态恶化。图2－2是被沙化威胁的本嘎查牧户住房周围的景象。

图2－2　被沙化威胁的嘎查牧户住房

（二）原因

从采访中了解到，许多人认为，随着畜草双承包责任制的推行，人们把一万多处总长几十万公里的铁丝网通过铁杠、水泥杠等架在了锡林郭勒大草原上，然而在此之前嘎查牧民搬迁时，为立拴马桩而在地上挖的碗口大的窟窿都要小心填埋后才会离开。正如学者林易在其《定居分割下的草原》（网络文案）一文中指出，农田包产到户之后，调动的是农民加倍向土地中投入的积极性，投入越多土地产出就越多；在草原上，划分草场之后，调动的是牧民加倍向草原索取的力量，合理的游牧生活越来越少，随着定居点不断扩大，又加之缺乏科学论证，生产方式变革与生产力发展的衔接没有做好，草场退化远比草地建设速度快，造成牲畜超载过牧，破坏了草场的畜草平衡。人类宝贵的生存发展经验之一，延续数千年而足够成熟的游牧生态文明瞬间替换为农业模式，数万年的青青草原也瞬间沙化。

这种说法有一定的事实依据。1963 年，赛汉高毕公社包括乌日根呼格吉勒嘎查在内的部分区域曾遭遇罕见黑灾，赛汉高毕人民公社委员会组织群众，计划将部分牲畜（23000 头）向西乌珠穆沁旗转移。公社委员会在该年《夏秋季畜牧生产工作部署意见》中明确提出：“……一定要调好留下来的牲畜冬春两季草场，一片草场要保养 3 ~ 5 年，一定要保护好草场。考虑到畜牧业经济的长远发展，一定要坚持轮牧，尽量使每个畜种上够膘。有利于保护牲畜的水源和草地都要用好。决不能认为，多数牲畜已经走场，现在草场宽裕了，有的是水，有的是草，然后就随意无计划地滥牧。要切实抓好这方面的宣传教育工作。从我们目前的情况来看，随着季节性自然灾害和牲畜头数的增多，草场问题越来越严重了，每年都这样走场的话，对定牧和基础设施建设是不利的，所以为了留下的这些牲畜，现在就开始部署保护草场、保护冬营盘和春营盘、牲畜上膘等工作。”由此可见，20 世纪 60 年代基层干部和群众的草畜平衡意识是很强的，而且这种意识是作为常识而存在的。

定居并划分草场之后，牧民间的交往越来越少，仅限于亲戚与邻近几家牧户之间，人与自然、牲畜与自然之间趋向隔阂，马、骆驼这样昔日最重要的牲畜被排斥，牲畜作为草原生态系统的一员，不能参与食物链的能量交换。过去，草原上的一年生和多年生草种很多。根系长的多年生草，地下生物量高，寒冷季节里对地面覆盖度好，长久以来发挥了很好的固土作用。但是根系浅的一年生草，地下生物量低，冬春季节随风连根拔起，土壤失去保护。如果一年生草压倒多年生草成为优势种群的话，会像农作物一样，在生长期内看上去一片绿色，但冷季一到，绿色完全退去，光秃的土地就会裸露在外，见风沙起。所以必须抑制疯长的一年生草，维持草原正常的生态结构。在长期协同演化的过程中，牧民一直扮演着草原生态系统协调者的角色，逐水草四时迁徙。春季，一年生草长出来，首先被牲畜吃掉，待到多年生草生长出来，牧户和畜群已经迁走了。如此，多年生草获得了更好的生长条件。但定居以后，牧民停止四季轮牧，牲畜只能在各自草场见什么吃什么，草场得不到休息，多年生草难以生存。因此，在广大牧区，草畜比例其实不算太失衡，却因草场划分的做法，出现了草原退化的情况。

常年的干旱少雨，可能是决定性因素。尤其是 1999 ~ 2001 年，连续三年干旱造成嘎查草场光赤，牲畜被动减少，生态遭到严重破坏。2002 ~ 2003 年，下了几场雨，旱情稍有缓解，2004 年以后又开始干旱，导致 2005 年夏秋牧草被啃光，2006 年春季地表大量裸露。据牧民回忆，截至 2006

年 6 月，这里发生沙尘暴 12 次，其中有 4 次是强沙尘暴。草地表土被吹走，草根裸露，植被急剧退化，牲畜大量死亡，沙尘天气成了牧民的噩梦。

工矿业进入该地区也是环境恶化的原因。该区域多数矿产开发都是初级的粗放型露天开采，对原生草原“开膛剖肚”，其破坏程度远胜过“毁容”的农垦。加上开采需要大量地下水，使得该地区本来非常有限的水资源趋于枯竭。2008 年 3 月，接受采访的嘎查牧民说：“从煤矿到二连的拉煤卡车在我家草场上有时一天经过 30 次以上，有时 4 ~ 9 辆货车首尾相连地经过。那些汽车震得我家墙体都出现裂缝了。4 ~ 9 辆车连着走，扬尘扬得厉害，土路都被压坏了，变得坑坑洼洼的……”

土地租赁制度方面的缺陷也应引起重视。牧民说：“我们现在不游动了，以前的话还能走走夏营盘，现在夏营盘也没了，租别人家的土地还能缓解一下，没了牲畜的那些人家就会出租自家的草场，价格也不便宜。租给本嘎查的人还好，利用草场还轻一些，租给外地人的话，简直恨不得让牲畜把草根都全吃个精光再心满意足地还给主人，那些懒惰又不懂料理的人们就这样让草场沙化得一天比一天严重。”

也有牧民说：“过去，就是大干旱来前，土地也很好，但那时候不知道哪儿来的一群群来挖地毛①的，（土地被）糟蹋得厉害，我们这边的戈壁地几乎都被挖完了，主要是

① “地毛”即发菜，学名发状念珠藻，是蓝菌门念珠藻目的细菌，广泛分布于世界各地的沙漠和贫瘠土壤中，因其色黑而细长，如人的头发而得名，可以食用。广东人取“发”（fà）的谐音“发”（fā）而写成“发菜”，意为发财。

春天和秋天过来，下雨后地毛多，来的人也多。春天和秋天几乎每天成群结队地挖来挖去，扬起灰尘。我们开始也阻止他们，但是我们人少，住得又分散，没法把他们赶走。我也亲眼见过草原监理站的同志去赶他们走，后来打起来了，有人趁那个监理站的同志不备，拿木棒打他的后脑勺，打伤了他，听说后来让打他的那个人掏了药费，去呼市看病去了。后来也管不来了，然后干旱就开始了，地毛也没得挖了，他们才慢慢不来了，那以后就是连年干旱。其实老天爷连续几年给好好多下几场雨，也能很快恢复，没那么严重，主要还是干旱，近十年连续的干旱天气是沙化的重要原因。"

草场退化的原因很复杂，需要人们深入思考。另外，牧民自发的保护野生动物和保护生态意识仍有留存。据牧民唐海龙说，乌日根呼格吉勒嘎查近年常出现野狼。"2007年10月凌晨四五点时，狼咬伤了我家16只羊，救活了1只，羊羔死了8只。"唐海龙是通辽人，与该嘎查女子结婚，迁入这里。他说："狼三天或七天出现一次，听乡人们说，狼入羊群，牲畜数量就会增长，说狼是'天犬'或'火神犬'。"事实上，这种神话传说般的说教所产生的作用与《野生动物保护法》并无二致。然而这是人与自然关系的古老认识，并非所谓的"图腾"意识。值得一提的是，老嘎查长的妻子是种树"能手"，她从2003年开始种树，目前成活率很高，自发种树的动机有多种，"种树永远都能找到家乡"便是其中之一。

（三）应对生态恶化的方式

为了加快生态建设步伐，恢复草原植被，促进畜牧业结构调整，加快牧业生产经营方式的转变，实现草原生态的良性循环，苏尼特左旗根据全旗南北自然环境、草场类型，将全旗草场划分为三个区域进行分类保护与建设，促进生态恢复，确定了“南治北移，中部划区轮牧”的思路（请参见附录1）。

在这一思路的指导下，牧民开始大量出售牲畜，以适应“围封转移”这一新的生产方式。笔者2008年初到乌日根呼格吉勒嘎查调查正是该嘎查五年围封结束，顺应政策转移到其他苏木的牧户们多数返回的时候。2010年初，盟行署决定本年为放牧制度规范年，旗相关部门和各苏木（镇）要根据本旗的实际，确定休牧、轮牧、禁牧的具体面积和范围，制定出工作措施和方案。南部沙区严格执行春季休牧，中北部地区实行季节性大区轮牧，北部边境地区和交通干线、飞播造林等项目区严格执行禁牧制度，兑现禁牧补贴。

围转政策实施时遇到了许多难题，圈养牲畜需要准备大量饲草料（见图2-3），所以要开发饲料基地。乌日根呼格吉勒嘎查绝大多数牧民没有种植经验，计划实施有困难。有位老牧民说：“这个方面，很困难，嘎查有了种植点，上面支持，创收靠自己，但大伙不懂怎么搞。后来请外地农民来种，最后嘎查没有获得收益，钱让外地人挣了。这样资源没能利用起来，我想最终还是要牧民自己学会，自主经营是最重要的。应该从小开始做，知道做什么有利润，在摸索中发展。我们开始的时候种300亩，就种300亩，不能遍地开花，弄不好支出很多，收益很少。在我的记忆里，种饲料最好的收成是在水利局种的那年。但这事没凑巧，有收成却卖不出去。这事情不总结经验，一做就一股劲地冲，没有收获、没有评估、没有分析，最后收获太少。其实政府很关心牧民，也为提高牧民的生活水平而努力，给不少东西，给电、给管道、给各种设备，但是都派不上用场，就是做不成。我期望搞项目时要注意管理，爱护保护，这一点最重要。至于其他因素，如积极性什么的还可以。应不停地监督和管着才行，现在换新泵得花不少钱。我觉得应该把任务委托给嘎查委员们，谁承担哪块，专人负责。刚开始，我自己也承担过一口井，但是后来包给了外人，工作放下来了，也有我自己没上心的原因……"

图 2-3　嘎查为种植饲料准备的青贮窖

笔者离开嘎查回到呼市，查阅相关资料时看到生态学者林易先生对此问题提出的看法，值得重视——"还有更复杂的问题出现在草原上。由于大量的围封转移和公司加农户，奶牛用的饲料需求量空前上涨，在草原上出现了数不胜数的饲草种植基地，和农田一样对草原生态构成极大威胁。同时，由于传统的牧民不懂得农业生产，开辟出的饲草种植基地只能大量雇佣外来的非牧区人员来经营。随着围封转移的程度加大，外来的从事农业生产的人口也成倍增长。于是，围绕着围封转移的移民新村，开始出现越来越多的小城镇。这些牧区的小城镇不是因为牧业产品交换而逐步扩大形成的，而是由丧失了原有草原失去了生活保障的牧民，以及外来的不了解草原自然规律的农民构成。人口的增加势必消耗更多的资源，按照联合国人均水资源占有量来计算的人口上限早已被突破。”

“为了满足大量人口生活所需，又进一步在城镇周边出现了乡镇规模的诸多小企业，各种污染倾倒在草原上，最重要的是，这种人为硬性推行的发展方式并没有给牧民带来任何生活的改进，相反的，更多的原牧民明显感到了生活水平的下降，以及失去草原之后精神的空虚，这之后，必将有更多的社会问题出现。”

“在不同的自然环境下，人们应该有着不同的文化和生产生活方式，也应该有着不同的对发展和富裕的定义。城市化、现代化是需要的，但它不是一个社会普遍和唯一需要的。生态学上强调只有多样性才有稳定性，社会发展也应该遵循这一客观规律。把草原还给牧民，恢复他们传统的文化价值观和生产生活方式，对于这个民族和这片土地来说才是最好的唯一的出路。”①

二　围封转移工作状况

（一）休牧与禁牧的现实背景

苏尼特左旗党委、政府为了更好地贯彻落实锡林郭勒

① 林易：《定居分割下的草原》，内蒙古草业信息网，http：//www.imgsi.com。

盟委、行署《关于引导扶持牧区人口向城镇转移政策措施的指导意见》(以下简称《意见》),确保牧区人口向城镇合理、有序地转移,实现改善草原生态和增加牧民收入的双赢目标,结合实际,制定实施办法。《意见》指出,引导扶持牧区人口向城镇转移是一项事关牧区改革、发展、稳定,事关全旗经济可持续发展的系统工程,对于加快“城乡统筹、三化互动”进程,对于改善草原生态、增加牧民收入,让广大牧民群众成为工业化、城镇化的建设者、支持者,成为工业化、城镇化发展成果的共享者具有重要意义。

(二)休牧与禁牧的范围和时间

苏尼特左旗于2001年开始“围封转移”的试点工作,2002年3月,正式启动了该工程。关于开展范围,旗政府在文件中说明“适用于具有我旗牧区户口,有承包草场,自愿进入旗县市(区)所在地及建制镇自主创业、就业、居住的人员及其子女”。该工作的结束时间目前没有明确的说明。

(三)组织和实施

苏尼特左旗人民政府办公室2006年下发了《关于贯彻落实〈锡林郭勒盟引导扶持牧区人口向城镇转移政策措施的指导意见〉的实施办法(试行)》88号文件,制定了详细的组织实施条例(请参见附录2)。

为响应上级部门的部署,赛汉高毕苏木党委、政府认真布置了具体的实施办法。干部承包牧户(见表2-3),引导牧民按文件精神落实具体工作是目前开展苏木工作的常用方法。

表 2－3　赛汉高毕苏木围封转移（休牧）期间干部承包牧户花名册

	第一小区	第二小区	第三小区	第四小区
管护组长	好比斯哈拉图（嘎查支部书记）	塔拉（苏木司法所所长）	塔拉（苏木司法所所长）	陶格特木勒（牧民）
成员	刘成海（苏木牧企助理） 乌力吉巴图（兽医站站长）	车德布（牧民）	车德布（牧民）	余宝凤（苏木出纳）
牧户	额尔敦达来 苏德格日勒 布和 格日勒巴特尔 达木林 钢巴特 朝鲁 格日勒图 好比斯哈拉图 那仁满都拉 巴雅尔	那仁朝克图 李正禹 朝鲁门 赛因朝克图 贺希格都仁 陶乐玛	陶德 陶格苏木 唐海龙 海德布 哈斯朝鲁 赛纳	阿木古楞 大巴图苏和 哈勒夫 苏日吉布胡朗 特木勒 哈斯额尔敦 种畜场 桑杰 小巴图苏和 胡日查 宝力道 陶格特木勒

三　草畜平衡工作

与国家禁牧、休牧政策配套的还有“草畜平衡”政策。“草畜平衡”的官方定义是：为保持草原生态系统良性循环，在一定区域和时间内通过草原和其他途径提供的饲草饲料量，与饲养牲畜所需的饲草饲料量保持动态平衡。其实两转双赢政策出台之前，草畜平衡工作作为畜牧业政策的组成部分一直存在。我们可以按时间顺序，根据一些实际数据了解其大概情况。表2－4是1996年赛汉高毕苏木秋季工作安排情况，从中可看出1996年苏木对管辖境内草畜平衡度的把握。

在上述苏木计划的基础上，乌日根呼格吉勒嘎查制定了自己的秋季工作安排（见表2－5）。

表2－4　赛汉高毕苏木1996年秋季工作安排情况

<table>
<tr><th colspan="2"></th><th>巴彦呼布尔嘎查</th><th>萨如拉登吉嘎查</th><th>宝拉格嘎查</th><th>乌日根呼格吉勒嘎查</th><th>合计</th><th>备注</th></tr>
<tr><td colspan="2">1996年6月立畜数量（头/只）</td><td>27860</td><td>31300</td><td>24196</td><td>15652</td><td>99008</td><td rowspan="15">1. 小畜出栏率按15%的比例计算；
2. 羊羔出栏率按30%的比例计算；
3. 母畜出栏率按12%的比例计算；
4. 过冬牲畜备草量按150斤/头计算；
5. 本年度出栏率以草场承载能力为准</td></tr>
<tr><td rowspan="5">出栏计划</td><td>出栏数量（头/只）</td><td>10168</td><td>11425</td><td>8832</td><td>5712</td><td>36137</td></tr>
<tr><td>大畜（头）</td><td>306</td><td>451</td><td>247</td><td>282</td><td>1286</td></tr>
<tr><td>小畜（只）</td><td>9966</td><td>10921</td><td>8704</td><td>5316</td><td>34907</td></tr>
<tr><td>本年度羊羔（只）</td><td>2220</td><td>2070</td><td>1709</td><td>955</td><td>6954</td></tr>
<tr><td>出栏率(%)</td><td></td><td></td><td></td><td></td><td></td></tr>
<tr><td colspan="2">过冬牲畜（头/只）</td><td>17692</td><td>19876</td><td>15364</td><td>9940</td><td>62872</td></tr>
<tr><td colspan="2">母畜总数（头/只）</td><td>11448</td><td>12364</td><td>9790</td><td>6240</td><td>39842</td></tr>
<tr><td colspan="2">需要储存饲草总数（万斤）</td><td>265</td><td>298</td><td>230</td><td>149</td><td>942</td></tr>
<tr><td colspan="2">目前存有饲草（万斤）</td><td>102</td><td>190</td><td>116</td><td>79</td><td>487</td></tr>
<tr><td colspan="2">自己收割饲草（万斤）</td><td>124</td><td>96</td><td>88</td><td>59</td><td>367</td></tr>
<tr><td colspan="2">从外购买饲草（万斤）</td><td>11</td><td>12</td><td>11</td><td>11</td><td>45</td></tr>
<tr><td colspan="2">本年度青贮（万斤）</td><td>28</td><td>—</td><td>42</td><td>—</td><td>70</td></tr>
<tr><td colspan="2">需要储存饲料（万斤）</td><td>10</td><td>10</td><td>10</td><td>10</td><td>40</td></tr>
</table>

注：计划时间为1996年8月19日。

资料来源：根据赛汉高毕苏木档案资料整理。

表 2-5　乌日根呼格吉勒嘎查 1996 年秋季工作安排情况

单位：头/只，千斤

牧户	立畜数量			适合草场承载量的牲畜数量	过冬牲畜	出栏数量	储存饲草
	合计	小畜	大畜				
户 1	1739	1019	240	658	658	1081	98.7
户 2	912	885	9	463	463	431	69.4
户 3	766	277	163	668	668	98	100
户 4	254	203	17	109	109	111	16.3
户 5	538	334	68	681	402		60.3
户 6	268	187	27	552	214		32.1
户 7	387	309	26	459	335		50.2
户 8	685	511	58	305	305	380	45.7
户 9	648	507	47	513	513	135	76.9
户 10	115	100	5	377	105		15.7
户 11	162	129	11	236	140		21
户 12	931	706	75	214	214	717	32.1
户 13	1322	632	230	562	562	760	84.3
户 14	64	63	1	194	64		9.6
户 15	1096	712	128	531	531	565	79.6
户 16	1083	759	108	579	579	504	86.8
户 17	385	304	27	889	331		49.6
户 18	478	406	24	445	445	33	66.7
户 19	149	119	10	253	149		22.3
户 20	954	570	128	614	614	340	92
户 21	308	296	4	504	308		46.2
户 22	232	212	7	678	232		34.8
户 23	717	609	36	789	717		107.5
户 24	7	7	0	405	7		1
户 25	130	112	6	260			19.5
户 26	922	808	38	601	601	321	90.1

续表

	立畜数量			适合草场承载量的牲畜数量	过冬牲畜	出栏数量	储存饲草
	合计	小畜	大畜				
户 27	1238	911	109	693		545	103.9
户 28	626	404	74	710	626		93.9
户 29	1485	900	195	850	850	635	127.5
合计	18601	12991	1871	14792	10742	6656	1733.7
备注	1. 每个大畜折合成三个小畜；2. 要统计外购饲草量；3. 必须保证每个过冬牲畜有 150 斤饲草，储存饲草量即以 150 斤标准计算得出						

注：计划时间为 1996 年 8 月 22 日。

资料来源：根据乌日根呼格吉勒嘎查档案资料整理。

从表 2－5 可看出，这次计划的牲畜出栏率是 36% 左右。牧户哈斯额尔敦（户 1）的 1739 头（只）牲畜出栏 1081 头（只），出栏率 62%。

以下是嘎查 2004 年的一份工作计划报告。

2004 年乌日根呼格吉勒嘎查收割和出栏工作计划

（1）积极完成上级安排的有关任务和指标，为了应对可能出现的灾害，使牲畜安全过冬，计划为每个存栏羊单位备好 60 公斤饲草，全嘎查计划收割 132 万斤饲草。

（2）为了保证草畜平衡，切实抓好今年出栏工作，在保证母畜和种畜基础上，全嘎查计划出售 9043 头牲畜，努力使出栏率达到 56% 的目标。

乌日根呼格吉勒嘎查党支部

乌日根呼格吉勒嘎查委员会

2004 年 4 月 29 日

2007年12月，苏尼特左旗制定了冬季草场承载标准（见表2-6），并给嘎查每户下发了草畜平衡责任书。责任书的封皮与内容可反映草畜平衡工作的具体规则。

表2-6 苏尼特左旗2007年冬季草场承载标准

苏木（镇）	可利用草场面积（亩）	最高干草单产（公斤/亩）	冬季草场载畜量		
			牲畜可食干草产量（公斤/亩）	冬季承载量（羊/亩）	冬季可养牲畜（羊单位）
满都拉图镇	7281628	64.88	10.35	36.88	197441
巴彦乌拉苏木	1.1E+07	47.73	7.61	50.13	213354
赛汉高毕苏木	9744714	28.71	4.58	83.32	116955
查干敖包苏木	1.1E+07	26	4.14	92.02	116968
巴彦淖尔镇	7558165	69.86	11.14	34.25	220676
总计	4.6E+07	237.18	37.82	296.6	865394

资料来源：根据乌日根呼格吉勒嘎查档案资料整理。

草畜平衡责任书

草畜平衡责任书

旗市（区）：________________

苏木（镇）：________________

嘎查：______________________

草场承包经营者：____________

承包草地状况及饲草饲料总量	天然草地	承包草地面积（亩）		冷季载畜能力（羊单位/亩）		冷季适宜载畜量（羊单位）	
		流转（租用）草场面积（亩）		冷季载畜能力（羊单位/亩）		冷季适宜载畜量（羊单位）	
	人工草地面积(亩)			载畜能力（羊单位/亩）		适宜载畜量（羊单位）	
	高产饲料地面积(亩)			载畜能力（羊单位/亩）		适宜载畜量（羊单位）	
	精饲料数量(公斤)			折合干草（公斤）		适宜载畜量（羊单位）	
	秸秆数量（公斤）			折合干草（公斤）		适宜载畜量（羊单位）	
	陈草数量（公斤）					适宜载畜量（羊单位）	
适宜载畜量合计（羊单位）							

日历年度牲畜数量	牛（头）	成年畜		折合羊单位	
		幼 畜			
	马（匹）	成年畜		折合羊单位	
		幼 畜			
	绵羊（只）	成年畜		折合羊单位	
		幼 畜			

续表

<table>
<tr><td rowspan="4">日历年度牲畜数量</td><td rowspan="2">山羊（只）</td><td>成年畜</td><td></td><td rowspan="2">折合羊单位</td><td rowspan="2"></td></tr>
<tr><td>幼　畜</td><td></td></tr>
<tr><td rowspan="2">骆驼（峰）</td><td>成年畜</td><td></td><td rowspan="2">折合羊单位</td><td rowspan="2"></td></tr>
<tr><td>幼　畜</td><td></td></tr>
<tr><td colspan="2">核免羊单位数</td><td colspan="2"></td><td>实际现存饲养量（羊单位）</td><td></td></tr>
<tr><td colspan="2">超载羊单位数</td><td colspan="2"></td><td>应交罚款（元）</td><td></td></tr>
<tr><td colspan="2">草原所有者</td><td colspan="2">签名</td><td colspan="2">年　月　日</td></tr>
<tr><td colspan="2">草原承包经营者</td><td colspan="2">签名</td><td colspan="2">年　月　日</td></tr>
<tr><td colspan="2">苏木政府审批意见</td><td colspan="2">签名</td><td colspan="2">年　月　日</td></tr>
<tr><td colspan="2">草原监理部门审核意见</td><td colspan="2">签名</td><td colspan="2">年　月　日</td></tr>
</table>

关于责任书中所定牲畜数限，有专门说明：计算适宜载畜量合计时应减（或加）流转（或租用）草场适宜载畜量；核免羊单位数按照有关规定折算；实际现存饲养量为日历年度牲畜饲养量的折合羊单位数减去核免羊单位数。

据采访大致了解到，2008 年春天实行的草畜平衡具体规定有：83 亩地可养一个羊单位；一头牛折合五个羊单位；对马的折合法制定尤为详细，分种马、母马、公马三类，折合法各不相同，一岁马驹折合五个羊单位；大小畜幼仔平均每两头（只）折合一头（只）成年大小畜；获得有关部门鉴定的良种牛折合一个羊单位；骆驼不计羊单位。

2010 年初，苏尼特左旗在赛汉高毕苏木乌日根呼格吉勒嘎查实施农业综合开发土地治理草原建设项目。总投入达 548 万元，采取“整村推进”的办法，对项目嘎查的 12 万亩草场实施围栏划区轮牧 7 万亩，集中封育建立打草场 5 万亩，以集中种植、分户收益的形式新建高产饲料种植基地 0. 03 万亩。

在配套天然草场划区轮牧水利工程措施上，新打机井4口，建井房4处，建小型蓄水罐20个、饮水槽40个，解决轮牧牲畜的饮水问题；配套苏尼特羊标准化养殖，为项目区嘎查集中饲养种公羊群，新购置达到标准的苏尼特羊后备种公羊100只，为苏尼特羊养殖专业户新建标准化棚圈30处共3000平方米；配套发展饲草产业，建集中连片打草场和高产饲料基地，购置18马力拖拉机8台、打搂草一体机8台、捆草机1台、大型喷灌设备1台；建青贮窖10处共750立方米，储草棚30处共1800平方米；配套提高畜牧业生产中的科技含量，加强对项目区牧民的实用技术培训，从天然草场划区轮牧、畜种改良、牲畜饲养管理、牲畜疫病防治、畜产品生产加工销售以及牧民专业合作社等方面进行授课（请参见附录3）。

四　禁牧、休牧的补贴办法

关于禁牧、休牧补贴方面，旗政府向休牧区牧户发放休牧证、饲料发放证，按亩进行饲料补贴。牧户草场面积以草场承包经营权证登记数字为准，发放饲料工作由旗畜牧局总负责，苏木（镇）、嘎查统一组织投放，并进行逐户登记，建档立卡。以下是旗政府向牧户颁发的“禁牧、休牧户基本情况登记卡”“休牧、禁牧区饲草料供应卡”“禁牧、休牧领取饲草料明细表”等，这有助于了解禁牧、休牧的具体运作情况以及相关细节。

禁牧、休牧户基本情况登记卡

旗县市（区）______　苏木（乡镇）______嘎查（村）______　户主______　人口（人）______　土地面积（亩）_

____ 围栏面积（亩）______ 棚（平方米）______ 其中暖棚（平方米）______ 露棚（平方米）______ 圈（平方米）______ 需贮备饲草（斤）______ 实际贮备饲草（斤）______ 需贮备饲料（斤）______ 实际贮备饲料（斤）______ 曹斗（个）______ 饮水方式______ 井（口）______ 其中机井（口）______ 普通井（口）______
现有牲畜（头/只）______ 其中牛（头）______ 绵羊（只）______ 山羊（只）______ 幼畜（头/只）______
其中羊羔（只）______ 牛犊（头）______

休牧、禁牧区饲草料供应卡

××××旗××××苏木（镇、场）

××××嘎查××××浩特

户主姓名：××××

表 2－7　禁牧、休牧领取饲草料明细

项目日期	草场面积（亩）	牲畜头数		饲料补贴（元）	领取人签章
		大畜（头）	小畜（只）		

一份苏木统计资料详细记录了 2003 年乌日根呼格吉勒嘎查休牧期补贴发放情况，可以了解具体的补贴情况（见表 2－8）。

表2-8　乌日根呼格吉勒嘎查2003年3月休牧期发放饲料明细

牧户	草场经营权证编号	休牧证编号	饲料发放证编号	承包草场面积（亩）	规定草场载畜量（羊单位/53亩）	供饲草料标准（斤/亩）	供应饲草料指标（斤）	其中			第一批发放（斤）	第二批发放（斤）	第三批发放（斤）
								扣加工费玉米（斤）	超出面积扣饲料（斤）	实发颗粒饲料（斤）			
户1	007	0844	0844	26015	491	1.8	46827	12643	5567	28617	10588	10016	8013
户2	032	0845	0845	19210	362	1.8	34578	9336	4111	21131	7818	7396	5917
户3	030	0846	0846	26400	498	1.8	47520	12830	5650	29040	10745	10164	8131
户4	034	0847	0847	3810	72	1.8	6858	1852	815	4191	0	0	4191
户5	029	0848	0848	27435	518	1.8	49383	13333	5871	30179	11166	10562	8450
户6	031	0849	0849	23525	444	1.8	42345	11433	5034	25878	9575	9057	7246
户7	018	0850	0850	14385	271	1.8	25893	6991	3078	15824	0	0	15824
户8	017	0851	0851	11895	224	1.8	21411	5781	2546	13085	4841	4580	3664
户9	012	0852	0852	20960	395	1.8	37728	10187	4485	23056	8531	8070	6456
户10	011	0853	0853	15600	294	1.8	28080	7582	3338	17160	6349	6006	4805

续表

牧户	草场经营权证编号	休牧证编号	饲料发放证编号	承包草场面积（亩）	规定草场载畜量（羊单位/53亩）	供饲草料标准（斤/亩）	供应饲草料指标（斤）	其中			第一批发放（斤）	第二批发放（斤）	第三批发放（斤）
								扣加工费玉米（斤）	超出面积扣饲料（斤）	实发颗粒饲料（斤）			
户11	035	0854	0854	10070	190	1.8	18126	4894	2155	11077	0	0	11077
户12	028	0855	0855	19300	364	1.8	34740	9380	4130	21230	7855	7431	5944
户13	008	0856	0856	22655	427	1.8	40779	11010	4848	24921	9221	8722	6978
户14	013	0857	0857	8590	162	1.8	15462	4175	1838	9449	0	0	9449
户15	027	0858	0858	21590	407	1.8	38862	10493	4620	23749	8787	8312	6650
户16	009	0859	0859	22655	427	1.8	40779	11010	4848	24921	9221	8722	6978
户17	005	0860	0860	34715	655	1.8	62487	16871	7429	38187	14129	13365	10692
户18	006	0861	0861	17990	339	1.8	32382	8743	3850	19789	7322	6926	5541
户19	015	0862	0862	11270	213	1.8	20286	5477	2412	12397	4587	4339	3471
户20	026	0863	0863	24295	458	1.8	43731	11807	5199	26725	0	0	26725

续表

牧户	草场经营权证编号	休牧证编号	饲料发放证编号	承包草场面积（亩）	规定草场载畜量（羊单位/53亩）	供饲草料标准（斤/亩）	供应饲草料指标（斤）	其中			第一批发放（斤）	第二批发放（斤）	第三批发放（斤）
								扣加工费玉米（斤）	超出面积扣饲料（斤）	实发颗粒饲料（斤）			
户21	025	0864	0864	23180	437	1.8	41724	11265	4961	25498	9434	8924	7139
户22	014	0865	0865	26155	493	1.8	47079	12711	5597	28771	10645	10070	8056
户23	016	0866	0866	29985	563	1.8	53973	14573	6417	32984	12204	11544	9235
户24	004	0867	0867	21535	406	1.8	38763	10466	4608	23689	0	0	23689
户25	022	0868	0868	10910	206	1.8	19638	5302	2335	12001	4440	4200	3360
户26	003	0869	0869	24040	454	1.8	43272	11683	5145	26444	9784	9255	7404
户27	001	0870	0870	27660	522	1.8	49788	13443	5919	30426	11258	10649	8519
户28	024	0871	0871	27235	514	1.8	49023	13236	5828	29959	11085	10485	8388
户29	002	0872	0872	36155	682	1.8	65079	17571	7737	39771	14715	13920	11136
种畜场	033	0873	0873	10000	189	1.8	18000	4860	2140	11000	4070	3850	3080
合计				619220	11677		1114596	300938	132511	681149	218370	206565	256208

注："羊单位/53亩"表示53亩草场可养一只羊。

五　牧民的看法

牧民阿××说：“国家和政府是为环境和牧民考虑，出发点是良好的，但把半农半牧地区的圈养经验移植到纯牧区的话，没有利润，没有收成。像前几年那样发生大自然灾害的话，不圈养不行，风调雨顺的年份，剩余物产储存起来，用到不好的年份，这样才合理。半农半牧区没有牧场，再说他们的牲畜数量少，况且也有秸秆之类的植物来喂养，有很好的圈养条件。但这里不能种，草饲料供不起，本地羊不能老是关起来，需要经常跑动，长时间关起来，从羊圈里放出来的时候，有的羊一挤就倒下去，甚至起不来。过去游牧时，畜群在运动中增强体质，通过采食不同地域的不同草类调整补充所需各种营养元素。定居之后，这些只能通过人工方式解决，甚至影响食肉质量。”

陶××说：“嘎查情况你也看见了，能做的活儿少，我们增加收入的唯一途径就是多养牲畜，数量多了收入才能增加。如果限制数量，又进行圈养，草饲料又自己供应，没几年，生计都会成问题，只能给国家增加负担。”

格××说：“我不想离开，我只会放牧，岁数也大了，学别的也不可能了，去别的地儿啥也不会做。我见过别的地方像我一样的牧户，离开自家草场去移民村村边打工，种玉米，干农活儿，不会干，没挣上钱，老婆也跟人跑了，还搞坏了家乡的草原，我不干。”

第三章　经济

乌日根呼格吉勒嘎查是典型的纯牧业经济基层单位，其经营内容和方式完全体现在牧业经济的方方面面。无论过去还是现在，牧民的经济来源都以出售活畜为主。牲畜的出售仍是等待个体商贩上门收购，牧民处在被动参与市场经济的地位。畜产品和奶食品的加工出售以及外出打工等经济行为较少。

第一节　牧业

一　五畜

五畜（马、牛、骆驼、绵羊、山羊）混养是游牧经济发展过程中自然形成的经济结构，五六千年前就已基本形成。历史时期，马、羚羊、绵羊、山羊、牛、牦牛、狗、驴、骡等先后成为游牧人的驯养对象，而最终定型为五畜是由游牧经济发展规律和游牧人生产、生活需求决定的。五畜向牧民提供了食物以及生活用品，还成为牧民的生产用具。牧民根据牲畜的形体大小，将牲畜分为大畜和小畜；根据牧养方式分为手头近养和长放远养两种。马、牛、骆驼为大畜，绵羊、山羊是小畜；马和骆驼适合长放远养，牛、绵羊、山羊为手头近养牲畜。牧民所需的乳制品和肉食有赖于所有畜种，然而以手头近养的牛、绵羊、山羊为主。机械加入牧业生产之前，在生产资料的供应方面，五畜“一个都不能少”。马鬃、马尾、驼毛、驼鬣有搓绳子、纺线之用，而羊毛是擀毡或毡制用品的原料，绵羊和山羊皮可缝制冬衣，牛皮可用来制作皮绳和各种皮质用品，驼毛、羊毛是纺织原料。发挥生产用具功能的主要是公马、公驼、公牛，骒马和成年母驼可适时用于非负重生产活动，而母牛有产奶和繁衍功能。运输任务由牛和骆驼承担，长途运输、拉脚、走场时多用牛车和驼运，牛的强大拉力和骆驼背部的负重能力，发挥着不可替代的作用。游牧世界里，在畜牧、狩猎、商贸、征战、娱乐各个领域，马的功能都无所不在，马是游牧经济的砥柱。

五畜混养不仅是为了获得畜乳和肉食，更是游牧世界发展进程中畜牧、狩猎、交通、商贸、军事、文体娱乐等总体需要的产物。

漫长的历史使五畜经济发展了内部协调机制，以下是笔者整理的嘎查牧户对五畜关系的各种看法，有助于了解其内部协调机制。

“畜群会分成四组，散开吃草。绵羊和山羊为一群，牛自行一群，还有马群和骆驼群。羊群和牛群虽有别，但牧放草场基本相同。绵羊和山羊的合群是个‘和谐社会’，绵羊与山羊之间没有矛盾，然而山羊会咩咩叫，呼朋引伴，共同移动。群里山羊一般勇为急先锋，行动活跃，喜欢散开吃草。绵羊习惯于紧随大群，移动速度相对缓慢。山羊的领头有利于羊群寻觅多种牧草，充分吸收所需不同营养成分。在炎热的夏季，绵羊过度集中抱团时，山羊能起到拉散绵羊团保证羊群正常食草的作用，冬天雪暴中大‘色尔赫’（成年骟山羊）率群顶风雪而行，避免羊群跑散走失。牛不能与羊合牧，但许多方面两种畜群间并无冲突，遇到雪暴或雪灾时可以一同赶。牛群走在前面，能给跟随后面的羊群遮挡风雪。牧民迁到夏营盘或秋营盘时，羊圈置于中，前方布置拴牛群的长绳，后方安营，形成包围状。牛的犄角可有效防范狼袭羊群。牛、羊一般在离牧家不远的四周牧场近养，而对草场要求较高的马和骆驼是长放远养的，会游走戈壁深处，从而避免了与羊和牛群产生牧场矛盾。羊喜欢吃植物的枝叶，咬断植物鲜嫩部位而食，牛则用舌头卷草吃，吃植物主杆（近年该区域草原退化草长得不高，导致养牛困难，数量大减）。牛羊各吃植物不同部分，没有矛盾。马和骆驼亦无矛盾，马喜欢吃草籽和草尖，在戈壁牧场自由游走，骆驼则吃万年蒿等羊、马基本不食的戈壁碱性木本植物。对五畜总体而言，大畜会起到保护牧群，管理、运输草饲料，抵御灾害的作用，是重要的生产助手。五畜之间相辅相成，有机结合，所以千百年来游牧人的畜群遇到再大的灾害，总会有牲畜存活下来。”

据嘎查牧民们说，这里牲畜改良工作开展得很早，且一段时期发展迅速，新疆羊品种最多时占羊群的20%还多，但近年频繁的自然灾害和环境退化使新疆羊不能再适应这里的地理环境，再加上新疆羊的市场价格下降，牧民就纷纷处理，一只也没留下。目前，乌日根呼格吉勒嘎查牧养的仍是以适应干旱寒冷环境且忍耐力强的本地羊为主。他们牧养的苏尼特羊和苏尼特骆驼是国内乃至国际知名的优良品种。

图3－1显示的是笔者所见乌日根呼格吉勒嘎查1967～2001年部分年份牲畜统计数据表格。

为保存资料并能更具体入微地了解该嘎查畜牧业发展变化情况，笔者将繁杂数据整理成13个表格（见附录表3－1至表3－13）。

表3－1　1967年7月至1968年7月牲畜统计数据

单位：头/只

<table>
<tr><th rowspan="3" colspan="3">畜种
数据
项目</th><th colspan="8">1967年7月至1968年7月</th></tr>
<tr><th colspan="4">大畜</th><th colspan="3">小畜</th><th rowspan="2">大小畜合计</th></tr>
<tr><th>牛</th><th>马</th><th>骆驼</th><th>合计</th><th>绵羊</th><th>山羊</th><th>合计</th></tr>
<tr><td colspan="3">期初实有头数</td><td>595</td><td>780</td><td>34</td><td>1409</td><td>3321</td><td>2728</td><td>6049</td><td>7458</td></tr>
<tr><td rowspan="8">年内增减变化情况</td><td colspan="2">繁殖仔畜</td><td>49</td><td>121</td><td>0</td><td>170</td><td>715</td><td>279</td><td>994</td><td>1164</td></tr>
<tr><td colspan="2">其中：成活仔畜</td><td>43</td><td>110</td><td>0</td><td>153</td><td>545</td><td>230</td><td>775</td><td>928</td></tr>
<tr><td colspan="2">买入</td><td></td><td></td><td></td><td></td><td></td><td></td><td></td><td></td></tr>
<tr><td colspan="2">其他增加</td><td></td><td></td><td></td><td></td><td></td><td></td><td></td><td></td></tr>
<tr><td rowspan="4">成幼畜死亡</td><td>病害</td><td></td><td></td><td></td><td></td><td></td><td></td><td></td><td></td></tr>
<tr><td>灾害</td><td></td><td></td><td></td><td></td><td></td><td></td><td></td><td></td></tr>
<tr><td>狼害</td><td></td><td></td><td></td><td></td><td></td><td></td><td></td><td></td></tr>
<tr><td>合计</td><td>374</td><td>65</td><td>5</td><td>444</td><td>1138</td><td>938</td><td>2076</td><td>2520</td></tr>
<tr><td rowspan="3">年内增减变化情况</td><td colspan="2">自宰自食</td><td>17</td><td>0</td><td>0</td><td>17</td><td>0</td><td>0</td><td>0</td><td>17</td></tr>
<tr><td colspan="2">其中：牧民自食</td><td></td><td></td><td></td><td>17</td><td>343</td><td>116</td><td>459</td><td>476</td></tr>
<tr><td colspan="2">出卖</td><td>18</td><td>71</td><td>0</td><td>89</td><td>434</td><td>365</td><td>799</td><td>888</td></tr>
</table>

续表

畜种／数据／项目		1967年7月至1968年7月							
		大畜				小畜			大小畜
		牛	马	骆驼	合计	绵羊	山羊	合计	合计
年内增减变化情况	其中：卖给国家	18	71	0	89	434	365	799	888
	其中：卖给集体或个人								
	其中：出售肉畜								
	其中：出售幼畜								
	其他减少								
期末实有头数		229	754	29	1012	1951	1539	3490	4502
按经济类型分	全民所有制								
	公社集体经营	206	731	26	963	1720	1484	3204	4167
	公社社员自留	23	23	3	49	231	55	286	335
	机关团体经营								
	牧区牧民经营								
	其他								
按期末实有头数分	能繁殖的母畜	103	288	4	395	1004	960	1964	2359
	其中：良种及改良种								
	种公畜	1	39	1	41	40	5	45	86
	其中：良种								
	良种牲畜	0	0	0	0	5	0	5	5
	改良种牲畜								

注：为便于统计，故将五畜的单位统一为头/只，下同。

表 3－2　1973 年 7 月牲畜统计数据

单位：头/只

数据 畜种 项目			1973 年 7 月							
			大畜				小畜			大小畜合计
			牛	马	骆驼	合计	绵羊	山羊	合计	
期初实有头数			447	1115	124	1686	4836	1862	6698	8384
年内增减变化情况	繁殖仔畜		82	78	13	173	1450	147	1597	1770
	其中:成活仔畜		80	78	12	170	1301	331	1632	1802
	买入									
	其他增加									
	成幼畜死亡	病害	0	0	0	0	69	47	116	116
		灾害	57	202	0	259	436	155	591	850
		狼害	0	0	0	0	0	0	0	0
		合计	57	202	0	259	505	202	707	966
	自宰自食									
	其中：农牧民自食		27	0	0	27	262	142	404	431
	出卖		11	48	0	59	624	414	1038	1097
	其中	卖给国家	0	31	0	31	469	292	761	792
		卖给机关或个人	11	17	0	28	155	122	277	305
		出售肉畜								
		出售幼畜								
	其他减少		57	181	0	238	0	0	0	238
期末实有头数			375	762	136	1273	4746	1435	6181	7454
按经济类型分	全民所有制									
	公社集体经营		364	746	136	1246	4617	1396	6013	7259
	公社社员自留		11	10	0	21	129	39	168	189

注：为保存数据原貌，有疑问处未予更改。如山羊成活仔畜大于繁殖仔畜，因不知其因，按数据原样录入。

续表

项目 \ 数据 \ 畜种		1973年7月							
		大畜				小畜			大小畜合计
		牛	马	骆驼	合计	绵羊	山羊	合计	
按经济类型分	机关团体经营								
	牧区牧民经营								
	其他								
按期末实有头数分	能繁殖的母畜	137	245	42	424	2228	762	2990	3414
	其中：良种及改良种	6	2	0	8	1962	0	1962	1970
	种公畜	33	6	1	40	87	13	100	140
	其中：良种	1	2	0	3	23	0	23	26
	良种牲畜	6	0	0	6	56	0	56	62
	改良种牲畜	0	2	0	2	1906	0	1906	1908

表 3－3　1977 年 7 月至 1978 年 6 月牲畜统计数据

单位：头/只

项目 \ 数据 \ 畜种			1977年7月至1978年6月							
			大畜				小畜			大小畜合计
			牛	马	骆驼	合计	绵羊	山羊	合计	
期初实有头数			717	1237	197	2151	6567	1342	7909	10060
年内增减变化情况	繁殖仔畜		65	46	24	135	1977	430	2407	2542
	其中:成活仔畜		60	45	21	126	1780	408	2188	2314
	买入									
	其他增加									
	成幼畜死亡	病害								
		灾害								
		狼害								
		合计	141	26	4	171	163	38	201	372
	自宰自食									

续表

项目		1977年7月至1978年6月							
		大畜				小畜			大小畜合计
		牛	马	骆驼	合计	绵羊	山羊	合计	
年内增减变化情况	其中：农牧民自食	19	0	0	19	528	112	640	659
	出卖								
	其中 卖给国家	0	8	0	8	434	203	637	645
	其中 卖给集体或个人	52	0	0	52	393	49	442	494
	其中 出售肉畜								
	其中 出售幼畜								
	其他减少	150	318	18	486	62	27	89	575
期末实有头数		415	930	196	1541	6767	1321	8088	9629
按经济类型分	全民所有制								
	公社集体经营	414	930	196	1540	6509	1250	7759	9299
	公社社员自留	1	0	0	1	258	71	329	330
	机关团体经营								
	牧区牧民经营								
	其他								
按期末实有头数分	能繁殖的母畜	186	344	69	599	3207	504	3711	4310
	其中：良种及改良种								
	种公畜	8	32	1	41	98	18	116	157
	其中：良种								
	良种牲畜	6	2	0	8	30	0	30	38
	改良种牲畜								

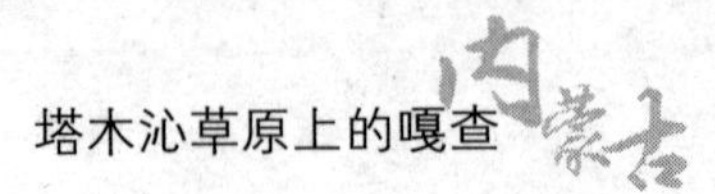

表 3－4　1978 年 7 月至 1979 年 6 月牲畜统计数据

单位：头/只

畜种 数据 项目	1978 年 7 月至 1979 年 6 月							
	大畜				小畜			大小畜合计
	牛	马	骆驼	合计	绵羊	山羊	合计	
期初实有头数	415	930	196	1541	6767	1321	8088	9629
年内增减变化情况 繁殖仔畜	116	223	34	373	2636	484	3120	3493
年内增减变化情况 其中：成活仔畜	116	222	33	371	2501	476	2977	3348
年内增减变化情况 买入								
年内增减变化情况 其他增加								
年内增减变化情况 成幼畜死亡 病害	4	4	0	8	0	0	0	8
年内增减变化情况 成幼畜死亡 灾害								
年内增减变化情况 成幼畜死亡 狼害								
年内增减变化情况 成幼畜死亡 合计	4	4	0	8	191	22	213	221
年内增减变化情况 自宰自食								
年内增减变化情况 其中：牧民自食	38	55	5	98	595	125	720	818
年内增减变化情况 出卖								
年内增减变化情况 其中 卖给国家	25	0	1	26	378	194	572	598
年内增减变化情况 其中 卖给集体或个人								
年内增减变化情况 其中 出售肉畜								
年内增减变化情况 其中 出售幼畜								
年内增减变化情况 其他减少								
期末实有头数	464	1093	223	1780	8104	1456	9560	11340
按经济类型分 全民所有制								
按经济类型分 公社集体经营	462	1093	233	1778	7800	1378	9178	10956
按经济类型分 公社社员自留	4	0	0	4	304	78	382	386
按经济类型分 机关团体经营								
按经济类型分 牧区牧民经营								
按经济类型分 其他								

注：该表“期末实有头数”不等于“公社集体经营”与“公社社员自留”之合。

续表

项目 \ 数据 \ 畜种		1978年7月至1979年6月							
		大畜				小畜			大小畜合计
		牛	马	骆驼	合计	绵羊	山羊	合计	
按期末实有头数分	能繁殖的母畜	204	419	84	707	3853	651	4504	5211
	其中：良种及改良种								
	种公畜	7	36	2	45	81	32	113	158
	其中：良种								
	良种牲畜	0	2	0	2	0	0	0	2
	改良种牲畜	42	56	0	98	5115	0	5115	5213

注：该年度牲畜成活率97.70%，仔畜成活率95.85%，保产率99.28%，总增长率32.47%，净增长率17.79%，母畜比例45.86%，改良牲畜比例45.88%，私人牲畜占3.31%。

表3－5　1981年1～12月牲畜统计数据

单位：头/只

项目 \ 数据 \ 畜种			1981年1～12月							
			大畜				小畜			大小畜合计
			牛	马	骆驼	合计	绵羊	山羊	合计	
期初实有头数			503	950	213	1666	3542	495	4037	5703
年内增减变化情况	繁殖仔畜		123	163	38	324	1386	158	1544	1868
	其中:成活仔畜		123	163	37	323	1362	138	1500	1823
	买入									
	其他增加									
	成幼畜死亡	病害								
		灾害								
		狼害								
		合计	1	0	0	1	19	2	21	22
	自宰自食		6	0	0	6	531	175	706	712
	其中:农牧民自食		5	0	0	5	337	87	424	429
	出卖		48	103	15	166	167	24	191	357

续表

数据 项目		畜种	1981年1~12月							
			大畜				小畜			大小畜合计
			牛	马	骆驼	合计	绵羊	山羊	合计	
年内增减变化情况	其中	卖给国家	48	103	15	166	0	0	0	166
		卖给集体或个人								
		出售肉畜								
		出售幼畜								
	其他减少									
期末实有头数			572	1010	234	1816	4187	432	4619	6435
按经济类型分	全民所有制									
	公社集体经营		482	899	213	1594	3165	271	3436	5030
	公社社员自留		90	111	21	222	1022	161	1183	1405
	机关团体经营									
	牧区牧民经营									
	其他									
按期末实有头数分	能繁殖的母畜		155	203	64	422	1626	73	1699	2121
	其中：良种及改良种									
	种公畜		12	36	3	51	86	34	120	171
	其中：良种									
	良种牲畜		0	1	0	1	63	0	63	64
	改良种牲畜		98	11	0	109	1358	0	1358	1467

注：表中牛与骆驼的数据有误，但为保存资料原貌，未予更正。

表 3－6　1982 年 1～12 月牲畜统计数据

单位：头/只

项目			1982 年 1～12 月							
数据＼畜种			大畜				小畜			大小畜合计
			牛	马	骆驼	合计	绵羊	山羊	合计	
期初实有头数			572	1010	234	1816	4187	432	4619	6435
年内增减变化情况	繁殖仔畜		123	163	37	323	1362	138	1500	1823
	其中:成活仔畜		123	43	36	202	1352	138	1490	1692
	买入		10	1	0	11	125	15	140	151
	其他增加									
	成幼畜死亡	病害								
		灾害								
		狼害								
		合计	1	2	0	3	10	2	12	15
	自宰自食		26	0	1	27	380	21	401	428
	其中：农牧民自食		10	0	0	10	305	21	326	336
	出卖		30	22	8	60	173	16	189	249
	其中	卖给国家	30	22	8	60	173	16	189	249
		卖给集体或个人								
		出售肉畜								
		出售幼畜								
	其他减少									
期末实有头数			648	1030	261	1939	5101	546	5647	7586
按经济类型分	全民所有制									
	公社集体经营		504	900	220	1623	3167	317	3484	5107
	公社社员自留		144	251	41	436	1934	229	2163	2599
	机关团体经营									
	牧区牧民经营									
	其他									

续表

项目 \ 数据 \ 畜种		1982年1~12月							
		大畜				小畜			大小畜合计
		牛	马	骆驼	合计	绵羊	山羊	合计	
按期末实有头数分	能繁殖的母畜	149	196	60	405	1426	48	1474	1879
	其中：自留母畜	40	36	10	86	600	20	620	706
	种公畜	11	38	3	52	80	24	104	156
	其中：良种								
	良种牲畜								
	改良种牲畜	98	10	0	108	1100	0	1100	1208

注：表中部分数据有误，但为保存资料原貌，未予更正。

表3-7　1984年7月至1985年6月牲畜统计数据

单位：头/只

项目 \ 数据 \ 畜种			1984年7月至1985年6月							
			大畜				小畜			大小畜合计
			牛	马	骆驼	合计	绵羊	山羊	合计	
期初实有头数			733	1096	298	2127	5762	904	6666	8793
年内增减变化情况	繁殖仔畜		158	99	40	297	1792	295	2087	2384
	其中：成活仔畜		158	99	40	297	1792	295	2087	2384
	买入		0	0	0	0	0	0	17	17
	其他增加		25	11	13	49	355	128	483	532
	成幼畜死亡	病害								
		灾害								
		狼害								
		合计	26	33	18	77	152	21	173	250
	自宰自食		29	0	0	29	706	66	772	801
	其中：农牧民自食		29	0	0	29	706	66	772	801
	出卖		149	375	37	561	1014	139	1153	1714

续表

项目		1984年7月至1985年6月 牛	马	骆驼	大畜合计	绵羊	山羊	小畜合计	大小畜合计
年内增减变化情况	其中：卖给国家	4	1	1	6	431	121	552	558
	其中：卖给集体或个人								
	其中：出售肉畜								
	其中：出售幼畜								
	其他减少	15	41	5	61	178	17	195	256
期末实有头数		697	757	291	1745	5859	1084	6943	8688
按经济类型分	全民所有制								
	公社集体经营								
	公社社员自留								
	机关团体经营								
	牧区牧民经营	697	757	291	1745	5859	1084	6943	8688
	其他								
按期末实有头数分	能繁殖的母畜	276	209	115	600	2740	511	3251	3851
	其中：良种及改良种								
	种公畜	18	13	2	33	65	10	75	108
	其中：良种								
	良种牲畜								
	改良种牲畜	0	0	0	0	3970	0	3970	3970

表 3-8　1985 年 1～12 月牲畜统计数据

单位：头/只

项目			1985 年 1～12 月							
			大畜				小畜			大小畜合计
			牛	马	骆驼	合计	绵羊	山羊	合计	
期初实有头数			614	980	277	1871	5499	815	6314	8185
年内增减变化情况	繁殖仔畜		157	96	39	292	1811	322	2133	2425
	其中:成活仔畜		157	95	39	291	1768	322	2090	2381
	买入									
	其他增加									
	成幼畜死亡	病害								
		灾害								
		狼害								
		合计	3	9	3	15	45	6	51	66
	自宰自食		41	0	0	41	640	39	679	720
	其中：农牧民自食									
	出卖		68	20	5	93	702	107	809	902
	其中	卖给国家	66	2	0	68	376	104	480	548
		卖给集体或个人								
		出售肉畜								
		出售幼畜								
	其他减少		15	16	4	35	166	33	199	234
期末实有头数			644	1030	304	1978	5714	952	6666	8644
按经济类型分	全民所有制									
	公社集体经营									
	公社社员自留									
	机关团体经营									
	牧区牧民经营		644	1030	304	1978	5714	952	6666	8644
	其他									

续表

项目 \ 数据 \ 畜种		1985 年 1~12 月							
		大畜				小畜			大小畜合计
		牛	马	骆驼	合计	绵羊	山羊	合计	
按期末实有头数分	能繁殖的母畜	188	185	97	470	1408	108	1516	1986
	其中：良种及改良种								
	种公畜	7	18	2	27	62	19	81	108
	其中：良种								
	良种牲畜								
	改良种牲畜								

以上统计数据均来自苏尼特左旗统计局档案资料，以下是在赛汉高毕苏木档案中找到的数据。

表 3-9　1987 年 7 月至 1988 年 6 月牲畜统计数据

单位：头/只

项目 \ 数据 \ 畜种			1987 年 7 月至 1988 年 6 月							
			大畜				小畜			大小畜合计
			牛	马	骆驼	合计	绵羊	山羊	合计	
期初实有头数			609	896	357	1862	5150	1120	6270	8132
年内增减变化情况	繁殖仔畜		209	141	65	415	1800	486	2286	2701
	其中：成活仔畜		209	141	65	415	1800	486	2286	2701
	买入		0	0	0	0	10	0	10	10
	其他增加		8	16	4	28	64	68	132	160
	成幼畜死亡	病害								
		灾害								
		狼害								
		合计	5	6	0	11	47	14	61	72
	自宰自食		22	0	2	24	579	37	616	640
	其中：农牧民自食		17	0	1	18	579	37	616	634
	出卖		72	80	7	159	1069	98	1167	1326

续表

畜种/数据/项目			1987 年 7 月至 1988 年 6 月							
			大畜				小畜			大小畜合计
			牛	马	骆驼	合计	绵羊	山羊	合计	
年内增减变化情况	其中	卖给国家	40	0	0	40	507	81	588	628
		卖给集体或个人								
		出售肉畜								
		出售幼畜								
	其他减少		3	40	4	47	111	22	133	180
期末实有头数			724	927	413	2064	5218	1503	6721	8785
按经济类型分	全民所有制									
	公社集体经营									
	公社社员自留									
	机关团体经营									
	牧区牧民经营									
	其他									
按期末实有头数分	能繁殖的母畜		279	373	69	721	2205	648	2853	3574
	其中：良种及改良种									
	种公畜		9	20	3	32	67	21	88	120
	其中：良种									
	良种牲畜									
	改良种牲畜									

表 3 – 10　1988 年 1 ~ 12 月牲畜统计数据

单位：头/只

项目			1988 年 1 ~ 12 月							
			大畜				小畜			大小畜合计
			牛	马	骆驼	合计	绵羊	山羊	合计	
期初实有头数			534	888	356	1778	3526	972	4498	6276
年内增减变化情况	繁殖仔畜		203	140	65	408	1795	487	2282	2690
	其中：成活仔畜		203	140	65	408	1795	487	2282	2690
	买入									
	其他增加									
	成幼畜死亡	病害								
		灾害								
		狼害								
		合计	2	1	1	4	49	0	49	53
	自宰自食		30	0	5	35	434	21	455	490
	其中：农牧民自食		30	0	0	30	434	21	455	485
	出卖		40	150	30	220	516	62	578	798
	其中	卖给国家	16	0	0	16	203	59	262	278
		卖给集体或个人								
		出售肉畜								
		出售幼畜								
	其他减少		55	0	0	55	0	0	0	55
期末实有头数			610	877	385	1872	4322	1376	5698	7570
按经济类型分	全民所有制									
	公社集体经营									
	公社社员自留									
	机关团体经营									
	牧区牧民经营									
	其他									

续表

项目＼数据＼畜种		1988 年 1～12 月							
		大畜				小畜			大小畜合计
		牛	马	骆驼	合计	绵羊	山羊	合计	
按期末实有头数分	能繁殖的母畜	249	209	97	555	1926	602	2528	3083
	其中：良种及改良种								
	种公畜	8	7	5	20	65	20	85	105
	其中：良种								
	良种牲畜								
	改良种牲畜								

表 3－11　1992 年 7 月至 1993 年 6 月牲畜统计数据

单位：头/只

项目＼数据＼畜种			1992 年 7 月至 1993 年 6 月							
			大畜				小畜			大小畜合计
			牛	马	骆驼	合计	绵羊	山羊	合计	
期初实有头数			835	761	301	1897	5785	2773	8558	10455
年内增减变化情况	繁殖仔畜		200	131	24	355	2008	725	2733	3088
	其中：成活仔畜		200	131	24	355	2008	725	2733	3088
	买入									
	其他增加									
	成幼畜死亡	病害								
		灾害								
		狼害								
		合计	36	14	7	57	96	79	175	232
	自宰自食		39	0	1	40	454	98	552	592
	其中：农牧民自食		39	0	1	40	454	98	552	592
	出卖		74	43	60	177	1635	571	2206	2383

续表

项目		1992年7月至1993年6月							
		大畜				小畜			大小畜合计
		牛	马	骆驼	合计	绵羊	山羊	合计	
年内增减变化情况	其中：卖给国家								
	其中：卖给集体或个人								
	其中：出售肉畜								
	其中：出售幼畜								
	其他减少								
期末实有头数		886	835	257	1978	5608	2750	8358	10336
按经济类型分	全民所有制				8	374	70	444	452
	公社集体经营								
	公社社员自留								
	机关团体经营								
	牧区牧民经营	878	835	257	1970	5204	2633	7837	9807
	其他								
按期末实有头数分	能繁殖的母畜	364	252	74	690	2826	1158	3982	4672
	其中：良种及改良种								
	种公畜	11	20	5	36	99	20	119	155
	其中：良种								
	良种牲畜	4							
	改良种牲畜								

表 3－12　1993 年 1～12 月牲畜统计数据

单位：头/只

数据项目		畜种	1993 年 1～12 月							
			大畜				小畜			大小畜合计
			牛	马	骆驼	合计	绵羊	山羊	合计	
期初实有头数			704	747	245	1696	4288	208	4496	6192
年内增减变化情况	繁殖仔畜									
	其中：成活仔畜		200	131	24	355	2008	725	2733	3088
	买入									
	其他增加									
	成幼畜死亡	病害								
		灾害								
		狼害								
		合计	0	0	0	0	76	26	102	102
	自宰自食		28	0	12	40	457	97	554	594
	其中：农牧民自食		28	0	12	40	457	97	554	594
	出卖		138	99	74	311	1313	345	1658	1969
	其中	卖给国家								
		卖给集体或个人								
		出售肉畜								
		出售幼畜								
	其他减少									
期末实有头数			738	779	183	1700	4450	465	4915	6615
按经济类型分	全民所有制									
	公社集体经营									
	公社社员自留									
	机关团体经营									
	牧区牧民经营									
	其他									

续表

项目＼数据＼畜种		1993年1~12月							
		大畜				小畜			大小畜合计
		牛	马	骆驼	合计	绵羊	山羊	合计	
按期末实有头数分	能繁殖的母畜	273	188	61	522	1981	1080	3061	3583
	其中：良种及改良种								
	种公畜	11	20	5	36	102	40	142	178
	其中：良种								
	良种牲畜								
	改良种牲畜								

表3-13　2001年1~12月牲畜统计数据

单位：头/只

项目＼数据＼畜种			2001年1~12月							
			大畜				小畜			大小畜合计
			牛	马	骆驼	合计	绵羊	山羊	合计	
期初实有头数			503	308	99	910	7787	3038	10825	11735
年内增减变化情况	繁殖仔畜		110	62	17	189	7019	2588	9607	9796
	其中:成活仔畜		110	62	15	187	7019	2588	9607	9794
	买入									
	其他增加		10	17	4	31	38	497	535	566
	成幼畜死亡	病害								
		灾害								
		狼害								
		合计	1	0	0	1	1516	58	1574	1575
	自宰自食		17	0	0	17	430	66	496	513
	其中：农牧民自食									
	出卖		458	263	78	799	9623	3437	13060	13859

续表

项目		2001年1~12月							
		大畜				小畜			大小畜合计
		牛	马	骆驼	合计	绵羊	山羊	合计	
年内增减变化情况	其中：卖给国家								
	其中：卖给集体或个人								
	其中：出售肉畜	670	340	252	1262	8200	2612	10812	12074
	其中：其中出售仔畜	86	50	5	141	5430	1910	7340	7481
	其他减少	0	0	2	2	196	0	196	198
期末实有头数		147	124	38	309	3079	2562	5641	5950
按经济类型分	全民所有制								
	公社集体经营								
	公社社员自留								
	机关团体经营								
	牧区牧民经营								
	其他								
按期末实有头数分	能繁殖的母畜	118	93	13	224	3635	1863	5498	5722
	其中：良种及改良种								
	种公畜	6	2	1	9	109	54	163	172
	其中：良种								
	良种牲畜	5	0	0	5	0	0	0	5
	改良种牲畜	10	0	0	10			2651	2661

注：表中部分数据有误，但为保存资料原貌，未予更正。

（一）乌日根呼格吉勒嘎查牧养的苏尼特羊

言谈之间，嘎查牧民时不时表现出对自家牲畜品种的自信。苏尼特羊（也称戈壁羊），是蒙古羊的优良类群，形成历史悠久。在放牧条件下，经过长期自然选育和人工选育，苏尼特羊成为耐寒、抗旱、生长发育快、适应荒漠草原生态的品种，对当地牧草稀疏低矮、寒冷干燥条件有特殊的适应性，生命力强。1986 年，苏尼特羊被锡林郭勒盟技术监督局批准为地方良种，1997 年，内蒙古自治区人民政府正式将其命名为“苏尼特羊”品种。自 2001 年国家质检总局颁布《原产地标记管理规定实施办法》以来，2003 年 9 月 1～5 日，国家质检总局原产地标记注册专家评审组对“苏尼特牌”苏尼特羊及系列肉产品进行了原产地标记注册评审。专家评审组认为：该申请产品位置界定明确，有明显的地理特征，基本符合《原产地标记管理规定》及实施办法的要求（请参见附录 4）。原产地标记注册的开展对乌日根呼格吉勒嘎查扩大畜产品出售具有深远影响。

苏尼特羊品种特征明显。苏尼特羊公羔、母羔的性成熟期为 6～8 月龄，母羊发情周期平均 16～17 天，范围在 15～19 天，发情持续期 24～36 小时。母羊 1.5 周岁开始配种，自然交配公、母比例大概是 1 只公种羊可配 30～50 只母羊，母羊怀孕期 150 天左右，往常每年秋季 10 月开始配种，次年 3 月初开始产羔，羔羊生长发育也快，6 月羯羔活重能达到 70 斤。有了棚圈以后，羔羊成活率有很大提高，没有灾害条件下成活率一般为 95% 左右。成年公羊平均体重140多斤，成年母羊100多斤，产肉多，生下10个月的羯羊胴体重70多斤。苏尼特羊的被毛是混型毛，主要由粗毛、绒毛和死毛纤维组成。被毛品质较差，死毛含量较多，一年剪两次毛，剪毛量较低，成年母羊2斤左右，成年公羊平均剪毛量3斤左右。苏尼特羊能够远途移动，冬季能刨雪啃食植物，还能充分利用青草季节迅速抓膘复壮，贮积大量脂肪。

（二）乌日根呼格吉勒嘎查的苏尼特骆驼

苏尼特双峰驼是在苏尼特草原特定生态环境中经过长期的自然选择而形成的地方良种，是内蒙古自治区优良品种之一，是一种珍贵的畜种资源。紫红和杏黄是苏尼特双峰驼的基本毛色，也有棕褐色的，白色的很少，所以人们特别稀罕白色的驼羔。苏尼特骆驼骨骼坚实，绒层厚密，保护毛多，肌肉发达，骨量较重，体质多属粗壮结实型，细致紧凑型所占比例不大。苏尼特骆驼体格硕大，有的体高2米多，身躯可长达1.8米，胸宽而深，驼峰最大后峰围达1.5米，颈长1米多，下厚上薄，两个侧面平扁，前面窄后面宽，弯曲呈“乙”字形。苏尼特双峰驼能产绒毛，过去牧民用它做御寒衣物。苏尼特骆驼还可泌乳，营养丰富。过去，嘎查还没有机井，人们要从离家很远的地方拉水吃，那时骆驼发挥着重要的运水功能。骆驼肉也可以吃，尤其驼肉馅饼很好吃。一峰母驼先后可生下8~9个驼羔。

表3-14是根据苏尼特左旗档案资料整理的乌日根呼格吉勒嘎查1968~2001年部分年份骆驼的增减情况。

表 3-14　乌日根呼格吉勒嘎查 1968～2001 年部分年份骆驼增减情况

单位：峰

年份			1968	1973	1978	1979	1981	1982	1985	1986
期初实有头数			34	124	197	196	213	234	298	277
年内增减变化情况	繁殖仔畜			13	24	34	38	37	40	39
	其中:成活仔畜			12	21	33	37	36	40	39
	成幼畜死亡		5		4				18	3
	自宰自食							1		
	其中:牧民自食					5				
	出卖						15	8	37	5
	其中	卖给国家				1	15	8	1	
		卖给集体或个人								
		出售肉畜								
		出售幼畜								
	其他减少				18				5	4
期末实有头数			29	136	196	223	235	261	291	304
按经济类型分	全民所有制									
	公社集体经营		26	136	196	223	214	220		
	公社社员自留		3				21	41		
	机关团体经营									
	牧区牧民经营								291	304
按期末实有头数分	能繁殖的母畜		4	42	69	84	64	60	115	97
	种公畜		1	1	1	2	3	3	2	2

续表

年份			1988	1989	1993	2001	
期初实有头数			357	356	301	99	
年内增减变化情况	繁殖仔畜		65	65	24	17	
	其中:成活仔畜		65	65	24	15	
	成幼畜死亡			1	7		
	自宰自食		2	5	1		
	其中:牧民自食		1		1		
	出卖		7	30	60	78	
	其中	卖给国家					
		卖给集体或个人					
		出售肉畜				252	
		出售幼畜				5	
	其他减少		4			2	
期末实有头数			413	385	257	38	
按经济类型分	全民所有制						
	公社集体经营						
	公社社员自留						
	机关团体经营						
	牧区牧民经营				257		
	其他						
按期末实有头数分	能繁殖的母畜		69	97	74	13	
	种公畜		3	5	5	1	

资料来源：根据苏尼特左旗统计局资料整理。

从表 3－14 所示内容看，该嘎查骆驼在 1968～1973 年的 7 年间增长了 2 倍多，其后一直保增，到 1993 年时达 301 峰，然而到 2001 年初时只有 99 峰，再加上其他方面的减少，最后只剩下 38 峰。

面对苏尼特骆驼濒临灭绝的危机，为保护地方良种，发挥养驼牧户的积极性，旗委、旗政府设专项资金，先后评选三批苏尼特双峰驼专业户。乌日根呼格吉勒嘎查的好毕斯哈拉图于 2010 年 7 月被选为第三批（10 户）双峰驼专业户之一。

（三）2009 年初乌日根呼格吉勒嘎查牲畜数量与结构

牧民称马、牛、骆驼为“布达·玛拉”，意为大畜，绵羊、山羊为“布格·玛拉”，即小畜。“围封转移”后，部分贫困人口被转移到满都拉图镇，留下的 20 个牧户的家畜情况基本能反映全嘎查的畜群结构。表 3－15 是 2009 年入户调查所得数据。

表 3－15　2009 年乌日根呼格吉勒嘎查畜群结构数据

牧户	牛（头）	马（匹）	骆驼（峰）
户 1	70	15	2
户 2	30	50	20
户 3	5	6	7
户 4	20	50	0
户 5	10	0	0
户 6	3	5	0
户 7	0	0	0

续表

牧户	牛（头）	马（匹）	骆驼（峰）
户 8	0	80	0
户 9	10	60	0
户 10	7	0	0
户 11	32	4	8
户 12	0	0	0
户 13	19	0	0
户 14	40	3	0
户 15	6	23	0
户 16	5	1	0
户 17	0	0	0
户 18	2	0	0
户 19	0	0	0
户 20	10	1	0
总　计	269	298	37

在传统畜牧经济的数量结构中，小畜往往占绝大多数，但比例不至过于悬殊。近年来牧区畜群结构发生重大变化是因为大畜数量急剧下降，比例大幅缩小，小畜成为主体。乌日根呼格吉勒嘎查情况即是典型。

羊的数量占主导地位与苏尼特羊的市场价值不无关系，如上所述苏尼特绵羊是远近闻名的品种。

苏尼特草原历来被称为“骆驼之乡”，但笔者在采访乌日根呼格吉勒嘎查途中一峰骆驼也没有看到，只是访谈中得知还存有 37 峰，是牧民出于传统感情留下的。鉴于骆驼濒临消失，政府在制定草畜平衡政策时对骆驼适当宽松，甚至不将其折合羊单位。

马的数量也无法与过去相比，目前嘎查共计仅存 298 匹马，且集中于少数几户人家：哈斯额尔敦 80 匹、嘎拉巴特尔 60 匹、巴图苏和 50 匹、胡毕斯哈拉 50 匹。嘎拉巴特尔是哈斯额尔敦的长子。过去锡林郭勒牧区马群数量是相当庞大的，现在为什么这么少了？对此，嘎查资深牧马人哈斯额尔敦认为："实行承包之后，草场缩小了，个人草场还拉了网围栏，马没地儿跑了，养马就变得困难了，每家每户养不了几匹马，再加上这些年连年发生自然灾害。过去是大锅饭，牛有牛的价格，马有马的价格，集体管理，还能保持马群的规模；现在养马没用了，市场上价格也不高，各家人手也不够，平均也就两三个劳动力，大伙便纷纷养起好养又好卖的山羊和绵羊，除个别人家，没人养马了。"哈斯额尔敦是当地远近闻名的牧马人。由于时间因素，笔者未能同他深入交谈，后来有缘得见《人与生物圈》杂志对他的一段专访，介绍他的同时也完整地记录了这位优秀牧马人对自己的生活以及畜群结构变化问题的看法。哈斯额尔敦祖孙三代都是出名的"阿都沁"（马倌）。过去，能成为优秀牧马人者必然是最优秀的牧民。据笔者观察，哈斯额尔敦为人勤谨、稳健，身手敏捷，很有想法，并拥有丰富的牧马经验，能独立思考问题，是一个成熟而富裕的人。他的意见值得重视，想必在许多方面可超过没有实际牧业生活经验的理论专家。以下是笔者摘录的《人与生物圈》杂志（2007 年第 2 期）采访他的内容，有助于理解这里的牧民如何看待五畜结构以及相关情况。

……一年前在我们进行前期调查的时候就去过他的蒙古包。拜访他的原因是，虽然别人都在淘汰马，可他还是牢牢守着自己那群80多匹的马群，并且宁可自己贴钱，还是像以前大集体一样，把四邻召集过来，大家一起打马鬃、烙马印子、骟马蛋。这些传统生产活动在现在的草原上已经是非常少见了。上次我们就是抱着对他的好奇而来的……在迷宫般的铁丝网中间绕了半个多钟头，才算找到了他的家。他还是那么不言不语，只是让老伴不断把茶和肉端到桌子上去，这次谈话打破僵局的仍然是关于马的话题，我们再次聊起了蒙古马的故事，老汉也再次对我们打开话匣子，敞开心扉。

"我从16岁开始放马，到现在已经32年了。以前的马群都是三四百匹那么大，逐水草而居。就算遇上黑灾（牧区的冬天不下雪）、白灾（雪灾）都不怕，赶上牲畜、赶上马就能走场。越是遇到灾年的时候，马群的作用也越大。1977年的大雪灾就是我遇到过的最大的灾，那年夏天很旱，到了冬天又闹雪灾。雪厚得没到骆驼脖子根儿。那时我家有牛、羊、马，老伴放羊，父亲放牛，我放马。马是非常聪明的动物，它们知道好的草场在哪儿，自己就往北方走了，我们就跟着马群走。老人们经常这么告诉我们，遇到雪灾一定要先把马群赶过来，把积雪踏平之后，下面的草就能露出来，羊可以跟在后面吃。但是那一年的雪太大了，夏天的干旱让草长得很低、稀疏，而雪又太厚，就算马能踏破雪层，牛羊也很难找到一口吃的，几乎全军覆没。只有我放的400多匹马，只损失了十几匹。它们耐寒耐劳，一个劲儿往北走，终于走到雪小的地方，躲过了灾害。当时由于很多地方的马都一股脑跑向那个地方，差不多一万多匹马，一眼看去黑压压一片，到处是马，壮观极了。

可现在就不行了，遇上灾，马跟羊也差不了多少，因为再也没有地方让它们走了。2000年的元旦，我们就遇上了雪灾。那时已经分了草场，各家草场都拦着铁丝网，谁能让你把牲畜放到人家的草场上呢？我们一家人只好待在这里，走不动啊……马照旧不断向围栏外面冲，它们肯定知道应该上哪儿去，我家孩子会骑着摩托车把它们圈回来。它们不知道已经没有可以让它们自由奔跑的草原了。

那一年，我的200多匹马损失了一半，都是冻死的。1岁到2岁之间的小马死得最多，从鼻子和耳朵向外流血。这样的事只是以前听老人说过，从来没见过。如果那时候我们可以走出去的话，恐怕不会有这么大的损失，现在只能眼睁睁挨着了。也不是说就绝对不能走了，草场承包给个人以后，你要用别人的草场就必须付给租金，最初价格还可以，现在涨到一只羊一个月20块钱。太贵了！走不起场了，而且这个价钱还在一直涨。

以前牲畜在草场上分布得非常均匀，各种牲畜选择自己喜欢的草场，而且马吃过的，牛还可以吃，牛吃过的，羊还能吃一遍，一点都不浪费。现在就只能在那个围栏里走来走去，吃得不多，踩得不少。

如果我们还可以游牧，牲畜同样这么多也是不会给草场带来这么严重的伤害的，这个月在这里，下个月去其他地方，草场就能得到休息。听说上头打算让我们实行四季轮牧，把自己的草场再划成更小的块块，轮换着把牲畜放进去。可我们说的四季草场不是一块草场分开用，而是需要各种不同类型的草场，长着不同的草。牲畜在每个季节要吃的草都是不同的，同一个地方长得相同的草不能满足它们不同季节的需要。比如夏天，就需要有水有河流的草场，牲畜需要大量饮水，而冬天则需要草长得比较高，不会被雪盖住的草场，等等。

我们很怕马像骆驼一样没有了。骆驼、马在牧区和草原上是不可缺少的。草原上最好看的就是五畜，最美丽的景色就是五畜。山水再好，没有树木的话就不是好山水。像我们牧民，草原上就应该有五畜，五畜都有的话，这里才是草原啊……”

哈斯额尔敦的话还是说得那么朴实透彻。其实在牧民眼里，这些都是非常简单的事情。草原因为有了五畜而完整，也因为走动而变得“活”起来，一旦停止了“动”，成了一片死水，必定会出现种种不和谐的情况。他的这番话，成为这次寻访的又一个亮点，尤其他还从审美的角度看待草原上五畜并存的道理，让我们久久回味。

正如上面提到过的，哈斯额尔敦是一位优秀的牧民，对草原畜牧业有自己独到的见解和成熟的想法，对蒙古马和马文化有着炽热的爱恋。他克服种种困难，始终坚持自己的信念，使蒙古马和马文化在家乡得以繁衍和传承。就是这样一个人，却因高血压、血管病，于2010年悄悄地离开人世，但笔者相信他的理想和信念会世代传承下去……

二　放牧方法

（一）传统放牧方法

过去，乌日根呼格吉勒嘎查牧民在长期畜牧业生产中形成了独特的放牧习俗。他们根据气候、季节和环境特点，轮流选择春夏秋冬四个营盘，过着游牧生活。春天，牧民选择避风向阳、牧草好、有水源的地方建营盘，惊蛰前后赶在接羔前搬到春营盘。夏天，选择水源较好、视野宽阔、空气清爽、蚊虫少、牧草营养丰富（如沙葱等植物）的丘陵地带为夏营盘，并随草场经常更换营盘。秋季是畜群抓油膘的关键时期，所以应选择优良草场，主要是靠山谷、戈壁滩和避风条件较好的地方。因为秋季天气逐渐变冷，所以牧民大多会选择地势较低的地方当秋营盘。冬天应选择山谷避风处的凹地，有芨芨草滩、不刮白毛风、不积雪、水草好、能防御黑白灾害的地方，且长年固定使用。牧民经常选择山丘阳面地建冬营盘。嘎查牧民用不同方式命名营盘，将春秋营地叫“哈布尔吉亚”或“好努都”，新建的冬营盘称为“朝鲁盖”，冬营盘叫“额布勒吉野”或“呼勒吉森”，还经常以住户名字命名，用地名命名也比较常见。

牧民四季搬迁时，先察看地势，做标记，在标记的地方搭蒙古包。迁居时看吉日，选择晴朗无风的日子。日有白、红、黑之分，白日吉祥，红日被认为对畜群不利，黑日有灾。如遇到特殊情况，迁居时逢红、黑日，牧民则会先点燃两火堆，然后用漏斗勺舀水。如果需要迁徙他处，则须带火撑石。搬家时，牧民要把蒙古包旧址收拾得干干净净，别人也很注意你是否收拾得干净，忌讳骆驼踩踏蒙古包旧址。遇到旱灾、雪灾时，牧民要赶着畜群“敖特尔·亚布纳”，即走场，通常是在未遭受灾害的邻近旗县走场。

（二）定牧经营流程

从游牧转向定牧之后，嘎查畜群结构发生了巨大变化，山羊和绵羊成为主要饲养对象。定牧也有春夏秋冬营盘。定牧当然没有游牧那么大范围游动，但分得草场内也有营盘划分。不过移动范围无法与游牧时代相比。据牧户采访与相关资料得知，这里春夏秋冬定牧生产的基本流程如下。

春季通常是指2～4月。春季是嘎查牧户抗灾保畜、防止母畜流产、接羔保羔的繁忙时期。除了选好春营盘外，牧民要准备好棚圈、水井等设施，给母羊、羊羔、弱畜备好草料、饲料、接羔袋（见图3－1）以及必要的兽药。

图3－1　嘎查牧民所用的接羔袋

牧民要做好分工，加强白天放牧和夜晚看守工作，预产羊要近距离看养，提供充足的水，让羊平均每周舔一次碱（见图3－2），接羔高峰来临之前最好把这些准备工作做完。

图 3-2　嘎查牧户的羊群在舔碱

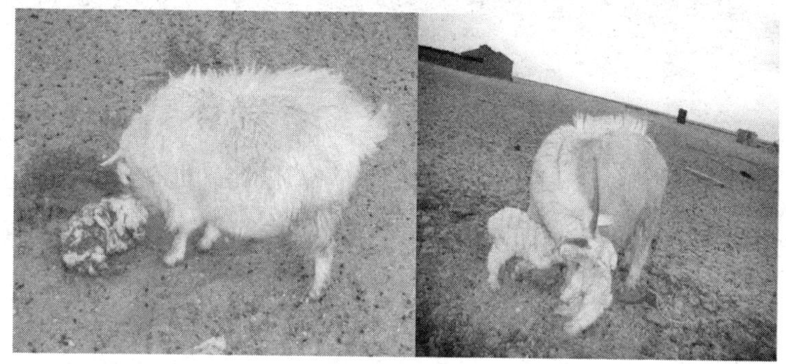

图 3-3　山羊在舔刚出生的小羊羔

过去接羔、育羔工作一般是在 3 月初至 4 月末进行。母畜一经生产，要让其充分舔羔（见图 3-3），让初生羔子充分吸吮母乳，然后放进羔房里。母畜生产高峰期时，牧户要多安排人手到预产母羊和畜群吃草的草场上，用接羔袋装随时可能生下的羔子，然后送到居住地。嘎查牧民一般会把刚刚产下的乳羔和“霍乳博”（已经能吃草的）羊羔分开，采取不同的哺育方法。通常在凌晨 4 点至早晨 9 点之间，牧民会把羊羔放出来吮母乳，然后再将母羊和羊羔分开，让羊羔留下，母羊随群饮水，上草场。到下午 4 点左右，牧民会把羊群赶回来，使羊羔第二次吮母乳，吃饱后将羊羔放进羔房，母羊随群入羊圈度夜。个别新出生的羊羔得不到母乳时须由主人喂养（见图 3－4）。

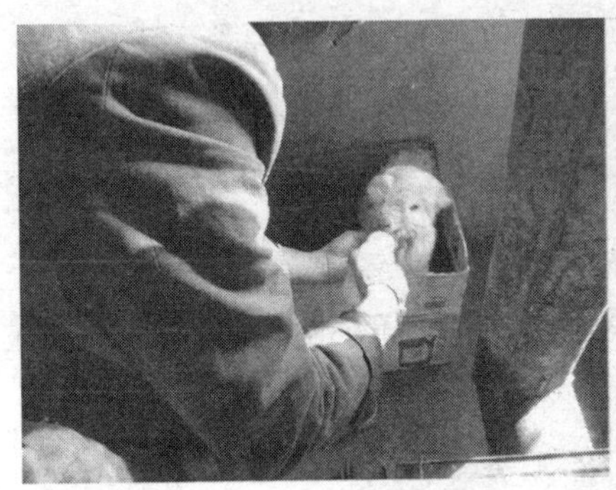
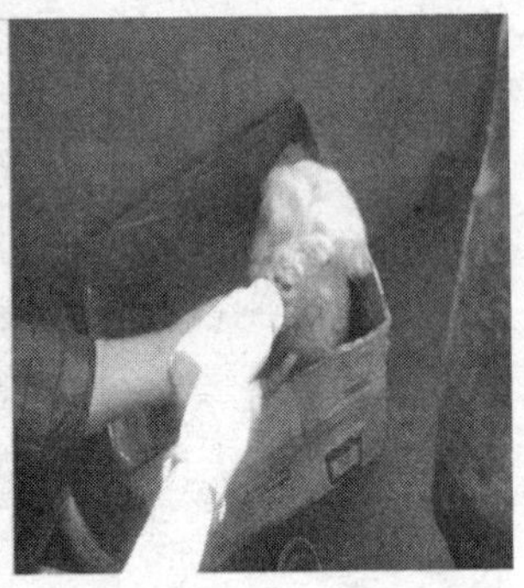

图 3－4　嘎查牧民在喂养刚出生的羊羔

草场一般在清明后见绿，这个时候要格外注意放养工作。如果由着羊性子随意吃草的话，羊总是追赶新绿的嫩草，不愿吃旧干草，一个劲儿跑青，吃不饱不说，还会疲劳、减膘。一般情况下，到 5 月初或中旬，羊群基本能吃够新草。

接下来，牧民就要做骟羊的工作。骟羊之前，牧民要给所有的羊羔烙印记、做标记，以区别于其他牧户的羊群。骟羊之前要首先选留做种公羊的羊羔，其他公羊羔均要进行骟割。这个时候，大多数牧户会举行小规模的家庭宴会，家族邻里相聚，祝愿牲畜繁衍兴旺、众生吉祥幸福。至此，繁忙的春季工作结束，迎来夏天的工作。

夏天是 5～7 月。夏季的主要任务是让羊上“水膘”（基础膘）。凌晨四五点，牧民要把羊群赶出去，上草场吃新鲜的牧草。上午 10 点左右，牧民要饮羊，将羊赶入羊圈，午休。下午三四点时，日中炎热已过，天气渐渐变凉爽，此时再饮羊一次，然后逆风赶羊，傍晚时分把羊群赶回，入羊圈。乌日根呼格吉勒嘎查牧民一般在6月迁到夏营盘，选择地势较高的凉爽处，以利于畜群舒适地休息，减轻蚊虫、草蝇叮咬。6～7月，剪羊毛的工作一般均已完成。离开春营盘迁到夏营盘之前，应该做完赶虫工作和打防疫针工作。羊毛剪完，药浴工作就开始了，牧民要用药水消灭羊体外的病虫，这既可以防止染虫病，也有利于羊上膘。全旗畜牧业夏季普查一般在这个时候开始，所以6月中旬至7月初，牧民要将羊的岁数、牙齿、种性等信息做出清晰的区分，把相关数字统计下来。过去，嘎查牧民都有挤羊奶做白食的传统，6月初至7月末的两个月时间是最佳挤奶期。中午，牧民把羊群圈起来后，连在一起挤奶，一天一次，每只羊能产半斤至一斤奶。随着生产方式的变异，此项传统似乎已淡出牧户生活。

秋季是8～10月。秋季的主要工作是让羊上“油膘”。每天黎明时分，牧民要把羊群放出草场，直到夜晚来临时才赶回来，入羊圈。牧民认为，秋天要根据草场的具体情况，尽量多调换几处草场，多利用草质鲜嫩、湿软、富有营养的牧地才能使羊群上足油膘。最好的草有“阿给”、沙葱、“塔嘎那”、韭菜、“哈家乐草”、“黑亚格”、“黑拉嘎那”等，这些是帮助苏尼特羊上好油膘的优质草种。9月中旬，牧民要剪二茬毛，除了个别老弱牲畜以外都要剪二茬毛。9月末，牧民要进行第二度药水洗浴工作，防止或医治疥癣。10月，牧民要完成秋季赶虫工作。9月末至10月末是出售牲畜的时期。10月，羊群交配工作就开始了。目前，嘎查主要采取自然交配的方法。牧民要合理调配种公羊和母羊的比例，把选用的种公羊拴上3～5天，提供充足饮水的同时控制其食草量，减轻其体重，将其调到最佳交配状态。如果不经过这样的调理，直接把又肥又壮的种公羊放入羊群之中，会因过度追赶，大量出汗，导致掉膘的不良后果。

冬季是11月至来年1月之间。冬季主要任务是配种和护膘。每到11月，牧民就迁到冬营盘，维修和加固棚圈，准备过冬的红食（肉食），做好冬季防疫工作。冬天一般早晨9～10点时，牧民要放羊上草场（见图3－5），找积雪较薄、牧草相对新鲜的牧地。下午5点时分太阳落山前，牧民要把羊群圈起来，尽可能使羊吃饱，为其提供暖和的躺卧之处。冬羊需要3～4天舔一次碱。嘎查牧民那仁满都拉说："戈壁的草好，'呼机儿'（碱）丰富，牲畜如果缺'呼机儿'，就会吃灰烬，啃蒙古包绳索，甚至还会舔牲畜小便。五九过后，要到含碱丰富的戈壁，让牲畜舔。戈壁的牲畜就是这个样子，不是戈壁的就用不着。环境不同，牲畜的习性也不同，都是适应环境呗。"或者，牧民会用车把碱拉来，播撒到羊圈或水井、水槽周围，供羊群舔食。

图3－5　嘎查牧户放羊的情景

乌日根呼格吉勒嘎查牧民的放牧方式同其他牧区一样，随着历史的变化而不断变化。目前，学界已认识到，由原来有科学道理的游牧走向后来的定牧，规划不够科学，过于生硬，环境代价过大，游牧的科学成分与现代化结合欠佳。但作为既成现实，必须面对其下一步变化。调查过程中，笔者深深感觉到牧业文化内涵的无限深广和复杂性，也想到，国家在制定牧业政策时，参加论证的专家必须是常年在牧区实地考察过的，甚至亲身参加过生产生活的牧业经济专家。制定政策时还应该听取那些常年处在生产第一线、有头脑、有想法的牧民意见，应以此作为政策酝酿的源头活水。若只是参考一些似懂非懂、无具体生产经验、常年闭门造车、自得其乐的经济或环境专家们的理论，作为牧业政策制定的参考依据是危险的，往往不能把握牧业生产中因时因地因人而不断变化的关键细节，不能理解牧业经济文化的真正内涵。匆忙出台各种治标政策，结果只会越治越差、越治越贫。

乌日根呼格吉勒嘎查的经济从过去的游牧经济变成了如今的定牧经济，那么这个定牧经济究竟是什么呢？

（三）定牧经营具体内容

定牧经济主要产品仍是牲畜。牲畜生产主要内容是：供应牲畜所需草、水、棚圈，进行牲畜配种、改良，防治牲畜疾病，配备生产设备，抵御自然灾害。

1. 草的供应

（1）牧场

牧草的解决当然主要依赖牧场。全旗草原分西部的荒漠草原和东部的典型草原、沙地草原。乌日根呼格吉勒嘎查属荒漠草原类型，草场生产力相对较低。

嘎查总面积为 777000 亩，其中集体牲畜草场 238450 亩，牧户承包草场 480663 亩，集体干旱草场 43482 亩，提供给苏木综合服务站土地 1500 亩，嘎查种畜场 8500 亩，无法利用的未分草场 4405 亩。嘎查还有饲料基地 50000 亩，草库伦 40000 亩。2003 年 3 月，嘎查统计围栏面积 207655 亩。围封转移后，留守嘎查牧户承包土地总面积共为 413160 亩。政府规定可承载牲畜头数为 8332 羊单位，嘎查全体牧户实际可养牲畜为 4971 只（头、峰）。本嘎查留守牧户租用本嘎查转移牧户和其他嘎查牧户的土地面积合计 236945 亩。

（2）牧草和植物

牧业经济自古以来都是“逐水草而居”，可见牧草和水源是该经济方式能够存在的先决条件，直接影响其兴衰成败。

经过入户采访，并结合相关文献资料，笔者了解了该嘎查境内牧草的一般情况。该嘎查代表植物有：“吉吉格·黑拉嘎那”（小针茅）、“阿拉塔嘎那”（小叶锦鸡儿）、“那日音·哈日嘎那”（狭叶锦鸡儿）、“塔嘎那”（碱韭菜/多根葱）、“阿给”（冷蒿/小白蒿）、“胡莫里”（沙葱）、“优日胡戈”（冰草）、“苏力”（隐子草）、“毛仁昔日拉吉”（青蒿）、“胡日干昔日拉吉”（转蒿）、“宝格吉木格”、沙鞭（沙竹）、“德日森西不格”（醉针茅）、“德日苏”（芨芨草）、“哈木呼拉”（葶苈子）等草和“浩宁尼都”（野菊花）及俗称“蓝花”“白花”“黄花”等花卉种类。牧民那仁满都拉说：“我们这戈壁地带，有多种植物，跟乌珠穆沁相比，虽然草长得不高，但比那边有营养。即使一个月不长，也能保绿。像乌珠穆沁那边的草，七天不长就发黄了。我们这儿地下有胶泥，吸水性强。不知道从哪里来的，总有随风飘落叫不出名字的草种。记得有个西苏的老头开玩笑说，我们苏尼特草场的羊啊，自己能调好酱油醋，然后肉就好吃了，呵呵。其实是说，这个草场有沙葱和‘塔嘎那’等营养高的植物，品种也丰富，对羊肉的味道有很好的作用。”当过嘎查长的桑杰老人却说：“近年草的种类可是发生大变化了，过去‘黑拉嘎那’‘优日胡戈’……对牛羊‘特级也勒太’（滋养力强）的草种很多，草的长势也很好。在1990年到1993年的4年间，苏木党委、政府组织干部和工作人员，从塔木沁草原打草，4年间大概打了200万斤草，支持苏木畜牧业。你想想吧，那草长得还是相当不错的吧，现在远不如那时候了。现在就有点沙葱和多根葱，偶尔也能看到野菊花和胡吉草。现在，草的滋养力不行了，‘细莫泰’（营养丰富的）草少了。”

（3）买草

乌日根呼格吉勒嘎查缺草时一般从乌珠穆沁买草，每年买的草不一样。牧民通常会买没有“西伯”（草针）的好草，草价因年而异，可以与草贩子谈价格，但降幅不大。2008年，一捆草价格是30元，而2007年是15元。这种买卖活动一般都是定期在由买方和卖方形成的城郊临时饲草市场进行，牧民用自家或雇来的汽车将草运回家。2007年秋天，草贩子没怎么来，通常总会来，主要是阿巴嘎旗和乌珠穆沁旗来的草贩子。他们经常在草量上造假，说自己一捆草70斤，其实也就60斤，甚至“有人把小小一捆草说成是130斤”。牧民必须仔细查看捆绑松紧程度。同样一捆草，扎得松捆得疏，其体积就明显比扎得紧捆得密的大。

个体牧户购买量较大的时候通常没有时间和办法一一鉴别。

灾年的牧草供应除了牧户自己想办法以外，政府还组织购草。表 3－16 就反映了 1993 年部分牧户通过旗畜牧局购买饲草的情况。

表 3－16 1993 年部分牧户通过旗畜牧局购买饲草情况

牧户	户 1	户 2	户 3	户 4	户 5	户 6	户 7	户 8	户 9
购买饲草数量（斤）	10000	10000	10000	10000	10000	10000	10000	10000	10000
运输单位（车）	1	1	1	1	1	1	1	1	1

资料来源：根据赛汉高毕苏木档案资料整理。

（4）种草

据苏木统计资料记录，1988 年 12 月，乌日根呼格吉勒嘎查种了 5 亩草，而其后鲜有这方面的记录。

自从围封转移以来，政府鼓励牧户种植青贮，解决因封育草场带来的缺草问题。但因气候长期干旱和牧民缺乏种植经验，几个试点效果欠佳。

2. 水的供应

水源是决定畜牧社会生存和发展的头等大事。随着定牧时代的到来，人畜饮水由主要依赖河流、湖泊等地表水转向如今以水井为主的地下水。牧民先是用土井，然后有机井，进入 21 世纪后机井数量迅速增加。

1963 年 4 月的一则档案资料显示，当时赛汉高毕苏木总共拥有 51 口水井，乌日根呼格吉勒大队有 10 口土水井，其中 1 口是当年新打的，这一年还修理了 4 口旧水井，打新井工作由该大队的 7 人完成。这是乌日根呼格吉勒嘎查由游牧向定牧转化时在水供应方面的最初变化。据旗统计局

1982 年 6 月“牧区生产建设情况补充表”记录，当时乌日根呼格吉勒嘎查农牧业使用普通水井 9 口，机井 2 口。据赛汉高毕苏木 1988 年 12 月统计资料记录，当时乌日根呼格吉勒嘎查拥有 2 口机井和 4 口土井。之前的 10 口土井为什么减少到此时的 4 口了呢？原因不得而知。总之，资料显示的嘎查水井数字是动态的，不知何因，前后变化较大。

据嘎查牧民回忆，1996 年以后嘎查进行棚圈建设，才开始有了水的问题，没有水根本不行。乌日根呼格吉勒嘎查 1991 年开始分草场，1990 年有 4 口井，129 人，一口井平均 32 人。这一数字与我们上述资料所显示数字有出入，不知何因。但为保存资料原貌，一并收入报告中。当时用三轮车拉水，之前是用骆驼车和牛车拉水吃（见图 3－7）。

乌日根呼格吉勒嘎查在全苏木里是用水最困难的，以前只有一口水井，1962 年增加两口，1991 年又增加一口，夏天只能供 10000 头左右的牲畜饮水，冬天则只能供 6000 头牲畜饮水，不然水不够用。以前是骑马，赶勒勒车，必须有水才行，不像现在骑摩托、开拖拉机。1993 年嘎查向苏木和旗里打报告，到盟水利处打报告，当时郝 ×× 在盟里，那个夏天正好发生旱灾，盟领导视察各旗灾害情况，到乌日根呼格吉勒嘎查视察。盟领导了解到，当时牧户拉水距离最远的是 25～30 里路，拖拉机不多，主要依靠骆驼等牲畜拉运，相当困难。视察后，盟领导和旗领导非常重视牧户用水困难问题，决定深入调研，制定解决方案。老嘎查长车德布就把水的问题以书面形式向旗政府和旗人大做报告，得到旗里支持。然后，他又把书面报告送到盟里，副盟长立即联系了两个人，一个是盟水利局局长，另一个是扶贫办主任。鉴于乌日根呼格吉勒嘎查是苏尼特左旗特困嘎查，盟里决定出资9万元，解决牧户的饮水问题。盟水利局局长当时跟其他盟领导一同视察过该嘎查。他告诉嘎查长，乌日根呼格吉勒嘎查的饮水问题已被纳入盟水利规划，政府会拨款9万元。这样，乌日根呼格吉勒嘎查又增加了一口水井。

拨款的次年，“380水利计划”开始了。自那以后，机井开始进入。水的问题解决之后牲畜数量一下子猛增，嘎查牲畜从6000头增加到20000头。打一口机井花费10万元，4万元国家补，6万元自己出。一部分牧户自己掏钱打机井，现在乌日根呼格吉勒嘎查的20多口机井，就是这样发展而来的。

后来，嘎查有17万亩土地，被划为冬营盘，但还是没有水。老嘎查长闲不住，有次到旗里找赵旗长，领导热情接待了他。他汇报说：“我们嘎查有17万亩干旱草场，已经有两口机井，这两口机井是当年旗计委和水利局想利用这里办牧场而打的，征地费按标准交给了嘎查，当时水利局挖了一口井，嘎查提供15000亩干旱草场，让其经营。这样的话，这个干旱草场可以利用不说，作为全旗最贫困的本嘎查也能创点集体收入。但是好事阻难多，不久那连续数年的大干旱开始了，当时水利局和计委已经拉了封围两万亩的铁丝网，还盖了棚圈，放了一些牲畜，第二年就办不下去了，没草嘛。紧接着，上面下令禁止国家单位或干部占地办牧，所以他们没办法，取消了所有计划，给嘎查留下了两口没来得及装机械的水井。如何把现成的这两口井合理地利用起来，如何将它们机械化呢？”赵旗长没有马上回答，而是非常关切地询问老嘎查长：“以前主持过嘎查工作吧？得到退休补助了吗？”老嘎查长回答说，“是的”，并进一步详细反映了情况。听完后，赵旗长许诺10天后回复。后来，赵旗长视察苏木灾害情况，到苏木办开会，问苏木领导："老嘎查长反映的情况属实吗？"苏木领导说："属实，只要装机械这两口井就能利用。"随后，旗里划拨7万元，由水利局装机械，围封办出经费，将其变废为宝，该嘎查得以再添两口机井。

还有一件事就是2007年的对口支援，内蒙古人大帮扶乌日根呼格吉勒嘎查，为其打了一口机井。这样，该嘎查就有了4口机井。内蒙古人大帮扶期满后盟人大继续帮扶，水的问题基本得到解决。

根据前面交代过的《苏尼特左旗农业综合开发2010年乌日根呼格吉勒项目区草原建设项目实施方案》，苏尼特左旗在赛汉高毕苏木乌日根呼格吉勒嘎查实施农业综合开发土地治理草原建设项目，其中配套天然草场划区轮牧水利工程措施中，计划新打机井4口，建井房4处，建小型蓄水罐20个、饮水槽40个，解决轮牧牲畜的饮水问题。计划若如期完成，对于乌日根呼格吉勒嘎查的水供应无疑会产生重大影响。

3. 棚圈建设

"圈"是指牲畜栅栏或围墙，结构简单，无顶，围起来后墙体上设一门，牲畜在圈里被集中起来。圈有诸多作用：可以用圈将母畜和仔畜分开，草料在圈墙保护下不会被风吹走，可为牲畜挡风挡雪暴，炎热夏天牲畜可在其墙角乘凉等。旧时，因条件所限，嘎查牧民一般多用圈，棚用得少。后来，由游牧向定牧发展，棚的数量多了起来。棚有顶，可为牲畜遮挡雨雪，比圈暖和，尤其接羔时有利于保护幼畜。棚土木结构或砖石结构的都有，构造比起圈要复杂，以棚屋为主体，有围墙式院落。棚又分为暖棚和普通棚。普通棚一般指过去老式土木结构的棚，暖棚是指20世纪90年代以来开始建设的砖石结构的新型畜棚。暖棚又可分为软棚和宁棚。软棚的顶部是活的，棚内过热时可掀开；宁棚不能，屋顶是固定的。

据1982年6月旗统计局牧业基层年报“牧区生产建设情况补充表”记录，当时乌日根呼格吉勒巴日嘎达（生产队）有畜棚33间，总面积1617平方米，有畜圈11座，总面积4820平方米。1988年12月的统计资料显示，当年畜棚有11座，畜圈有13座。

截至2003年3月，乌日根呼格吉勒嘎查牧户的棚圈建设情况如表3－17所示。

表3－17 截至2003年3月乌日根呼格吉勒嘎查牧户棚圈建设情况

单位：平方米

	畜棚		畜圈
	暖棚	普通棚	
户1	120	0	500
户2	0	60	240
户3	0	120	260
户4	0	0	0
户5	0	60	120
户6	0	120	270
户7	0	90	0
户8	0	60	120
户9	0	60	120
户10	0	0	0
户11	0	60	0
户12	120	90	0
户13	0	0	0
户14	120	90	0

续表

	畜棚		畜圈
	暖棚	普通棚	
户 15	135	0	500
户 16	0	120	0
户 17	0	90	0
户 18	0	60	120
户 19	0	0	0
户 20	0	60	150
户 21	0	0	0
户 22	0	60	120
户 23	0	0	0
户 24	0	60	150
户 25	0	240	500
户 26	120	100	500
户 27	0	90	200
户 28	140	120	700
户 29	240	90	1000
种畜场	0	60	220
合　计	995	1960	5790

从表 3-17 中可以看到，截至 2003 年 3 月，该嘎查 23 户拥有棚，其中 7 户有暖棚，一般都是在原有普通棚边增建的，其余 16 户只有普通棚。全体牧户和种畜场畜棚面积合计 995 平方米。如该表所示，嘎查 17 户有畜圈，嘎查畜圈总面积合计 5790 平方米。嘎查棚圈总面积达 8745 平方米。总的看来，牲畜数量与棚圈面积呈正相关。

在棚圈的建造和修缮方面，多数牧民都雇泥瓦匠来做，主要是从苏尼特右旗、二连浩特市和本旗找泥瓦工。修缮棚圈按平方米计算工钱，2008 年以后涨价到 60 元/平方米，之前每平方米 50 元左右。

4. 牲畜配种与改良

(1) 种畜

种畜是畜牧业畜群结构中的重要组成部分。母畜通过种畜受精，畜群得到繁衍增长，同样，畜种也是通过种畜的挑选进行改良。所以种畜的挑选、培育、料理，自古以来都为畜牧业所重视，不仅是乌日根呼格吉勒嘎查牧民牧业生产的重要环节，而且也直接影响着全旗畜牧业经济的发展。因种畜事关牲畜繁衍和改良，所以政府部门高度重视，将其列为年工作部署中的重要事项，相关责任和义务逐步分配至旗、苏木、嘎查三级，进行制度化运作。

据旗政府 1996 年规定，全旗种畜管理工作由旗政府畜牧业职能部门主管，苏木畜牧业综合服务站和嘎查服务点各自承担所辖范围内的种畜管理工作。小畜种畜归嘎查集体所有，集中管理，形成专门畜群，施行有偿使用制度。改良或杂交品种牛的种畜亦归嘎查所有，可以施行有偿使用做法或由牧户集资购买联合经营。各苏木、嘎查需要给种畜提供专门的生产用具、设备，饲养方面要安排责任心强的专门牧户有偿承担。政府规定，种畜的选用必须服务于改良本地牲畜品种的总方针。种畜的挑选、鉴定、流转、引进以及处理等工作必须报请旗畜牧业技术部门后开展。政府还规定了适合自然交配的种畜和母畜的比例以及大小畜交配的年龄标准：马 1∶20～1∶25，4～13 岁；牛 1∶15～1∶20，3～7 岁；骆驼 1∶20～1∶25，5～14 岁；小畜 1∶35～1∶40，2～7 岁。种畜归集体所有，配给牧户时牧户需要交纳配种费，根据母畜数量收取，收来的费用主要用于种畜引进、支付种畜经营承担户的劳务费、相关设备的更新等方面。1996 年，原则上的收费标准是：小畜每头 1.3～2.6 元，大畜每头 10～30 元。

但国家农牧区税收减免政策出台后，该项收费已经取消。2008 年入户采访时，牧民反映目前只以交配天数收费，每天 1 元，负担减轻。

苏木一级至少有一名主要领导分管该项工作，苏木成立了种畜管理工作领导小组，负责制定种畜挑选、更换年度计划；协助嘎查保证种畜的分布距离，防止引起种畜近交繁衍；保证种畜所有权和经营权，维持种畜和母畜的合理比例；审查防疫工作，监督嘎查种畜工作运行过程，进行年度评比、奖罚。另外，苏木须协同旗畜牧业技术服务部门，培养嘎查种畜质量拣选鉴定技术人才。

嘎查一级是种畜管理制度的具体执行者。作为种畜所有者要负责具体安排种畜承担户，组织专门畜群进行隔离化牧养；提供种畜所需的专门草场、棚圈、水井、草料、饲料，完成每年防疫工作；具体落实种畜有偿使用制度，在旗政府规定标准的基础上结合嘎查实际制定具体数额，做出收费明细单，专款专用，支付种畜更换所需资金和种畜承担牧户的劳务费用，使承包户的收入尽可能略高于嘎查牧户平均水平；每年邀请苏木畜牧业综合服务站种畜鉴定工作人员，对本嘎查种畜群做出认真仔细的鉴定，然后根据实际需要决定种畜数量的增减，确保嘎查牧户的种畜需求。嘎查要把嘎查内牧户的接羔期分为冬羔、春羔两期，按牧户母畜数量分配种畜，交配结束即收归种畜群，一般情况下 45 ~ 50 天为交配期限，嘎查要严格把握期限，不准牧户超期不还。嘎查要跟踪了解承担户种畜牧养情况，表彰经营业绩突出的承担户，把畜产和成活率超额部分（畜产任务标准是：优良品种的绵羊种畜平均每只产 8 ~ 13 斤羊毛，本地绵羊种畜平均每只产 2. 5 ~ 3 斤羊毛，山羊种畜平

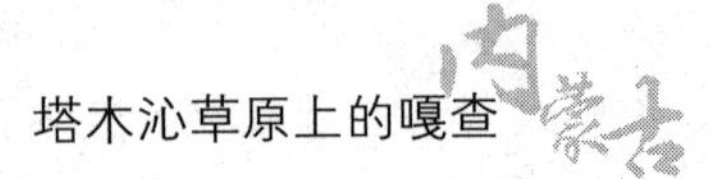

均每只产 0.5 ~ 0.6 斤羊绒，种畜成活率保证在 98% 以上）作为奖励归其所有。相反，承担户在经营中有损害种畜，使其丧失功能，或者使种畜死亡、减少，甚至高价倒卖等行为，一经发现，嘎查要追究其责任，酌其轻重，决定具体赔偿额。未经苏木以上层级批准或畜牧业专业审定而擅自从外地购进或自主留住的种畜一律没收。

种畜经营承担户也有明确的责任，要经常清理打扫种畜棚圈，保证饮水的洁净，给种畜提供干净、整洁、健康的生存环境；完成种畜每年两次的药浴杀虫工作，按要求做好各类预防针注射工作；保证种畜上九成膘，合理调配草料和饲料。承担户应根据所经营种畜的质地、岁数等情况，主动向嘎查报请更换或替补计划，一定要保证种畜群内不掺入其他牧户羊或“苏白”羊，要爱护集体为种畜群提供的各类设施，如果无故损坏，则要按原价赔偿。

嘎查牧户是配种、改良工作的最终实践者。牧户的义务是：应接受嘎查统一安排，提前向嘎查方面通知自家接羔时期和预计产羔的母畜数量，保证种畜和母畜比例合理；要爱护集体种畜，尽量保持种畜交配期的膘力，不使其生病，更不能让其死亡，若种畜生病则要承担因病产生的治疗费用，若死亡则要按原价赔偿；配种期限到后要按时交还种畜，不得延误；没有得到嘎查同意不得自主选留或引进种畜；牧户之间不应随便互换或转用种畜。

当然种畜经营方式是经过一定的历史时期逐步制度化的，而制度的制定和运行之间有一定的差距。不管怎样，这也有助于了解目前乌日根呼格吉勒嘎查畜牧业的演变情况。

表 3 – 18 为乌日根呼格吉勒嘎查 1968 ~ 2001 年种公畜

的数量情况。

表 3－18　乌日根呼格吉勒嘎查 1968～2001 年种公畜数量情况

单位：头/只

时间	大畜				小畜			大小畜合计
	牛	马	骆驼	合计	绵羊	山羊	合计	
1968 年 6 月 30 日	1	39	1	41	40	5	45	86
1973 年 6 月 30 日	33	6	1	40	87	13	100	140
1978 年 6 月 30 日	8	32	1	41	98	18	116	157
1979 年 6 月 30 日	7	36	2	45	81	32	113	158
1981 年 12 月 31 日	12	36	3	51	86	34	120	171
1982 年 12 月 31 日	11	38	3	52	80	24	104	156
1985 年 6 月 30 日	18	13	2	33	65	10	75	108
1985 年 12 月 31 日	7	18	2	27	62	19	81	108
1988 年 6 月 30 日	9	20	3	32	67	21	88	120
1988 年 12 月 30 日	8	7	5	20	65	20	85	105
1993 年 6 月 30 日	11	20	5	36	99	20	119	155
1993 年 12 月 31 日	11	20	5	36	102	40	142	178
2001 年 12 月 31 日	6	2	1	9	109	54	163	172

资料来源：根据苏尼特左旗统计局和赛汉高毕苏木档案整理。

表 3－18 数据显示，1968～2001 年，大畜种畜经历了由多到少，然后有所增加，最终大幅减少的过程。例如，1982 年有 52 头，到 1988 年时减少到 20 头，1993 年又增至 36 头，而 2001 年则大幅减少到 9 头。与大畜不同，小畜的种畜数量起伏不大，平均一直在 120 只左右，至 2001 年时增加到 163 只。种畜数量的变化也能反映畜群结构的变化。

关于种畜和配种，牧民唐海龙说："不是说地球越来越暖了吗，不知道是不是因为这个，过去 3 月的羔子，10 月放'胡察'（种绵羊），现在是提前到 9 月 16 号就开始。我放'乌寒'（种山羊）的时间比'胡察'晚 10 天。这样的话绵羊和山羊的产羔时间正好错开，绵羊刚下完羔子，山羊开始下羔子，不至于搞得手忙脚乱的。早晨六七点钟，去察看羊棚，山羊羔子的话得抱住给点体温，冻得厉害就搁进羊羔袋子或纸箱子里放在屋子或毡包里。母山羊有时候不认自己的羔子，不舔羔子，就要一边唱‘陶歌’给母羊听，一边让羔子吮母乳，慢慢就认了。绵羊一般没事，有时也会有，那就把羊圈的某个角落封起来，让母子待在一起独处，慢慢也就认了。45 天后嘎查收回种绵羊和种山羊。现在嘎查的种畜有几百只，牲畜多的人家种畜申领得多。一般情况下，50 只羊需要一只种畜，嘎查种畜的费用是 1 元 1 天。”

2010 年初，旗农开办组织实施乌日根呼格吉勒嘎查的农业综合开发项目，要将乌日根呼格吉勒嘎查建设为该旗荒漠化草原地区苏尼特羊专业饲养的典范，为今后全旗全面推广提供经验。计划年内选留后备种公羊 7000 只、鉴定种公羊 8000 只、巩固和规范 900 群标准化畜群。采取嘎查所有集中管理、协会所有集中管理、牧户所有集中管理等方式，旗里将根据种公羊集中管理和发挥效益等综合情况兑现良种补贴。如果该项目能顺利进行，对乌日根呼格吉勒嘎查种畜利用模式将产生较大影响。

（2）改良

关于牲畜改良问题，笔者于 2008 年春采访了老嘎查长车德布。他说：“苏尼特牛羊的改良和发展对于我们牧民的长远利益有好处，应该让它发展到社会大众普遍接受的程度。虽然道理是这样的，但实际情况很复杂。过去也发生过呀，改良的羊反不如本地羊，耐性不行，喂养成本也高。以奶牛为例，从外地引进的奶牛所需的营养补给，不按它的特点和需要去照料，那就不产奶，没有利润。当然改良的新疆牛产肉比本地牛多，但适应艰苦环境的能力、耐力、体质方面根本不能与本地牛比。新疆牛虽然产肉多，但必须由着它的脾性去侍候，不然也不产肉。前几年，我家买了澳大利亚的哈尔鲁格牛，现在看来这牛是不赖，不过还是不适应环境，人家澳大利亚四季都是春色，我们这里的环境不可能满足它的要求，所以根本产不了所谓一天 80 斤的奶量。营养不够，哪能产那么多呢？2002 年，我花 4000 元买下了九岁牛，后来没成活。但是一样的外地牛黑龙江牛就强了许多，黑龙江也是寒冷地区呀。有一次，熟人在旗里转卖这个牛时，给我来电话说有这么一头优良品种的牛，问我要不要，我就买了两头，买下时 9000 元，价格不低，后来旗里专门引进这个品种的时候，价格已经达到 15000 ~ 16000 元了。这个牛我们现在有十来头了，供应一户所需要的白食一点问题没有。除了冬天圈养以外，其他时间都是放养。你看，任何事物一定要适应环境才行的。引进的牛适应我们这里的环境和气候需要一个过程，哪能那么短时间就能成？有人说引进的牲畜不好，我看也不是绝对的。说到底，还是从实际出发是最重要的，邓小平同志说得好，要创建中国特色的社会主义，所以养羊也要适合苏尼特草原的特色才行。据我所知，苏尼特羊的发展已经有七八百年的历史了，更早的我就不知道了，那样漫长的过程中，有多少代人付出辛劳和智慧，积累经验，才使人和羊一路走过来，形成方方面面的规范，什么时候接羔，什么时候、什么地方放牧，什么地方度夏，什么地方过冬，四时而移，都是从实践中汲取经验而制度化了的。一下子把这样的传统打破，直接来个圈养，我觉得很危险。把伊克昭盟和巴彦淖尔盟的经验照搬到这里，不顾‘什么样的牲畜适合什么样的草场’的道理，生搬硬套，这是不合适的。像你们这样的年轻人应该积极研究这些，比如你可以研究我们赛汉高毕苏木乌日根呼格吉勒嘎查养了什么牲畜而利润丰厚，呵呵，现在是市场经济嘛。大概是1958年开始的吧，上面号召，在我们这里大量实行新疆羊的改良，工作量大，需要精细繁杂的劳动。从1983年开始，那个新疆羊在我们嘎查数量多了起来，大概每户20%是新疆羊，后来新疆羊的价格下降，皮毛的价格也下降，白灾旱灾也多，那些羊根本挺不住，所以人们纷纷处理了，最后还是本地苏尼特羊留下来了。这就是老祖宗留下的结论：这个地方就这个羊。老是引进外地牲畜，如西门塔牛、寒尾羊什么的，想法是好，做起来远没有那么简单。现在积极宣传的‘和谐社会’‘生态文明’，我想这正好和草原游牧是一个道理。我们的自然经济，我们的苏尼特羊还是按季节分草场是最和谐的，无论是保护草场还是地皮子，不然只建设硬性的棚圈是不行的。有自己的品种，没有自己的企业，老要人家的可不行，我们自己有东西，有苏尼特羊，把这个东西推广出去，让别人认识和承认要靠我们自己的努力，自己努力做出来让别人看到，这才是实际。”（见图3-6）

5. 牲畜疫病的防治

如同疾病始终伴随人类历史，草原五畜也不能摆脱疫病的侵袭，牲畜疫病同样有种类多、扩散范围广、危害严重等特点。根据苏尼特左旗相关数据统计，新中国成立前至1987年，该旗范围内确认的牲畜传染病有30种，寄生虫病有31种。其中马传染病4种、牛羊传染病11种、幼畜传染病6种、猪和鸡传染病3种，马寄生虫病4种、骆驼寄生

图 3-6　牧户陶格苏木买的花奶牛是嘎查唯一的外来奶牛

虫病 8 种、牛寄生虫病 3 种、羊寄生虫病 15 中，另外人和畜均能传染的疫病 6 种。

马传染病有：马鼻疽、马传染性脑脊髓炎、马腺疫、马流行性淋管炎。牛羊传染病有：牛肺疫、牛气肿疽、牛出败、牛恶性卡他热、牛结核病、牛流性感冒、羊痘、羊猝疽、羊快疫、羊肠毒血症、羊大肠杆菌病。幼畜传染病有：犊牛白痢、羊羔腹泻病、肺炎、口疮、传染性角膜结膜炎、气代炎。马寄生虫病有：马胃蝇、蛔虫、绦虫、毛线虫。骆驼寄生虫病有：驼锥虫、疥癣、鼻蝇、付条线虫、毛园线虫、捻转胃虫、土耳其斯坦东毕吸虫、驼网尾线虫。羊寄生虫病有：多头幼虫、线虫、棕色虫、夏伯特线虫、羊鼻蝇、肝片吸虫、肝囊虫、便虫、图撒虫、钩虫、食道线虫、阔口线虫、结节虫、疥癣、前后盘吸虫。牛寄生虫病有：图撒虫、线虫、牛皮蝇等。

上述牲畜疾病中，易发性疫病所占比例不大。过去，马鼻疽、牛肺疫、牛气肿疽、羊多头幼虫、羊快疫、羊肠毒血症、羊痘、羊猝疽、幼畜腹泻、幼畜肺炎、炭疽、口蹄疫、布氏杆菌病等疫病发生概率较高，目前这些疫病只会在有限的局部区域及少数牲畜中发生。

相关资料显示，1952～1992 年，全旗始终坚持“预防为主”的总方针，以“政府、群众、技术”三结合的办法，彻底消除或控制了主要病疫，使牲畜疾病损失率降低到 3%。根据 1963 年赛汉高毕苏木档案资料可知，当时影响公社牲畜健康的主要有疥癣、癣、牛疥、马蹄病、转周病、肺病、布氏杆菌病等。

防治方面，一方面，重视危害较大的急性传染病，例如炭疽、口蹄疫等，一定要早治、快治，要将其控制在最小的范围内；要早发现、快速诊断，严格执行封闭隔离制度，立即消毒，打防疫针，减少损失到最低程度。另一方面，有效消除和控制慢性传染病，如牛肺疫、马鼻疽、布氏杆菌病等。打防疫针是防治慢性传染病最好、最有效的措施。春天的疫苗是在草刚发芽的时候做的，在 4 月 20 日左右。苏木综合服务站每年还给牲畜打针，打得好，没问题，打不好就可能产畸形羔子或瘸腿羊。牧户说：“阿日疝病是长老年斑一样东西的病，往牲畜‘察比’部位的薄皮处打针，寒羊经受不住，本地苏尼特羊能挺住。”这个病是牧民们最担心的疫病，他们认为堕胎病、五号病是最麻烦的。笔者最初采访时的 2008 年，苏木兽医站每年给牲畜打两次五号病针，每只羊收 1 元，每头牛收 2 元。据苏尼特左旗官方网站的报道，2010 年 7 月 14～21 日，赛汉高毕苏木组织兽医站及各嘎查防疫员 19 人，分成 3 组，深入乌日根呼格吉勒嘎查等几个嘎查，对 1286 头（只）种公畜进行了布病检测，通过认真仔细的工作，共检测出种公畜 39 头（只）可能带有布病，并按照规定，当场进行了处理。

大伙都认为嘎查牧户应该积极配合苏木综合服务站，时常检查自家牲畜，提防外部性传染，遇到疫苗还没研制出来的畜病，如马鼻疽，应该果断采取查杀办法，才能保证自家乃至其他畜群的安全。据苏尼特左旗官方网站报道，2010 年 6 月 15～18 日，赛汉高毕苏木组织兽医站及嘎查防疫员 9 人，对乌日根呼格吉勒嘎查的 345 头牛接种了牛出败疫苗，嘎查牧户们积极配合工作人员开展工作。

对付虫病则以“检查、隔离、医治”为原则，每年定期进行数次防治工作。虫病有体内虫和体外虫两种，对此牧户一般采取药浴与灌药相结合的办法，药浴治外，灌药治内。7 月给羊做药浴，主要是治表皮。9～10 月水里掺药灌牲畜，这个工作由苏木统一管理。从目前的嘎查情况来讲，正在出现打针治疗慢慢占据主导地位，或可取代药浴的趋势。药浴虽然能持久抗虫，但是疗效缓慢，如果羊得了虱子病，很快就会消弱下去，等不及药浴起效。所以打针虽然疗效期相对短，但疗效快。不过打针也有局限，那仁满都拉说：“有时刚打完防虱针没多久，也就二十来天吧，又返了。”

防治幼畜疾病，要注意使母畜上膘充足，进行很好的料理和经营，提高接羔技术，改善棚圈卫生条件，及时做好防疫注射工作。

6. 各种自然灾害的防御

传统牧业依赖自然条件程度较高，自然环境变化与牧业发展息息相关。以下是乌日根呼格吉勒嘎查 1968～2001 年部分年份遭灾死亡牲畜头数情况（见表 3－19）。

表 3－19　乌日根呼格吉勒嘎查 1968～2001 年部分年份遭灾死亡牲畜情况

单位：头/只

时间	大畜				小畜			大小畜合计
	牛	马	骆驼	合计	绵羊	山羊	合计	
1968 年 6 月	374	65	5	444	1138	938	2076	2520
1973 年 6 月	57	202	0	259	505	202	707	966
1977 年至 1978 年 7 月	291	344	4	639	225	65	290	929
1979 年 6 月	4	4	0	8	191	22	213	221
1981 年 12 月	1	0	0	1	19	2	21	22
1982 年 12 月	1	2	0	3	10	2	12	15
1985 年 6 月	26	33	18	77	152	21	173	250
1985 年 12 月	3	9	3	15	45	6	51	66
1988 年 6 月	5	6	0	11	47	14	61	72
1988 年 12 月	2	1	1	4	49	0	49	53
1993 年 6 月	36	14	7	57	96	79	175	232
1993 年 12 月	0	0	0	0	76	26	102	102
2001 年 12 月	1	0	0	1	1516	58	1574	1575

如表 3－19 所示，1968 年是本嘎查因自然灾害损失牲畜最严重的年份，其后 1973 年、1977 年、1978 年的大雪灾也造成不少损失。尤其在 1977 年的大雪灾中，多亏当时的老一代（哈斯宝力道、丹巴达尔扎、赵白等）干部们不顾自家生活，与嘎查干部、牧民通力协作，组织有力，迅速转移牧户，赶着牲畜到了遭灾程度较轻的达来苏木，才使损失减少到了最低程度。其后直到 2001 年的大灾为止，嘎查牲畜都未遭到太大的损失。

（1）旱灾

该地区降水量少，年月变率大，蒸发量多。全年 1/4 的降水量集中在7月下旬至8月上旬，这种高度集中的降水容易形成干旱，所以全旗有“十年九旱”的说法，出现干旱对畜牧业生产影响很大。春季干旱，牧草返青推迟，牲畜饱青受到限制，导致幼畜死亡率上升。夏旱对牧草的影响比春旱严重，5月下旬至8月上旬是牧草生长和产草量形成的关键时期，这段时期降雨量的多少和时间的分配将会决定干旱与否。如1966年6~7月两个月仅有降雨量24毫米，牧草干枯而死，入冬后牲畜死亡严重，死亡率达12.3%。1989年又遭遇罕见的大旱灾，嘎查牧户整体迁至阿巴哈纳尔旗伊拉勒塔苏木巴彦淖尔嘎查走场。1999~2007年，长达9年的干旱更是给嘎查的畜牧业生产带来了极大危害。

该地区发生干旱的年份较多，据《苏尼特左旗志》记载，1956~1999年出现重旱年有10次，分别出现在1960年、1965年、1966年、1968年、1971年、1980年、1982年、1989年、1994年、1999年。1999年前平均4年出现一次严重的干旱，1999年后开始出现持续数年的长时段干旱。

（2）白灾

雪灾又称白灾，白灾是牧区冬季的重大自然灾害，由于降雪量多，积雪深度大，牧草被雪覆盖，致使牲畜采食困难，饥寒而死。严重的白灾使交通受阻，牧民正常生活受到影响。出现白灾使牧民的备草期延长，每个羊单位的备草量还要加大，牧民就要减收。

该地区出现白灾的年份也不少，根据《苏尼特左旗志》记载，1956~1999年出现白灾年有12次，平均3~4年出现一次。主要白灾年有1956~1957年、1957~1958年、1967~1968年、1971~1972年、1972~1973年、1977~

1978 年、1982～1983 年、1985～1986 年、1986～1987 年、1989～1990 年、1993～1994 年以及 1999 年冬。1977 年冬天至 1978 年春天的白灾是嘎查牧民们记忆最深、最惨痛的一次。此次罕见的白灾使交通严重受阻，各种车辆难以通行，牲畜无草可食，全旗死亡牲畜达 19.5 万头，死亡率达到 21.6%，南部苏木部分牧业户牲畜全部死亡。牧民取暖、吃粮都遇到一定的困难，民众和政府为该次抗灾付出了很大代价。中国人与生物圈国家委员会主办的《人与生物圈》杂志 2007 年第 2 期第 70 页的文章，生动描述了此次白灾，说明了当时的具体情形。

> ……那年刚一入冬草原上就铺了厚厚的一层雪，人们依照往常的经验开始赶着畜群走场，这是在草原上避灾的传统经验。但是那次大雪盖住了整个锡林郭勒草原，几乎无处躲灾，而且雪在不断地加厚，走场很快被证明是无效的，在厚厚的雪地里牛羊吃不到草，一路走一路死，牧民们用死去的羊垛成墙为活着的羊夜里挡风避寒，早上会发现圈里的羊冷得扎成一个小山堆，下面的羊被活活压死。几天后，吃不到草的羊饿得互相吃起身上的毛，每只羊两侧的毛都被吃掉，露出血红的皮肉，就很快被冻死。而红了眼的牛回到营盘上吃掉了用柳条编成的围障，吞吃冻死的耗子，再后来追着人，吃人身上的衣服。骆驼伸着长长的脖子把一些土房的房顶揭开，把压顶用的柳棍给吃了，房子漏了。当时的惨状是牧民们从未见过的。春天冰雪融化时，草原上到处是牲畜的死尸，听到的是各地传来的牲畜死亡数字：一些旗县死去牲畜达 70% 以上，

有的地方仅仅剩下2%……

在此次大雪灾中，当时老一代赛汉高毕苏木干部们团结群众，组织牧民走场，使包括乌日根呼格吉勒嘎查在内的各嘎查把损失减少到了最低程度。如表3－20所示。

表3－20　1977年7月至1978年7月乌日根呼格吉勒嘎查因灾牲畜损失情况

单位：头/只

牲畜名称	因灾损失			因灾处理		
	因灾损失	因灾死亡	因灾丢失	因灾处理	牧民自食	卖给国家
大畜	657	171	486	52	19	8
牛	291	141	150	52	19	0
马	344	26	318	0	0	8
骆驼	4	4	18	0	0	0
小畜	290	201	89	442	640	637
绵羊	225	163	62	393	528	434
山羊	65	38	27	49	112	203
合　计	947	372	575	494	659	645

注：表中数据有误，为保存资料原貌未做改动。

资料来源：根据赛汉高毕苏木档案资料整理。

其后，1985年嘎查又遭遇大雪灾。1999年，嘎查再次遭遇大雪灾，牲畜大量死亡。

嘎查遭遇大雪灾会得到各级各部门的重视，获得各方面的援助。2003年1月，为支持苏尼特左旗的救灾工作，中国红十字会苏尼特左旗分会提供了救灾物资，其中配给乌日根呼格吉勒嘎查的物资详情如表3－21所示。

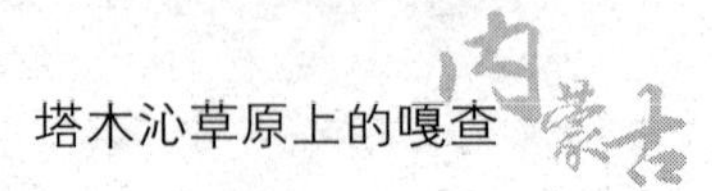

表 3-21　苏尼特左旗红十字会配给乌日根呼格吉勒嘎查物资情况

品名	规格	数量（床/件）	单价（元）	总价（元）
棉被	1.5 米×2.5 米	40	65	2600
毛衣	成人类型	139	120	16680

（3）黑灾

冬季，牧场长时间无积雪，或积雪少而浅，牲畜吃不上雪，饮水又困难，会掉膘、流产甚至死亡，这种因降雪少、无积雪造成的灾害称为黑灾。通俗地讲，冬天不下雪或雪下得太少就是黑灾。黑灾比白灾危害性小，特别是改革开放后牧业生产体制改革，机井和水井的普及，使牧民抗黑灾能力不断增强。据《苏尼特左旗志》记载，黑灾严重的年份有 1965～1966 年、1976～1977 年。

（4）风灾

黄毛风

黄毛风在气象上被称为沙尘暴，是强风将地面沙尘吹起使空气浑浊，水平能见度小于 100 米的风沙天气，多出现在干旱的春季，主要危害是破坏草场，使放牧困难甚至发生畜群离散刮丢的现象。强度大或时间长的沙尘暴不仅破坏交通，亦会使人们的日常生活受到严重影响。全旗黄毛风主要出现在 4～5 月，历史上年平均 2～3 次，最多年达 8 次。1966 年 6 月 21 日发生了牧民从未见过的沙尘暴，其强度之大，时间之长均属罕见，白天伸手不见五指，需要燃灯。当时，全旗丢失牲畜 12000 多头。另外，近年连续发生的沙尘暴，给包括乌日根呼格吉勒嘎查在内的广大牧区人民的生活带来了极大破坏。牧民眼睛、呼吸系统均遭受侵害，进进出出浑身是沙尘，打扫擦洗异常频繁，抖落渗入小畜皮毛中的沙土成为专门工作，以致牧户“谈沙色变”，留下了心理阴影。那段日子，他们早起后第一个想知道的是“今天还刮风吗”，他们是沙尘第一线受害者。据一名嘎查牧民回忆，2004 年 3 月，他们家共养了 300 多只羊，每次沙尘暴过后，这些羊都蓬头垢面，绒里毛外沾满了沙土，四肢负重严重增加，许多羊走也走不动。他叫来家人，头裹沙巾，双手抱羊，连颠带拍，给羊抖沙子，弄得羊圈里尘沙弥漫。每只羊平均要花七八分钟进行清理，连续数小时抖沙，人们累得气喘吁吁，沙子装了一盆又一盆，每盆沙子至少七八公斤重。如果不抖下来，这些羊连站都站不起来。

全旗 2004 年先后刮了 18 次沙尘暴，较历史同期多 44%。强烈的风沙将草原表层土和草的浅层根系全部刮走，较深的根系裸露在外，草场植被遭到严重破坏。由于沙尘暴多，大多数羊身上都附着四五公斤沙土，造成羊毛羊绒质量下降，价格大幅度下滑，严重影响了牧民收入。

白毛风

白毛风在气象上被称为雪暴，是指大量的雪被强风卷起随风运行，并且不能判定当时天空是否有降雪，水平能见度小于 100 米。

白毛风在该地区较为多见，主要发生在 11 月至次年 3 月。强力白毛风影响交通和放牧，对人畜均有危害，人易迷失方向而受冻，牲畜常造成惊群、丢失甚至死亡。全旗年平均出现白毛风 3.5 次，最多年达 19 次。

1966 年 3 月 17～18 日，全旗先刮黄毛风后转白毛风，给牲畜造成严重损失，当时失踪数人，后来陆续找到。

（5）狼灾

过去，狼灾也是畜牧经济的重要威胁。

1963 年 6 月，一个月之内公社有 40 只羊遭狼侵害。赛汉高毕公社 1963 年打狼工作情况汇报表显示，当年公社应完成的打狼任务是 135 只，其中分给乌日根呼格吉勒大队打狼 30 只的任务，实际打死了 2 只。而萨如拉登吉大队分到打狼 30 只的任务后打死了 20 只。4 个大队总共打死了 38 只狼，远没有达到上面下达的 135 只的目标。当时为了抵御狼灾，动员群众开展打狼运动，采取放狼夹、掏狼窝抓狼崽、行围猎等方式。

目前，除了个别年份，嘎查牧民几乎看不到狼了。连年自然灾害，干旱的气候，不能吸引蒙古国狼南下捕食。此外，牧民也不再打狼，因为他们保护牲畜的能力加强了。当过嘎查长的桑杰老人甚至听说有人见过狼“正在吃草”的奇特场景，所以狼灾对牧民来讲已经构不成威胁了。

第二节　生产生活消费

乌日根呼格吉勒嘎查牧民经济收入的主要来源是出售活畜。这几年为了配合旗、苏木政府改善和保护生态环境的措施，牧民都在大量出售自己的牲畜，所以从 2000 年开始，每户牧民家庭拥有的牲畜数量都在大幅度下降。凡是亲自做过社会调查的人都知道，想问出社会个体的收入情况是比较困难的，因为多数人都不愿透露。但也不是没有办法，虽然人们不愿说收入是多少，但每年消费的情况可以问得到，获得消费数据之后也可间接推测其实际收入水平。牧户的消费大致可分为生产消费和生活消费两大部分。

一　嘎查牧户生产消费结构与分析

锡林郭勒盟响应国家政策，进行围封转移战略，将剩余人口转移到城镇，减少牲畜数量，进行圈养。锡林郭勒盟选取部分嘎查开展转移工作，乌日根呼格吉勒嘎查亦在其中。所以笔者在该嘎查进行调查的对象不包括被转移的牧户，而是留守的20家牧户的生产消费情况（见表3－22）。

表3－22　乌日根呼格吉勒嘎查2008年留守牧户主要生产消费项目

单位：元

牧户	草和饲料	兽药	燃油	生产用具维修	帮工	租赁草场	燃料	各户年生产支出总和
户1	11000	3000	15000	5000	0	0	1800	35800
户2	12700	1000	10000	5000	8400	1800	3600	42500
户3	10000	400	3000	1000	0	0	0	14400
户4	20000	1000	3000	1000	0	5000	0	30000
户5	10000	1000	5000	0	0	0	0	16000
户6	7000	300	3000	0	0	0	600	10900
户7	5000	500	3000	0	0	0	1800	10300
户8	20000	2000	10000	2000	3000	0	1200	38200
户9	10000	1000	5000	2000	3000	0	0	21000
户10	20000	500	5000	2000	0	7500	1200	36200

续表

牧户	草和饲料	兽药	燃油	生产用具维修	帮工	租赁草场	燃料	各户年生产支出总和
户 11	20000	2000	6000	5000	4800	11500	2400	51700
户 12								
户 13	5000	2000	4000	4000	4800	0	1200	21000
户 14	4700	1000	2600	1500	0	5600	0	15400
户 15	10000	3000	4000	1500	2000	0	1800	22300
户 16	4500	1000	3500	2000	0	0	0	11000
户 17	0	1500	2000	0	3600	5000	600	12700
户 18	0	50	1000	0	0	0	0	1050
户 19								
户 20	5000	2000	8000	1000	8000	3000	0	27000
各项支出总和	174900	23250	93100	33000	37600	39400	16200	417450

资料来源：根据入户采访资料整理。

从表 3－22 可看出，生产支出中占比最大的是草和饲料一项，远高于其他各项，总计为 174900 元，占所有被统计牧户生产总支出的 42%。实施圈养之后，饲草需求自然猛增，完全改变了以往的生产消费结构，牧民的生产成本空前加大。

燃油的消耗比重在嘎查牧户总体生产消费中排第二位，总计 93100 元，占生产总支出的 22%。

租赁草场费用是近年增幅明显的一项，总计 39400 元，占生产总支出的 9% 以上。有些贫困户因自然灾害、疾病、经营不善等原因破产后，将自家草场出租给别人，收取出租费用，维持生计。

帮工费用也在不断增加中，总计 37600 元，占生产总支出的 9% 左右。牧业自古以来都是群体合作型经济，在前工业时代，个体家庭几乎不能独自经营，料理大畜需要的人手很多。草场承包制推行以来，定居化速度加快，牧业发生较大变化。由于个体家庭承包草场和牲畜，劳动力明显缺少。为了适应这一变化，人们纷纷处理马和骆驼等大畜，部分原因就是非群体协作大畜经营不便，如打马鬃、骟马蛋、套马、驯马等活动都是剧烈而激昂的团体性活动，除了像哈斯额尔敦这样执着坚韧的马倌外，其他个体家庭终难坚持。即使是哈斯额尔敦能坚持下来，也是得到了大伙的帮忙。这一方面是由于哈斯额尔敦为人不错，另一方面也得益于马生产活动本身对嘎查牧民有着持续的吸引力。哈斯额尔敦说："打马鬃的时候人来得特别多，其他苏木的人也来看。"这些过程会成为激动人心的经历和谈资。然而易于牧养的山羊和绵羊则缺乏这般魅力，剪羊毛虽需团体合作，但缺乏兴奋点，家庭妇女凭靠自己的力量亦能料理，所以小畜最终成为目前主要的饲养对象。即使如此，牧户也会因疾病、陪读子女、畜群数量增多等种种因素出现人手不够的时候，这时就须找到合适的帮工（羊倌）。像好比斯哈拉图和陶德毕力格这种畜群较大的牧户就必须全年雇用帮工，除包其吃住以外还要付给其8000元以上薪水。其他牧户根据生产需要，会按季节或月数雇用帮工，除包吃住外一般支付三四千元薪水。过去羊倌比较好找，例如，本嘎查困难户、在家赋闲的50岁以上牧民、内地来找活的人等不一而足，但是近年随着人们生活水平的提高，帮工不再好找，而且支付的薪水也比过去高多了。牧户给帮工支付报酬，有时以羊替钱、以羊换力。入户采访时，由于填写的是数据化表格，有的牧民是将羊折钱回答提问的。

燃料消费主要是指汽油、柴油和煤。目前，摩托车成为牧民重要的交通工具，还有不少牧户拥有客货两用的小汽车（见图 3－7），所以汽油支出是嘎查每户人家的必需消费项。发电或饮水用抽水泵，需要发电机，所以柴油支出也是重要的燃料支出。

图 3－7　嘎查牧户的交通运输工具

改住平房之后，牧民们也开始烧煤炭，但是只要条件允许，就尽量烧牛粪和羊砖。尤其是煤价上涨，牧户收入又因环境恶化迅速减少之后，除了个别牧户以外，大伙根本烧不起煤，所以煤炭消费所占比例不大。

生产用具维修费总计 33000 元，占生产总支出的 8%左右。

必须补充的一项非日常支出，但一次性支出金额较大的是拉网围栏及其维修费用。该项数据不容易统计，又得不到近期具体数据，后来有幸得到 2003 年 3 月嘎查全体牧户围栏面积数据，或可推算这笔费用。为进一步说明该费用，特制数据表如下（见表 3－23）。

表 3－23　2003 年 3 月乌日根呼格吉勒嘎查牧户围栏面积情况

单位：亩

牧　户	承包面积	围栏面积
户 1	26015	15000
户 2	19210	10000
户 3	26400	12000
户 4	3810	1000
户 5	27435	0
户 6	23525	20000
户 7	14385	10000
户 8	11895	10000
户 9	20910	0
户 10	15600	0
户 11	10070	0
户 12	19300	5000
户 13	8590	0
户 14	21590	15000
户 15	22655	20000
户 16	34715	25000
户 17	17990	5000
户 18	11270	0
户 19	24295	0
户 20	23180	0
户 21	26155	0
户 22	29985	0
户 23	21535	0
户 24	10910	0

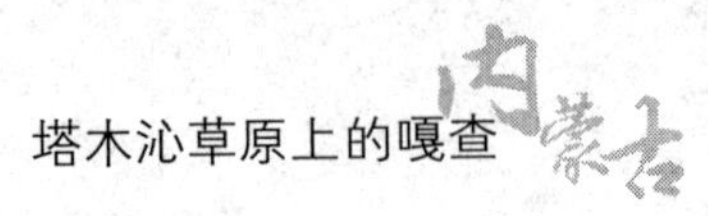

续表

牧户	承包面积	围栏面积
户 25	24040	14000
户 26	27660	5000
户 27	27235	1000
户 28	36155	16000
户 29	22655	22655
种畜场	10000	1000
合计	619170	207655

资料来源：根据赛汉高毕苏木档案资料整理。

我们可以根据围栏面积粗略推算该项费用的大致额度。假如一户人家草场面积为 5000 亩，就需要铁丝网约 8000 米。据当时行情，围栏铁丝网每卷 200 米，价格 200 元，共需 8000 元。支撑桩每根 7 元，每 10 米需要打一根桩，共需要 800 根，需要花费 5600 元，总投入应该是 13600 元。那么，该年此嘎查 207655 亩的围栏支出共需要 56482.6 元。这么看来，2003 年围栏费用超过了 2008 年嘎查牧民各项支出的总和，可想而知牧民的压力较大，所以生活富裕的人家才能把草场全围或多半围起来，而普通人家只能围局部，生活困难的围不起。拉网围栏费用并非日常支出，拉一次即可，然而经历长期风吹雨淋，围栏铁丝会生锈蚀断，或遭牲畜冲撞，有时还会遭到汽车等其他交通工具的误碰误撞，再有就是人们懒得绕围栏多走冤枉路，索性摁住铁丝栏跨过去，或将铁丝网格撑大后钻出去，次数多了，片状围栏便会逐渐倾斜，继而倒地。围栏坏掉后别人家的牲畜会跑进来吃草，造成损失。倒地的铁丝网还会成为安全隐患，如骑摩托车的人在傍晚或夜里看不到倒地的铁丝网，从上面经过，车轮很可能被铁丝网缠住，发生车祸。有人因此导致严重骨折，还有人因摩托车车把撞进嘴里，牙齿全被撞落。目前，维修网围栏费用也是牧户重要支出之一。

二　嘎查牧民生活消费结构与分析

笔者为详细了解牧民具体生活状态进行了认真的入户访谈，获得了如下数据（见表 3－24）。

表 3－24 展示了 2008 年 4 月留在嘎查的各牧户一年生活消费支出的大致状况。下面我们制作了一个柱状图，比较表3－24 所列各项支出总额，来观察目前嘎查牧户生活的消费情况（见图 3－8）。

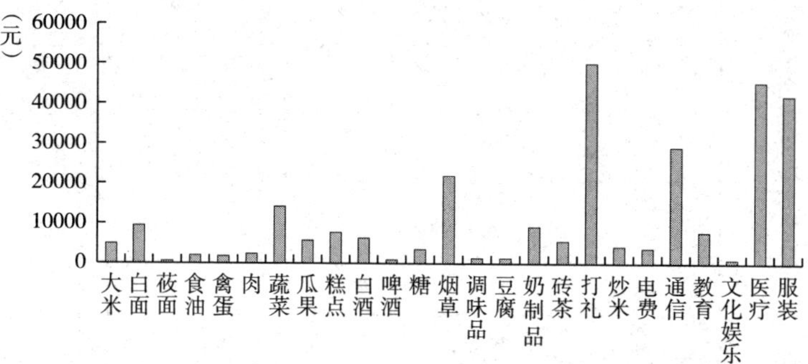

图 3－8　2008 年 4 月乌日根呼格吉勒嘎查牧民各项日常消费情况

图 3－10 显示，2008 年 4 月，乌日根呼格吉勒嘎查牧民各项日常消费中，打礼、医疗、服装和通信费用居于高位，打礼一项竟然达到 50000 元，医疗费 48800 元，服装和通信分别是 47100 元和 29080 元。打礼一项支出如此之高是因城镇风习向牧区扩散所致。“仪式越来越简单了，吃饭馆，按桌送礼钱。哎呀，现在这些宴请一年比一年多，去年我们家吃了 30 多个宴请，什么‘十三岁’宴、寿宴、开业典礼这个那个数不清，得花三四千块钱。”有位嘎查牧民如是说。

表 3－24　2008 年 4 月乌日根呼格吉勒嘎查留守牧户的日常生活消费支出情况

单位：元

牧户	大米	白面	莜面	食油	禽蛋	肉	蔬菜	瓜果	糕点	白酒	啤酒	糖	烟草	调味品	豆腐	奶制品	砖茶	打礼	炒米	电费	通信	教育	文化娱乐	医疗	服装
户 1	560	720	80	150	200	1710	1000	1000	500	150		500	3000	60	300		900	3000	180	2000	3000	3000	500	7000	10000
户 2	180	180		84	300		500	200	500	600	300	400	2000	400	500	400	240	3000	170		2400		200	10000	6000
户 3	120	1080		96			500		200				720			500	360	500	250		1200			3000	100
户 4	70	360		50			300					100				200	480	2000	180		600			500	300
户 5	210	600	40	80	80	500	1000	500					200			120	300	500	200		480			700	500
户 6	350	600	40	160			1000	500	300	100		100	360			200	240	2000	170		1200			1000	2000
户 7	350	420	40	40	320		400	100	100	100		100	800			218	100	500	250		1000			100	100
户 8	280	660	80	75	40		400	200	200	500			2000			2500	300	2500	300		1200			3000	2000
户 9	70	360	80	90			600	300	200	300	50	200	1100	30		1600	200	3000	200		1200			1000	3000
户 10	130	300		75	120		1000	500	1000	500			2000			590	240	3000	230		1200	3000		2000	5000
户 11	350	600		125	80		400	500		144		100	1500		100	440	480	10000	300		1000	2000		700	2000
户 12	200	420		80	150		450	300	250	200	50	100		40	150	200	200	2000	250		1000	500		1000	400
户 13	300	200		240	300		2000	500	1000	500	300	200	150			310	240	4000	220	1000	2400			500	6000
户 14	140	540	40	100	40		600	50	500	300		300	2200			500	240	2000	200		2400		70	6000	2000
户 15	130	650	50	64			1000	300	300	2000		300	900	100		500	240	3000	160		1500			300	1000
户 16	210	300	40	180			1000		1000			500	500	500		400	240	2000	150		1000			1000	1000
户 17	420	250	35	200	130		500	500	200	300		100	400			240	120	1000	130		500	1500		1000	300
户 18	140	120					500	100	700			400		100	100				120		1000			5000	
户 19	310	280		180			300		400	400			2160			240	270	1000	130		1200			2000	400
户 20	260	720					500	300	300	100		50	2000	50	100		240	5000	240	720	3600			3000	5000
总计	4780	9360	525	2069	1760	2210	13950	5850	7650	6194	700	3450	21990	1280	1250	9158	5630	50000	4030	3720	29080	10000	770	48800	47100

注：空白处为零。

资料来源：根据入户访谈资料整理。

伴随着游牧转向定牧，基层办公地相继产生了与定居配套的场所、建筑以及服务，这一方面使牧户生活越来越舒适，另一方面无形中也输入各种习气。吃请后必然回请，嘎查牧户居住距离不像城镇居民的左右相邻，吃回请得跑到苏木、旗、二连浩特等能提供饭店和招待场所的地方，路费、燃油钱当然得自己出。吃酒次数增加，除东家与被请者外还有餐馆参与其中，不算铺张所生费用，大量没有必要付出的时间、精力以及连锁花销就这样产生了。虽说送礼的也要想办法回收，但额外消耗如交通、场地、请主持人等支出则无法避免，如果把所有牧户消耗加起来那将是不小的数字。问题似乎不只在经济层面。车德布老人讲："过去的人们尊重老人，给 61 岁以上的人筹办'那顺·巴雅尔'（寿宴），长幼相携，大家欢欢喜喜，年轻人也受教育。不过，现在好像在变，我听说前些日子有人给自己办 37 岁的'寿宴'，邀请 73 岁的老人参加。这是怎么回事？难道他是在自己尊重自己吗？我还听说有个人家在旗饭店里大摆了十几桌，饭菜都订好了，结果邀请的人只去了两桌。"与时俱进的变化是必要的，但必须防止本来很好的社会观念因受外部污染而向不健康的方向发展，很多发达国家的发展都表明，一些优秀的传统观念并不与现代化相悖，甚至是相辅相成的。

其次是医疗。牧民最害怕生病，因为该嘎查气候寒冷，地处边塞，不同于内地交通发达，而且长期保持的传统生活习惯比较独特，牧民维持最低生活所需费用支出远远大于农区。另外，苏尼特左旗是氟中毒、结核病、风湿病、布病等发生率偏高的地区，患病牧户需要常年治疗，每年的治疗费用还在不断增长。据资料统计，该嘎查教育和医疗两项费用支出占家庭总支出的 33.1%。笔者入户采访了解到，一户牧民家中如果有一名慢性病患者，则每年需要3000～5000元的医疗费用。也就是说，牧民家中如果有一个长期患病的人，那么这户牧民就很难维持正常的生产生活。采访中，笔者了解到，牧民进城看病是非常困难的事情，要花交通费、住宿费、饭费、诊断费、药费、检查费……如果看病顺利还好，不顺利的话，等检查结果或医生就是好几天，过去还能在亲戚朋友家住一住，去的时候给带点奶豆腐或黄油什么的，现在不像过去那样无拘无束了，借宿变得难为情，索性就住旅馆和招待所。到旗里就医还相对好办一些，毕竟语言上不太犯难。一旦得了大病，必须要去锡林浩特或呼和浩特等大城市，就很困难。凑些钱过去后又人生地不熟，住下旅店，找到医院，但因为沟通上有困难，有时听不明白医生说什么，向医生也表达不清病情，无法与医生进行有效沟通，常常影响看病效果，有时甚至遭白眼，有时被开一堆药，弄不懂医嘱，拿不准每天按什么剂量吃。所以，牧民到大医院之前必须提前联系城里熟人，托熟人做翻译，因麻烦别人，自己心里也犯难。数年前，该嘎查有个牧民的儿子因得骨结核病跟着哥哥到某大城市专业结核病医院看病，该医院立即让他做手术，做完第一次手术后，又说病菌没能消除干净要重做，这样反复给他做了3次大手术。这孩子最后被治得瘦骨嶙峋，钱财花尽不说还欠了一屁股债，最终也没能治好。所以，这里的多数人一般疼痛都要忍受过去，不到实在忍受不了的程度一般不会去医院检查，尤其是那些50岁以上的人，一旦查出大病来，多数为时已晚。

服装费用总额偏高是因为少数家境殷实或学龄儿童多的人家占了大比重。嘎查牧民无论男女多数注重服装的整洁干净，而不太在意外观是否亮丽。进行生产活动时，牧民们都穿旧而耐磨的衣服。参加节庆或进城时，他们才会挑好的穿。

再次是教育。教育费用支出较高的有车德布、布和、胡日乐巴特尔、唐海龙 4 户。教育费用虽然集中于此 4 户，但具有代表性。车德布的一个女儿在锡盟蒙中读高中，年支出是 3000 元，享受国家 1600 元/年的减免学费政策。据乡人讲，她是一个节俭懂事的孩子。据车德布老人计算，如果孩子能上大学，一年的费用大概是 4000～6000 元，这对嘎查普通牧户来说压力很大。布和的 11 岁男孩红格尔和 7 岁女孩阿兹亚均就读于苏尼特左旗第二小学，两个孩子的年教育支出是 3000 元。布和说："现在国家政策好，都是义务教育，学费压力没了。不过，近年撤乡并镇，学校都并到旗里去了，城里的教育质量比原来的当然是好多了，但是到旗里上学花销大，租房子、吃饭、穿衣、燃料都要钱，交通费当然也要花。从苏木到旗里是 50 元钱，我是说要坐出租车的话。大人必须陪读，给他们做饭，料理日常生活，不然老担心。这样家里就人手不够了，必须雇人帮忙，又是一笔钱。当然我们这里是西部旗县，学生总数比东部旗县少多了。我听说，东部旗县的学生到城里上学更难，说是学校不能满足住宿条件，人满为患，有些家长没办法就把孩子送到汉语学校。"胡日乐巴特尔的 14 岁男孩布和毕力格就读于二连蒙中初中一年级，而 10 岁的布和巴雅尔在苏尼特左旗第二小学二年级上学，两个孩子的年教育支出是 2000 元。唐海龙有两个孩子，8 岁的大女儿布乐布瑞就读于苏尼特左旗第二小学，年教育支出是 1500 元。其他牧户没有子女在外读书，因此基本没有此项支出。

饮食消费中，蔬菜的消费额占一定比重。它一方面与社会发展、生活水平不断提高有关，另一方面与乌日根呼格吉勒嘎查便利的交通条件有关。如前所述，该嘎查位于苏尼特左旗满都拉图镇与口岸城市二连浩特市之间，离两地都不远，运输成本低，采购便利。这一点不同于其他位置偏远、交通不便的嘎查或苏木。该嘎查白面消费额达9360元，说明面食是牧民最喜欢的主食。当笔者问到为什么更爱吃白面而不是大米时，那仁满都拉说："大米是凉性食物，所以想吃炒菜的时候吃点，煮肉后熬肉粥时用点儿。"也有人说："吃大米，不像吃馒头、花卷、面条那样吃得舒服、吃得饱，没一会儿肚子好像又空了，而且属凉性，多吃胃不舒服。"总的来看，一般牧户50斤一袋的白面每年要吃8～13袋，50斤的大米每年吃1～4袋。她（他）们爱吃的面条、包子、卷子等都是面食，也有大米、白面一样爱吃的牧户。奶制品主要是指伊利、蒙牛牛奶和奶粉。由于大畜急剧减少，草原人家无法拥有以往充足的奶源，部分大畜因草料短缺、营养不足等原因产奶减少或不产奶。也有个别人家不愿费时费力从事传统劳作——挤奶做奶制品，相比之下，市场上的奶制品只要支付现金便可买来，简单易行。亦有不少人家从不购买任何奶制品，仍按传统方式供应自家所需白食，比如老嘎查长车德布的老伴和女儿做的奶食既精致、干净，又好吃。

关于喝酒，据嘎查人说，20世纪80年代末90年代初，盛行饮酒。因为个人承包草场之后，收入确实增加了，手头总有点闲钱，又由于苏木及嘎查文化娱乐活动很少，而饭馆却越来越多，这样吃馆子喝酒之风顿兴。该嘎查人因酗酒而吵闹离婚的不多，但影响正常生活的不少。2000年以后，中年人饮酒过量现象明显减少，青少年喝啤酒现象却开始增加。据嘎查人说，现在乌日根呼格吉勒嘎查，无论中年还是青年，喝酒的人都很少，一方面人们的认识水平日益提高，另一方面生活也不像以前那样阔绰了。大伙都不喝了，个别一两个人喝就特别引人注意，人们喝酒次数自然就越来越少。车德布老人说："这次大年初一，我家有五六十人来拜年，但是没有一个喝醉的。以前一起喝酒红火，人多更好，现在大家都想早点离开酒桌。前段时间，西苏旗一家人为参观种畜来我们嘎查。参观之后闲谈间便感慨，你们这里太好了，喝酒的人这么少！20 世纪 80 年代末，有一阵子，大家喝酒较多的原因是生活突然好转，收入增加，能雇人了，有空闲了，喝酒的风气慢慢滋生。在那之前牧民们也从来没有那么喝过，再说哪有酒喝，能填饱肚子就很满意来着。就是那么一阵儿，现在呢，连续干旱近十年，加上没完没了的沙尘暴，整得人们疲惫不堪，手头一下子就紧了，都感到了生活的重压，草畜也要平衡了，这收入肯定不能跟刚推行承包制时期相比了。当然随着社会的进步，人们的认识水平也提高了，可以做的事情也多了，都不愿喝酒了。"也许正因为如此，饮食消费结构中白酒和啤酒的比重都很小。

砖茶的消费必须提到。砖茶价格便宜，在消费额中占的比例不大，但它又是牧民天天要饮用的，简直是须臾不可离的日常饮品。但是这里似乎有问题，牧民们也意识到了，例如唐海龙说："有好几次从砖茶里弄出来白灰一样的东西，然后就不敢喝了，本来就听说砖茶里面有那个什么含量特别高，都说喝了得病，骨头变软，现在我家改喝的是湖南临湘的绿砖茶（见图 3－9），比过去那个茶好点，感觉干净点。"唐海龙说的是砖茶里氟含量偏高的事，这事现在似乎人尽皆知。唐海龙本来是东北农区的蒙古族，在老家主要喝红茶，不太喝砖茶，后来成了这里人后才开始喝砖茶的。他甚至觉得这些牧区老爷子、老太太有这么多人驼背、罗圈腿，走路都困难，除了长期受冻，与喝砖茶肯定有关系。虽然牧民们都知道这样的说法，但还是照喝不误。总的来说，每户每年喝一箱，每箱是 16 个，才 240 元，每个月平均用 1～2 个砖茶。

图 3－9　牧民饮用的湖南产绿砖茶

另外，我们从支出表格中随机选取两户消费数据，分别制成图观察时，发现各户人家年消费支出侧重明显不同。

那仁满都拉家的打礼钱在全年生活消费中所占比例最大（见图 3－10），但布和家因供两个孩子在外上学，服装和教育费用在全年生活消费中占较大比重（见图 3－11），其他牧户亦各有侧重。

嘎查各牧户年生活消费额有明显的差距，如图 3－12 所示。

如前交代，这些是有资产的留守牧户，而真正经济困难的牧户多数已被转移到城镇移民村，如果把他们的统计数据也纳入此图，差距将更严重。

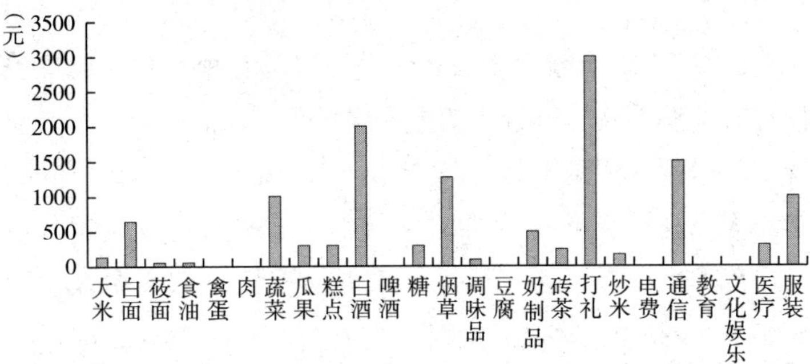

图 3－10　那仁满都拉家年生活消费支出情况

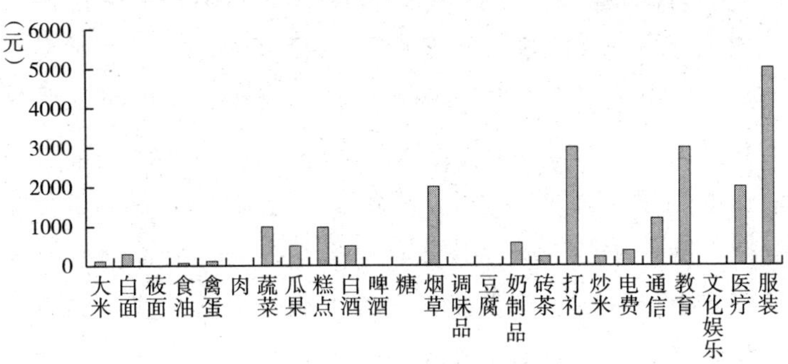

图 3－11　布和家年生活消费支出情况

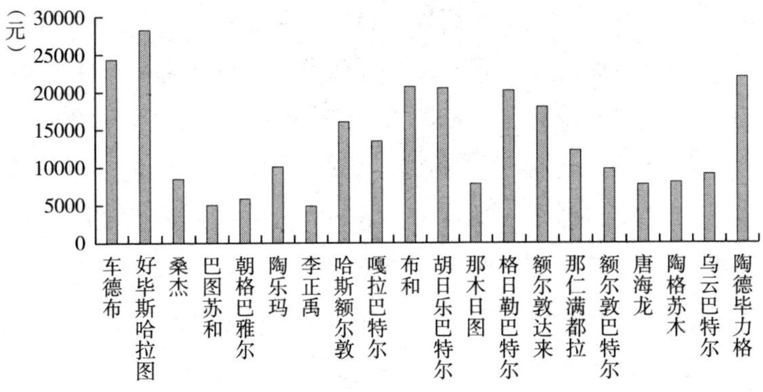

图 3－12　嘎查各牧户年生活消费支出情况

三　牧民的生产生活用具拥有情况与分析

1988年12月统计资料显示，当时乌日根呼格吉勒嘎查拥有载重车2辆，电视机7台，摩托车3辆，轻骑2辆，自行车2辆，缝纫机18台，私人房屋13座23间，蒙古包45座。为了进一步掌握牧户的生产生活水平，笔者对留守牧户进行了生产机械拥有情况和家电拥有情况入户调查（见表3－25、表3－26）。

从表3－25可以看出，摩托车是从20世纪90年代开始购买的，但有购买能力的是少数牧户。无论如何摩托车进入牧户都是一件值得记住的事情，这与20世纪90年代初因草场牲畜个人承包制度的推行，牧民收入在一段时期明显增长有关。钱包鼓起来以后，尤其是生活比其他人富裕的牧民率先开始购买摩托车。更多牧户看来是2003年以后开始购买摩托车的。除少数几户以外，多数牧户都拥有一辆摩托车，价格在三四千元到五六千元。摩托车现在成了中青年牧民的主要交通工具，进城、放羊、串门时都是骑摩托车，极少数人还在骑马，但牧民也认为其实放羊的时候骑马完全可以，只是人们喜欢骑摩托车，快、省事又时髦。

根据调查得知，6户人家拥有农用三轮车，5户人家拥有手扶拖拉机，拥有汽车的人家有10户。这些车辆的主要用途有交通、运草、拉货物、运送牲畜、拖水等。这些机动车是定牧的必要工具，20世纪90年代以来逐步取代了传统驮载工具，例如骆驼或勒勒车。机动车虽然带来诸多方便，但其维修费用和燃油费给牧民带来不轻的压力。

牧民打机井的情况将在其他章节做详细介绍和分析。该嘎查有3户牧民家通了长电，结束了嘎查不通长电的历

表 3－25　乌日根呼格吉勒嘎查牧户 2008 年生产机械拥有情况

单位：年，元

牧户	摩托车		农用三轮车		拖拉机		汽车		机井		发电机（柴油，风力）		打草或切割机	
	购置年代	价格	购置年代	价格	购置年代	价格	购置年代	价格	购置年代	价格	购置年代	价格	购置年代	价格
户 1	1993 2007	4000 8000			1994 2000	14000 18000	2006	40000	1997	110000	1986（风）	1000	2003	3000
户 2	2007	5800					2003	50000	?	220000	2008（柴）	700	1990	6000
户 3														
户 4	?	4000	?	2000			?	23000	?	110000	1986（风） 2006（柴）	900 500		
户 5	2006	2000	1998	5000			2007	12000			2007（柴） 2006（风）	600 300		
户 6	2006	5800			?	13000					2008（柴） 2006（风）	670 800		
户 7	2007	5000	1989	9000							2000（柴） 1986（风）	1000 800		
户 8	2004	5000					2004	30000	?	110000				
户 9	2005	6500							?	110000				
户 10	2003 2008	5000 6800			1980	3400								

续表

牧户	摩托车		农用三轮车		拖拉机		汽车		机井		发电机（柴油，风力）		打草或切割机	
	购置年代	价格	购置年代	价格	购置年代	价格	购置年代	价格	购置年代	价格	购置年代	价格	购置年代	价格
户 11	2007	5000					1997 2007	50000 40000			2005（柴） 2006（风）	700 800		
户 12														
户 13	2005 2007	3000 5000	1997	4000			2004	14000			2005（柴） 2005（风）	700 700		
户 14	2005 2005	3200 3200					2007	34000	?	110000	1998（柴） 2001（风）	700 10000		
户 15	2004 2007	5500 5000			2007	13000			?	110000	2004（柴） 2007（风）	750 950		
户 16	2007	4500	2005	9800							2008（柴）	680		
户 17	2007	5600			1980	3000（旧）			?	110000				
户 18	2007	4500							?	220000	（机井发电机）	15000		
户 19	2008	5500							?	220000				
户 20	2006	5600					2004	36000						
户 21	?	5500	?	5200			?	?	?	110000				

注：表中并列数据是表示先后购买的新旧两个机械，表中“?”表示购置年代或价格不详。户 12 已将全部机械处理，准备转移至移民村。

资料来源：根据入户调查所得数据整理。

表 3－26　乌日根呼格吉勒嘎查牧户 2008 年家电拥有情况

单位：年，元

牧户	电视机		洗衣机		电话		手机		冷藏设备		收音机、录放机	
	购置年代	价格	购置年代	价格	购置年代	价格	购置年代	价格	购置年代	价格	购置年代	价格
车德布	1997	2700	2002	1000	?	2100	?	1100	1995	700	1995	700
好毕斯哈拉图	1980 2000	1200 380	?	580	2006	1300	2002 2006	1800 800	2002	1200	?	40
桑杰					2006	1100					1995	60
巴图苏和	?	1000					?	1500				
朝格巴雅尔	?	200					2006 2007	400 280				
陶乐玛	1999	1000			2007	200	2008	1000				
李正禹	1986 2007	1200 800			2006	?						
哈斯额尔敦	2005 2005	1200 1200	1988	500			2005 2007	450 1300				
嘎拉巴特尔	2002	1100	2004	500	2007	1000						
布和	1996 2000	1200 1200					2004 2008	1300 1000	2007	1200		

续表

牧户	电视机		洗衣机		电话		手机		冷藏设备		收音机、录放机	
	购置年代	价格	购置年代	价格	购置年代	价格	购置年代	价格	购置年代	价格	购置年代	价格
胡日乐巴特尔	2005	500					2004	1600	2005	2000		
那木日图												
格日勒巴特尔												
额尔敦达来	1998	2000					2006 2007	1200 720	1998	2000		
那仁满都拉	1985 2007	1400 500					2005 2007	700 750			2008	60
额尔敦巴特尔	2008	400					2007	900			2008	60
唐海龙	1980	1000			2000	400	2007	800				
陶格苏木	?	2700	?	300			2007	800	?	2800		
乌云巴特尔												
陶德毕力格	1997 ?	2700 350	2007	800			1994	1900	1997	3500		
陶格特木拉	?	3500					?	2600				

注：表中并列数据是表示先后购买的新旧两个电器，表中“?”表示购置年代或价格不详。

资料来源：根据入户调查所得数据整理。

史，但其他牧户为了户内照明、观看电视、收听广播等，需要发电设备。嘎查牧民主要的发电设备有两种，即风力发电机和柴油发电机。有12户人家在使用发电设备，其中8户人家同时使用两种发电设备，互为补充，因为柴油经常会缺乏，这时他们把风力扇所发电流储存在电瓶里备用。

根据表3-26可知，嘎查牧民最早购买电视机的是在1980年。仍是因为个人承包制推行以后牧民生产积极性大大提高，收入也增加不少，所以20世纪八九十年代牧民都拥有了电视机，这有助于牧民增长见识，了解外面的世界。

该嘎查只有6户人家拥有洗衣机。因为供电设备只是上述的柴油发电机和风力发电机，以此看看电视还可以，但带不动洗衣机。除了几户通长电的人家以外，即使拥有洗衣机的，也只是摆设而已。

有7户人家拥有固定电话，成本都较高，多数都是2006年以来才开始安装的。手机已经成为牧民生活中不可缺少的帮手，15户人家有手机，其中6户人家有两部手机。手机在对外联络、外面放羊或接羔的人与家人取得联系等方面发挥着重要作用。

冷藏设备的拥有和利用情况与洗衣机相似。因为没有长电的支持，除了少数一两家人以外，都用不成，只是放在旧房或仓库里。

收音机和录放机曾经是牧民了解外界的主要手段，但由于20世纪80年代以来电视机的普及，人们都不愿再听收音机了，只有5户人家还有收音机。

从上述所有统计内容和数据可以得出若干结论。首先，从传统的游牧生活转向定牧之后，牧民的生活方式发生了

巨大的变化。这一过程随着个人承包草场制度的推行而最终形成。从生存状态的角度来看，牧民的生活得到显著改善，尤其是20世纪90年代，牧民的钱包是比较鼓的。随着定牧的深化，他们拥有了各种生产生活用具和机械，而维修和保养的费用也是逐年增高。另外，牧民放弃四季轮牧的科学生活方式，个人草场上的个体生产积极性空前高涨，过度放牧，草场退化迅速。再加上近十年连续的干旱，使牧业凋敝，牧民往日富裕的生活为之一变，呈现贫困化趋势。

其次，生产成本的提高给牧民带来不小的压力。例如网围栏的大面积铺设和维修费用，对一般牧户来讲就是巨大的压力。

再次，牧民生活水平有明显的贫富分化趋势，其实留守嘎查的牧户都还算是生活水平相对好的，真正贫穷的牧户都被转移到城镇去了。我们从上述嘎查牧户拥有的生产机械和生活用具的具体数字中可以明显地看到这一点。

最后，嘎查牧民饮食结构与城里人基本没有多少差别，这一点虽然与该嘎查优越的地理位置有关，但仍然反映了牧区经济生活内容的深刻变化。

另外，孩子受教育所需学费压力大大减轻，但是进城就读又带来陪读、租房等费用的增加，成为不容忽视的社会问题。

第三节　商品物资交流

乌日根呼格吉勒嘎查牧民参与商品物资交流的内容可分为购买物品与出售牲畜两类。生产生活具体需求及购买物品情况基本反映在上一节内容中，本节着重介绍嘎查牧民出售牲畜的具体情况。

一　1967～2001 年部分年份牲畜出售情况统计

以下的表 3－27 至表 3－38 是苏木档案所反映的该嘎查 1967～2001 年牲畜出售情况和当前商品交易情况。表中某些数据，存在不易理解的情况，但为保存档案原貌，照旧录入。另外，笔者对嘎查牧户的商品经济意识方面做了简单调查。

表 3－27　1967 年 7 月至 1968 年 7 月牲畜出售情况统计数据

单位：头/只

畜种 / 数据 / 项目	1967 年 7 月至 1968 年 7 月							
	大畜				小畜			大小畜合计
	牛	马	骆驼	合计	绵羊	山羊	合计	
期初实有头数	595	780	34	1409	3321	2728	6049	7458
自宰自食	17	0	0	17	0	0	0	17
其中：牧民自食				17	343	116	459	476
出卖	18	71	0	89	434	365	799	888
其中　卖给国家	18	71	0	89	434	365	799	888
其中　卖给集体或个人								
其他减少								
期末实有头数	229	754	29	1012	1951	1539	3490	4502

表 3－28　1973 年 7 月牲畜出售情况统计数据

单位：头/只

项目＼数据＼畜种	1973 年 7 月							
	大畜				小畜			大小畜合计
	牛	马	骆驼	合计	绵羊	山羊	合计	
期初实有头数	447	1115	124	1686	4836	1862	6698	8384
自宰自食								
其中：农牧民自食	27	0	0	27	262	142	404	431
出卖	11	48	0	59	624	414	1038	1097
其中：卖给国家	0	31	0	31	469	292	761	792
其中：卖给机关或个人	11	17	0	28	155	122	277	305
其他减少	57	181	0	238	0	0	0	238
期末实有头数	375	762	136	1273	4746	1435	6181	7454

表 3－29　1978 年 7 月至 1979 年 6 月牲畜出售情况统计数据

单位：头/只

项目＼数据＼畜种	1978 年 7 月至 1979 年 6 月							
	大畜				小畜			大小畜合计
	牛	马	骆驼	合计	绵羊	山羊	合计	
期初实有头数	415	930	196	1541	6767	1321	8088	9629
自宰自食								
其中：牧民自食	38	55	5	98	595	125	720	818
出卖							572	
其中：卖给国家	25	0	1	26	378	194	572	598
其中：卖给集体或个人								
其他减少								
期末实有头数	464	1093	223	1780	8104	1456	9560	11340

表 3－30　1981 年 1～12 月牲畜出售情况统计数据

单位：头/只

项目（数据／畜种）	1981 年 1～12 月							
	大畜				小畜			大小畜合计
	牛	马	骆驼	合计	绵羊	山羊	合计	
期初实有头数	503	950	213	1666	3542	495	4037	5703
自宰自食	6	0	0	6	531	175	706	712
其中：农牧民自食	5	0	0	5	337	87	424	429
出卖	48	103	15	166	167	24	191	357
其中：卖给国家	48	103	15	166	0	0	0	166
其中：卖给集体或个人								
其他减少								
期末实有头数	572	1010	234	1816	4187	432	4619	6435

表 3－31　1982 年 1～12 月牲畜出售情况统计数据

单位：头/只

项目（数据／畜种）	1982 年 1～12 月							
	大畜				小畜			大小畜合计
	牛	马	骆驼	合计	绵羊	山羊	合计	
期初实有头数	572	1010	234	1816	4187	432	4619	6435
自宰自食	26	0	1	27	380	21	401	428
其中：农牧民自食	10	0	0	10	305	21	326	336
出卖	30	22	8	60	173	16	189	249
其中：卖给国家	30	22	8	60	173	16	189	249
其中：卖给集体个人								
其他减少								
期末实有头数	648	1030	261	1939	5101	546	5647	7586

表 3－32　1984 年 7 月至 1985 年 6 月牲畜出售情况统计数据

单位：头/只

畜种/数据/项目		1984 年 7 月至 1985 年 6 月							
		大畜				小畜			大小畜合计
		牛	马	骆驼	合计	绵羊	山羊	合计	
期初实有头数		733	1096	298	2127	5762	904	6666	8793
自宰自食		29	0	0	29	706	66	772	801
其中：农牧民自食		29	0	0	29	706	66	772	801
出卖		149	375	37	561	1014	139	1153	1714
其中	卖给国家	4	1	1	6	431	121	552	558
	卖给集体或个人								
其他减少		15	41	5	61	178	17	195	256
期末实有头数		697	757	291	1745	5859	1084	6943	8688

表 3－33　1985 年 1～12 月牲畜出售情况统计数据

单位：头/只

畜种/数据/项目		1985 年 1～12 月							
		大畜				小畜			大小畜合计
		牛	马	骆驼	合计	绵羊	山羊	合计	
期初实有头数		614	980	277	1871	5499	815	6314	8185
自宰自食		41	0	0	41	640	39	679	720
其中：农牧民自食									
出卖		68	20	5	93	702	107	809	902
其中	卖给国家	66	2	0	68	376	104	480	548
	卖给集体或个人								
其他减少		15	16	4	35	166	33	199	234
期末实有头数		644	1030	304	1978	5714	952	6666	8644

以上统计数据均来自苏尼特左旗统计局档案资料，以下是在赛汉高毕苏木档案中找到的数据。

表 3－34　1987 年 7 月至 1988 年 6 月 30 日牲畜出售情况统计数据

单位：头/只

畜种 数据 项目	1987 年 7 月至 1988 年 6 月 30 日							
	大畜				小畜			大小畜合计
	牛	马	骆驼	合计	绵羊	山羊	合计	
期初实有头数	609	896	357	1862	5150	1120	6270	8132
自宰自食	22	0	2	24	579	37	616	640
其中：农牧民自食	17	0	1	18	579	37	616	634
出卖	72	80	7	159	1069	98	1167	1326
其中 卖给国家	40	0	0	40	507	81	588	628
卖给集体或个人								
其他减少	3	40	4	47	111	22	133	180
期末实有头数	724	927	413	2064	5218	1503	6721	8785

表 3－35　1988 年 1 月至 12 月 30 日牲畜出售情况统计数据

单位：头/只

畜种 数据 项目	1988 年 1 月至 12 月 30 日							
	大畜				小畜			大小畜合计
	牛	马	骆驼	合计	绵羊	山羊	合计	
期初实有头数	534	888	356	1778	3526	972	4498	6276
自宰自食	30	0	5	35	434	21	455	490
其中：农牧民自食	30	0	0	30	434	21	455	485
出卖	40	150	30	220	516	62	578	798
其中 卖给国家	16	0	0	16	203	59	262	278
卖给集体或个人								
其他减少	55	0	0	55	0	0	0	55
期末实有头数	610	877	385	1872	4322	1376	5698	7570

表 3－36　1992 年 7 月至 1993 年 6 月 30 日牲畜出售情况统计数据

单位：头/只

数据 项目 \ 畜种		1992 年 7 月至 1993 年 6 月 30 日							
		大畜				小畜			大小畜合计
		牛	马	骆驼	合计	绵羊	山羊	合计	
期初实有头数		835	761	301	1897	5785	2773	8558	10455
自宰自食		39	0	1	40	454	98	552	592
其中：农牧民自食		39	0	1	40	454	98	552	592
出卖		74	43	60	177	1635	571	2206	2383
其中	卖给国家								
	卖给集体或个人								
其他减少									
期末实有头数		886	835	257	1978	5608	2750	8358	10336

表 3－37　1993 年 1 月 1 日至 12 月 31 日牲畜出售情况统计数据

单位：头/只

数据 项目 \ 畜种		1993 年 1 月 1 日至 12 月 31 日							
		大畜				小畜			大小畜合计
		牛	马	骆驼	合计	绵羊	山羊	合计	
期初实有头数		704	747	245	1696	4288	208	4496	6192
自宰自食		28	0	12	40	457	97	554	594
其中：农牧民自食		28	0	12	40	457	97	554	594
出卖		138	99	74	311	1313	345	1658	1969
其中	卖给国家								
	卖给集体或个人								
其他减少									
期末实有头数		738	779	183	1700	4450	465	4915	6615

表 3-38　2001 年 1 月至 12 月 31 日牲畜出售情况统计数据

单位：头/只

畜种 数据 项目	2001 年 1 月至 12 月 31							
	大畜				小畜			大小畜合计
	牛	马	骆驼	合计	绵羊	山羊	合计	
期初实有头数	503	308	99	910	7787	3038	10825	11735
自宰自食	17	0	0	17	430	66	496	513
其中：农牧民自食								
出卖	458	263	78	799	9623	3437	13060	13859
其中 卖给国家								
其中 卖给集体或个人								
其中 出售肉畜	670	340	252	1262	8200	2612	10812	12074
其中 其中：出售仔畜	86	50	5	141	5430	1910	7340	7481
其他减少	0	0	2	2	196	0	196	198
期末实有头数	147	124	38	309	3079	2562	5641	5950

二　畜产品销售与萌芽中的“苏尼特羊协会”

牲畜买卖的操作跟以前相比方便多了，以前大家把牲畜都赶到苏木里卖，来回跑很麻烦，现在是等人上门来收，不过价格还是上不去，商贩都是城镇里的，他们把价格压得很低，而外地的商贩进不来，一般是问三个或四个商贩的给价，最后挑那个给价最高的，一般商量两三个小时就能定下来。嘎查牧民说：“其实来收购的商贩们早就相互通气，把收购价格统一了，牧民跟他们费再多的口舌也没啥用。”2007 年，山羊羔每斤 4.2 元，绵羊每斤 3.6 元。2008 年，绵羊每斤 6 元。

问到 2008 年大伙为什么没能统一出售牲畜时，牧民说:“突然传来羊羔每斤值10～15元的消息，但到最后才是6元，这些贩子一开始就乱给价，让牧民们晕头转向，没个准信儿，也没有能使大伙儿都能相信的可靠消息来源，各家想法都不太一样，所以不好办。”

牧民逐步认识到了自家苏尼特羊肉卖不上好价钱是因为自己在市场经济中处于被动地位。在尝试中，乌日根呼格吉勒嘎查牧民尝到了合作社带来的甜头。在这方面，老嘎查长和现任嘎查长发挥了主要作用。目前，嘎查牧民对“牧业经济合作组织”等概念有了觉悟，知道这个跟从前那个大公社不一样。近两年，电视上经常播放各地区牧民组建“骆驼协会”“马协会”等合作社的消息和成功经验，这对本嘎查牧民的合作意识产生了一定的启发作用。

目前，本苏木各嘎查中乌日根呼格吉勒嘎查牧民开展牧民合作组织的积极性最高。嘎查牧户已经普遍认识到建立苏尼特羊协会的重要性。他们认为:“想跟市场结合，与大冷库、大公司联系，你说你有一百只羊有什么用，你说你有几千只上万只，那效果就不一样了。去年嘎查呼吁大家统一在9月份出售羊羔，之前不要卖，结果别的嘎查卖5元，我们嘎查卖了6元。不懂行情，一斤就差一元，差得厉害。所以我们嘎查现在这方面积极性很高，大家也行动一致了一些。其实老一辈领导干部留下了团结作风，这是很好的遗风。”但也不是没有问题，有牧民反映:“苏尼特羊协会还是值得去做，有的人就是不合作，一个人不参加、两个人不参加，工作就无法进行下去。或者说好要参加协会，等协会与商家定好了价格，大家统一出栏的时候，他就不合作了，以为会有人出更高的价格，再等等什么的，他不出栏别人也不愿出栏，耽误了时机。往往协会帮大家贷款或借给资金、饲草的时候，这种人就跑过来，甜言蜜语，夸奖协会，等统一出售他就变卦了，影响协会运作，打击大伙儿的积极性。”嘎查协会现在还在组织“胡察（种绵羊）苏鲁克”，就是严格按苏尼特“胡察”做种畜。不要其他地方的“胡察”，只用苏尼特“胡察”，为发展苏尼特羊协会做准备。协会的主要功能是：使嘎查一家一户分散经营与大市场对接，有效解决嘎查牧民买难卖难问题；进行畜群畜种调整节约化饲养，统一经营管理；把嘎查劳动力、草场、牲畜以及围栏、棚圈、牧业机械等相对集中起来，提高畜牧业的整体实力，统一经营和销售畜产品。协会还应建立联结机制，联系其他苏木、嘎查协会，建立庞大的销售群体，寻找正确的销售渠道，优质优价发展订单畜牧业。核心转变应该是统一出售羊羔，不转二道贩子。目前，牧民们最担心二道贩子在价格和秤杆上做手脚。

三　牧民的经商意识

该嘎查牧民普遍不善经商。有位中年牧民说：“别的嘎查怎么样不知道，我们嘎查做买卖不怎么样，据我所知只有一个孩子生意做得有了点成绩。他叫阿拉坦苏和，家里贫困，不是师大就是内大毕业的，毕业后到二连搞电脑，学得挺好，挺努力，有较好的发展前途。这个孩子还行，其他的做买卖成功的几乎没有，也不是没有尝试过，都不上道，没多久就回来了。干得比较顺利、社会上占据地位的没有。出去的几个人都没做成，灰心丧气。其实旗、苏木里也支持，也采取各种办法，支持牧民创业，但总是试一试就灰心，没有积极性。我们的牧民们还是很保守，进城立业意识不强。进城干活的多数还是体力活，夏天做点泥土活什么的，没有清楚的

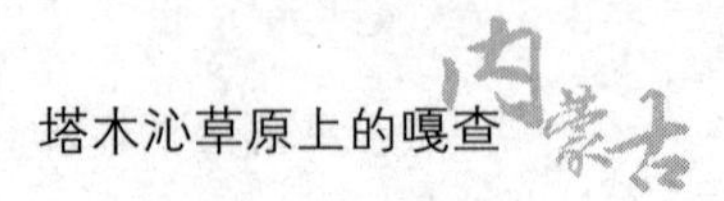

生意目的。我们嘎查牧民是不排斥从事商业的，绝对不排斥，但是自觉和积极意识不够，没有那股进城创业的精神劲儿。我认为还是现代化素质的问题，还是文化理解范围窄，语言也不通，遇到种种困难。你说做买卖这事儿，又不是把东西一摆就行了，要跟很多人发生联系，建立关系，但我们不熟悉城里人的活法，没办法跟人家沟通。但是群众内部歧视和小看生意人的言论和行为是不存在的。相反，像我们嘎查唯一做得不错的阿拉坦苏和，每个牧民都夸他干得不错，我也有机会就夸他。”

嘎查牧民的商业活动就是出售牲畜。牧户说：“牲畜的价格去年很好，草场也不错，牲畜也肥，膘上得足，价格也不错，好的值大几百元。现在都是私人收购，去年我们想组建苏尼特羊协会，想统一出售，但没能成功。跟收购的贩子做生意，一不能在秤上大意，二不能在钱上大意就基本没事。现在大家的算数能力都提高了，原来的二道贩子们拿几捆啤酒过来，几瓶啤酒换我们一只羊，现在没人上当了，爱喝啤酒的大多数也转移到旗里或者二连去了。羊贩子大多能讲些本地话，整夜的喝酒，谈交情，第二天把羊拉走。那些不懂料理家务的人逐步就无法维持生计，穷困破产。”

此外，本嘎查地理位置优越，进城购物方便。普通牧户一次一般购买两个月左右的粮食物品，主要考虑粮食蔬菜的新鲜度。大量购买一般是在秋天或冬天。

第四节　生计问题

一　贫困户

嘎查牧民的生活水平总体上还可以，但是近年来有的人家是越来越富，而有的人家是越来越穷。有人说：“其实也有我们自己的责任，贫穷的原因主要是大锅饭吃惯了，不懂做计划，什么时候缺钱花了，才想到卖牲畜，今天吃饱了不考虑明天吃啥，没任何目的就买那些摩托呀什么的，摩托没用几天就坏了，也不会修理。另一方面，跟自然灾害也有关系。生活富裕的人家一般都是勤劳和精打细算的人家。当初草场和牲畜分得都很公平，自然灾害也一样面临，还是个人的努力最重要，保护牲畜嘛。所以还是意识、责任、计划是最重要的。一起吃大锅饭的时候很简单，人家都给你安排好了，你需要的毡毛、吃的、喝的所有东西，都有人给你安排。被安排惯了以后，一下子分得财产，未来的日子一片茫然，不会规划，不知道明天怎么办。还是思想重要、意识重要。我们嘎查现在人口不到140人，有一半贫困人口，这与目前强调民生、共同富裕的目标不符。我们不想办法、不筹划的话，贫困户会越来越多，这叫什么富裕？我老头子倒是无所谓，来日不多了，可子孙怎么办？还是按劳分配好，这次十七大又提出了，光靠政府救济是不行的，弄不好效果相反。”

嘎查有位年老的妇女说：“还是要靠自身的劳动，我们嘎查的贫困户大多数是年轻人。灾害不是原因，多数都糟蹋完了，不懂料理。现在的年轻人根本干不了过去的活，现在的年轻人生存本领下降得厉害，还是那时的人厉害。”人们说，还是45岁以上人们的耐力好，能吃苦，20～30岁的年轻人好像在做和不做之间，30岁以上没有基础，干不成事情。没有耐心是生活困难的主要原因。45岁以上的人在那个年代一心一意地干活，做事专一，但是年轻人心思太多，不坚持，年轻人刚一开始干就倒闭。比如开饭馆、做泥工，表现出不愿意、不想干、不好意思干的态度，有人辛辛苦苦干一天，得到100元，下两顿馆子就花完了。一个亲自进城试过的牧民说："还是文化低，接受能力有限，不能理解，想不清楚，就怕进城，城里不好过日子，不信任，害怕进城。"

老嘎查长说："亲身经历的印象是最深的，干什么都必须劳动，非常重要的一点是家庭教育。有一件事情，我印象很深，对我影响很大。1977年的大雪灾，有件事情给我很大的启发。当时我是嘎查长，按上级指示把我们嘎查受灾牧户转移到北面的达来苏木。同赛汉高毕相比，达来苏木遭灾程度轻，上级决定把我们转移到那边度过白灾。迁移中，我们一路烧粪，整个冬天就坐那敞篷拖拉机里，那时拖拉机是最主要的交通工具嘛，要是坐上解放车那就不得了啦。当时，我们在冷冰冰的房子里过夜，为了协助我们，上级派来一个叫策×××的年轻女干部，后来当了旗妇联主任。当时她刚刚参加工作，一个女孩子家，她爸当时是巴彦芒来的书记，在那头忙乎着转移牧户，策×××被分到我们嘎查协助转移牧户工作。牧户的牲畜没办法收拢，储存的草料根本不够用，她就骑着骆驼，转移牧户，晚上不搭房，搭个半拉帐篷，钻进里头过夜，说是睡觉，冰天雪地的半睡半醒哪能睡好？就那么过冬夜。她跟几个小伙子一起，在蒙古包里，下面的雪还在作响，上面铺一层薄薄的毡子，怎么睡得着呢？羊砖和牛粪都很少，冒点青烟就算生了火。第二天又开始工作。她有一次跟我说，除了宰杀牲畜以外，她什么活都能干得来，干什么都行。后来我就想，家教这么重要，还是家教重要，她的父母都是出了名的勤劳能干的人，所以她就这么厉害。但是另外一家，家里总是乱成一团，那年冬天遭灾他家要搬家，搬到队里，我们帮着抬家具，不知道上面洒了什么东西，‘斯儿德格’（毡垫）跟地面粘在一块，拿镐头敲打才使其分开。想想那时候，才20多岁的策×××做的，现在年轻人根本做不来，她那朴素而为他人着想的品质真是不佩服不行。你说这家教重要不重要？我们那时候的几个苏木领导，丹书记、阿书记、照白等领导，在大灾面前，那么好地组织起来，我们几个干部同心协力，把牧户搬到达来苏木，途中有一顿没一顿的，夜里在冰冷的雪地坐着过夜。司机也不能睡，第二天还要干活。那个时候工作责任意识强，干得很出色。照白老头在敞篷拖拉机上经历了整个冬天。现在国家、社会都发展了，但是我们这儿，人们的思想总是不变。我观察了很长时间，过去我们牧区孩子的生活条件比半农半牧或农区孩子好多了，骑摩托到处跑是他们最大的幸福。不管社会怎么发展，怎么变化，以后的路应该怎么走，怎么干，如何跟上时代，他们根本不想。现在我们20多岁的孩子们想不起订购杂志、书籍，就喜欢骑摩托、喝酒，时间长了，一个民族、一个群体的发展就没有指望了，只是想着利用自己的草场，租出去，弄点钱，而不去考虑如何保护这块草场。这样下去的话，地区怎么能发展呢？现在中央提出建设生态文明，以前讲的是保护和发展，现在提出的这个文明，深刻多了，过去我们祖祖辈辈四季轮牧是不是文明？保护好了就是文明，对不对？我们的自我意识太弱，自己的东西太少。人家孩子的竞争意识和勤劳吃苦精神不服不行。我们这儿的几家外来户，分牲畜时一个子儿都没分上，后来靠自己的劳动发家，现在在我们苏木里快成首富了，不是首富也差不多了。人家也没偷没抢，靠自己的劳动致富。相反，本嘎查人过去给人当雇工，按理说，分得草场又分得牲畜的人应该雇帮工才对，反被人家雇用，这是完全颠倒了。就这个样子，这些年这种现象还在增加，将来这个群体是否能够持续生存都成问题。不好的地方也应该提，现在有这么多贫困户，这是最大的问题，如何解释这个问题。160 人中有 60 ~ 70 人贫穷，这数目可不小。收入差距厉害，但现在看不出来。五年的围封经费花完就麻烦了，肥料的补助停发就麻烦了。那些钱怎么花呢？陶乐玛老人在 2003 年围封转移时劳动力少、牲畜少，所以顺着政策把仅有的牲畜全部转包给了一个混进巴彦乌拉苏木的外地人，那个人却把老人的牲畜卷跑了。我们嘎查有 7 个穷户，我们这里的贫困户是指没有大畜且小畜数量在 25 只以下的家庭。现在嘎查把集体牲畜分给贫困户各 50 只，羊羔归贫困户，党员分工帮扶各贫困户。但是到 1994 年为止，我们嘎查只有一家贫困户来着。这些年连续不断的干旱也是原因，不光是人的问题……”

采访途中，笔者与一贫困户户主寒暄过后进行了简短的交谈。

笔者：“读了几年书？”

贫困户：“没读过。”

笔者：“为啥没上学？”

贫困户：“当时家人患病，经济也困难，自己又不想上，去学校的话必须寄宿，肯定想家。30 年前的事了，那个时候思想落后。”

笔者：“对教育有什么看法？”

贫困户：“从来没上过学，所以也没想过，也没后悔。”

笔者：“有债务吗?”

贫困户：“有，买个摩托车的2000元的债。”

笔者：“摩托车主要干啥用?”

贫困户：“放羊呗，油钱自己出。”

笔者：“近期有什么计划?”

贫困户：“没想过。”

笔者：“自家草场在出租吗?”

贫困户：“冬天出租，夏天不租。冬天出租，每月600元，三个月1800元。租给了本嘎查人。”

笔者：“你的工钱多长时间结算一次？是多少?”

贫困户：“每个月都结一次，没有固定时间，一个月下来总能有500元。帮雇主放羊、饮羊、接羔等活儿。”

笔者：“家中兄弟几个?”

贫困户：“7个，住在原来达尔汗乌拉苏木和西苏旗乌日根塔拉那边。”

因时间关系，交谈仓促，问一个答一个。问到本村贫富状况时，他说：“我们嘎查的贫困户越来越多了，不管哪个嘎查都在增加。年龄上讲，主要是30~50岁的人贫困户多。20多岁的主要是父母家业不行，家庭原因也重要。”

贫困户产生背景方面，有人说：“有什么样的父母就有什么样的孩子，长辈的影响很大。上一代家风比较差的，下一代好起来的不多。”“大锅饭吃坏了、吃懒了，不会计划和料理，不会打理自家生计，有东西不会打理，不爱护，甚至十几天不见人影，不知游荡在哪里，家境也每况愈下。”“懒惰，不愿动脑子，不愿劳动。”“天气干旱，没草，加上沙尘暴，畜牧业不好经营了。”“可养牲畜数量受限制了。牲畜不增长，收入长不了。”“咱们牧民不就是靠多养一些牲畜，牲畜多了才能赚钱么，现在被减少到这个程度，收入肯定少呗。”“主要就是这连年干旱，饲草料不够，再能干也白干，没起色。”

二　国家扶贫

据说，乌日根呼格吉勒嘎查分牲畜之前是最穷的集体，30 户人家财物总和 20000 元的记录也有过。扶贫是 1990 年左右开始的。国家实施扶贫政策以来，乌日根呼格吉勒嘎查也得了实惠，表 3－29 是其中一例。

表 3－39　2000～2001 年赛汉高毕苏木粮站付给乌日根呼格吉勒嘎查牧户抗灾扶贫物资

贫困户	时间	名目	饲料（斤）	数量（袋）	价值（元）
贫困户 1	2001 年 2 月	抗灾饲料	5980	46	1375.4
贫困户 2	2001 年 1 月 20 日	种畜抗灾饲料	2990	23	687.7
贫困户 3	2000 年 12 月 18 日	牧户扶贫抗灾饲料	2000	—	460
贫困户 4	2001 年 1 月 20 日	种畜抗灾饲料	3900	30	897
贫困户 5	2000 年 12 月 30 日	牧户扶贫抗灾饲料	1500	—	345

注：抗灾饲料每袋 130 斤，每斤 0.23 元。

牧户各项支出中最大也是最根本的支出就是草饲料的支出，所以上级扶贫部门往往在受灾年份给贫困牧户发放草饲料，帮助其渡过难关。如表 3－40 所示。

表 3－40　2000 年 11 月乌日根呼格吉勒嘎查牧户领取扶贫抗灾饲料统计情况

贫困户	家庭人口（人）	存栏牲畜（头/只）	领取饲料数（斤）
户 1	4	14	500
户 2	5	83	1610
户 3	6	107	1300
户 4	4	55	1500
户 5	3	130	2000
户 6	3	60	1500

资料来源：根据乌日根呼格吉勒嘎查档案整理。

三　嘎查扶贫

嘎查有集体牧场和三四百头集体牲畜，给家庭条件差一点的人家每户分 50 只羊，下羔子按比例分。

笔者从牧户家中获得一份契约书，此契约反映的内容有助于了解嘎查内部经济互助情况。

嘎查放苏鲁克契约

甲方：乌日根呼格吉勒嘎查

乙方：贫困户×××

甲方以一年为期限将嘎查苏鲁克羊供乙方借养。借养期限结束后甲方原数收回苏鲁克羊，乙方借养期内所接羊羔的 30% 为嘎查所有。借养期内免乙方国家税收与其他任务。

乙方必须保证嘎查苏鲁克羊的数量不减损，如有减少，由乙方赔偿。

放苏鲁克具体情况如下：

母绵羊76只，绵羊羔45只，母山羊5只，山羊羔6只，共132只，其中母畜有81只。接羔后，甲方按30%的比例取24只羊羔，乙方以70%的比例领57只羊羔，若出现自然灾害，甲乙双方另行协商。

放苏鲁克日期为：1992年9月1日至1993年9月1日，期满即进行结算。

甲方签字：　　　　　　　　乙方签字：

这种嘎查内契约式经济援助形式乍看起来似乎是近代产物，但其起源可能很早。游牧社会中，无论是贵族还是平民，维护个人的荣誉与尊严，一直以来都是最重要的价值观之一。游牧经济虽然高效，但是反复无常，一次雪灾就能使富有牧户一贫如洗，牧户极易因各种自然灾害、社会动荡或疾病致贫。经常遇到此类问题可能就催生了游牧社会特殊的社会保障制度。将一部分牲畜作为专门的“援助性母畜”，借给贫困者饲养，如同贷款基金，进行救济性运转，母畜始终归集体，羔子按比例分给困难户，等牧户情况好转，集体收回母畜。这意味着牧户仍需凭劳动才能生存。

第四章　社会政治

第一节　政治体系与结构

关于嘎查的政治组织情况，根据老牧民的回忆，1962年建立大队，原巴日嘎达解散后产生乌日根呼格吉勒嘎查，到现在才40多年的时间。

一　嘎查党支部各项制度

嘎查党支部的主要管理范围可以从1997年赛汉高毕苏木党建及经济工作管理责任评比的具体内容中了解（见表4－1）。

表4－1　赛汉高毕苏木1997年党建及经济工作管理责任评比情况

单位：分

嘎查	党建工作（标准：517分）				经济工作（标准：340分）	总分
	组织工作责任（标准：132分）	宣传工作责任（标准：110分）	法制工作责任（标准：175分）	群众社团工作责任（标准：100分）		
乌日根呼格吉勒嘎查	128.5	92.5	173	90	271.60	755.60
萨如拉登吉嘎查	129.5	93.5	170	95	239.77	727.77

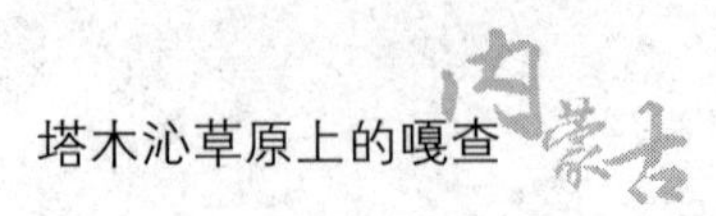

续表

嘎查	党建工作（标准：517分）				经济工作（标准：340分）	总分
	组织工作责任（标准：132分）	宣传工作责任（标准：110分）	法制工作责任（标准：175分）	群众社团工作责任（标准：100分）		
巴彦呼布尔嘎查	129.5	93.5	170	94	292.55	779.55
宝拉格嘎查	120.0	89.0	168	90	233.65	700.65

嘎查党支部的职责主要是协调嘎查干部组织工作、宣传工作、法制工作、群众社团工作以及经济工作指导方针等方面。

截至2009年初，该嘎查施行的是由旗委组织部于2004年6月制定的嘎查党务工作规则。嘎查党支部相关文件以蒙文文件为主，经过整理、分类和翻译之后得出嘎查党支部工作规则16项、嘎查党支部及成员责任义务5项，现择其要者翻译如下。

1. 嘎查党支部工作责任

贯彻落实党的方针政策以及上级党组织、嘎查党员大会的决议和规定，发挥党员先锋模范作用，团结和组织党员及非党员干部群众，努力完成本嘎查工作任务。

商定本嘎查经济建设以及社会发展所遇到的重大事情。通过全体嘎查村民会议或委员会议、集体经济组织会议等，根据法律或相关规定制定所需各类规则。

领导并促进嘎查级民主选举、民主决议、民主管理、民主监督等工作，保证嘎查委员依法行使自治权力。领导嘎查委员会、集体经济组织以及共青团、妇联、民兵等群众组织，保证这些组织能够充分实施国家法律和各自组织法规。

抓好党组织自身建设工作，教育管理党员，实施监督。培养入党积极分子，切实抓好发展党员工作。

培养、管理、监督好本嘎查各小组干部以及负责人。

做好本嘎查政治文明、精神文明、社会治安和计划生育工作。

2. 嘎查党支部书记责任和义务

负责召开支部委员会议和党员大会。根据本单位实际情况，认真传达党的方针政策以及决议、指示，并予以贯彻实施。研究部署支部工作，将支部重大问题及时提交支部委员会议和支部党员大会，讨论并做出决定。

了解掌握党员思想以及工作学习情况，及时解决出现的问题，长期做好思想政治工作。

检查党支部工作计划和决定的具体实施情况，及时向党支部委员会议、党员大会以及上级党组织汇报工作。

密切联系嘎查委员会和其他群众组织，进行交流，支持他们的工作，充分调动和发挥其积极性。

抓好支部党员学习，组织党员认真学习马克思列宁主义、毛泽东思想和邓小平理论，学习党的基本路线、方针、政策决议以及党的基本知识，学习社会主义市场经济理论、科学知识，定期召开支部民主会议，加强自身建设，同支部委员一起充分发挥领导作用。

党支部副书记协助书记共同开展工作，书记不在时副书记主持日常工作。

3. 嘎查党支部组织委员的责任和义务

了解掌握党支部组织工作情况，根据需要提出调整党小组的建议，检查监督党小组是否做好组织工作。

了解掌握党员思想状态，协助宣传委员和纪检委员进行党员思想纪律教育工作。搜集整理党员先锋模范工作事迹材料，在支部会议上提出表扬意见，劝退不合格党员或提出除名意见。

负责培养入党积极分子，并监督他们的工作，提出党员招收意见，办理招收党员的工作手续。做好教育、监督预备党员工作，办理预备党员转正手续。

负责接受或转移党员组织关系工作，按时收取党费。

4. 嘎查党支部宣传委员的责任和义务

了解党内外思想状况，提出宣教工作意见以及学习计划。

组织党员学习工作，负责定期上党课。

根据上级党委指导，结合每期工作任务，开展宣传动员工作。

指导本单位群众学习科学文化知识，组织开展各类文体活动。

5. 嘎查党支部纪检委员的责任和义务

协助组织委员和宣传委员开展党性、党风、党纪教育工作。

经常向党支部和上级纪委汇报本单位实施党的纪律和国家法律的情况。

处理群众举报党员的事情，调查党员违反党纪事件，同违反和破坏党纪党风事件进行斗争。

6. 嘎查党支部工作制度

遵循上级党组织工作部署，坚决贯彻党的规定和决议，以党的方针政策为工作指导，制定和实施党建与经济建设规划。

加强党员管理，办好党员调离和调入工作手续以及做好党员统计工作。

注重并抓好党员招收工作，改善党员队伍结构，做好党建工作。

做好党员教育工作，认真贯彻《五好党支部建设》《学习型党支部和党员》等文件，提高党员的政治理论和法律知识水平，发挥党员先进模范作用。

按时进行党支部学习和会议的同时，领导和动员共青团、妇联、民兵组织，发挥群众组织功能，加强社会综合治理和计划生育工作，关心群众政治、经济、文化生活。

始终坚持召开党支部和嘎查委员会联席会议，制定集体经济发展规划，为完成各项指标提供制度保障。

按时做好嘎查党支部领导小组、嘎查委员民主生活会、党员等的民主评价工作，广泛开展批评和自我批评，坚守群众路线，提高工作质量。

按时完成嘎查党支部及各类组织的“三年规划”，学习先进经验，争做先进集体，为率先达到小康水平而奋斗。

工作应遵循上级指导，向群众进行汇报，有计划、有检查、有总结，坚持定期汇报原则。

7. 嘎查党支部“三会一课”制度

为了保证党支部会议、党支部委员会议、党小组会议和党课的质量，必须使工作有计划、有部署、有检查、有总结。

党小组会议每月开一次，会议内容要结合党的重点工作和党支部具体条件，总结过去的工作，研究和计划以后的工作。

党支部大会每年开两次，传达和学习党的路线、方针、政策以及上一级党组织的决定、指示。另外要讨论和议定党支部工作计划、方法、党员招收、预备党员转正等工作。

定期或不定期地召开党支部委员大会，检查监督党支部大会工作是否正常进行，各种计划是否得以落实，并提出处理意见，向上级组织汇报党支部工作情况。

党课每年上一次，集中全体党员学习重要文件，结合实际把握党的重点工作，学习法律法规。

为了很好地总结“三会一课”，要认真做好笔记，详细记录参加人数、会议内容、时间地点，并向上级组织汇报。

8. 嘎查“两委”联席会议制度

联席会议的主要任务是：认真贯彻党的路线、方针、政策和上级党委、政府有关工作任务，对工作部署提出具体措施和办法；对本嘎查政治、经济、社会发展的重大问题进行研究，交心通气，形成共识，制定本嘎查工作计划、目标和措施；研究制定农牧业生产、集体经济发展、工程项目预决算、工程承包等政策；通报嘎查主要工作。

联席会议由嘎查党支部牵头召开，嘎查党支部书记主持。

联席会议要定期或不定期召开，为便于研究解决问题，要提前通知召开会议的时间及议题，必要时可邀请上级有关部门派人参加。

联席会议要安排专人做好会议记录，并立卷归档备查。

9. 嘎查“两委”议事制度

（1）议事原则

坚持党的领导原则。嘎查党支部领导嘎查委员会，支持和保证嘎查委员会按照法律充分行使职权。嘎查委员会在依法行使职权开展工作时，必须有利于加强党对农村牧区工作的领导，有利于维护嘎查党支部的领导核心地位。坚持民主集中制原则。嘎查“两委”实行集体领导下的分工负责制，嘎查“两委”要走群众路线，深入群众，依靠群众，虚心听取群众的意见、建议，对涉及群众切身利益的重大问题，要在广泛听取群众意见和充分发扬民主的基础上集体讨论。坚持依法依章办事的原则。嘎查“两委”讨论重大工作，提出工作方案，特别是商量需提交党员大会、牧民会议或牧民代表会议通过决定的重大事项时，必须遵循党和国家在农村牧区的方针政策、法律法规，使其符合集体和大多数牧民的利益，有利于本嘎查经济发展和社会稳定。

（2）议事内容

本嘎查两个文明建设的总体规划和年度计划；嘎查“两委”任期工作目标；本嘎查重大投资项目和超过嘎查委员会财务审批权限的财务开支；本嘎查集体经济项目的立项、承包方案；畜牧业规模经营的变动，牧民的承包经营方案；本嘎查草场的征用、补偿方案和牧民建房宅基地的审批；基建工程等本嘎查重大工程的招投标及预决算情况；计划生育指标的下发；救灾救济款的发放；修建道路、水利等嘎查公益事业的经费筹集方案；上级党委、政府布置的重要工作的落实方案或需提请上级党委、政府解决的事项；嘎查管理中的其他重大事项。

(3) 议事程序

第一步：嘎查“两委”联席议事。凡涉及上述内容的事项，均召开嘎查“两委”联席会议，由嘎查党支部书记主持，嘎查“两委”全体成员参加，就所议事项形成基本意见。第二步：党员议事。党支部召开党员大会，由嘎查党支部书记主持，就嘎查“两委”联席会议形成的基本意见进行充分讨论，提出意见、建议，达成共识。第三步：嘎查牧民或嘎查牧民代表议事。需由嘎查牧民会议或牧民代表会议决定的事项，由嘎查委员会召开嘎查牧民或嘎查牧民代表会议，由嘎查委员会主任主持，嘎查牧民或嘎查牧民代表依法审议，做出决定。

(4) 议事要求

议事会议的召开要坚持走群众路线，会前要深入调查研究，广泛听取群众的意见，然后在会上集体讨论研究，做出决议。议事会上讨论时，每个与会同志既要充分发表自己的意见，又要做到不做无原则的争论，不做无根据的发言，不武断地否定别人的意见。讨论议题进行决策时，要坚持民主集中制原则和少数服从多数原则。如对讨论重大议题无法取得一致意见时，应暂缓做出决议，进一步调查研究，交换意见，待意见取得一致后，再另做决议。与会同志必须严格遵守会议纪律，不得泄露会议机密。每次议事会议都要有会议记录。

(5) 决议执行

参加会议的成员必须坚决执行议事会议做出的决议。个人若有不同的意见，可以保留，或向上级组织反映，但无权修改或否决。参加会议成员要按照各自的分工，围绕集体做出的决议，积极主动地开展工作，不得推诿、拖拉；要及时掌握集体决议的实施情况，如发现问题应及时处理。

10. 嘎查政务公开制度

嘎查党政为了接受群众监督必须公开的主要内容有：嘎查社会发展、经济发展规划及本年度计划；嘎查财务状况，包括常规性收支和专项收支，具体包括财务计划，财务收支，牧业基本建设投资，兴办集体企业及资源开发投资、收益和分配情况，集体统一经营收入，土地草牧场补偿费，救济扶贫款项，集资款，上级部门拨款及其他收入，各项支出，包括生产性建设支出、公益事业支出、集体统一经营支出、救济扶贫专项支出、招待费支出及其他支出；计划生育情况，包括本年度人口计划、符合生育夫妇名单、生育证办理条件和办法；国家、各级政府、企事业单位征用及租用土地和草牧场的数量情况及补偿费、劳动力安置补助费收益和支出情况；集体牲畜、土地、草牧场的承包、租赁办法，招商引资以土地入股等涉及土地、草牧场使用权、所有权依法流转的情况；各级政府和有关部门下拨的救灾救济款物的项目、数量，发放原则、条件，确定的发放名单、数量情况；集体和个人对经济项目的承包（承租）方式、承包费和租赁费上缴情况等；群众要求公开的内容和嘎查村民会议或嘎查村民代表会议认为需要公开的其他内容。嘎查村务公开要按照规定程序进行。公开的内容和项目确定后，由嘎查党支部组织审核，并提交嘎查村民会议或嘎查村民代表会议，以会议形式或文字形式公开。基于以上理念，乌日根呼格吉勒嘎查对 2004 年政务核心内容进行了公开，如表 4－2 所示。

表 4-2 乌日根呼格吉勒嘎查 2004 年委员会政务公开情况

项目	具体内容
嘎查委员会分工情况	嘎查书记：好比斯哈拉图　负责：总体工作 嘎查长：巴图苏和　负责：经济工作 成员：车德布、陶都、格日勒巴特尔、娜仁其木格
畜牧业生产情况	1. 乌日根呼格吉勒大队 2004 年禁牧草场总面积 77.7 万亩，牧户 37 户 2. 休牧期间嘎查牧户共领取饲料 70.99 万斤 3. 青贮种植工作：全嘎查今年共 7 个青贮点，种植青贮 740 亩
财务收支情况	2004 年财政拨入经费 15100 元，嘎查干部工资支出 7920 元，办公经费 7180 元
民政及扶贫工作	自治区人大捐助学生学费 3000 元，发放面粉 30 袋
计生工作	2004 年嘎查总人口 139 人，常住人口 139 人，流动人口 0 人，新出生人口 0 人，“三结合”户 4 户

二　嘎查委员会

笔者未能找到有关嘎查委员会历届负责人的任何资料，向嘎查牧户询问而获知的嘎查长有（按任职时序排列）：朝鲁、车德布、桑杰、额·宝力道、陶德毕力格、巴图苏和、好比斯哈拉图、格日勒巴特尔等。最早的嘎查长朝鲁同志，不仅担任过嘎查长职务，“文化大革命”之后，1981 年人民代表大会得以恢复，在赛汉高毕苏木第五届第一次会议上，朝鲁同志还当选为赛汉高毕公社领导，连任三期。2001 年，车德布任嘎查长期间，将嘎查办公所在地搬到一个叫作“阿赫图·因·努如”的地方，促进了通信和交通的发展。2009 年初，乌日根呼格吉勒嘎查委员会组成情况是：嘎查书记好比斯哈拉图，负责总体工作；嘎查长格日勒巴特尔，主要负责日常事务和经济工作；成员有车德布、陶都、娜仁其木格，其中娜仁其木格负责妇女和计划生育工作。

嘎查委员会议每年进行两次，党员会议每年进行两次，党校在苏木里办。有人说：“参加嘎查委员会议的人一个个吊儿郎当的。从前，开会时间规定得清清楚楚，委员们都按时来，工作抓得紧。那个时候，年轻人的认识受了老一辈的影响，都有统一的认识。民兵、共青团员、社会上的年轻人，都有秩序，受到很好的教育，能按时开会。但是现在嘎查委员们逐步有这样的认识了，委员会议没用，没有计划和具体步骤。所以有些人来得不积极了。”

现任嘎查长格日勒巴特尔上任后做了一些事。首先是建了新的嘎查办公室，还在筹划建立本嘎查苏尼特羊协会。1993 年之前，嘎查建了 15 间瓦房，是嘎查领导组织嘎查年轻人用拖拉机义务式地拉了 200 车土砖建成的。嘎查委员们那时的合作精神是老一代干部们留下的团结奋斗的精神。格日勒巴特尔组织嘎查委员会筹措资金维修和扩建了嘎查办公室。嘎查委员会将工程承包给某建筑队，嘎查负责监工，建筑队负责施工。该项工作开始于 2007 年 8 月 20 日，历时 30 天，于 2007 年 9 月 20 日竣工，这是嘎查长格日勒巴特尔上任以来做的一件重要事情。维修后，嘎查委员会办公条件有所改善，原来 4 间老房的旧木窗全换成了塑钢窗，原来凹凸不平的红砖地面换成了地板砖，墙体刮了腻子，还包上了门窗套。另外，嘎查还新建 2 间房，塑钢窗户，外有卷帘，下铺地板砖，白灰顶棚，草泥挂瓦。竣工后，经过由旗委组织部、建设和环保局、苏木党委、质检站、嘎查委员会等组成的验收小组的验收，确认其符合设计要求，质量合格。

牧户们都希望嘎查领导能引进项目资金，还希望文化水平高、交际能力强、工作能力强的人当干部。担任过嘎查干部的一位牧民说："我也曾经干了20多年嘎查书记，应该提前想好在什么样的人家说什么话，直接说出来往往被拒绝，工作不能顺利开展，技巧很重要，别看这是最基层的工作，其实需要很高的实际技能，跟牧户沟通非常重要。尤其新上任的人，得碰好多次钉子。"

为庆祝乌日根呼格吉勒嘎查成立45周年，嘎查党委和村委组织了那达慕大会，进行了搏克和赛马比赛。嘎查牧民热情很高，踊跃参加，经过激烈角逐，分出了胜负。表4－3是嘎查奖励优胜者的情况。

表4－3　庆祝乌日根呼格吉勒嘎查45周年比赛奖励情况

单位：元

赛项	比赛等第	奖励金额	赛项	比赛等第	奖励金额
搏克	1	2000	赛马	1	2000
	2	1000		2	1000
	3，4	500		3～5	500
	5～8	200		6～10	200
	9～16	100		11～20	1000
	17～32	50		21～30	500
	33～64	20			
	65～128	10			
	129～256	5			

只要风调雨顺，牧民们都非常喜欢参加此类群众活动，甚至捐献财物，支持嘎查。对于居住在空旷牧区的他们来说，娱乐设施和场所很少，此类群众活动能够满足人们驱散寂寞、追求欢乐和新鲜的文化需求。此次活动组织得非常成功，大伙都知道嘎查党支部和村委会做了很多工作，

干得有声有色。

但有时牧民也抱怨，原来的干部经常下乡，现在的干部下乡次数减少了，所以干群关系没有以前那么密切了，没有人询问畜牧业。即使来了，也只是见一下嘎查长和书记就走了。甚至有人说："现在的嘎查领导很少访问嘎查牧户，说是都搬到旗里住了。过去的嘎查领导骑着马，甚至一周转一次全嘎查各户，非常时期甚至一两个月连续访查牧户，不回家。当然啦，那个时候没有手机，不骑马走牧户也不行。现在有了手机，上传下达方便了。"他们认为，其实现在的干部工作难度减轻了。说到此种变化的原由，有人认为不能全怪干部，因为现在干部工资来源跟牧民没关系了，所以双方关系疏远也是自然的。以前税务靠畜牧，现在财政靠矿产。以前的干部细数每家每户的牛羊，手提黑包到处收税，工作量较大，自然与牧民交往频繁，工作繁杂辛苦，麻烦也多，但交往也深。现在干部的工资跟牧户没关系，所以群众对干部的要求也少了。

三　嘎查治安组织

过去，苏木边防派出所是管理苏木各嘎查治安的主要机构。但其毕竟经费有限，人员缺少，在大草原上东西南北到处维持治安，难免鞭长莫及。2003 年，赛汉高毕边防派出所按照上级部署实施了定点置警措施，在每个嘎查指定一家草原 110 报警点，安排 1～2 名联防队员，有情况可随时报告派出所，并且要赶赴现场处理案件（见表 4－4）。联防队员虽然不是专职的，但受过苏木派出所的简单培训，平时照常忙于自家生计，在发生异样或有人报案时就有责任和义务前去维护治安，嘎查方面会定期给联防队员发一点薪水。

表 4－4　2003 年赛汉高毕苏木草原 110 报警点统计情况

序号	电话号	户主姓名	地址（苏木、嘎查）	备注
1	298 ****	贺××	萨如拉登吉嘎查 2 组 2 号	距派出所 70 公里，距警务室 30 公里，指标牌在东 3 公里
2	298 ****	巴××	萨如拉登吉嘎查 2 组 2 号	距派出所 45 公里，距警务室 30 公里，指标牌在东 3 公里
3	751 ****	甄××	萨如拉登吉嘎查 2 组 2 号	距派出所 65 公里，距警务室 15 公里，指标牌在东 0.5 公里
4	298 ****	普××	萨如拉登吉嘎查 2 组 2 号	距派出所 51 公里，距警务室 50 公里，指标牌在东 3 公里
5	298 ****	杨××	巴彦呼布尔嘎查 2 组 8 号	距派出所 20 公里，指标牌在东 3 公里
6	298 ****	宝××	巴彦呼布尔嘎查 2 组 45 号	距派出所 20 公里，指标牌在北 1 公里
7	298 ****	古××	宝拉格嘎查 1 组 1 号	距派出所 10 公里，指标牌在北 1.5 公里

续表

序号	电话号	户主姓名	地址（苏木、嘎查）	备注
8	298 ****	苏××	宝拉格嘎查1组9号	距派出所50公里，指标牌在东2.5公里
9	298 ****	苏××	宝拉格嘎查1组59号	距派出所8公里，指标牌在北0.5公里
10	298 ****	陶××	乌日根呼格吉勒嘎查1组1号	距派出所30公里，指标牌在0.5公里西

乌日根呼格吉勒嘎查报警点是陶格苏木家。陶格苏木为人果敢，伶牙俐齿，有一定威慑力。派出所给他安装了一部电话，可以随时与苏木取得联系。陶格苏木说，该嘎查治安情况一直良好，自己也会经常骑着摩托串门，嘎查内外事情知道得最多也最快，盘问外来户、防火、防偷盗牲畜、制止打架斗殴等都能处理。据他说，随着年龄增长，腿脚越发不灵活了，明显影响工作能力了。

第二节　社团组织

一　妇女联合会

嘎查妇联主要是配合上一级妇女联合会开展妇女工作。根据访谈所闻或资料所见，嘎查妇联的主要工作有以下几项。

业绩突出妇女的评比、奖励表彰工作。1994 年一则资

料中记录了奖励该嘎查“创业致富优秀人才”一事，评选标准是：①开创一项家庭服务行业，带头致富；②国家收购的粮食、家畜任务完成较好；③人均收入达到苏木最高水平。乌日根呼格吉勒嘎查扎布金女士获得了此项荣誉。

配合苏木妇女联合会，组织本嘎查妇女代表参加全旗妇女代表大会。1995 年一则资料说明了嘎查妇联需要向代表传达的内容：报名时间（8 月 27 日），报名地点（旗第二招待所），开会时间（8 月 28 ~ 29 日两天）。另外向妇女代表提醒，交通费先由自己出，到旗里由旗妇联报销，不许迟到，如有特殊情况要向大会请假。26 日在苏木集合，27 日一同去旗里。

二 共青团组织

因条件所限，该嘎查共青团组织很少组织活动，相关材料不多。

第三节 社会保障

2006 年，嘎查开始实施新型合作医疗制度，重病给补助，每人收 10 元。坐月子、重病、住院的给报销，大概按 50% 的比例报销。1200 元的医疗费，补贴 600 元。有位妇女说：“还是合作医疗好，看病能报销，能报 40%，不过吃蒙药没法子报。我们这儿地方病也不少，什么心脏病、脂肪肝、关节炎、高血压、胃肠疾病等，平常都找本地蒙医治疗，这些钱就没法报。”

反映嘎查社保方面的资料，笔者见到的不多，表 4 - 5

是 1992 年嘎查社会养老保险基金汇总数据。

表 4－5　乌日根呼格吉勒嘎查 1992 年 6 月社会养老保险基金汇总数据

投保档次	投保人数（人）	个人缴纳金额（元）	集体补助金额（元）	合计（元）
4	8	384	96	480
6	12	864	216	1080
8	4	384	96	480
10	—	—	—	—
合计	24	1632	408	2040

资料来源：根据乌日根呼格吉勒嘎查档案资料整理。

兼任联防队员的牧户陶格苏木是笔者采访中遇到的第一家低保户。他把锡盟城市居民最低生活保障管理办公室监制的“农村牧区居民最低生活保障金领取证”拿给笔者看，此证配有活期储蓄账户，如图 4－1 所示。

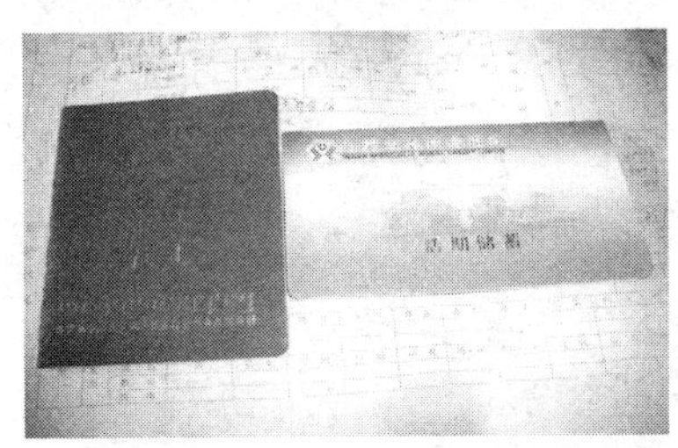

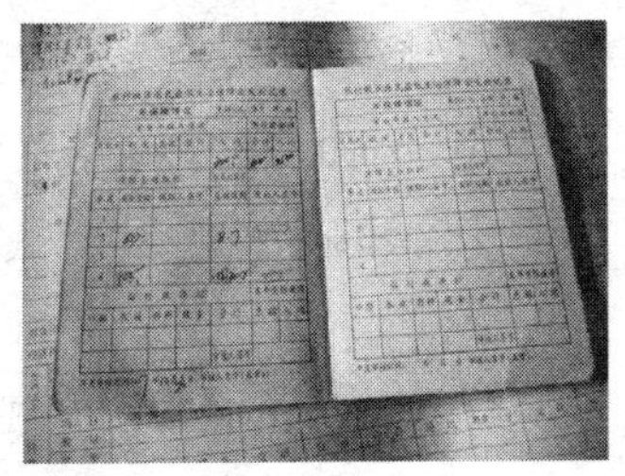

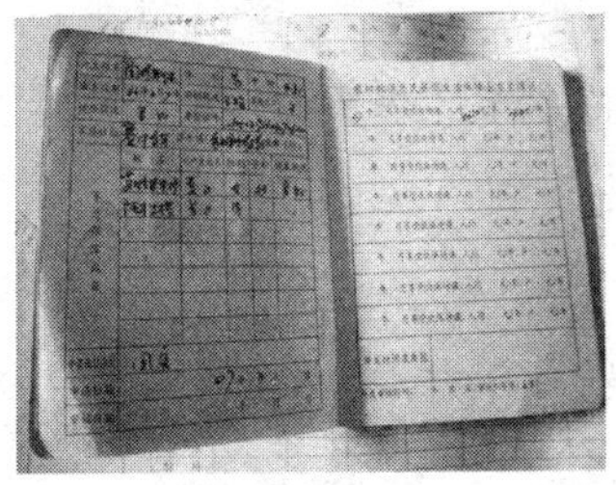

图 4－1　陶格苏木的“农村牧区居民最低生活保障金领取证”

第五章　社会生活

第一节　人口

旗统计局1981年牧业基层年报表“农村牧区人民公社基本情况”中记录，当时赛汉高毕公社户数为156户，人口为755人；人民公社整劳动力313人，其中男203人；半劳动力59人，其中男20人。乌日根呼格吉勒生产大队户数为34户，人口为136人；生产大队整劳动力58人，其中男27人；半劳动力11人，其中男3人。1988年12月统计资料记录，当时乌日根呼格吉勒巴嘎户数为29户，人口为148人，男67人，女81人。

一　1994~2008年人口一般情况

通过旗计生局统计资料，笔者获得了乌日根呼格吉勒嘎查人口的详细资料（见图5-1）。

将图5-1所示诸多档案资料进行整理之后，得到了1994~2008年乌日根呼格吉勒嘎查出生婴儿基本情况等一系列数据（见表5-1）。

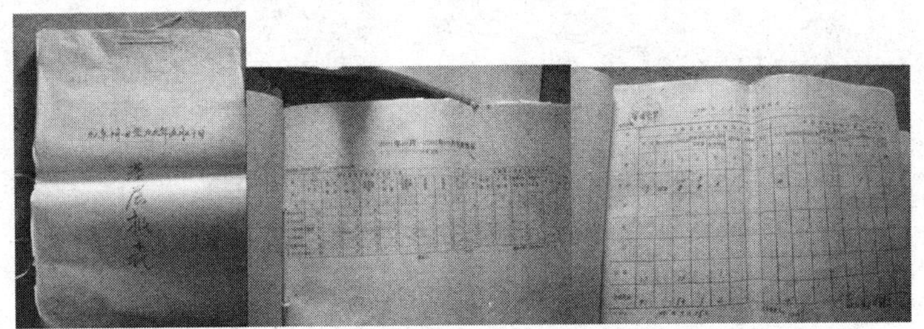

图 5-1　乌日根呼格吉勒嘎查 1994～2008 年人口统计资料

表 5-1　乌日根呼格吉勒嘎查 1994～2008 年人口一般情况

单位：人

时间	人口总数		出生人数	死亡人数
	期初	期末		
1994.1～1994.9	?	?	0	0
1995.1～1995.12	?	116	1	2
1996.10～1997.9	132	134	?	2
1998.10～1999.9	133	134	3	3
1999.10～2000.9	134	133	2	0
2000.10～2001.9	133	132	2	2
2001.10～2002.6	134	133	0	2
2002.10～2003.9	133	111	0	1
2004.10～2005.6	?	85	0	?
2007.10～2008.9	107	107	0	1

注：表格中“?”代表未知信息。

资料来源：根据苏尼特左旗计生局统计资料整理得出。

数据显示：1995 年，人口是 116 人，其后人口有明显增长，从 116 人增加到 134 人。直到 2001 年，乌日根呼格吉勒嘎查人口基本没有变化，至 2005 年减至 85 人是因为部分人口转移到其他苏木，到 2008 年时部分转移牧户返回。

二 人口自然状况

表5－2显示的是该嘎查2008年全体户数及人口统计资料。

表5－2 2008年乌日根呼格吉勒嘎查全体户数及人口统计数据

单位：人

牧户	人口	牧户	人口
户1	?	户21	3
户2	?	户22	3
户3	3	户23	1
户4	?	户24	5
户5	?	户25	2
户6	2	户26	5
户7	5	户27	5
户8	5	户28	2
户9	?	户29	3
户10	4	户30	3
户11	?	户31	3
户12	?	户32	4
户13	5	户33	3
户14	4	户34	3
户15	4	户35	5
户16	?	户36	4
户17	4	户37	2
户18	3	户38	4
户19	?	户39	4
户20	3	户40	5

注：表格中“?”代表未知信息。

表5－3显示的是2009年入户调查时该嘎查的人口自然状况。

表 5-3　2009 年乌日根呼格吉勒嘎查留守人口的自然状况

单位：岁

户主	户主			配偶			家庭成员（老人和子女）							
	性别	年龄	民族	姓名	年龄	民族	姓名	性别	年龄	民族	姓名	性别	年龄	民族
车××	男	65	蒙古	吉××	55	蒙古	巴××	男	29	蒙古	乌××	女	21	蒙古
							乌××	女	28	蒙古				
胡××	男	38	蒙古	乌××	29	蒙古	昌××	女	57	蒙古	阿××	男	9	蒙古
桑××	男	68	蒙古	乌××	74	蒙古	贺××	男	26	蒙古	那××	女	24	蒙古
巴××	男	52	蒙古	乌××	53	蒙古	白××	男	28	蒙古	巴××	男	24	蒙古
朝××	男	26	蒙古	吉××	26	蒙古	白××	女	51	蒙古	阿××	男	3	蒙古
陶××	女	72	蒙古				格××	男	23	蒙古	通××	女	27	蒙古
李××	男	56	蒙古	武××	53	汉	王××	女	81	汉	李××	女	27	汉
哈××	男	51	蒙古	娜××	50	蒙古	嘎××	男	27	蒙古	南××	女	23	蒙古
											巴××	男	2	蒙古
嘎××	男	30	蒙古	萨××	28	蒙古								
布××	男	35	蒙古	阿××	34	蒙古	红××	男	11	蒙古	阿××	女	7	蒙古
胡××	男	37	蒙古	奥××	36	蒙古	布××	男	14	蒙古	布××	男	10	蒙古

续表

户主	户主			配偶			家庭成员（老人和子女）							
	性别	年龄	民族	姓名	年龄	民族	姓名	性别	年龄	民族	姓名	性别	年龄	民族
那××	男	27	蒙古	奥××	27	蒙古	敖××	男	4	蒙古				
格××	男	36	蒙古	乌××	30	蒙古	淖××	男	7	蒙古	巴××	女	68	蒙古
额××	男	21	蒙古				那××	女	74	蒙古	额××	女	28	蒙古
那××	男	61	蒙古	乌××	47	蒙古	额××	男	26	蒙古				
额××	男	28	蒙古	乌××	23	蒙古	阿××	女	2	蒙古				
唐××	男	41	蒙古	奥××	35	蒙古	布××	女	9	蒙古	布××	女	1	蒙古
陶××	男	52	蒙古	苏××	55	蒙古				蒙古	阿××	男	26	蒙古
乌××	男	38	蒙古	苏××	45	蒙古	吉××	男	27	蒙古				
陶××	男	48	蒙古	朝××	46	蒙古	米××	女	78	蒙古	呼××	男	26	蒙古
陶××	男	62	蒙古	齐××	56	蒙古	巴××	男	32	蒙古				

资料来源：根据入户调查数据整理。

三　人口的行业结构

乌日根呼格吉勒嘎查在“围封转移”前全部人口均为牧业人口，经济结构单一。从商的只有阿拉坦苏和与宝力道。阿拉坦苏和在二连浩特市开了一家商店，宝力道较早离开嘎查在旗里开了一家汽车修理部。李正禹的两个女儿都走了读书路，一个考取中专，另一个考取大学，后来大女儿在旗中学教书，小女儿在包头成家。陶格苏木的儿子学会了开车，在找工作。留守嘎查的其他人都在定牧。

四　人口生育状况

（一）妇女生育简况

嘎查青年夫妇一般生育1～2个孩子。多数人认为，再多养不起，尤其现在年龄在三四十岁的夫妇基本都只要一个孩子，这是因为国家提倡计划生育，少生优育。嘎查牧民没有重男轻女观念，不论生男生女都喜欢，没觉得有什么不一样。妇女怀孕后多数人一般两个月检查一次，检查地点一般在旗或二连浩特市的医院，生完孩子后在医院待一个月左右，疗养期间必要时一般都吃蒙药。打防疫针时去苏木妇婴保健站，防治乙肝、荨麻疹什么的。牧民对此非常自觉，因为孩子到了上学年龄时学校会要求出示防疫证件，然后才可以办入学手续，所以大家都很重视，要么自己送孩子去，要么打电话叫医生来家里给打防疫针。

表5-4是1994～2008年嘎查妇女生育情况统计数据。

表 5-4　乌日根呼格吉勒嘎查 1994~2008 年妇女生育情况

单位：人

时间	人口总数		已婚育龄妇女人数	领取独生子女证人数	出生人数
	期初	期末			
1994.1~1994.9	?	?	22	0	0
1995.1~1995.12	?	116	20	0	2
1996.10~1997.9	132	134	28	?	?
1998.10~1999.9	133	134	33	0	3
1999.10~2000.9	134	133	35	0	2
2000.10~2001.9	133	132	35	0	2
2001.10~2002.6	134	133	35	0	0
2002.10~2003.9	133	111	31	0	0
2004.10~2005.6	?	85	19	0	0
2007.10~2008.9	107	107	22	0	?

注：表格中“?”代表未知信息。

资料来源：根据苏尼特左旗计生局档案资料整理得出。

（二）嘎查出生婴儿情况

关于本嘎查 1994 年以来出生婴儿情况，可从表 5-5 了解大概情形。

（三）嘎查夫妇初婚年龄及初产年龄情况

为更好地了解人口生育背景，笔者搜集了旗计生局的相关材料，统计了 1994 年 1 月至 2007 年 12 月女性初婚年龄情况，并对嘎查目前已婚育龄妇女初婚年龄情况做了采访，除个别人未知以外，掌握了基本情况。

数据显示：受访夫妇初婚年龄在 20 岁以下者只有 3 名，其他初婚年龄都在 20 岁及以上。了解初婚年龄有助于了解初产年龄，嘎查年轻夫妇一般会在结婚次年要孩子（见表 5-6、表 5-7）。

表 5-5　乌日根呼格吉勒嘎查 1994～2008 年出生婴儿情况

单位：人

时间	人口总数	已婚育龄妇女人数	领取独生子女证人数	本期出生人数									往年出生未报人数
				一孩出生			二孩出生			多孩出生			
				男	女	其中：计划内	男	女	其中：计划内	男	女	其中：计划内	
1994.1～1994.9	?	22	0	0	0	0	0	0	0	0	0	0	0
1995.1～1995.12	116	20	0	1	0	1	1	0	1	0	0	0	0
1996.10～1997.9	134	28	?	?	?	?	?	?	?	?	?	?	?
1998.10～1999.9	134	33	0	3	0	3	0	0	0	0	0	0	0
1999.10～2000.9	133	35	0	0	0	0	2	0	2	0	0	0	0
2000.10～2001.9	132	35	0	1	1	2	0	0	0	0	0	0	0
2001.10～2002.6	133	35	0	0	0	0	0	0	0	0	0	0	2
2002.10～2003.9	111	31	0	0	0	0	0	0	0	0	0	0	0
2004.10～2005.6	85	19	0	0	0	0	0	0	0	0	0	0	0
2007.10～2008.9	107	22	0	?	?	?	?	?	?	?	?	?	?

注：表格中“?”代表未知信息。

资料来源：根据苏尼特左旗计生局统计资料整理。

表 5-6 乌日根呼格吉勒嘎查 1994 年 1 月至 2007 年 12 月初婚女性年龄情况

单位：人

时间	人口总数		初婚女性		
	期初	期末	人数	其中：19 岁及以下人数	其中：23 岁及以下人数
1994.1~1994.9	?	?	1	0	0
1995.1~1995.12	?	116	1	0	1
1996.10~1997.9	132	134	2	0	2
1998.10~1999.9	133	134	0	0	0
1999.10~2000.9	134	133	2	0	2
2000.10~2001.9	133	132	0	0	0
2001.10~2002.6	134	133	1	0	1
2002.10~2003.9	133	111	0	0	0
2004.10~2005.6	?	85	?	?	?
2007.12	107	107	1	0	1

注：表格中“?”代表未知信息。

资料来源：根据苏尼特左旗计生局提供材料整理。

表 5-7 2008 年乌日根呼格吉勒嘎查已婚育龄妇女初、再婚年龄入户调查情况

单位：岁

丈夫			妻子		
姓名	年龄	初、再婚年龄	姓名	年龄	初、再婚年龄
车××	65	29	吉××	55	19
巴××	32	24	乌××	28	20
胡××	38	28	乌××	29	19
桑××	68	?	乌××	74	?
巴××	52	23	乌××	53	24

续表

丈夫			妻子		
姓名	年龄	初、再婚年龄	姓名	年龄	初、再婚年龄
朝××	26	24	吉××	26	24
?	?	?	陶××	72	?
格××	23	22	通××	27	26
李××	56	24	武××	53	21
哈××	51	21	娜××	50	20
嘎××	30	29	萨××	28	27
嘎××	27	24	南××	23	20
布××	35	22	阿××	34	21
胡××	37	22	奥××	36	21
那××	27	23	奥××	27	23
格××	36	29	乌××	30	23
那××	61	?	乌××	47	?
额××	28	24	乌××	23	19
唐××	41	32	奥××	35	26
陶××	52	43	苏××	55	46
乌××	38	34	苏××	45	46
陶××	48	22	朝××	46	20
陶××	62	?	齐××	56	?

注：表格中“?”代表未知信息。

资料来源：根据入户调查所得数据整理。

（四）老年妇女既往生育情况

据嘎查老人回忆，旧时妇女生育远没有今天这般好条件，嘎查妇女们都是在家里接生。当孕妇有临产反应时，家人请附近会接生的妇女，有的骑着马或骆驼去离家较远的其他苏木嘎查请来资深的土医生或接生婆。当时条件比较艰苦，产后能喝到新鲜羊肉汤就是最好的滋补。很多妇女直到产婴前一两天还在参加家务劳动或生产活动。老年妇女说，孕妇早产或遇到紧急产情，身边无人帮忙时，有经验的妇女甚至自己找来“阿日嘎”（柳条编织而成的筐子），将筐口朝下置于地上，以此支撑身体，因“阿日嘎”有编织间隙，柳条又经特殊处理变得较为坚韧，可供疼痛难忍的产妇抓握和支撑，再使劲抓也吃得住。那个时候的妇女能吃苦，一边照看婴儿，一边也能给牲畜送饲草，有时候还跑到井边饮牛羊。

五　人口迁移流动状况

（一）人口迁移情况

唐海龙老家是通辽的，与该嘎查陶格苏木的女儿结婚后迁入该嘎查。李××夫妇很早就从陕西榆林迁到了这里。从邻近的苏尼特右旗苏木嘎查来的人基本都是因嫁娶迁入乌日根呼格吉勒嘎查的。

（二）人口流动情况

在相当长一段时间内，嘎查人口流动很少。围封转移期间，有部分牧户迁到达来苏木暂住了一段时间，后又陆续返回了本嘎查。

六　计划生育

（一）计划生育政策的执行情况

全旗计划生育工作开展顺利，成效显著。表5－8是苏尼特左旗2003～2008年计划生育情况。

表 5－8　苏尼特左旗 2003～2008 年计划生育情况

年份	全旗总人口（人）	去年同期总人口增加（人）	去年同期总人口减少（人）	增幅（‰）	减幅（‰）	计划内新出生人数（人）	去年同期出生人口增加（人）	去年同期出生人口减少（人）	计划外出生人数（人）	出生率（‰）	增幅（‰）	减幅（‰）	计划生育率（%）
2003	33806	236		7		318		32	0	9.43		0.89	100
2004	34108	302		9		292		26	0	8.6		0.83	100
2005	34078		30		0.16	347	55		0				100
2006	34342	264		7.7		331		16	0	9.68		0.5	100
2007	33464		878		2.56	278		53	0	8.2		1.48	100
2008	33734	270		8.1		294	16		1	8.78	0.58		99.66

资料来源：根据苏尼特左旗计生局档案资料整理。

2003～2007 年，旗人口计划生育率基本是 100%。2008 年，有一名计划外出生人口，使得计划生育率为 99.66%。总体上，该项工作开展得很成功。

乌日根呼格吉勒嘎查的娜仁其木格负责开展计划生育工作。妇女因特殊需要不能到苏木或旗里打针、吃药、上环什么的，都是她给做。

（二）节育方式

妇女节育方式有手术和非手术两种。过去妇女们基本上采取绝育手术，后来逐步接受并更愿意采用在宫内放置节育器的方式，虽然也有人采取皮下埋植和外用药以及口服、注射避孕药等节育方式，但占的比例很少（见表 5－9）。

嘎查孕妇采取节育措施，打针、吃药、上环一般都在苏木卫生所或旗计生服务站做，若需要做手术，则多去二连浩特市或旗医院。据 2008 年旗计生局计生服务站公示的孕妇节育资费标准为：挂号费每人 0.50 元，静脉注射 2.00 元，肌肉注射 1.00 元，刮宫术免费，中期引产费 230.00 元，住院费 8.00 元，陪床费 1.00 元，护理费 2.00 元，复检费 3.00 元，尿妊娠化验 7.00 元，皮试 1.50 元，拆线 3.00 元，术前备皮 8.00 元，心电图 5.00 元，取暖 6.00 元，B 超 20.00 元，局麻 8.00 元，平常接生 220.00 元，结扎术免费，上环术免费，取环术免费，剖腹产 450.00 元，吸氧 5.00 元，腰麻 160.00 元，导尿 16.00 元，清创包扎术 10.00～40.00 元，尿常规 4.00 元，血常规 5.00 元。

表 5－9　乌日根呼格吉勒嘎查 1994～2008 年节育方式统计情况

时间	期末选用各种避孕方法人数（人）							本期施行计划生育手术例数（例）					
	男性绝育	女性绝育	宫内放置节育器	皮下埋植	口服及注射避孕药	避孕套	外用药	男性绝育	女性绝育	宫内放置节育器	取出宫内节育器	人工流产	引产
1994. 1～1994. 9	0	20	0	0	0	0	0	0	0	0	0	0	0
1995. 1～1995. 12	0	19	1	0	0	0	0	0	0	1	0	0	0
1998. 10～1999. 9	0	19	3	0	0	0	0	0	0	0	0	0	0
1999. 10. 1～1999. 12. 30	0	20	12	0	0	0	0	0	0	1	0	0	0
1999. 7～2000. 9	0	20	14	0	0	0	0	0	0	0	0	0	0
2000. 10. 1～2001. 9	0	18	14	0	0	0	0	0	0	1	1	0	0
2001. 10～2002. 6	0	18	15	0	0	0	0	0	0	1	0	0	0
2002. 10～2003. 9	0	16	10	0	0	0	0	0	0	0	1	0	0
2004. 10～2004. 12	0	5	1	0	0	0	0	0	0	0	0	0	0
2004. 12～2005. 6	0	9	7	0	0	0	0	0	0	0	0	0	0
2007. 9～2008. 9	0	?	0	0	0	0	0	0	0	0	0	0	0
2008. 10	0	?	2	0	0	0	0	0	0	0	0	0	0

注：表格中“?”代表未知信息。

资料来源：根据苏尼特左旗计生局档案资料整理。

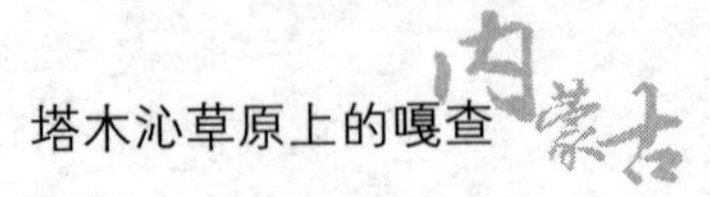

第二节　社会交往方式

一　亲属关系

在草原上生存，亲属关系是最重要的支撑力量。遇到人生重大问题，如婚姻、过寿、丧事、疾病、孩子上学以及生产生活中的大事要事，嘎查人自然想到与亲戚商量或求助于亲戚。比如办婚事，新郎父母首先会通知周围亲戚。婚期临近时，亲族里有影响力的长辈们会聚集起来商量婚事程序，定好时间，罗列需要做的各种工作，把任务分配到每个人头上。如接亲用的交通工具从哪里找来，婚礼请柬由谁来发，预订哪家饭店，找哪个主持人，年老的客人谁去接……反正亲属们有能力帮忙的肯定会帮忙，有的帮着找接亲的“胡达”。“胡达”是代表新郎家属领着接亲队去接新娘的中年男子，分第一“胡达”和第二、第三“胡达”等。第一“胡达”一般由新郎的叔舅等长辈来担任，还要找第二、第三“胡达”和“波日根”（嫂子）等专门接亲队人员，要找能歌善饮、能说会道、老于世故的人。因为他们去接新娘时要面对同样伶牙俐齿、挑礼为难的娘家对手们，“胡达”和“波日根”要通过重重考验和唇枪舌战才能过关，赶在婚宴开始前将新娘和送亲队接到男方家里来。这些人都需上门邀请，此时往往由亲戚们帮着联系。新娘那边也同样忙得不亦乐乎，主要也是新娘的亲戚们帮忙张罗。比如娘家给出嫁的姑娘缝制婚袍必须赶在新娘出嫁前几天，这时就求邻里手巧、缝纫技术好的妇女或亲戚，连夜缝制，而且要做得漂亮合身才行，没有这些心灵手巧的妇女帮忙根本做不来。遇到婚事如此，遇到其他重要事情，如丧事、特殊困难、经济问题等无不如此。总之，多数人家遇到生活中的大事时，都是亲属间帮忙度过的。

给老人过寿这件事情历来备受重视。这般隆重的礼仪也是加强亲族间联系的过程。这里的人们从剃胎发开始，13 岁、25 岁、37 岁、49 岁、61 岁、73 岁、81 岁、85 岁都要举行规模不等的庆祝活动，庆祝本命年。其中 13 岁、37 岁、49 岁时，兄弟姐妹和亲属们要送白食、袍子面料、银碗、牲畜、衣服、砖茶等礼物，表达心意。庆祝 61 岁、73 岁、81 岁、85 岁大寿时，亲戚们都会赶在除夕前或除夕夜到寿星老人处，送袍子面料、绸缎、银碗、牲畜等寿礼，表达亲情和敬爱之意，初一上午再来拜新年。过寿的人会给来祝寿的人回赠礼物，祝福晚辈幸福安康。

二　邻里朋友关系

对牧民来讲，处理好邻里朋友关系很重要。由于草原上人口较少，又分散居住，一旦遇到急事儿或突发情况，相邻而居的本嘎查人家是首先求助的对象。比如进城看病或办其他要事时，自家房屋的看管、牲畜的饮水或看养问题就拜托给关系亲密的邻居或朋友。或同嘎查某人要进城，可以捎带些东西或代买日常用品。除生活上相互关照以外，生产方面也有广泛的互助，如骟马蛋、剪羊毛、擀毡子、去幼仔势、翻羊砖等都需要邻里朋友的帮忙。相互之间也常借用彼此的交通工具或生产工具。有位妇女说：“我们的社会交往就是交朋友，没有朋友根本不行，朋友还是多一点好，有困难的时候有个照应。我刚来的时候，一个朋友也没有，我就去结识别人，现在我的朋友多了，草料短缺能跟朋友借，遇到要紧事儿总有人帮忙，别人找我帮忙也会尽力。”

三　人际关系

牧户认为草场承包以后，牧民的人际关系发生了一些变化。有人说：“大锅饭的时候，也没事，后来划分牧场，对人的自私有直接的作用，人越发自私。给个人分牧场后不再是原来的草原生活方式，原来草原上都是一块住、一块迁徙的，牧场是一伙人的，不是个人的，大家必须合作才行，所以人与人之间关系和谐，现在疏远了。”“过去因遭灾走场的时候，无论到哪里，那里的牧民们都会主动帮忙，给牲畜饮水，送来茶水，嘘寒问暖，还帮着搭蒙古包。那时这些都是自然的生活做法，现在不同了，不像过去那么好处了。”

嘎查人回忆，1983 年分牲畜，没有分草场，但约定俗成，形成了基本的份儿地，到 20 世纪 90 年代中期，根据这个习惯把草场正式分了。那个时候，到了雨季隔着三五天就下雨。当时即使这家的草场没下雨，去那家草场上放一放，对方也不介意，当时雨水好，也乐于互助。现在发生了变化，牧民个人草场意识很强，借用或租用草场都收费，一开始还挺便宜，后来租金涨得很高。

牧民买草料需要钱，想找联社借钱，联社贷款需要找担保人，担保人必须是有 1000 元以上工资收入的干部。嘎查里大伙情况都差不多，只能到城里找有工作的亲戚朋友，求人家给担保，关系再好的人也会担心你是不是有偿还能力，到时候别为了做这档子好事，把好好的关系弄僵了，有时会因此导致亲戚朋友之间的矛盾。

围封转移之后，部分牧户转移到城里或城郊移民村去了。他们的草场现在都租给了本嘎查留守牧户，比如×××家租了转移户×××家7000亩草场，每亩付给一定的租金，而这也是转移牧户在城里立足的主要经济来源之一。

近期①有人说，租赁草场的话，租赁双方要同嘎查长一起去旗草原监理站办手续。过去这类事情少，租的又多是熟悉的邻居家草场，所以也不写什么合同协议，口头说定即可。不过这样的事儿慢慢多起来后，就需要按规定签协议了。似乎也有过租赁草场5毛/亩的规定。

与过去相比，虽然人际关系发生了一些变化，但总体上来讲，嘎查牧民之间的关系还是友善而淳朴的，许多传统伦理价值仍然发挥着较强的协调作用，互助合作的传统也保留很多。例如，哈斯额尔敦家每次打马鬃的时候，远近牧民都会来帮忙，有时来的人还特别多，大家一边赶马、套马、倒马，一边体验着游牧时代的激情，人人精神焕发。打马鬃的工作结束后，主人会摆上丰盛的宴席，大伙儿纵情欢乐，玩得尽兴后才回家去，现在仍然如此。又如，有谁家给老人过寿而举办小型那达慕，远亲近邻都会赶来帮忙，从策划筹备到组织进行，从搭建主席台到裁断搏克、赛马，都能自觉有序地完成。邀请的客人们会由衷地献上带来的哈达和礼物，遵从东家的安排，井然有序，和谐欢快。

第三节　婚姻与家庭

一　婚姻

笔者对嘎查已婚男女的婚姻基本情况做了访查统计。

① 陈述者接受采访时间是2008年。

（一）通婚规则

嘎查牧民遵守法律规定，到法定年龄才会结婚。男女自由恋爱，自主选择配偶，禁止近亲结婚。新人的生活用品主要由男方准备，去哪方，哪方负责。至少在10～20天之前，男方父母要到女方家问婚期，约定喝几杯酒。婚前，新人要到保健站检查身体，然后到旗民政局领取结婚证。

（二）择偶方式

陶××老人说："我们那个时候主要考虑生活方面，愿意找脾气合得来的，能干活而勤劳的人，主要是找个条件合适的。"年轻人们说："那达慕或集体活动的时候相互认识，然后开始交往的情况比较多。"通常情况下，经人介绍认识的也不少。

没有儿子的人家会招女婿，也有男方家境比较困难，当赘婿的情况。

从地域上来看，男女多数从邻近苏木或嘎查开始找，表5－10是对乌日根呼格吉勒嘎查夫妻做的籍贯调查。

表5－10　嘎查留守牧户夫妻籍贯调查情况

丈夫		妻子	
姓名	籍贯	姓名	籍贯
车××	赛汉高毕	吉××	赛汉高毕
巴××	西苏旗	乌××	赛汉高毕
胡××	赛汉高毕	乌××	赛汉高毕
桑××	赛汉高毕	乌××	赛汉高毕

续表

丈夫		妻子	
姓名	籍贯	姓名	籍贯
巴××	赛汉高毕	乌××	赛汉高毕
朝××	达来苏木	吉××	赛汉高毕
?	?	陶××	赛汉高毕
格××	赛汉高毕	通××	赛汉高毕
李××	河北省阳原县	武××	河北省阳原县
哈××	赛汉高毕	娜××	赛汉高毕
嘎××	赛汉高毕	萨××	西苏旗赛因宝格
嘎××	赛汉高毕	南××	赛汉高毕
布××	赛汉高毕	阿××	赛汉高毕
胡××	赛汉高毕	奥××	赛汉高毕
那××	赛汉高毕	奥××	赛汉高毕
格××	赛汉高毕	乌××	赛汉高毕
那××	赛汉高毕	乌××	赛汉高毕
额××	赛汉高毕	乌××	西苏旗额仁淖尔
唐××	通辽后旗	奥××	赛汉高毕
陶××	巴音宝拉格苏木	苏××	赛汉高毕
乌××	赛汉高毕	苏××	西苏旗额仁淖尔
陶××	赛汉高毕	朝××	赛汉高毕
陶××	通辽	齐××	赛汉高毕

表5-10显示，有13对夫妻是苏木内婚配，有4对夫妻是跨旗结婚，而且全部是与邻近的西苏旗联姻。跨苏木结婚的只有1对，跨盟婚姻只有2对。鉴于以上数据，为了更清楚地了解该区域的婚配距离，笔者找到2008年9月赛

汉高毕苏木初婚花名册，夫妻双方籍贯如表5－11所示。

表5－11　赛汉高毕苏木2008年9月初婚花名册

男方			女方		
姓名	婚姻状况	籍贯	姓名	婚姻状况	籍贯
阿××	初婚	赛汉高毕苏木萨如拉登吉嘎查	赛××	初婚	赛汉高毕苏木萨如拉登吉嘎查
巴××	初婚	赛汉高毕苏木巴彦登吉嘎查	达××	初婚	赛汉高毕苏木巴彦登吉嘎查
巴××	初婚	赛汉高毕苏木乌日根呼格吉勒嘎查	宝××	初婚	赛汉高毕苏木乌日根呼格吉勒嘎查
毕××	初婚	赛汉高毕苏木巴彦呼布尔嘎查	萨××	初婚	赛汉高毕苏木巴彦呼布尔嘎查
达××	初婚	赛汉高毕苏木巴彦呼布尔嘎查	乌××	初婚	赛汉高毕苏木巴彦呼布尔嘎查
额××	初婚	赛汉高毕苏木巴彦呼布尔嘎查	娜××	初婚	赛汉高毕苏木巴彦呼布尔嘎查
恩××	初婚	赛汉高毕苏木巴彦芒来嘎查	葛××	初婚	赛汉高毕苏木巴彦芒来嘎查
海××	初婚	赛汉高毕苏木巴彦芒来嘎查	安××	初婚	赛汉高毕苏木巴彦芒来嘎查
吉××	初婚	赛汉高毕苏木宝拉格嘎查	格××	初婚	巴彦乌拉苏木阿尔善宝拉格嘎查
刘××	初婚	乌兰察布市白音查干乡土牧台嘎查	乌××	初婚	赛汉高毕苏木宝拉格嘎查
那××	初婚	赛汉高毕苏木巴彦图古日格嘎查	萨××	初婚	查干敖包镇旭日昌图嘎查

续表

男方			女方		
姓名	婚姻状况	籍贯	姓名	婚姻状况	籍贯
萨××	初婚	赛汉高毕苏木敖日格勒图雅嘎查	乌××	初婚	赛汉高毕苏木敖日格勒图雅嘎查
斯××	初婚	赛汉高毕苏木萨如拉登吉嘎查	娜××	初婚	赛汉高毕苏木萨如拉登吉嘎查
王××	初婚	赛汉高毕苏木巴彦芒来嘎查	赵××	初婚	乌兰察布市商都县
照××	初婚	赛汉高毕苏木巴彦登吉嘎查	斯××	初婚	赛汉高毕苏木巴彦登吉嘎查

表5－11显示，乌日根呼格吉勒嘎查情况与全苏木情况差别不大。

（三）婚姻礼仪

1. 传统礼仪

根据苏尼特左旗本地人叙述及相关文字记录，旧时，苏尼特人的婚事由新人父母包办，要请算命先生，占卜对方的生辰八字，如不相克就请媒人说亲。媒人应是当地年长者，男方父母会请媒人商议婚事，如果媒人同意，就会选择吉日，骑着白马，带着哈达、酒、奶食等礼品到姑娘家。进屋寒暄之后，媒人提起婚事，并拿出礼品敬上，如果姑娘的父亲接过哈达放到佛龛前就说明同意此事，如果不同意就说“我们姑娘用不起人家的锅”，以示歉意，媒人则回去告知男方。过去有定娃娃亲的习俗，孩子小时候，让他们拜天地定亲，大多较亲近的两家会互相定“温得根·随”（指娃娃亲），且不能反悔。说媒后，须行定亲礼。男方择吉日，选一名媒人，领着6个或8个人，到姑娘家焚香拜佛，给女方父母敬献银碗酒和哈达，还要送袍子面料等礼物，同时送其他人全羊和奶食。女方宴请来客一天，商定婚事，起程时女方以哈达、礼物等送出。定亲人不能在女方家住宿。定好结婚日辰后，女方会通知所有亲朋，择吉日设宴。女方亲戚到来后，会给出嫁姑娘嘱咐有关事宜，赠送礼物，如牲畜、绸缎、首饰等。亲戚们回去时，姑娘的父母要回赠礼品。

姑娘出嫁前，姑娘的父母会请手艺高超的人给姑娘缝制四季衣服，缝完衣服后，母亲会用黄油轻抹其前襟祝福。姑娘出嫁的前几天，其父母会请亲朋好友举行茶宴。先由母亲给姑娘倒一碗茶，姑娘接过后，向父母磕头谢恩并敬茶，之后大家一起喝茶，也送一些小礼品。喝茶是让姑娘放松心情的意思，同时嘱咐姑娘有关礼仪注意事项。这个茶宴不备酒。

选定婚日后女方做好准备，定好送亲人员，等待接亲的人。接亲队伍必须午时起程，未时到姑娘家，接亲的人员来时单数，回时双数。送亲队伍讲究双数。男方接亲人员到达女方家，顺时针绕家一圈下马，双方开始互相问候。双方都有祝颂人，相互发挥各自的聪明才智和口才，你一言我一语，努力把对方说得无言以对，无话可答。到蒙古包门前，有人用横杆拦门，不让对方轻易进门，双方祝颂人又唇枪舌战一番。此时，女方家的人们出来铺开新毡子，让客人坐下，品奶食，给新郎倒一碗奶，新郎喝完奶后，双方都抢奶碗，抢到后揣进怀里，以示获胜。男方接亲的首席“胡达”、祭祀者、祝福者、乐器手、歌唱者、祝颂者、向导和新郎等进屋，与女方逐个寒暄，然后男方祭祀者给女方佛龛点灯焚香，献哈达，首席“胡达”向女方父母敬献全羊和奶食，新郎给女方父母敬献绸缎袍子面料、腰带、哈达、酒等礼品。之后，女方摆放全羊，向客人敬酒，奏起乐器，唱起歌，宴席开始。由双方首席代表商定宴席结束的时间，以免耽误男方婚宴。出发前让新娘进屋与新郎见面。祭祀者将“黑白圣水”——清水和乳汁送至新娘、新郎面前，洗面沐额，还要给新郎扎好腰带。有人将蒙古刀递给新郎，新郎用娴熟的刀工向大家表演分解羊脖子和踝骨。同时，女方给男方接亲队每人回赠礼物。接亲队伍出发时，女方的母亲将洁白的乳汁盛在银碗里同哈达一起递给出嫁的女儿品尝。此时，男方祝颂人唱起报答母亲圣洁乳汁之恩的祝词，女婿把带来的绸缎、白食送给新娘的母亲，此时女方把送给女儿的嫁妆装上骆驼。新娘起程时，女方拦路，又一阵儿口舌之战，然后女方与男方进行赛马，认为谁家马快，谁家吉利。

接亲的人们回来时，男方全体出来迎接，手捧哈达和酒，表示欢迎，并让新娘顺时针绕浩特一圈后，将新娘的马牵到毡子上。此时，男方一名年长者扶新娘下马，让她品尝鲜奶，然后到另一个蒙古包休息。男方迎接女方陪嫁物品时，用带叉的木条敲打驮着嫁妆物品的骆驼的鼻勒，从骆驼背上扔过一只羊头后，卸下陪嫁物品，再以哈达系其鼻勒。双方各请一名嫂子，给新娘分发髻，叫作分乳发。让新郎祭佛和磕头前，双方祝颂者进行舌战，让新娘品尝新鲜奶食后，双方也抢碗，以此来判定祝颂者的胜负。其后，双方客人入蒙古包，新郎新娘祭佛、磕头，而后给父母和长辈依次磕头。然后新郎掀起新娘的盖头，新娘向灶火敬献黄油、酒和果子，男方开始宴请女方客人。歌手唱完三首歌，新郎新娘给众客人敬酒两杯，宴会继续进行。主宴完毕，男方向新娘的母亲送骒马、母驼、乳牛、母羊等牲畜，外加“九白”礼品，表示答谢父母养育之恩。双方歌手唱三首收尾歌曲，宴会进入尾声。婚礼祝颂人开始唱“送客词”，送新娘的人不能住男方家，必须当天回去。新娘的母亲用九块白色小石头压住新娘的衣襟，起程前说：“哪里的石头，在哪里有分量，姑娘嫁到谁家，就是谁家的人。”此时，男方把石子捡起来堆放在蒙古包内的北侧。姑娘出嫁后第三天，新娘的父亲和亲属会来探望姑娘，带全羊、酒、哈达等来到亲家。亲家设宴招待，临走时赠送礼物。姑娘出嫁一个月后，与新郎一起回家探亲，叫作“额日格乐特”，即回门。回门时新郎新娘也带全羊、奶食、酒和哈达。这时姑娘的亲朋好友会聚在新娘家设宴送礼，新娘的父母给女儿分其份内的财物。

2. 当前婚习

随着城镇化步伐的加快，嘎查婚俗逐渐掺入诸多时代元素，形成了传统与现代相结合的形式，发生了不少变化。例如婚礼场所的变更、婚礼组织形式的变化、婚事观念的变化等。

婚礼一般办两次，先女方后男方，主要在苏木饭店里办，一般请100人以上。份礼一般在100元左右，亲戚和要好的朋友给得多一些。送马的也有，一般是近亲。婚礼由专职主持人主持，从旗里或其他嘎查或本嘎查邀请，给300元左右的感谢费；需要找摄像师，还要用三四辆车，花几千元。请100人办婚礼的话，200~300元一桌饭菜，一般10桌以上，大概14桌或15桌的规模。一般婚礼要用2~3辆车，单数7人去，双数8人来，先把新娘接到家里，再到饭店举行婚宴。接新娘之前，男方要与女方商量好入对方屋后，喝多少杯饭桌酒、婚礼酒、劳累酒等。司机不喝酒。

办喜事的人家都按自己的能力去操办，殷富人家宴会规模大些，有的在旗大饭店里或苏木饭店里办婚礼。现在像过去那样在家里办婚宴的少了，一位嘎查牧民说："主要是来人太多，事多，为了招待，人们又累又烦。预定饭店的话，定好饭桌数就行，方便多了。"牧民多在旗里或者去二连浩特市办婚宴。"外地娶媳妇得去十来个人，对方也来十多个人，过去是骑着好马去接亲，现在是开着好车去接亲，过去是亲朋好友们能来的来，小蒙古包里用简单的方式接待就可以了，现在可是复杂多了。"嘎查另一个人说。

这些已经是牧区普遍现象，笔者曾经就此采访过一位正蓝旗牧民，他说："婚俗跟过去相比最大变化是婚宴的场所变啦，以前都是在家里办宴席，现在都跑到苏木或桑根达来，有的在旗里办喜事。倒是省事啦，不过花费也大了，要是亲戚的话至少也送 400～500 元，朋友至少 100 元，以前哪有这些啊。甚至有人找各种理由办宴请，把饭菜都定好了，大家议论纷纷，说宴请动机不好，结果邀请的人大多没去，倒赔了。"

3. 婚后居住形式

子女成婚之后，一般都分出去住。有的人家会分给子女牧场，有的不分，父母会给子女在分给的土地上建房子和棚圈。一般情况下，子女与父母住得很近。牛羊各放各的，新婚男女双方都自带牛羊牲畜。

4. 婚姻解除

该嘎查离婚现象相比其他嘎查较少，即使有人解除了婚姻，从外表也不容易看出来，没人愿意让别人知道自己

离婚。离婚一般是感情不合造成的。近年来，因为部分牧民转移到城镇或移民村之后，无一技之长，短时间内无法就业，经济压力增大，无法维持生计，婚姻生变的概率增大，导致离婚现象增多。如果两个人实在过不下去，通常私下里商量解决，很少找法院解决，双方都认为离婚是一件很不光彩的事情。50 岁以上的人对婚姻关系看得很重，认为离婚无论是对孩子还是对夫妻双方家庭都会造成很大伤害，会破坏正常生活秩序，所以应该尽力维持家庭的完整。有位 60 多岁的老人说："毛主席提倡一夫一妻制度，我们就一辈子在一起了。但现在是，合就合、离就离，过去的人不到实在过不下去的境地，不会离婚，现在老人也有离婚的，过去很少的。"

二　家庭

家庭对乌日根呼格吉勒嘎查每个人来说都是最重要的。从出生到死亡的人生过程都是在家庭的氛围和影响下度过的，所以家庭对于个体的生存和发展都是至关重要的。

（一）家庭结构

为说明嘎查家庭结构，我们可以介绍有关家庭的几个概念。"核心家庭"是指父母与未婚子女两代人组成的家庭；"扩大家庭"是指由有共同血缘关系的父母和已婚子女，或已婚兄弟姐妹等多个核心家庭组成的家庭模式；"单亲家庭"是指父母中的一方与子女一起生活的家庭。截至 2008 年，全嘎查有 36 户，总人口为 134 人，平均每户 3.7 人。表 5 - 12 是 2008 年 4 月乌日根呼格吉勒嘎查家庭结构抽样调查情况。

表 5－12 2008 年 4 月乌日根呼格吉勒嘎查家庭结构抽样调查情况

单位：岁

户主			配偶		家庭成员		
姓名	性别	年龄	姓名	年龄	姓名	与户主关系	年龄
车××	男	65	吉××	55	巴××	儿子	29
					乌××	女儿	28
					乌××	女儿	21
胡××	男	38	乌××	29	昌××	母亲	57
					阿××	儿子	9
桑××	男	68	乌××	74	贺××	儿子	26
					那××	女儿	24
巴××	男	52	乌××	53	白××	儿子	28
					巴××	儿子	24
朝××	男	26	吉××	26	白××	母亲	51
					阿××	儿子	3
陶××	女	72	?	?	通××	女儿	27
					格××	孙子	2
李××	男	56	武××	53	王××	母亲	81
					李××	女儿	27
哈××	男	51	娜××	50	嘎××	儿子	27
					南××	女儿	23
					巴××	孙子	2
嘎××	男	30	萨××	28			
布××	男	35	阿××	34	红××	儿子	11
					阿××	女儿	7
胡××	男	37	奥××	36	布××	儿子	14
					布××	儿子	10
那××	男	27	奥××	27	敖××	儿子	4
格××	男	36	乌××	30	巴××	母亲	68
					淖××	儿子	7

续表

户主			配偶		家庭成员		
姓名	性别	年龄	姓名	年龄	姓名	与户主关系	年龄
额××	男	21	?	?	那××	母亲	74
					额××	姐姐	28
那××	男	61	乌××	47	额××	儿子	26
额××	男	28	乌××	23	阿××	女儿	2
唐××	男	41	奥××	35	布××	女儿	9
					布××	女儿	1
陶××	男	52	苏××	55	阿××	儿子	26
乌××	男	38	苏××	45	吉××	儿子	17
陶××	男	48	朝××	46	米××	母亲	78
					呼××	儿子	26
陶××	男	62	齐××	56	巴××	儿子	32

如表5－12所示，抽样的21户牧户中，核心家庭有13户，扩大家庭有8户，无单亲家庭，因此，核心家庭为主要家庭类型。

（二）家庭关系

家庭关系中，首先应提到的是夫妻关系。夫妻关系处理的好坏直接影响全家人的生活好坏。走访中，笔者发现，比较殷实且有条理的家庭，夫妻一般都是勤劳且善于动脑筋的人，遇到重要的事会相互商量，生活作息比较规律，男女分工相对清楚，该做什么就做什么，不喜欢闲着，总在动，在做事，虽然吵吵闹闹、磕磕碰碰少不了，但大事上总能取得共识。这样的家庭都比较节俭，精打细算，不该花的地方分文不花。他们的牲畜数量较多，棚圈面积较大，有汽车，年收入数万元。即便如此，他们也不嫌费事，自己动手，在废弃的立方形汽油桶口边打上两个眼，穿根粗铁丝当作把手，用其充当烧火用的牛粪桶（见图5-2）。遇事夫妻之间很少推托，谁遇到或谁先想到谁就做了。老嘎查长说："组建家庭非常重要的一点是，夫妻应该尊重彼此的劳动成果，人家辛辛苦苦做出来的东西，对方不当回事，会让人灰心的，也会因此闹矛盾。应该看到对方的劳动付出才对。"

图5-2 嘎查牧户自制的牛粪桶

父母和子女的关系有许多内容。父母有养育子女的责任，对儿女健康成长肩负责任；子女应尊重父母，尽孝，不能顶撞父母。女孩子稍大，就跟着妈妈在屋里屋外开始做些能做的家务活。男孩子主要做些能做的体力活，有姐妹的情况下，一般不让其做家务活。父亲对儿子的管理比较严格，对女儿则较宽容。女儿的家庭教育一般由母亲负责，除教会女儿做家务外，还要教会其裁剪缝制衣物、做饭、清理牛羊内脏和灌肠等生活知识。父亲非常注意将儿子培养成将来能够支撑起全家老小的顶梁柱。与马、牛、骆驼等大畜打交道充满各种挑战，有时还有风险，这时父

亲应有勇气让自己的儿子经历这些，通过实践，教给儿子生产经验。以治疗大畜疾病为例，种公牛得了红眼病，土方法是把朱砂吹进牛眼睛里，这时需要有一个人用套马杆套住牛脖子，另一个人将搁在圆锥形纸筒里的药，近距离吹进喘着大气的种公牛犯病的眼睛里。这是需要2～3个人才能完成的，父亲这时就需要另一个男人——儿子的帮忙。当然，在牛头旁边把药吹进牛眼睛里的危险任务是父亲的，套马杆的另一端拉住杆头稳住牛头的任务由儿子完成。药粉被吹进牛眼睛里的一刹那是惊心动魄的，再强有力的拉力，与因惊吓而猛烈甩动的牛头力量相比，都显得无用，吹药的人必须迅速躲开才行。又如，教儿子套马也是需要勇气和各种技巧的。烈马被赶入围墙内，在里面来回跑动，地面和空气似乎都在震颤，进墙内将套马杆或套绳套到马脖子上，身体重心迅速后倾，用脚跟尽力顶住地面，用脚底和地面摩擦产生的阻力拽停奔跑的烈马，有时甚至被马拖着滑行。对牧业生产不熟的人看到此种场景必然是心惊肉跳的，即使阅历丰富、处事不惊的父亲，也会为儿子捏一把汗。当儿子能掌握所有技术要领，并能勇敢而出色地完成这些任务时，荣誉不仅是儿子的，同时也是父亲的。

孩子照顾父母方面，牧民认为，这得看孩子的品性，大多数的子女都孝顺父母，为父母养老送终，也有少数很少照顾父母的人。

（三）家庭功能

首先，家庭有生儿育女繁衍后代的重要功能。婚姻生活的主要内容之一就是生孩子和养育孩子，这是夫妻生活的重点内容，也是为人父母的责任所在。根据入户调查得知，嘎查绝大多数夫妻在结婚次年就要了孩子，对于自己的孩子都公平对待，没有重男轻女现象。

其次，家庭是社会基本生产单位。所有家庭成员，除了幼小者以外都参加生产活动。家庭的生产功能换来全家人的生活所需。家庭所有生产活动，男女同样参与，无法绝对划分男女工作分别，只能说有些活儿主要是男人干，有些活儿是以女人为主。重体力活一般由男子承担，比如网围栏的修补、料理大畜、汽车运水、宰杀牲畜、搬运货物、汽车和器械的修理等，一年生产活动的规划在多数家庭也是由男人应该考虑的，家务活由妇女们操持，收入支出和畜产品的出售等也由妇女掌握。那仁满都拉认为："一个家庭的兴衰主要在女主人的身上。"

再次，家庭有赡养老人的功能。每个子女都有赡养年老父母的义务。留守家里的子女承担得多一些。

此外，家庭还有重要的教育功能。这一点我们在多处提及，此处不再赘述。

最后，家庭也是一个人放松和娱乐的舒适场所，即使是在生产活动中也能体会到这一点。热天打草时，家人送来茶和果条，大家围坐在一起，擦着汗水，大口喝茶，有说有笑，那是很舒爽的事情；春寒料峭中，翻羊砖是个体力活，男人们手持厚重的羊砖锹翻出无数块方羊砖出来，运到指定地点晾晒，干活间或干完后，回到家里吃上几碗妇女们做的热乎乎、放了大块羊肉的手擀面，吃得满头大汗，也舒爽极了；夏天闲暇时，全家人坐在房荫处，看看周围或望着远处，边聊天，边喝茶壶中凉好的茶水，也舒爽极了；到了晚上，干了一天活的家人美美吃上一顿，坐在一起看看电视或打打扑克，或者母亲在一角里缝缝补补，兄弟在一旁下蒙古象棋，父亲若有所思地听收音机，狗在房屋周围走来走去，偶尔吼上几声。这些普通的场景对每个家庭成员来讲都是最好的心灵滋补。

（四）财产的分配和继承

实行草场承包责任制以后，承包期是30～50年。因此，家庭草场的面积相对固定，这使得嘎查牧民家庭出现了两种财产分配方式，一种方式是一旦儿子结婚，另立家庭时，父母会把承包的草场分给他们一部分；女儿出嫁也会得到相应的财产，如牲畜和其他物品，但不分草场。另一种方式是，儿子另立家庭后，仅得到现金或房子等财产，家庭收入来源仍然靠参加父母家的劳动。这种既分又合的做法，减少了分割草场对草原生态的破坏，是一种新的保护草场的措施。儿子另立家庭后，如果不离开嘎查，父母一般给准备住房，配备家具。新建的房子有时与父母老房子连在一起，有时盖在离父母房子数米到数十米处。女儿出嫁时，父母会分给其牲畜和财产。

父母基本与幼子住在一起，父母的财产与土地一般由幼子继承。大的先结婚，给小的；小的先结婚，给大的。留守的孩子照顾父母。幼子守灶的传统仍然存在于嘎查人们的观念中，有人说："幼子守灶的，如果有其他孩子要求要，由户主安排，但幼子有权不给。如果三个兄弟都住在一起，应该平分。独自守灶的孩子有权独有，但是这要看家庭情况，一般都注重平等地分，有时候靠哪个孩子，就给哪个孩子多一点。"

第四节　社会规范

一　禁忌习俗

与各地区蒙古族和其他民族一样，在悠久的历史发展中，该地区牧民也形成了各种风俗习惯，忌讳是其中之一。这些行为习惯以及观念体现在人们的宗教意识、衣食住行、尊老爱幼、请客送礼、见面问候、娱乐活动、自然观念、健康卫生、家庭礼貌、行为举止、子女教养、邻里关系等日常诸多方面。苏尼特地区禁忌习俗相沿已久，流传很广。经过文献查阅、入户采访以及结合苏尼特学者达·查干先生的记述，笔者了解到乌日根呼格吉勒人的诸多禁忌，分类如下。

（一）生活禁忌

人们相互问候时应态度温和，忌讳骄傲蛮横。不能跟人不打招呼就擦肩而过。到别人家做客时，应该问候所有的家人。

进别人家时，不能手持马鞭进去，要把马鞭放在门外，进门后男从右，女从左，年老者上侧就坐。出门时不能立即跨马奔去，要牵着马走上一段，然后才能上马离去。

骑马的人走近蒙古包时，要下马，牵马步行；驾驶汽车的人要减缓车速，当与主人寒暄两句后，不能惊动人家的畜群。如果只是路过，不打算进门拜访，通常不会从房子或蒙古包门前径直走过，应该从后面绕过。

晚上让幼儿单独睡一房间时，要在其鼻尖上抹上锅灰，避免小孩子怕黑。

对待传授知识和智慧的老师，要像对自己父母一样敬重。牧民认为书本是最贵重的礼物，不能从有文字的纸张上随意跨过，不能踩踏，更不能用书本生火。

看到搬迁或走场的人家应该主动帮忙搭蒙古包，甚至应送水、送茶、送吃的，忌讳不闻不问。

搬迁时不能将羊踝骨丢弃在迁出地，牧民认为这样孩子的命运会不幸。

不小心踩到前面人的鞋跟，应道歉并握手，否则会结仇。

行路人遇到黄羊是吉祥，遇到狐狸则不祥。夜晚有猫头鹰叫是凶兆。

不能朝路人倒垃圾或灰，这是小看了人家。

两人不能对着脚掌玩耍，这样会结仇。

进别人家时，不能卷起袖子或光着膀子，要整理衣冠，以示尊重，忌讳袒胸露背，光着脑袋进去。

平时女子出远门时，梳理头发，脱落的头发不能留外，必须收好并带回。平时到别人家里，遇上梳头发的女人，应该等她梳完后再挪步。

帮别人穿针线时，不能绾疙瘩。缝制衣物时忌讳把线头留在外面，不穿无绗线的衣物。

孩子不能玩火，这样会丢失牲畜。

去别人家做客时，主人递给的奶茶，应用双手或右手接，先喝一口表示谢意，之后再拿起饮用。主人敬酒时，应起身用双手接过，喝一小口再回敬主人，表示谢意。笔者采访一位牧民时，他因忙乱无意中以左手将茶碗端给我，突然发觉后，连声说抱歉。

长者送给晚辈食物或礼品时，晚辈应起身用双手接，手心朝上，不得手心朝下或用左手接过。

食用红食（肉食）时，男性或小孩子不能吃前棒骨，多数为女人食用。病人不能吃骨髓肉和胯骨肉，小孩子不能吃脾子，防脸色变灰。小肋骨不能给狗吃，要放进火里烧，祈愿吉祥。吃完后的羊头骨和胯骨头不能放在屋子里过夜，认为不吉。

忌讳手上粘白面，到别人家里去。

忌讳用筷子敲饭碗，不能从锅碗瓢盆上跨过去，认为这样做会使福分离开。

忌讳将剩饭倒掉，应留下来，下一顿热一热，大伙分着吃。

不能在舅舅的旁边啃肩胛骨，那样会使舅舅受穷，肩胛骨应该大家分着吃，不能独享。

黄羊骨头不能放进火中，这样猎物都会跑掉。

夜晚不能带红食外出。夜晚有人送肉来，要回敬牛粪。

给客人倒茶必须倒满，忌讳倒半碗。

碗筷各用各的，不能互换。

搬迁蒙古包时，不能在营盘上随意丢弃嘎拉哈（羊后腿的膝盖骨），忌讳骆驼踩踏蒙古包旧址。绝对忌讳踩踏蒙古包门槛，也不能踩踏炉灶。

平常衣领或马鞍等不能朝下放，平放时，要朝上或朝北安放。忌讳从马鞍子或套马杆上随意跨过去。

平时坐立要端正，坐时不能用手托着腮或顶着下颏儿。

爱护自然环境，禁戒乱杀野生动物和乱伐自然树木。忌讳打死家犬，认为打死家犬者，必遇灾难。

不能随意用食指指人。

忌讳大白天盖住蒙古包顶，家有丧事则例外。忌讳蒙古包绳索从蒙古包天窗垂下来。

平常洗脸忌讳三人同用一盆水，认为“三人同用一盆水，年纪小者要冻死”，意思是要讲究卫生，经常用干净水。

缝纫用的剪子和烧火用的大剪子，用完后双刃必须合并，收起，否则将遭人非议或引来狼灾。把刀、剪子、锥子等利器递给他人时应将器把朝向对方，尖头利刃应朝下。

家中有客，不可扫地，认为那是在驱逐客人。

马鞍子应朝南放，不能朝北。不能从乳钵和斧头上跨过。

夜晚睡前不扫地。饭锅不能斜放，饭碗不能扣在头上，会丢掉福气。

家里有重病人或传染病人，不方便招待客人时，应在大门把手上挂一片红布，以示不便接待。如果家里有过世之人时，要盖住蒙古包顶，表示来人不要进入。

忌讳在前辈老人的头上碰刀剪，年纪小者不能给老爷、舅舅等人剃头。

禁戒偷盗、说谎、奸邪等行为，认为“宁可折了骨头也不折名”。

早晨和上午忌讳在屋子里哼调儿，认为这样会疾病缠身，傍晚或晚上唱歌是吉利的，在屋子里吹口哨被认为是罪孽。

帽子不能随便乱放，忌讳从帽子上跨过去，帽子不能反戴，不能和他人换戴帽子，不能将帽子送人。叠衣时衣领朝北，不得朝南。忌讳在长者前袒胸露背。腰带不能随意乱扔，睡觉时盘好腰带放在枕头下面，不得随意踩踏。

（二）生产禁忌

平时，不能将刀刃或剪刀指向他人，将刀剪递给他人时，应刀刃朝下，刀把向人。剪子或火剪不能随意张开，认为牲畜会受狼害。

水井处遇到牲畜饮水时，不能打骂牲畜。牲畜的印具不能随便扔，要用哈达包好，置于屋内高处。

嘎查牧户在印把儿上系哈达，置于蒙古包“哈那”顶上。忌讳跨过印具，不能在地面上打印，这样会受穷。给牲畜烙印时要进行打烙印仪式。烙印前要焚香熏印，用奶皮涂抹，并请老者祝福五畜繁衍，生活幸福。

磨刀石不能手把手地递给别人，要扔给对方，对方捡起来使用。

宰羊时，若遭遇只有一个腰子的羊，此人从此忌讳杀羊。

放生的牲畜不能骑乘，更不能打骂。

（三）宗教禁忌

宗教对苏尼特人的影响越来越少，但是作为旧时长期统治蒙古人思想的意识形态，藏传佛教格鲁派观念早已渗入牧民生活和生产观念的方方面面，直到现在，其踪迹仍随处可见。

平常牧民很尊重灶火，不能在火中投入盐或水；忌讳火中烧脏物；忌讳火上烤黄羊内脏和骨头；不能让儿童玩火；不能在火上烤脚。

平时不能从饮食用具上面跨过，不能敲打碗筷，发出叮当响声。不能从蒙古袍腰带上跨过，认为腰带与人的灵魂相连。

不能在夜间剪指甲，不能在路面上便溺。

服蒙药时，应将药纸撕碎，随风而散，不能用火烧。

（四）语言禁忌

要尊重长辈，见到老人时，要称呼“爱邻鄂博格、爱邻额莫格、爱邻阿爸、爱邻额吉”，意为邻家的爷爷、奶奶、爸爸、妈妈。或可借用对方幼子名字称为“巴图的爸爸、其木格的妈妈”等，不能直呼老人的名字。称呼别人时用尊称“塔”，意为“您”，不能用“祁”（你），这样等于小看了人家。也可以用亲属、乡亲们给起的表达尊重和亲切之意的外号，比如“安巴”“布敦阿哈”“温度儿阿哈”等。不能在别人家和长者面前说不吉利、不礼貌的话或大声喧闹。

过去，牧民们一般不会直接叫蛇、狼、黄羊等动物和山川树木的名字，称蛇为长脉，称狼为野犬、天狗或“根登诺日布”①，称黄羊为天羊等。

忌讳打骂五畜，更不能打牲畜的头部和犄角。

需要说明的是，50 岁以上的人们多数能遵循上述禁忌，然而其中不少内容正在从多数中青年人的观念中淡出。

二　纠纷的解决

草场承包以前，很少有土地纠纷，然而划分草场后的土地边界纠纷和邻居牛羊越界纠纷成了家常便饭。两家牧户相邻草场若是山地，纠纷较易发生，若是平地就较少发生。牲畜跨过自家草场，进入别人家草场时就会产生麻烦。多数牧户都可以商议解决，如果麻烦较大就要请嘎查集体来解决。牛羊越界是当前最常见的矛盾，主要是草场邻近牧户的牲畜跑进彼此草场引起的不快。别人家牲畜跑进自

① 藏语，自接受格鲁派以来，蒙古人取藏名或借用藏名词的现象就普遍存在。

家草场后有时就赶出去，还是不停地跑进来就想别的办法。听说有一次邻居家的几只羊又跑进来了，这家人就把这些羊赶入自家羊圈里，等邻居见自家羊少了几只就会过来。两家人坐下来聊一会儿，也不谈羊的事儿，等邻家起身回家前再把他的羊放出来，也算是提醒了邻家。

马的数量锐减的部分原因是，马不像羊那么好管、那么老实，总会进入别人家的草场，引起麻烦。牧民没有人愿意提起由草场引起的纠纷或不快，但是他们听说本旗其他苏木发生过草场纠纷，如网围栏遭到邻家牲畜冲撞而被毁坏；将跑到自家草场里的邻家牲畜用摩托车趋赶，被趋赶的牲畜因运动量过于剧烈，出汗后受凉而致病等，但多数情况下草场纠纷都能商量解决。听说其他苏木因草场纠纷发生过严重的恶性事件，虽然这种情况发生的次数不多，但北方草原数千年来个体牧民因土地而发生如此激烈的冲突实为罕见。

关于草场纠纷问题，有人认为，每个嘎查都应该固定草场空间。草场问题应在嘎查内解决，应该彻底解决非牧户的问题，杜绝此类问题再次发生。非牧户来去自由，租别人的草场后，为使自己的牲畜快速繁殖便无节制利用草地，让畜群放开吃，加重单位承载量，使草场大面积退化。此种现象在牧区普遍存在，政府已经下文开始查处这类非牧户。

第五节　文化

一　语言文字

（一）蒙古语及其使用

在这里，人们是在纯蒙古语环境中成长的，自幼掌握了蒙古语苏尼特方言，语音与察哈尔标准语相似。他们语言纯度高，很少混用其他语言，词汇丰富，表达准确，流利明晰，尤其与畜牧业相关的词汇更是极其丰富、发达，词义概念区分细密。语速适中，风格独特，话语气质妙不可言。久居城镇听惯了各类变异性蒙语者，到这里静静倾听令人愉悦的娓娓交谈，可以说是一种享受。甚至有人说，蒙古包里听老牧民喝着奶茶聊往事，听着听着就能睡着，等醒来后看他们边说俏皮话，边笑着看你时，能真正感到心灵的平静。

嘎查党支部和嘎查委员会组织会议或开展群众活动都用蒙语传达，用蒙语组织会议。嘎查所有的公共说明均用蒙语。

来收购牛羊的商贩都能说几句蒙语，熟悉与牲畜买卖相关的名词、数词、量词，一些常年行走各嘎查的商贩甚至能说一口流利的蒙语。牧民虽然不会说多少汉语，但日常用语都能听懂。

家庭成员、嘎查、苏木之间都用蒙语沟通交流。对于看电视、听广播，除在外上学的子女外，牧民们只收看蒙语频道，只听蒙语广播。牧民的生产经验和生活智慧通过历史久远、内涵丰富的箴言、谚语、传说、故事、诗歌、祝词、赞词……口口相传，延绵不绝。比如著名文学家德·那楚格道尔吉的那句“从小学习的母语，不能遗忘的文化，到死不离的母土，不能离开的地方”是无人不知的。

（二）蒙古文的使用情况

嘎查党支部和嘎查委员会公文一律用蒙文书写，嘎查长所制年终报表也是全蒙文制作，蒙古文办公软件的开发和应用给基层办公带来了方便。嘎查书记和嘎查长所有会议记录和工作记录均用蒙文书写。牧民之间，嘎查与牧户之间签协议或签任何文书，也都用蒙文。嘎查人除在外上学的青少年外，很少有人掌握蒙文以外的文字。嘎查牧民只阅读蒙文杂志，只能读懂蒙文说明。

二　文学艺术

（一）文学

1. 诗歌

草原上几乎每个嘎查都有那么几个诗歌创作者或文学爱好者，乌日根呼格吉勒嘎查也有诗人。额·赛因朝格图，小学文化，1965 年出生于该嘎查的普通牧民家庭。作为发展本土文化的先进个人，2007 年 12 月 18 日的《锡林郭勒日报》专门报道了他的事迹。自 20 世纪 80 年代以来，他在自治区级、盟级报纸、杂志上共发表了 100 多篇文章、诗歌等，出版了《嫩生的人生》《母亲般的蒙古袍》等诗集（见图 5 – 3）；

图 5 – 3　额·赛因朝格图的著作：《嫩生的人生》与《母亲般的蒙古袍》

曾在国家级诗歌比赛中获得优秀奖4次，区级诗歌比赛中获得二等奖2次、三等奖1次，在旗级诗歌比赛中以优异成绩名列前茅，2005年在国家广播电台蒙文编辑部主办的蒙语诗歌比赛中获得二等奖；先后获得了盟级优秀通讯员、旗级学习使用蒙古语言先进个人等称号，并被赛汉高毕苏木党委政府授予“戈壁诗人”称号。

牧民都有表现诗人情怀的时候。牧民从小学课本开始就深受诗歌感染，生活中无论是婚嫁还是寿宴，都少不了诗歌朗诵，从盛大的那达慕到小型的亲朋相聚，都少不了激情的赞词和吉祥的祝词。几乎所有人都会唱几首蒙语民歌，而民歌歌词本身就是诗。所以无论是从电视还是从收音机抑或是从歌手那里听到民歌，其实都是在品诗，所以牧民都有诗感，再加上蒙语本身就是诗境语言，因此无论金钱经济如何冲击，都不能将这里的诗根冲毁。

2. 民间传说

这里有着非常丰富的民间传说。可惜采访时间短暂，无法全部记录下来，只能把短暂时间里听到的、苏尼特左旗各类杂志以及网站上找到的一些有趣的故事，选取几段，以便了解其概貌。

（1）人物传说

却扎木苏 这一带有名的人物首先应该介绍却扎木苏。却扎木苏是苏尼特草原乃至蒙古草原上的传奇人物，大家给他的绰号是“十六岁”。相传，这个草原汉子身材高大，背宽如虎，腰粗如熊，手大如簸箕，手指如棒槌，站着像座塔，坐着像座庙，一丈布只够给他做两个袖子。他生于1893年，属蛇。他的故乡在苏尼特左旗达日罕乌拉山下，即如今的赛汉高毕苏木巴彦敖日格勒嘎查。他儿时就喜欢摔跤，童年时就能举起牛一般大的石头。至今，达日罕乌拉满都拉图庙哈丁乌素西北的敖包上，仍有一排石头摆成的长蛇阵。当地牧民说："这是却扎木苏小时候举石头、练功夫的地方。"却扎木苏的舅舅希如布是满都拉图庙的喇嘛，也是一个有名气的搏克手。却扎木苏从小就跟舅舅学摔跤，13 岁时另一个当马贩子的舅舅把他带到外蒙古达里甘嘎旗白音苏布尔庙，给名搏克手锡林扎布当徒弟。却扎木苏冬天缝靴子，夏天练摔跤，整整学了 3 年。从此以后，却扎木苏走上了搏克生涯。

"十六岁的故事"：说起却扎木苏"十六岁"的称号，有一段精彩的故事。相传，1909 年，苏尼特左旗仁钦王爷在浩硕庙举行盛大的那达慕大会，聚集了无数群众，各地的好搏克手也都来到。那个时候，新出的好搏克手一般会被纳入王府搏克队。这一天，这些王府搏克手们身披"江嘎"，威风凛凛，谁也没有把无名小卒却扎木苏放在眼里。然而，却扎木苏的出场很快吸引了所有人的注意。人们只见一个铁塔似的汉子，狂舞出来，像雄狮一样矫健，肥大的摔跤服鼓满了风。他把遇到的第一个王爷府搏克手握牢之后，一下子举了起来，在空中悠了一圈，然后轻轻地放在地上，就这样却扎木苏顺利摔过七轮。最后一轮决赛时，王爷的王牌搏克手暗下毒手，在摔跤服上隐蔽地装上尖钉，在靴沿儿处装上利刃。然后没几个回合，却扎木苏的双手就被刺破，脚踝被割伤，鲜血从他的指缝和脚踝处流了出来。却扎木苏咬住牙齿，强忍着被割伤的疼痛，把王爷的王牌搏克手举过头顶，绕场一周，狠狠地摔在了王爷大帐的铁橛子上。王爷气歪了鼻子，牧民齐声喝彩，当时却扎木苏只有十六岁。从此，却扎木苏的名字就在苏尼特草原传开了。牧民给他起了个绰号叫“阿日本卓日嘎图”，即“十六岁”。

“七个不怎么样的家伙”：却扎木苏20多岁的时候，去遥远的外蒙古参加“坦西格”那达慕归来，虽然摔跤取得骄人成绩，但一路上人困马乏，他想找一口水井饮马之后再继续赶路。当他到红格尔敖包下的一口水井旁边时，却碰上一峰3岁骆驼横堵在井口中动弹不得。七个小伙子用绳子往外拉，汗流浃背，却怎么也拽不出来。看见人高马大的却扎木苏，为首的一个青年用嘲弄的口气说：“尊敬的朋友，想饮马吗？请把‘井盖子’挪下来吧！”却扎木苏看了他们一眼，往手心上吐了一口唾沫，把七股绳子拧在一起，用力一拉，骆驼和井口的木框同时被掀了起来。看到此等场景，七个年轻人目瞪口呆，说不出话来。却扎木苏饮完马，反问道：“井盖还要盖上吗？”这下，七个年轻人可急坏了，他们连声道歉：“远来的朋友，恕我们长着眼睛却像个瞎子，请问尊姓大名？”却扎木苏回答说：“我叫‘道劳毛’①。”说完，跃马扬鞭而去。

“浩雅尔·忽如”：“浩雅尔·忽如”是两个手指的意思。却扎木苏不但因摔跤在草原上享有盛名，他还会正骨和看病，并且为人宽厚。俗语说，“花香的地方蜜蜂多，热情的家庭客人多”。他的蒙古包就像一块吸铁石，吸引着周围的人们。他的蒙古包门前经常是驼来马去，六个“哈那”的蒙古包内常常挤满了人。有一天，却扎木苏酒足饭饱之后，和一帮青年开起玩笑来。他伸出一条胳膊，对几个年轻摔克手说：“我叉开两个指头，你们轮流用脚踩踩，看谁

① “道劳毛”的意思是七个不怎么样的家伙。

能把它并合了？”几个自称大力士的搏克手，紧了紧腰带，鼓了鼓勇气，轮流踩了一遍，就像踩着两根钢筋一样，谁也没有把他的手指合回去。却扎木苏事后笑了起来，笑声震动着蒙古包。这几个青年面面相觑，脸红得像晚霞一样。

“二十里背马”：在苏尼特草原达日罕乌拉一带，有这样的传说，“却扎木苏一顿饭能吃七十二个包子；一次能吃一只两岁羯羊，喝一坛酒，没见他醉过”。传说并不等于事实，但却扎木苏的老伴儿额力格玛的介绍还是使人信服的。额力格玛老人回忆说：“每年冬初，却扎木苏都给满都拉图庙杀羊。杀好的三岁白条羯羊，他一手托一只从达日罕山下一直走到庙仓……1946 年，苏尼特遭了一次大雪灾，却扎木苏带去的马死了。他从二十里以外的地方把马背回来，路上只歇了三次。”

额力格玛老人指了指蒙古包的正北方说：“老头子在世的时候，常坐在那儿，六个‘哈那’的蒙古包让他占去了一半儿。他咳嗽就像打雷一样，不用挪动就能把痰吐到蒙古包外面去……”据说，却扎木苏衬衣上的扣子就像拳头大的银圆，但穿在身上就像普通纽扣，一点也没有不协调的感觉。

摔跤贯穿了他整个人生，却扎木苏于 1957 年被苏尼特左旗授予“达日罕”搏克手荣誉称号，1958 年去世，终年 65 岁。他一生中参加的大大小小那达慕不计其数，每次都名列前茅。他获奖的骆驼、马、牛、羊、砖茶、蒙古袍布料不知有多少，许多都送给了穷苦牧民。他的一生给苏尼特草原上留下了广为流传的故事。这个草原骄子直到现在仍受到人们的钦佩和赞美，前两年，乡亲们专门请工匠立了雕塑来纪念他。

（2）地名传说

根据当地人的介绍，该地区许多地名都有耐人寻味的含义和有意思的传说故事。乌日根呼格吉勒嘎查某些地名也有有趣的传说。

“达布胡儿·都日博乐吉”　乌日根呼格吉勒嘎查有一个叫“达布胡儿·都日博乐吉”的地方。塔木其草原北部，医师戈壁西侧有一对敖包，这一对敖包顶部都是平的，从东侧或西侧爬坡，抬头看时，两座敖包像是重叠的，并依偎在一起。先人敬畏这两座敖包，称其为“达布胡儿·都日博乐吉”。“达布胡儿”意为重叠。“都日博乐吉”有两种解释，一说两座敖包顶部平整、形体四方，所以如此称之；又说“都日博乐吉”是骆驼驮载东西时架在骆驼背部的横杆木具，两座敖包形状酷似骆驼的“都日博乐吉”，所以取此名。

“格兀·巴日亚齐”　这个地方也在乌日根呼格吉勒嘎查境内。嘎查牧民说，这个地名是来自一口古老的土井。据说，这口井一直有很多水。很久以前，在这个水井周围的草原上长期居住着一家富裕的牧户，每逢夏季，这家人就拴起很多马驹，挤许多马奶，并把许多酸马奶无偿送给四方的百姓们喝，一直坚持了很长时间。马奶能够清理体内垃圾，补充人体所需营养，能为人们的健康和生活提供帮助。人们为了纪念这家人，就将这口井亲切地称为“格兀·巴日亚齐”，意为“抓马人的水井”。

“奥木包·呼珠因·陶日木”　该嘎查宽阔的地面上有一个低洼地，相传这个盆地里过去有许多野生动物栖息，其也成为附近牧民部分生活生产的来源地。有一天，有一个叫奥木包的猎手将一只黄羊追到这里后，终于抓到了它，拧断了它的脖子，所以人们就这么称呼此地，意为“奥木包拧脖子的洼地”。

“兀德因·魂得（dei）”　该嘎查宽敞草地的中央有一块面积不小的洼地，这个洼地南沿儿开着一个口子，世代居住在这里的牧民把这个地形比喻为蒙古包的门，取名为“兀德因·魂得”，意为“敞门的洼地”。

“莫日根·海日罕”　某首诗句中称此山“哪里也找不到可与你相比的山，所以这个名字也许是一位了不起的英雄取给你的”。远近的牧民从不直呼其“莫日根”，而称其“海日罕”。相传，这里有神通广大的山神，但史书中找不到相关记载，当地的老人们也不知其详。山上经常发现不知哪个地质年代的贝壳化石和动物化石，也许这里曾经是海洋世界。著名的塔木其草原就是从这里展开的。“莫日根·海日罕”不仅是该地的苏鲁定山，也是远近父老乡亲心目中的圣山。

“扎门·洪克尔”　“洪克尔”是洼地的意思。该地名有历史意义，旧时沟通库伦（今蒙古国乌兰巴托）和张家口的骆驼队必经此洼地。清朝该洼地也称“公主的洪克尔”，是说清朝下嫁蒙古的公主来时经过的地方。直到20世纪四五十年代，骆驼队小路的遗迹还明晰可见，如今已变成公路。

（二）艺术

1. 歌曲

不用说，嘎查牧民都喜欢听歌、唱歌，他们为了表达对苍天大地的感恩、歌颂父母恩情、思念父母长辈、珍视友情、热爱山川草木和五畜、思念故乡、赞美爱情而歌唱，以歌曲表达内心世界。

乌日根呼格吉勒嘎查的人们喜欢的民歌有：古老的蒙古长调、内外蒙古传统民歌。对于蒙古族著名的歌唱家，多数人都知道他（她）们的名字，甚至能说出每个歌唱家们的经典曲目，如老一代名家宝音德力格尔、哈扎布、莫德格……中年歌唱家德德玛、拉苏荣、扎格达苏荣、阿拉坦其其格……年轻人可能更喜欢既唱民歌又唱流行歌的腾格尔、孟根其其格、白斯古楞（蒙古国）、吉布胡朗（蒙古国）、爱如娜（蒙古国）、斯日其玛（蒙古国）……

这里的人们在各种宴会或喜庆的场合经常唱的歌曲有：蒙古民歌《呼和兴·浩罕》《额日·宝日·哈尔查盖》《乌日罕·红格尔》《阿日·呼布其》《阿日坦·宝格丁·锡力》《西热·乌兰·特莫》《永敦·格格》《奥都木图·蒙高勒因·浩布察苏》《朱农·哈日》《唐古特·禅班·德勒》《高洁·喇嘛》《色荣·赛汉·杭盖》《都尔本·查格》《照绕音·照绕》《照能哈日》《朝浩尔·毛日》《浩乙尔·扎勒》《钢特木尔》《布敦·毛德》《文钦·查干·宝特格》《岗干·哈日》《陶海·赞丹·毛德》《额如·查干·少布》《沙日·哈达》《额和音·阿其》《忽赫·浩罕》《西热乌兰特莫》《明吉·杭盖因·达巴》《芒乃·图日根》等。《忽赫星·浩罕》这首歌是以真实故事为背景的。相传200多年前，苏尼特草原上成长了一匹奔跑如飞的神驹，后来在很多大型的那达慕上共获得过73次冠军，在25岁那年获得“忽赫星·浩罕”称号。“忽赫星”是老骥的意思，“浩罕”是草原牧民对脱颖而出的骏马的爱称。苏尼特人民为了纪念这匹好马，谱写了长达73段的叙事民歌《忽赫星·浩罕》，描述了浩罕灿烂的一生，该民歌流传至今。近年来，随着文化建设的开展，本土文化得以发扬，由苏尼特歌唱家扎格达苏荣演唱的7集音像作品陆续推出，献给了热爱音乐的人们。

20世纪60年代以后，结合传统民歌旋律而创新的那些民歌也影响了这里的人们，如《千万之歌》《辽阔茫茫》《亲爱的你》《丰收的秋季》《七十匹小马赛》《美酒献给党》《金徽照耀的天安门》《骏马奔腾》《达日罕乌拉》《跟党走》《富饶美丽的锡林郭勒》等歌曲。

《我美丽的苏尼特》这首歌也不是古老民歌，但旋律近似民歌。苏尼特牧民很快接受了该歌曲，作为自豪的苏尼特人，所有人都非常熟悉这首歌，随着岁月的沉淀，其也就成为民歌了。遇到像婚礼、祝寿、那达慕、查干萨拉等欢庆场合肯定有唱不完的歌曲，说不完的话语和爽朗的笑声。青年们更喜欢唱的是一些流行民歌，如《昂格尔·额吉》。

2. 舞蹈

蒙古人有“能歌善舞”的美誉。这里的人，说他们能歌没有问题，若说善舞，虽然不乏其人，但毕竟不能与“人人能歌”相比。舞蹈是“大动作”，难度和表现方式都比唱歌复杂，需要专门的学习和训练，所以善舞者远少于能歌者。不知过去这里的人们是否真的人人都善舞，但与唱歌相比，舞蹈在日常生活中的出现率要低很多。当然这里是指民族舞等专业性舞蹈，不包括群众性通俗舞蹈，恰恰相反，如果有条件，人们是非常喜欢跳群体舞或交谊舞的。牧民很喜欢“唐思拉胡”（即双人舞）。听嘎查三四十岁的人们说，草场承包后，每户人家都相隔较远，参加群众性文化娱乐活动的机会少，有时中青年们抓住五四青年节、三八妇女节、那达慕等节日，在苏木或嘎查办舞会，把空间大一点的办公室腾出来，摆上桌椅，挂上“滚灯”（美光灯，俗称“花儿灯”），从附近人家借个录音机，再找几盘舞曲磁带，大家跟着会跳的人学，兴致很高。尤其是年轻人，不管家有多远，跳到多晚，都会骑着摩托兴致勃勃地跑上数十公里来参加，跳完后才恋恋不舍地骑着摩托回去。过去，旗里办那达慕大会，晚上通常为全旗百姓举办歌舞晚会或篝火舞会，那是多么幸福的事情。牧民们载歌载舞，或围着篝火跳来跳去，或邀请舞伴跳双人舞，优雅谈不上，但热情得不得了。这也给各苏木嘎查年轻人提供了相互结识或找对象的机会。

三　信息传播

中老年人有的读《实践》杂志，条件方便就去买，通过苏木邮局订购，有时也有邮局不给送或转交时丢失的情况。能读到的报纸有蒙文版《锡林郭勒日报》《内蒙古日报》等，通俗的杂志有《内蒙古妇女》《婚姻、家庭、社会》等。个别人家会到书店购买。苏木前几年建了文化站，可以借书。

电视是在20世纪80年代开始普及的，之前是收听国家分配的收音机。牧民们是从20世纪80年代开始购买电视机的，车德布家购买了全嘎查第一台电视，然后是好毕斯哈拉图家。现在家家有电视，但是没有有线电视，需要自己买卫星接收器观看，能收到50多个频道，蒙汉语频道的信号好一些。电视能提供信息，牧民能听到当天的报道，可以看上好看的电影，增加了生活乐趣。牧民还可以了解各种会议，比如可以了解两会以及地方会议的相关情况。前后会议可以比较一下，了解政策变化动向。至于看电视时间的长短，车德布老人说："孩子学校放假在家的话，全天看；就我们老两口的话，晚上看。"当然，只有少数几户有长电的人家才可以长时间看电视，靠风力发电机发电的人家主要是晚上观看。家家都有收音机，能看上电视的人家不怎么听收音机，只是夏天转移牧场时听听而已。

四　文化设施及文化活动

敖包祭祀是牧民文化活动的主要内容之一。嘎查有几户有血缘关系的敖包亲属们会组织祭祀活动。敖包祭祀那天，大伙都会送祭礼，有送白食的，有送砖茶的，也有送大小牧畜的。近年来，敖包祭祀也开始遇到困难了，敖包所在草场户主不愿意让那么多参加活动的人踩踏自己的草场，所以越来越难办。由于距离旗驻地满都拉图镇不远，因此牧民都喜欢到旗里参加旗敖包祭祀。（见图 5－4）

图 5－4　群众参加敖包祭祀

1981 年，由当时的嘎查书记朝鲁同志、车德布同志、桑杰苏木长、陶德毕力格会计等发起，组织了嘎查历史上第一届牧民那达慕。1995 年，嘎查十户联合，邀请原达尔罕乌拉苏木民间雕塑家桑杰道尔吉老人，将著名搏克手"十六岁"却扎木苏的纪念塔立在其旧居遗址（满都拉庙东南）上，命名为“章其布却丹”塔，议定此后每年阴历六月二十三日举行祭祀，进行庆祝活动，以丰富群众文化生活，纪念嘎查历史名人。

观看电视成为牧民最主要的文化生活内容。绝大多数人喜欢看蒙语频道。《体育》《生活之友》《文化珍宝》《新闻》等是中年以上人喜爱的节目。不管是哪个年龄段，能反映现实、贴近生活的节目都是他们的首选。中老年人喜欢看喜剧，听长调，妇女们喜欢娜仁图亚的《生活伴侣》，年轻人喜欢《自由 12》（后改栏目名），大家都喜欢的有《与你同行》栏目。《古尔班达瓦》栏目前主持人青巴特尔是这里的牧民都比较喜欢的，认为他吐字清楚，嗓音好听，形象也不错。可惜该主持人因病早逝，许多牧民都为他感到哀伤。不少青少年开始欣赏蒙语以外的电视频道了，因为他们多数都在城镇里上过学，母语以外的语言能力比父祖辈强许多，能听懂和理解，并且汉语频道和栏目比蒙语的多，节目种类丰富，选择余地大。

苏木党委组织文化活动，群众积极性很高。2006 年和 2007 年，苏木党委书记包丁柱同志牵头组织群众活动，组织赛马、摔跤，还举行“戈壁”诗歌比赛。苏木党委还组织举行了纪念本地著名搏克手却扎木苏的“十六岁碑”有奖搏克比赛。苏木党委政府还在苏木驻地恩巴图建了文化站，盖了房子，购进了一些设备，组织各项文体娱乐活动，获得了嘎查牧民的一致称赞。

吉鲁根巴特尔是该旗历史名人，是 13 世纪蒙古著名将领。2011 年 7 月 13 ~ 15 日，在旗驻地满都拉图镇举行了第六届“吉鲁根”苏尼特文化节暨寿星老人集体祝寿那达慕大会，并举行了苏尼特羊和苏尼特双峰驼选美比赛，共有

115 只苏尼特羊和 32 峰骆驼参赛。选美比赛由农牧业局畜牧工作站组织，并邀请了自治区改良站、盟畜牧工作站、苏尼特右旗、阿巴嘎旗的专家和旗畜牧工作站的专业技术人员，对参赛的苏尼特双峰驼和苏尼特羊在测量身高、身长、胸围等基础上，按照专业标准打分评比。通过综合评比，乌日根呼格吉勒嘎查的集体羊获得了成年母羊的第一名，另一位牧民达布希拉图饲养的苏尼特羊分别获得了成年种公羊、后备种公羊的第一名。

第六节　民族风俗[①]

这里的风俗习惯大体与草原牧区蒙古族的传统习俗无异，但也有独特之处，体现在物质民俗、岁时民俗、人生礼仪、精神民俗等各个方面。

一　物质民俗

（一）传统服饰

1. 长袍

过去，牧民根据不同季节换搭“特尔力克”与“德勒”两种长袍，夏天穿“特尔力克”，冬天穿“德勒”。平时的穿着与节庆时的穿着不同。

男女长袍式样相似，妇女长袍略长一些。长袍形制一般肥大而开叉。冬季牧民多穿皮袍，其中以吊面皮袍居多；春秋多穿纺线明显的棉袍和吊面羊皮袍，棉袍称为“棉特

① 本节内容主要根据当地牧民的陈述，并参考和引用了地方民俗相关各类书籍和科普读物。

尔力克”；夏季穿单长袍，称“特尔力克”。各种长袍均镶窄条单沿边儿或双沿边儿，男女长袍垂襟上不镶边儿，妇女长袍袖口不镶边儿。男女长袍均钉单道扣袢儿，扣子以铜、银居多。

男子和已婚妇女都穿有马蹄袖的长袍，未婚女子则穿没有马蹄袖的长袍。已婚妇女也穿有袖箍的长袍。袖箍长袍的做法有两种，一种是袖箍以下的面料要与长袍面料相同；另一种是“套海布其”宽约四指，要用与长袍面料不同色的布帛或绦子制作。姑娘不穿有袖箍的长袍。

男子长袍的面料通常选用蓝、深蓝、棕色布子或绸子，中年男子多喜欢棕色面料。未婚女子多以粉、绿等色彩鲜艳的布帛做面料，已婚妇女多以淡蓝、淡青和绿色布帛做面料。

无论男子或女子都系腰带，而年迈或者做家务的妇女不用系腰带。节庆时，大家喜欢用金黄色绸带系袍子，平时则用绿色或蓝色绸带。牧民一般忌讳系白色腰带。男子系腰带的时候比较注意使腰带靠下腰，袍子上部向上提一提、鼓一鼓，以宽绰为美；妇女系窄腰带而靠上腰，袍子上身以贴身为美。

2. 帽子

旧时，冬季天冷时，男子戴圆顶立檐帽和风雪帽，妇女则戴尖顶立檐帽。普通牧户只戴羔皮帽，王爷或富有者则会戴狐狸皮、貂皮或獭皮帽。后来草原上流行起礼帽来，礼帽作为夏冠获得成人的普遍青睐，而妇女则开始罩头巾，有各种颜色的，用粉、绿、白、淡蓝色绸缎做的头巾较常见，未婚女子缠头巾不封顶，右边打结垂穗至肩，已婚女子缠头巾则封顶不打结。后来妇女们又戴起白布帽，因为戴起来简便。如今50岁以上妇女戴白布帽仍常见。随着经济社会的发展，市场上提供款式各样的帽子，妇女们的帽子便丰富多样了。

3. 靴子

嘎查牧民过去都是自己做靴子穿，春夏两季的靴子一般是硬皮底儿，秋冬两季的靴子通常是厚毡底儿的。靴腰完好的话，可以更换靴底儿反复穿。逢年过节时穿的新靴，妇女们会在靴子上绣出美丽纹饰或各种图案并配有美丽的靴边。靴子一般分翘尖靴子和圆头靴子，翘尖靴子是草原先民发明的，穿上它骑马时翘尖可钩住马镫，踩得稳当；另外，野外行走时可避免靴尖被砂石或草丛磨损。摔跤手的靴子与平常没什么不同。摔跤尤其讲究腿功，要求立稳，为了护脚又能立稳，充分发挥各种摔跤技巧，摔跤手一般用一条结实的皮绳把靴子捆几圈，这就是靴捆。靴捆一般长约6尺，宽约2厘米，皮条一端拴铜环或铁环，也可以打上死结，3～5圈把靴子牢牢捆住。

4. 儿童服饰

婴儿出生3天后，进行洗礼，用皮绳或绳线串起来的铜钱给孩子玩，不玩时挂在蒙古包的乌尼杆上，一起挂的还有香牛皮或像剪纸一样的用毡片剪出的狐狸，还有朋友送的青铜镞、小弓箭等。孩子能自己穿衣时，将缝衣时剪下的衣领布块缝在衣领后边。有的人家为孩子祈福保平安，给孩子穿反襟衣装，甚至穿到18岁。有的在孩子衣服上钉上青铜箭，用于辟邪。给爱子穿新衣服前，要把新衣服先套在家狗身上，然后再让孩子穿。老人或父母会用黄油涂抹新衣衣领，祝福孩子健康成长。儿童穿新衣时，邻里老人看见也会祝福。

5. 摔跤服

(1)“江嘎”

“江嘎”就是摔跤手脖子上戴的五彩斑斓的丝绸圈儿，是搏克运动员荣誉的象征。在有64名摔跤手参加的搏克比赛中夺冠，可以得到一块三角形的绸子，称“吉祥带”。在有128名摔跤手参加的搏克比赛中夺冠，可以得到一匹打了结的丝绸哈达。以后每获得一次冠军，“江嘎”上就增添一束彩带，日积月累，优秀搏克手脖子上的“江嘎”会越来越厚，五彩斑斓。一位久经战场、多次夺冠的搏克手到了荣退的年龄，就会把自己的摔跤坎肩和“江嘎”传给选定的徒弟、晚辈或崭露头角的新手，并进行一个有趣的仪式。他们会选择一个较大集会（比如那达慕），经过事先商定，某几位要被封为荣誉搏克手，届时这几人来到会场，将漂亮而威武的摔跤服穿上，进行3轮摔跤表演，摔成和局，然后立于主席台前，由主持人向围观群众介绍他们曾经辉煌的摔跤生涯，以及取得的成绩和荣誉，然后进行奖励，所颁奖品会比照本届那达慕冠军的奖品颁发。颁奖后，功成身退的老搏克手会解下自己的“卓得戈”坎肩和“江嘎”，送给选定的接班人，预祝他们比赛取得好名次，不要辜负父老乡亲的期望。这次比赛是老搏克手们是最后一次参赛，是其搏克道路的终点，而获得的奖品，也是其搏克生涯中的最后奖品。这个仪式结束，摔跤比赛才正式开始。

(2)“卓得戈”

“卓得戈”是为摔跤手能相互握拿对方而穿在身上的摔跤衣。“卓得戈”在那达慕上最常见，其制作材料有牛皮、粗面革、毡子、布子等。样式有开放式和封闭式两种，开放式又叫“额尔拨开”坎肩，即蝴蝶式坎肩的意思，因为形状有点像蝴蝶翅膀，实际上就是一种紧身坎肩，袖子短，裹住后背，胸前敞开，以坎肩自带两根皮条束缚腰身。不论用什么材料制作，领口、袖口、边缘一带一定要用层层牛皮或粗革镶边，并用麻筋、丝线、皮筋等严实地缝合，这样才可以禁得住勇猛搏克手们的大力拽扯。

摔跤服上下左右均嵌入银或铜泡钉，这是蒙古“卓得戈”有异于世界其他各民族摔跤服装的重要特点。有人说这是源于古代铠甲，也是出于美观的考虑，同时也便于摔跤手手上出汗仍能握得住，不会滑溜脱手。嘎查一位老摔跤手说，自 20 世纪 80 年代开始，各盟旗的摔跤手们为使自己的“卓得戈”显得漂亮，纷纷进行改进。但是到后来这积极的想法逐渐走偏，部分摔跤手为了不让对手抓牢自己，把“卓得戈”改造成没有泡钉，袖子又短又窄又紧身的样子，严重影响了蒙古搏克运动的健康发展。由于不便抓拿对方的“卓得戈”边角，许多精彩的搏克技巧，如压拽、踩拽、扭拽、虚拽、躲拽、挚拽、单打、跑打、举打、横打、混打、楔钩、外钩、绕钩、后压、钩踵、钩挑等无法自由施展，影响观看质量不说还破坏了优良传统，对此，嘎查牧民普遍不满意。

为了显得威武，“卓得戈”后心通常以 5 寸大小的银镜或铜镜装饰，镜上有錾花或浮雕式龙、凤、狮、虎、象、鹿图案以及各种纹饰或蒙古艺术字。“卓得戈”里子一定要挑选最结实的布来做。

（3）“布斯勒”

用一根结实的皮条牢牢地扎在腰间，把红、黄、蓝三色绸、缎、布条扎起来，穿缀在皮条上，即是“布斯勒”。坎肩下边，裤带和套裤裤腰上边再紧紧地捆上一层，让那些花花

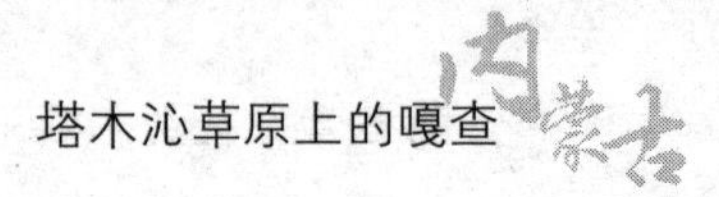

绿绿的绸布垂下来，随身摆动，显得格外亮丽而威武。

(4) 摔跤套裤

牧民骑马外出，穿梭于树林或灌木丛中，为避免裤子被树木、草丛刮破要穿套裤，或在冬天为了护膝御寒，也要穿套裤。但是套裤出现在摔跤手身上基本是为了摔跤服华丽好看。刚刚加入摔跤手行列的年轻人，一定要用颜色鲜艳的缎子做面料，用各色锦线和金银线绣出边来，再用刺绣和粘贴工艺描出四雄、蝙蝠和万字等各种图案。裤腿特别肥，上面有无数褶子，据说也有护裆的作用。前面双膝部位绣有别致的图案，有孔雀展翅、焰火、吉祥结等图案，底色鲜艳。

6. 妇女佩饰

(1) 首饰

旧时，苏尼特姑娘梳独辫式封发，18岁前留圆顶发，以珊瑚装饰发辫上下两端。姑娘的戒指通常戴在左手中指上，把银佛戴于胸前，右襟戴好看的针线包和银质牙签。姑娘喜欢戴环形、斜形、三叉形金、银耳环等，头罩白色绸巾。

苏尼特姑娘出嫁时，在婚礼上由嫂子把新娘独辫式封发分开，梳成左右两辫，垂于胸前，带上“希哈拉塔”（发夹），以及“罕达尔嘎”、坠子、坠连、额箍等头饰。“希哈拉塔”下边有3~5个银质穗子，穗端各有一个小铃铛。“罕达尔嘎”是搭在头顶上的挂坠子的横搭带，平时在家里佩戴的一种首饰，没有结婚的女子不能使用。坠子是把珍珠和珊瑚串在首饰下面，做工讲究，已经结婚的女人不可以戴。额箍这种装饰平素一般不戴，逢年过节才会戴，在额箍的上面还要戴帽子或罩头巾。额箍由套圈、额穗子、璎珞、脑后穗子等组成。这种妇女头饰，看上去有种华美庄重的感觉。

“随和”是一种垂饰，用珊瑚和金银制作。“达塔古拉”是妇女装饰额头时用银子镶嵌珊瑚而成的饰物。“额莫格”指耳环，传统耳环分钩型和环型两种，用金银制作，大小不一，女孩5~7岁穿耳孔，10岁可开始戴耳环。过去本地都有蒙古族工匠，妇女耳环多数都是找他们做的。用来联结两条辫子的饰物就是发链，用银子镶嵌宝石的链子是妇女们最常用的。

（2）手镯

手镯是嘎查妇女不可或缺的饰物，所有妇女不论老少都喜欢戴手镯，但是孕妇不能戴，认为这样会难产。有人喜欢戴红铜手镯，据说对风湿病有疗效，人们视铜为“九宝”之一。手镯形状和大小不同，做工也不同，左右手都可以戴。

7. 男子佩饰

（1）戒指

戒指是嘎查牧民无论男女老少都喜爱戴在手指上的饰物。戒指分金、银、铜等不同材质，通常会在金属面上雕刻各种民族特点鲜明的图案和花纹，或在上面镶嵌宝石，有多种样式。戒指有象征意义，所以不能所有手指上都戴，人们通常戴在无名指上。

（2）银碗

银碗通常并不通体都是银质，而是将木碗用银铂镶包。过去，蒙古工匠们自己制作，一般取榆树或其他质地好的木根做，将木根制成木碗之后，以白银包住碗内外壁，外侧再雕琢美丽的云纹或龙虎、五畜等图案。男子经常把银碗装进“褡裢”里，带在身边。到他被人家招待时，便拿出自己的碗来用。过去向尊贵的客人敬酒时才用银碗，现在只要是酒宴或节庆时，都会用银碗。银碗有大、中、小之别。

(3) 鼻烟壶

鼻烟壶是吸鼻烟者常带的烟具，也是见面请安的礼仪之具。鼻烟壶一般用玛瑙、玉石以及水晶等材料制作，也有银质和铜质的，样式多种，翡翠、珊瑚制成的壶盖比较多见。牧民平时将鼻烟壶装在“褡裢”里，带在身上。过去牧民出门，会随身携带自用的银碗、筷子、刀以及取火用具等，所以也就有了“褡裢”。“褡裢”是用来装银碗和鼻烟壶的一种修饰袋，用绸缎缝制，绣上美丽图案，戴在腰带上。过去蒙古族姑娘给喜欢的人缝制精美的“褡裢”来表达爱意。

(4) 火镰与蒙古刀

火镰是蒙古人取火的工具。通过火镰与石头的摩擦，迸溅火星，火星点燃绒草，便可取火。但是随着社会的进步，现在已经没有人再用火镰了。火镰现在基本上成了嘎查牧民在婚礼等隆重宴会场合佩戴的装饰品，并常常配以蒙古刀。蒙古刀有时虽用于装饰，但仍是牧民不可缺少的重要生活工具。宰杀牲畜、料理皮具、做些木工活都离不开蒙古刀。蒙古刀要选用最好的钢材，刀鞘也要用结实耐用且美观的木料制作，还要雕琢美丽花纹的银边，并配上象牙筷子，也有以美石镶嵌刀把儿的。蒙古刀一般挂在右后侧腰带上，或夹在蒙古靴筒内。

(5) 鞭子

鞭子有长鞭和短鞭。以制作材料分，有藤鞭、红木鞭和皮鞭。长鞭一般是长 50 ~ 80 厘米，可以骑马时催骑用，或者当武器防身用，骑马时手持，下马时挂在马鞍前鞒上。红木鞭大多是小巧玲珑，很精致。赛马用的鞭子一般做得轻巧便利，避免打伤爱马。牧民忌讳将马鞭当礼物送人（见图5-5）。

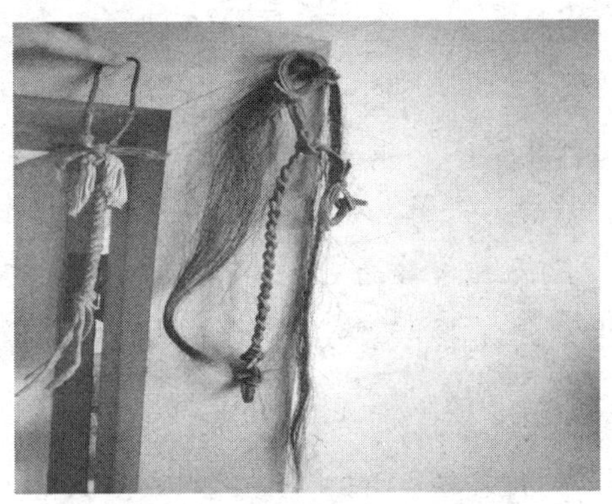

图5-5　哈斯额尔敦的马绊子和马鞭

（6）银马嚼子

银马嚼子是牧民最喜爱的用具兼工艺品。人们常以银泡、银条、银圈修饰马嚼子，通常用到十几两银子。男女都可以用，也可以当作贵重礼物赠送他人（见图5-6）。

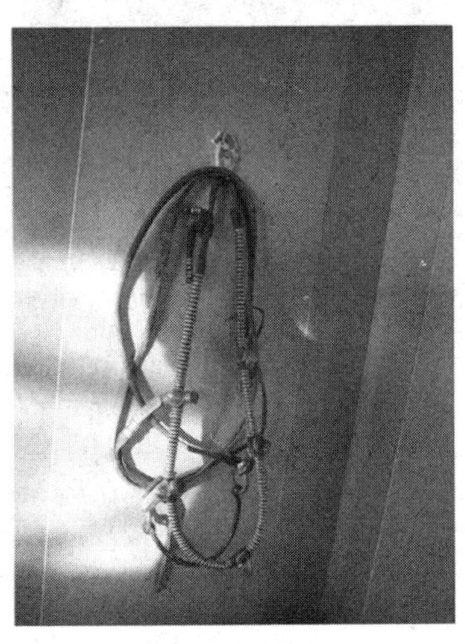

图5-6　嘎勒巴特尔的银马嚼子

(7) 马鞍子

马鞍子是人类重要的发明。过去，马鞍子是牧民万万不能缺少的用具。如今乌日根呼格吉勒嘎查除了几家养马户以外，马鞍子的实用性大大减少，多成为室内装饰品。

马鞍的制作方法，非常讲究。上等木鞍会配上各种材料的装饰，用铜、银子、金子或骨头等材料制作鞍韂压条装饰。鞍子有精致和普通之分。精致的鞍子也许会用二三十两白银，并配上 32 条皮梢带、铜蹬和上等好皮（见图 5－7）。

图 5－7 嘎勒巴特尔的马鞍子

8. 服装的时代变化

当前，乌日根呼格吉勒嘎查牧民的服装款式，在继承传统风格的基础上，也呈现了有时代特色的发展变化。男女已不穿戴古老的坎肩、马褂、哈阳披帽，也不再佩带火镰、餐刀等。男子的服饰日趋简便、适体而素朴，主要服饰有礼帽、鸭舌帽、长袍、马靴、翘尖靴子等，男子冬季也有戴尖顶羔皮帽的。妇女的服饰也日趋简便、适体而又美观大方，她们的古老发型和头饰已被现代发型和各种头巾所取代，主要服饰有长袍、头巾和马靴等。青年妇女中戴新式耳环、耳坠、金银戒指和银手镯的人日益多起来了。

如今，他（她）们的服饰虽然不再用华美高档的面料，也没有艳丽耀眼的镶边装饰，但是有造型优美、工艺精湛、配色合理、整齐庄重等特点。因此，这些服饰从头到脚上下呼应，左右相衬，浑然一体，给人一种典雅优美之感。其中长袍的面料、色彩以及别具一格的镶边、扣袢儿装饰最引人注目。苏尼特长袍的四道窄条沿边儿和四四成排的扣袢儿装饰，不仅布局合理、线条流畅、针脚均匀、笔挺标致，而且在选料、配色、格式安排等方面，都有自己的独特风格。妇女长袍除用各种绸缎、库锦之类的传统面料之外，还善于选用色彩淡雅的涤纶、的确良等现代化纤面料，并以与面料有明显对比色彩的化纤绸为镶边和扣袢儿装饰。

嘎查牧民每人都有不止一件蒙古袍。苏尼特袍有 6 个“恩济夜里”镶边儿，分冬装和夏装，多数是羊羔皮“特尔力克”。传统服装的裁制基本只有老年额吉们才知道怎么做。

（二）饮食

1. 乳制品与炒米

蒙古地区乳制品俗称“白食”。“苏”（鲜奶）是牧民加工各种奶食品的原材料。牛、绵羊、山羊、马、骆驼都可挤奶。牛奶使用最为广泛而且产奶量最高。绵羊奶具有油脂浓厚、热性、凝乳多、乳油厚等特点。山羊奶油脂少、清淡、凉性，所以适合发酵。驼奶可以做奶茶和凝结加工。马奶可发酵酿制马奶酒，是具有除病解毒功能和丰富营养的饮品。奶子分为初乳和普通奶，普通奶又分为生奶和熟奶。初乳是指母畜生育后，头两天的乳汁，其浓稠而营养丰富，3～5天乳汁的为淡初乳。初乳为奶中精华，营养价值很高，可以煮沸饮用或焖稠食用。挤完初乳后的乳汁便是普通奶。将挤出的鲜奶倒进器皿里，撇取乳油后剩余的叫凝乳，煮沸取奶皮后剩余的称熟奶。苏尼特人祭祀时用生奶，如祭天、山神、敖包，当出远门的家人回来时，也会让他（她）品偿鲜奶。牧民有时用驼奶、羊奶做药引子，用鲜奶兑奶茶。苏尼特人秋末冬初时会把鲜奶装进羊肚口袋里，待春季到来时食用，其味道鲜美，犹如奶油。虽然同样是奶，但因提炼和制作程序的不同，能产生数十种的奶食。苏尼特人会用奶子制成奶皮、黄油、白油、奶渣、奶豆腐、酸奶豆腐等食品。这些用传统方法制作的奶食因其纯度高、营养丰富、滋补功能强，早已蜚声中外，有一定的市场地位，这里择其要者介绍几种。

（1）黄油

牧民通常用纱布将白油过滤后倒入锅内，温火煮，同时用勺子不间断地缓缓搅动，待色泽由白变黄时取出，即成黄油。黄油是嘎查牧民最喜食的白食之一。黄油有很多用途，可以放到奶茶里喝，使奶茶味道更加醇香，也可蘸果条吃，还可以做黄油卷子。黄油卷子是牧民喜爱的食物，把揉好的白面擀得薄薄的，涂上一层黄油，上面撒上一层红糖或白糖，卷起来，卷成长条形，蒸熟即可，甘甜带黄油味的卷子，的确是美味。蒸大米时，大米内搁稍许黄油可使大米变得柔嫩而芳香。黄油还可以做黄油饼，也可以炸果条。除了食用外，黄油还有广泛的生活用途。黄油是很好的软化润滑剂，搁耳孔内可能将堵在耳内的耳屎软化；婴儿鼻屎不能随意抠或掏出，往往使没有经验的年轻父母着急，这时牧民在婴儿鼻孔周围抹点儿黄油，不过多久鼻垢就被排出。如此等等，用途甚多。

（2）“卓海”（奶油）

嘎查牧民将挤出的生牛奶盛入瓦罐里，让其自然分解，随着牛奶凝结，油脂浮到上面，形成一层油脂就叫“卓海”，即奶油。奶油的多少和好坏与温度相关，凉爽清洁环境中产奶油较多，通常1~2天形成奶油。浮上来的奶油要及时收取，否则下面分解的水分渗入奶油，会影响质量。奶油可以直接食用或兑奶茶，也可以放糖拌炒米吃，“奶油拌炒米”可谓地道草原美味，但初食者不可一次过量食用，尤其是炎热的夏天，吃多容易中暑。奶油里搁稍许盐和葱，同馒头一起蒸15分钟，出锅后将馒头泡在鲜嫩无比的奶油里，味道绝美。馒头或果条等还可以直接蘸奶油吃，各个地方甚至每户人家都有不同的吃法。

（3）“欧如漠”（奶皮子）

每逢夏、秋季，嘎查牧民会将新鲜牛奶倒进锅中，以文火将其煮沸，而后用勺子反复轻扬，使沸奶泡沫浮上来，然后滴上少许生奶冷却泡沫，形成凝脂层，再用筷子将其挑起放在阴凉通风处晾干，即成“欧如漠”（奶皮子）。嘎查牧户夏、秋两季熬奶皮，油脂较多，拌米饭或放入奶茶里很好吃。每年做第一锅奶皮时，女主人便更换正装，戴首饰，敬献天、地、佛，然后请全家人品尝。奶皮子搁入奶茶中，再加上几块肉，几根果条，当早餐食用，吃喝起

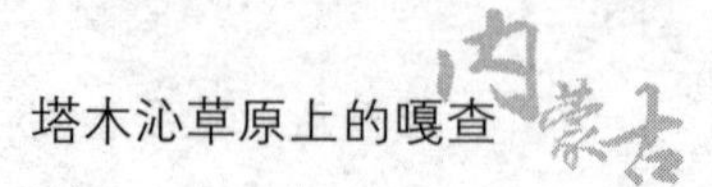

来香浓美味，营养充足。奶皮子也可适当地直接食用。

(4)“胡乳德”（奶豆腐）

“胡乳德”是数千年来游牧民族餐桌上的主要食品之一。其制作方法是将酸奶子放在锅中文火慢煮，同时不停搅拌，待酸奶与水分离时将水舀出，待水分彻底蒸发，将剩下发黏的酸奶放入木模子里，放在阴凉通风处晾干，硬化而成。奶豆腐有酸味、甜味等不同味道，依主人口味采用不同手法制作。奶豆腐既能充饥，亦能补充钙等人体所需营养，是人们最喜爱的食品。

(5)“阿尔查、阿如勒”（酸奶酪）

酸奶回锅后便是熟酸奶，把它包在布里，拿石头压住或者埋进沙子里，使乳清部分分离出去，便成了酸奶酥，将酸奶酥捏压成奶酪形状的就是酸奶酪。在酸奶酥中加进糖料，用鲜奶搅拌食用能充饥解渴。酸奶酪保存时间较长，表面虽起醭，里面却不变质发霉。它的酸度很强，具有解毒助消化的作用。

(6)“朝拉”（奶渣）

嘎查牧民会用文火熬煮凝乳，榨干乳清，使它成为凝乳稠，不必再加工直接捞出晒干的就是奶渣。奶渣干结快，好保存，基本不会发霉。牛奶奶渣过硬，不容易嚼碎，绵羊奶最适合做奶渣。

(7)“楚其给”（黄油渣）

炼取黄油后剩在锅底的叫“楚其给”。“楚其给”是黄白色的黏稠物体，油性大，酸度强，加茶饮用香甜可口，有利于肠胃消化。笔者见牧民将“楚其给”同红糖与煮熟的大米拌在一起，切成小块，冷冻储藏，每日取出些许食用，味道很好。

(8) 炒米

炒米几乎是乌日根呼格吉勒嘎查每个牧民终生食用的食物。炒米可以泡在奶茶里，能把奶茶味道调得更好。牧民放羊归来一时来不及做饭吃，抓两把炒米搁进嘴里，也能充饥一小会儿。奶油拌炒米是大伙儿都爱吃的，吃法简便，储存起来又不费事。吃炒米不需要刀、勺、锅、灶，更用不着烹、煮、蒸、炖，炒米在各类食物中是最适合游牧生活的。其制法为：先将水煮沸，将糜子投入锅内焊熟并炒干，用碾子压或者用捣窝捣去皮即成。炒米也可用来煮粥或捞干饭。炒米不能长期过量食用，可能会引起消化不良。

2. 乳制饮品

蒙古族在长期生产生活实践中，创造了许多独特的饮料，其中有些饮料由于具有强身健体的功效，已成为蒙医治疗一些特定疾病的用料。饮料的制作也反映出牧区妇女的勤劳和智慧。饮料主要有以下几种。

(1) 奶茶

奶茶又称蒙古茶，是蒙古族最喜爱的饮品，牧民几乎须臾不可离，全天饮用。烧制奶茶，先将砖茶捣碎，取些许放入一个特制的纱布袋内，也可直接放入水中，待茶色浓度适当时，取出纱袋或滤去茶叶，兑入鲜奶即成。适当加入小米或炒米，可使茶味更加醇香。奶茶加奶豆腐、果条、炒米、红食等便是牧民的早点。由于有了奶茶和白食，牧区人多以此充饥，夏天有时只做一顿饭而已。砖茶实际上是各类茶品中最次的茶种。长期以来，砖茶价格不能适应市场价格变化，产品长期不能更新换代，其弊病日渐显露，时至今日砖茶已成为人尽皆知的含氟量严重超标的茶种，幸好熬制奶茶时兑入牛奶减少了其毒性。长期饮用含氟量高的砖茶可导致人体缺钙，骨质疏松，甚至产生更多无法预知的毒负作用。但由于饮用历史过长，牧民完全依赖此茶，以至于明知不可饮而饮之。有些牧民听说工商部门查出部分不合格砖茶货种要下货时，竟争先恐后抢购，唯恐断货。虽有佛茶等替代产品出现，但一方面由于知道的人比较少，另一方面由于喝惯了砖茶奶茶的人喝不惯佛茶奶茶的茶味，另外，佛茶又不像砖茶那样容易买到，再加上砖茶在价格上也极具优势，所以砖茶在牧区的饮食结构中牢牢占据着一席之地，不可动摇，也没必要毁掉。问题的关键是，相关部门应尽早采取有力措施，整治砖茶行业，提升其质量，保证牧区食品安全。

（2）酸奶

酸奶就是发酵的奶子，能酿酒。五畜之奶都能做酸奶，也都能制酒。著名的饮品“策格”就是拿马奶制作的酸马奶。发酵酸奶时，可用小米和初乳做麯，也可以从别人家请麯。若是从别人家请麯，需带一瓶奶子，敬给其主人，主人接受后敬一杯酒，请对方品偿奶酒的麯，然后送一瓶。将麯请回来后，女主人迎上去，接受麯瓶，然后将其搁在木缸里加上奶子发酵。发酵时需要时常搅拌，待发酵起泡后开始酿酒。夏季每日添加奶，不间断地酿酒，避免肉食、油脂、碱、盐等掺入。夏季酸奶发酵快，酸性大，不能饮用，但有解毒功能。驼奶制成的酸奶酸性适中，可直接饮用。酸奶能解热止渴，营养价值极高。

（3）奶酒

奶酒又叫蒙古酒。蒙古人最早喝酸马奶，后来掌握了酿酒技术，开始制作奶酒。其制作方法是把发酵的牛奶放入锅中文火慢煮，蒸馏后酿成透明醇香的奶酒。这种酒酒精度不高，本地牧民常用它招待尊贵的客人。质量好的奶酒味道甘甜，清香宜人。奶酒的质量与换水次数、回锅次数有关。发酵的酸奶起泡多则酒多，质量好。二次回锅酿成的酒为二锅头，其质量更好。蒙古奶酒，根据其回锅次数分为二锅头、三锅头等。酿酒须备冷却锅、瓦罐、裹布、底锅等器具。把酿好的奶酒装入容器之中储藏，用毡子裹住或埋在羊圈里的羊粪层中，防冻变质，埋一年以上便成陈酒。马奶酒具有驱寒、活血、舒筋、补肾、消食、健胃等功能，蒙医常将它掺入维生素和消炎药品，治疗胃病、腰腿痛和肺结核等疾病。

(4)“塔日格”(发酵的酸奶)

“塔日格”是发酵后酸度不大的酸奶，一般牧民春季喜欢喝“塔日格”。生奶和熟奶均可制作“塔日格”，生奶制的“塔日格”味道独特。一般把奶子盛在小型陶罐或瓦坛里，用特制木棍慢慢搅拌，如果加些奶脂，味道就更独特，可健胃助消化。酸奶上加熟奶搅拌饮用称为“豪尔木格”。

3. 红食

红食即肉食。江食是最常见而且是牧民最喜欢吃的传统食品，牧民尤其爱吃“手扒羊肉”，吃法有多种。除“手扒肉”外，江食还有接待贵宾用的“布呼里·熟思”和“乌察”。

(1)“布呼里·熟思”

乌日根呼格吉勒嘎查人称烤全羊为“布呼里·熟思”。其做法是：将全羊切成若干段，白水下锅，不加任何佐料，煮沸片刻即起锅。这时肉香味美，鲜嫩异常。全羊是蒙古族待客的上等食品，比较讲究。全羊是将羊背上第七根肋骨至尾部割为一段，再割四肢和头，带尾入锅煮熟，然后将全羊的各部分放在大铜盘里待客。宴请尊贵客人时，敬献全羊。全羊是由羊的前后四条腿、羊背椎、羊头和羊背组成，不上脖子、羊胸叉、肠、肚等。摆放的顺序是：前腿在先，后腿在后，中间放背椎骨，上面放上整羊背，再把头放其上边，头上放奶皮块，由两个人抬着羊头朝客人方向敬献。过去给王爷敬献全羊时，用红布盖上；给活佛敬献时，用黄绸盖上；向贵族敬献时，搭上一条哈达。客人先偿一口奶皮，用刀在羊头前额处划十字，从背部侧面割块肉敬火、敬天，然后自己尝一小块，如果左右有老人时，要向年长者敬献一小块，以示敬意。之后，摆全羊人拿出刀子割全羊尾尖，与羊头一齐放盘子里，敬放在佛龛前。然后从羊背的左右各割一条肉，从各部位割一块肉，此时主人说“请用全羊”后，把全羊撤走，煮熟，分成小块招待主客。

(2)“乌察”

嘎查人称羊背为“乌察”。“乌察”一般在祭祀、婚嫁、老人过寿或欢迎亲朋贵宾的宴席上才能见到，档次仅次于全羊。“乌察”分为整“乌察”和半“乌察”两种，整“乌察”敬贵宾和长辈，半“乌察”敬长者或有名望的乡老。摆整“乌察”需要羊头、羊背椎骨、整羊背、胫骨等部位。羊背摆在中间，把羊背椎骨和胫骨放两侧，上面放羊头，再放奶皮，羊头朝向首席客人敬献。首席客人，先尝奶食后将羊头和尾尖敬献到佛龛前，再割一条羊背肉祭火，之后每人从羊尾巴上割取一小块。大家分食的时候，先吃胫骨，然后分解羊踝骨，以“马”相摆放桌子上。半“乌察”是把整羊背的四周用刀切开，修成长方型的羊背，其他与整“乌察”相同。吃时，摆胛骨、四根肋骨，又是仅次于摆“乌察”的礼节，这是请客或平时的家庭宴席时，敬长辈的一种方式。需要胛骨和四根长肋和其他肉块，先摆好肩胛骨，两侧放两根肋骨，下边放肉块，胛骨骨尖朝向受礼人，受礼人先割一块祭火、祭天，然后割开脆骨放在一边，开始食用，胛骨肉不能单独食用，应与大家分享。

（3）手扒肉

牧民传统食物中，尤以手扒肉为最具特色和代表性。手扒肉的做法是，家中男子按蒙古式宰羊法宰羊，剥离其毛皮，清除内脏，分解骨架，然后挑选一些肉骨，置于锅中，待水沸后放入少许盐和葱，不加其他调料，煮熟即可。开锅取肉，芳香四溢，食用时一手抓肉、另一手持刀割肉，新肉不仅味香扑鼻，更是鲜嫩多汁。牧区从秋末到来年春季，几乎每顿必有肉。晚上煮手扒肉，第二天把肉割成块泡在热腾腾的奶茶里，放些奶豆腐、白油和黄油，再泡点果条一起吃，没有比那更美味的早点了。

（4）血肠

男子宰羊时，从羊胸腔内将血液舀出，将盐、葱末、少量的水和面粉以及苏尼特沙地盛产的沙葱等放入羊血中，调成血浆。妇女用一整套巧妙的传统手法清理内脏，把羊肠清洗3～4遍，洗得干干净净之后，一人用双手拇指将羊肠口子轻轻撑开，另一人将血浆灌入羊肠，边灌边用手搓匀，等灌足之后，用细麻绳或线丝拴住端口，搁入沸水中慢煮。煮的时候要细心留意火候和煮熟的程度，如果煮得过劲儿，容易煮爆，无法食用；要想知道是否煮熟，可以用细针扎一下，如果见血浆涌出，就说明还没有煮熟，煮熟之后趁热趁软食用，味道鲜美。若所用是新鲜沙葱，味道更是绝美。煮熟的血肠亦可油煎食用，味道也很好。

（三）居住

自从新中国成立以后，蒙古族游牧家庭的生产和生活有了明显的变化。在20世纪50年代，蒙古族游牧家庭开始组织互助组和合作社，生产资料所有制方式发生了变化，牲畜是集体的，饲养方式仍由各个牧户负责，但草场由集体划分为若干个区域，游牧只能在自己所属的集体草场上进行。各公社的牧场基本固定，牧场分冬夏两个营盘，一些家庭开始用土坯建造房屋，房子内部构造与内蒙古农业区的房屋相同，屋内都有一个用土坯搭建的炕，炕大多是依西墙而建，也有依北墙建造的。这些房子一般盖在冬季放牧的营盘上，在夏营盘仍然居住移动的蒙古包。到20世纪80年代，夏营盘也有了固定的房屋。

1. 蒙古包

1988年，全嘎查牧户拥有45座蒙古包。2008年走访过程中，笔者在嘎查长格日勒巴特尔家的蒙古包里住了一宿。本来他家早就盖了平房，但由于冬煤涨到600元/吨的高价（一斤煤0.3元），嘎查牧民们普遍烧不起，家家户户砖房里安装的取暖设备——暖气和铁炉均烧不起煤，于是牧民们纷纷搬进10平方米左右的小耳房（耳房是建在正房旁边的小房，但也不同于仓库，仓库另建，储货用，耳房一般是临时居住用）或容易拆卸的传统蒙古包里烧牛粪和羊砖过冬（见图5－8）。笔者到访他家时，嘎查长格日勒巴特尔一家虽然为接羔工作忙得不可开交，但还是热情地接待了笔者，并煮肉、蒸包子招待。嘎查长的蒙古包是最常见的那种蒙古包（见图5－9）。

图 5－8　嘎查牧户平房的取暖装置与羊粪砖燃料

图 5－9　嘎查牧户蒙古包内景

2008 年 2 月 20 日晚，笔者住在曾担任过嘎查长的陶德毕力格家里。笔者从下午开始一直采访到晚上，吃完满口香的肉包子之后，准备在他家过夜。后来发现陶德毕力格家搭起来的蒙古包的“哈那”和乌尼杆都是用金属制作的“另类”蒙古包（见图 5－10）。那是由专门生产金属蒙古包支架的工厂生产的，优点是坚固，不怕刮大风，但是还不知晓蒙古包乌尼杆被改成金属支架以后会带来哪些后果。

2. 砖混结构的平房

1988 年，苏尼特左旗统计局资料显示，当年嘎查私人房屋有 13 座，共 23 间。到 2008 年时，嘎查只有两户人家还住在传统蒙古包中，其他牧户都盖了平房。但是砖瓦结

图 5 - 10　嘎查牧户所用的新型金属结构蒙古包内景

构的平房只是少数人家，多数人家是土木结构的平房。2010 年初，苏尼特左旗政府启动了该嘎查“全村推进”项目，准备为嘎查所有牧户盖上砖瓦结构的房屋（见图 5 - 11）。

图 5 - 11　嘎查牧户砖瓦结构房屋内景

（四）畜牧生产习俗

1. 耳记、印记

耳记，是为便于辨认牲畜的一种手段。为了辨认牲畜，嘎查牧民常用专用剪子在牲畜的仔期，剪其耳朵，做各种标记。印记，即打烙印做标记，其也是为了区别自家畜群与他人畜群。印子是用铁制成的图案，如太阳、月亮、叶子、如意、数字、文字等，主要给大畜做记号，把印子烧红印在马、骆驼、牛的大腿两侧。牛还可以在牛角上用小印子，这样便于辨认。

2. 牲畜去势

牧人很早就掌握了阉割技术。羔羊在当年春末夏初时去势，牛、马、骆驼分别在2岁、3岁、4岁时去势，多在春秋两季进行。去势前，主人要选好留种羊羔，用哈达或彩带做记号。去势之前，牧民诵祝词，以奶皮子祭火神，祝愿五畜繁衍兴旺。羔羊去势时，牧民在蒙古包前铺毡子，奶桶里放奶油、小米。干完活，主人请阉割者和帮忙的人吃饭，并赠送礼物。春季骟马十分热闹，套马、抓马都是紧张刺激的运动，来帮忙和观赏的人很多，年长者烧铁棒，年轻力壮的牧马人去套马，将其按倒后，阉割者用夹板夹住其睾丸，完成骟马工作。秋季骟骆驼，与骟马相似，阉割两岁的公牛也与阉割公马相同。

3. 神灵敬畏与系彩带

苏尼特人通过给认为祥瑞的五畜系彩带来表达对天、地、星辰、山神、火神、佛爷的敬畏。五畜分别敬献给不同的神灵：给绵羊系彩带祭星辰，给马系彩带敬圣母，给牛系彩带是向寿佛示敬，给骆驼系彩带是向菩萨示敬，给红毛山羊系彩带是敬阿弥陀佛。秋季，牧民恭请喇嘛念经，祭祀灶神，给五畜系彩带。祭佛时，将佛像供于高处，焚香点灯，祭以肥羊尾及点心，邻里均来参加祭拜活动。

4. 五畜放生

嘎查牧民会把一些有突出贡献的宠畜放生，比如繁衍多且品种优良的母畜、儿马、杆子马、种马以及出力多年的套车牛，另外还包括指定给孩子的牲畜等，这些牲畜被称作“达日哈拉森”牲畜，牧民对其不宰、不卖，让它们慢慢老死，死后把“达日哈拉森”牲畜的头颅置放高处，堆石头，表示纪念。

5.“获格诺”

牧民把春季拴羊羔用的绳子称为“获格诺”。“获格诺”由主绳、拴绳和木（铁）橛子组成。春季接羔时，牧民会择吉日良辰取出“获格诺”，同时邀请邻里喝茶、念祝词，共同祝福五畜繁衍兴旺。拴羊羔的时节大概在3月初至4月中旬。过了4月中旬便开始挤羊奶，此时就会收起“获格诺”，搁入接羔袋中存到蒙古包的“哈那”处。祭敖包时，为祈祷畜群繁殖兴盛，有人将“获格诺”挂在敖包上。秋季，牧民庆丰收进行招财仪式时，也把“获格诺”取出，系白色哈达、涂奶酪等，并静听老人朗诵“获格诺颂”。

6. 挤羊奶

夏季挤羊奶时，几户人家搬到相互不远处，互换羊羔看养，以免羊羔欲吃母奶而影响主人挤奶。母羊一日挤奶两次，即早晨和中午，晚上牧民将自家羊羔接回，让母子相见，喂哺母乳。秋季放种羊时结束挤奶工作。挤羊奶工作开始或结束时，都要举行仪式，牧民会邀请邻居朋友吃饭，相互答谢，增进友情。

7. 祝福种畜

嘎查牧民在大年三十，把所有的牲畜（除马群外）圈到“浩特”[①] 内，初一拿出备好的白食，用黄油等涂抹种畜额头，用各色绸缎做漂亮的彩带系在种畜的脖子上，再把小米撒在种畜的脊背上，祝福畜群繁衍兴旺。大年初一，牧民将羊群朝西北方向赶，晚上回来时自西南方向赶入

① 指有围墙的牲畜棚圈。

“浩特”。主人会在羊圈中设一祭台，焚香祈祷，并准备丰盛的食品（不含肉制品），将其装在夏季用的酸奶袋中，拴在骆驼前峰右侧，送给牧羊人。拜年的人不得从畜群中穿过，要绕着畜群到牧羊人处拜年。晚上回家后，把食品袋子挂在“哈那”墙头，过了初三把装在里面的食物拿出来共同分享，祝愿五畜繁衍兴旺。

8. 养狗

自古以来，牧民就养狗，全家人都喜爱狗。本地学者达·查干说，过去，每个牧户都养 1～3 只看家狗或猎狗，有的甚至养七八只。猎狗和牧羊狗从小就受到不同的训练，是主人牧猎、生产上的好帮手，深受牧民的疼爱。

牧羊狗通常选择声音大、毛紧、腿短、耳聪、嗅觉灵敏、目光锐利、体壮、足底圆形等特点的狗。狗是通人性的动物，只要主人耐心训练，它就能很快明白主人的意图，并能养成牧民希望的那些习惯。训养牧羊狗，要从幼崽时抓起，教会它如何保护畜群和守护棚圈，教会它风雪交加的夜晚应该躺在棚圈的哪个位置、白天跟随畜群移动的时候应该走在哪边、如何守护羊羔和牛犊、如何保护接羔时节的母畜和崽畜等。经过精心训练的牧羊狗幼崽逐渐成长，逐渐成为优秀的帮手。它会整天跟在羊群后面，绝不擅自“离岗”。如果是两只牧羊狗，一个会走在羊群的前面，另一个殿后，以防狼等野兽的袭击。春天，牧羊狗跟在羊羔和牛犊后面，以防飞禽走兽。接羔时节，主人不在时，牧羊狗会守护在刚刚产下幼崽的母畜旁边，一直等到家人到来，绝不离开。夜晚来临的时候，牧羊狗会躺在羊圈旁边“值勤”。

勤劳的人家必会按时准备早、晚两顿食物给家狗，还给它铺上专门的毛垫子。厉害的狗还得准备结实的绳索和窝棚，白天紧拴，夜里松开。它会以吼声阻止陌生人随便接近家门，直到主人出来迎客。嘎查牧民会用各种色彩的绸缎缝制漂亮的项圈打扮爱狗。牧羊狗不仅能远距离识别主人，而且对主人表现出格外亲密的样子。家里人夜出回来时，它立马能识别出主人的声音和气味，然后跑到主人两腿前后撒欢，表达自己高兴的心情。主人离家数日回来时，它会奔向主人，把两个前腿搭在主人腿上，添主人的手表达喜悦的心情。过去，嘎查交通不方便，天气变化时人们容易走失方向，这时牧人循着牧羊狗的吼声找到自家是常有的事情。

猎狗要挑选体大、毛短、腿长胫细、内翻足、立耳、嗅觉灵敏、牙齿锋利、腹部精瘦、脚掌尖利（有 20 个指甲）、行动麻利等特点的良种狗，并从小精心训养。刚开始，骑马的人领着“初上沙场”的猎狗，见到兔子或黄羊，下“套!”（追）的口令，同时放开猎狗，使猎狗学会一口咬住猎物的关键部位。然后还要教会它追捕受伤猎物，猎狗一经闻到猎物的血，便紧追不放，直到逮到猎物为止。如此这般教会猎狗跟踪、尾随、追、扑、咬等本领。

牧民忌讳让猎狗随便吃食，要定时定量地给它有营养且轻便清凉的食物。牧民不让猎狗啃骨头，不让它吃带泡沫、油多、过热的食物。行猎之前，牧民要先把猎狗拴在灰堆上一段时间，使其脚掌适应狩猎状态，然后将其才带出去。用皮绳做的猎狗项圈不光是装饰，上面安装的铁钉子可以有效保护猎狗的脖子不被狼咬伤。一只好猎狗不仅身体强健，可以长途奔跑，而且要胆大，并能忍受连续数日的艰苦狩猎。训练有素的猎狗不会向猎物身体上乱咬，主要咬猎物的颈项、股沟、耳朵等部位，咬住就不放。

嘎查每一只狗都有名字。主人要么按家狗的生理特点，要么按性格特征，或者以猛禽猛兽之名给狗取名，如“巴拉”（虎）或“雄克儿”（鹰）等。每只狗都知道自己的名字，主人一呼其名，它便马上朝主人跑过去（见图5－12）。

图5－12　牧民养的家犬及幼崽

嘎查牧民在防治犬病方面有独到的经验。家犬有时捕老鼠，所以有可能被传染疫病，还有狂犬病也是危害较大的。人畜遭狂犬咬伤的话，快则7天，慢则1年才会出现病症。一旦发现狂犬病症状，牧民会立即把狗拴起来，不让它随便走动，并停止一切狩猎活动，然后采取各种土方法防治狂犬病。例如，抓一种叫作“古如诺”的动物，给害病的狗吃，疗效明显，或在食盘里掺些生铁锈喂狗，或剪下发情期的公驼颈毛，编织成项圈给狗带上等。为了预防家狗染病，牧民平时需要定时喂食，严格防止家狗咬食野外死畜尸体。

家狗不仅是生活帮手，而且还能提供许多医疗材料。蒙医利用狗毛以及睾丸、血、脂肪、脑、胃、肠、耳等器官治疗各种疾病。例如，烧狗尾巴毛敷烫伤有特殊疗效，狗耳朵血敷烫伤也有特效。

不用再多说也该明白牧民为什么那么喜爱狗了吧。嘎查牧民到别人家要狗幼崽，会给母狗做好吃的送去。牧民非常忌讳无缘无故打狗或杀狗。自家爱狗死后，有的牧民会把羊尾巴搁在它嘴里，剪下其尾毛垫在其四肢下，头朝西北方向埋葬。

不过，当下嘎查基本上看不到那种体格健硕的猎狗了，牧羊狗的身体也都趋向半大狗。这也许是随着时代以及生态环境的变化，牧民不像以前那样行猎，猎物甚至早已绝迹，也没有必要养那样威猛的猎狗了。

9. 擀毡子

北方民族自古有“毡帐中的百姓”之称，毡子在牧民生活中发挥着不可替代的重要作用。蒙古包就是以毡子围起来的毡包，它可以保暖，也可以挡风遮雨。毡靴子、毡帽、毡袜、毡雨披、毡囊、毡箱子、毡帐、毡轿、毡车、毡门、针线盒等须臾不可离的生活用品均需毡制，做马鞍子和骆驼鞍子也需要用毡子。毡子功能很多，人们即使如今也离不开它。

据苏尼特左旗政协史志办文史资料和嘎查老人回忆，解放前广大牧民生活所需毡子都是自给自足，邻里或嘎查里相互帮忙，共同劳动，擀毡子。这种毡子是牧民自己思考，自己动手，结合人马之力做出来的，可靠耐用。牧民剪完绵羊秋毛后，就用这二茬毛擀毡子。擀毡时间一般选在农历八月上旬风和日丽的晴天，牧民请亲朋好友一起擀。大家带上擀毡工具，相互帮忙，共同劳动。首先用专门工具将羊毛拍散，絮成棉花般，选择河畔平整草地，将旧毡和毡围子缝合在一起，制成一大块毡子，称“母毡”。

母毡必须是质地过硬的老毡，如果自家没有母毡，就向有好母毡的人家请母毡来用。母毡铺开，妇女将就地熬好的奶茶敬洒在母毡上，口中念到“新擀的毡子啊，但愿被化雨滋润，让快马拖拽，像雪一样洁白、骨头一样坚硬吧”。然后从年长者开始敬奶茶，主人摆放奶皮、奶豆腐等白食招待大伙，大伙称赞奶茶的香甜，品尝白食，完后继续劳动。人们在上面将羊毛絮开，羊毛要铺得细密紧凑，再把干净的水洒上去，漫过羊毛，然后从一边开始卷起，此时有人会用碗口粗、一丈来长的木棍当中轴将羊毛卷起，用山羊皮包住后，再用皮绳或鬃绳拴紧，接着用两根绳子将包扎好的毡毛系在马鞍皮梢绳处，骑上马来回拖滚，大概来回滚 40 多次后解开绳索，便能获得被拖紧的毡子，称“女儿毡”。将此“女儿毡”脱絮起毛的四边朝内窝好、压住，毡身上再铺一层毛絮，卷起扎紧，如上述方法再拖滚 40 余次，便能做成又紧又硬的好毡子来，即所谓的“蒙古毡”。毡子擀完后，主人再熬新鲜奶茶，煮好肉，答谢大伙的帮忙。有句乡间俗语是“奶茶熬得好，毡子就会好”。

嘎查老人说，这种传统擀毡方法一直传到 20 世纪 60 年代末期。后来内地工匠过来，很快就学会手工制毡，而且做得快，给牧民提供了方便。解放初期，每逢开春，内地阳元、榆县、丰镇、多伦县等地的毡匠们就会一两个或四五个人搭伙来到这里，开始的时候帮牧民抓羊绒、剪羊毛或弹羊毛，后来就做起了制毡行业来。据德力格尔桑先生对老毡匠的采访记录得知，苏尼特左旗最早的手制毡是从“巴润扎染”庙开始的。那是 1952 年或 1953 年的事儿，那里聚集了 20 多个内地毡匠，每年生产 1000 块毡子和 1000

双毡靴子。从1955年开始，随着全旗对毡制用品需求量的增加，需要加快制毡速度，因此政府制订计划，使制毡作坊遍地开花。然而当时都是人工制毡，产量有限，10人作坊每天只能做3~4块毡子。适合生产毡子的时间只限在七八月，全旗的年产量是3000块毡子，3000双毡靴子。1958年，政府整合分散的各个制毡小组，成立了毡业合作社，在此基础上又建立了毡业工厂，其中那仁宝拉格和巴彦乌拉苏木的制毡工厂存在时间最长，由于它们供应了全旗所需的毡子，乌日根呼格吉勒嘎查的牧民们便不再用自己动手擀毡子了。

二　岁时民俗

（一）年节性节日

1. 圣火节

腊月二十三是祭火的节日。祭火是蒙古族古老的习俗，牧民视火为神圣，认为火象征兴旺。达·查干的《苏尼特风俗志》记载，该日中午或者下午，家家户户都要办茶宴。到了夜晚，星星布满天空之后，牧民重新熬煮新茶，准备羊胸骨、酒、黄油、奶皮、奶豆腐、小米、茶、红枣、点心以及各色绸带等物品。祭火开始之前，全家老小都要换上节日新装，在火撑里点上火，在火撑四角挂上网油，在火撑前铺放新毡，户主人把以彩绸带装饰的羊胸骨献给火神，敬酒三杯，大家都跪在火前，磕三次头。之后把酒和黄油点进火种内，把剩下的绸缎和红枣等珍品献给火神，祈求火神降福给全家人。有的人家在祭火时把自家献神或放生的牲畜牵来，让其尝白食，把新绸带系在牲畜原有的绸带项圈上，为五畜祈福。

祭火仪式结束之后，大家坐在一起举行家宴，上手扒肉，肉汤中搁红枣和小米，煮熟后大家伙儿分着吃，此饭叫作“嘎拉因布达”。

2. “查干·萨拉”

“查干·萨拉”是牧民最隆重的节日，直译有白月的意思。时值春节，“查干·萨拉”有许多程序和礼节。“查干·萨拉”里任何人不许吵架、闹矛盾，要注重和气。

从腊月开始，牧民们开始忙活欢度“查干·萨拉”的各类准备工作。腊月二十左右，牧民要把蒙古包的围毡和盖布等抖干净，重新搭盖一遍；打扫牛羊棚圈，清理水井，数好牛羊数目，祈祷人畜兴旺，平安度过新年。牧民除了准备新年衣服以外，还要购买新马嚼子、马鞍子、骆驼鞍子等新年所需的各种货物，特别是要购买服装、布料、绸缎、烟酒、红枣、月饼、调料、白糖、红糖、炒米等。嘎查牧民们一般在腊月二十三之前炸好果条和饼子，有丧事的人家不做准备。

腊月的最后一天是“闭特贡”日，即除夕，这一天是送走旧年迎来新年的一天。除夕是一个热闹而有意义的日子。早晨起床后，牧民要整理洒扫房间，清理棚圈，祭祀佛祖，做“闭特贡·伊德”，即除夕全羊。牧民把除去内脏的全羊以躺姿置于木质托盘之中，上面放一块黄油，同时将点心、白食、红枣和糖果等盛在果盘里放在全羊周围。到了中午或下午，牧民会邀请邻里到家里来，熬奶茶招待。傍晚收拢牛羊到棚圈里面之后，全家人开始庆贺除夕，晚辈向长辈敬酒，大家一起吃年夜饭。这时牧民将全羊分解，区别长辈、妇女、孩童，分给全羊的不同部位。家中过完之后，牧民开始到本嘎查各户人家，送“闭特贡”问候。彼此问候的时候，主客两家互送新年包子，称“嘎拉·逐日古鲁讷”。之后，全嘎查人不分大小，都穿上节日的盛装，热热闹闹互相串门，以美食佳酿迎接来客，喝酒唱歌，大伙都沉浸在其乐融融的氛围中。完后，各回各家，家人们开始玩“沙嘎”。

另外，“闭特贡”这一天要将大年初一祭天用的台子搭起来，祭天台应搭在太阳升起的东南方向，祭品以白食为主，附带红枣、点心等。

初一牧民要早早起来熬奶茶，然后做汤饺子，称“新年汤”。太阳升起之前，牧民在祭天台上摆好贡品，烧好香，将奶茶、黄油、点心等敬撒向四面八方，户主同全家人行跪拜礼。然后回到屋子里，敬拜灶神，敬献贡品。完后，子女们跪拜父母，问候新年，夫妻间不问候。互相拜年之后，大家开始品尝大年茶点。然后出门向被认为是此年最吉祥的方向走去，又从获福方向回来，完后才开始到各家各户拜年。到别人家拜年的时候，首先将随身携带的哈达敬给年长老人，祝愿其“长寿多福”，老人也会祝福晚辈“像太阳一样升腾，像花朵一样盛开”等。然后，主客双方互道“新年好！”“新旧年身心安康，五畜平安过冬”等，客人品尝主人的新年饭食，饮主人敬献的美酒，并回敬主人。年长者送给晚辈新年糖果，晚辈应该双手接下，不能单手去接。

嘎查牧民特别注重欢欢喜喜度过大年初一，认为来客越多越吉祥，祈求幸福安康地度过此年。特别忌讳在大年初一酩酊大醉、语无伦次、行为粗鲁、不讲礼貌，也忌讳大年初一在别人家里过夜。

（二）生产性节日——那达慕大会

传统那达慕大会是牧民最喜爱的群体活动。据学者考证，那达慕起源于古代游牧民族为庆祝秋天的收获而举行的各类活动，所以多在秋天举行。嘎查牧民经常参加的那达慕有旗那达慕、苏木那达慕、嘎查那达慕、个体因祝寿或剃胎发等举办的那达慕。那达慕大会往往与敖包祭祀联系在一起，旗里祭祀敖包之后会举行全旗那达慕。那达慕期间会举行摔跤、赛马、蒙古象棋比赛，还会进行广泛的商品贸易。

摔跤，是那达慕传统项目——男儿三艺之一。像乌日根呼格吉勒嘎查这个纯牧区，摔跤是孩子们在那达慕或任何群众体育活动乃至日常生活中经常看到、听到并能参与的游艺项目。无论什么形式的那达慕几乎都有儿童摔跤项目，适龄儿童都可报名参加，并设有专门奖项。这样的环境，为孩子成为优秀摔跤手奠定了良好基础。

说起搏克来，乌日根呼格吉勒嘎查牧民都非常熟悉一首民歌——“高高的达日罕山下，要说佼佼者，就是苏尼特的十六岁”。“十六岁”是这里牧民引以为豪的著名摔跤手却扎木苏。承接了“十六岁”却扎木苏“江嘎”的正是该嘎查的著名老搏克手忠对。忠对不仅是名搏克，还是优秀的吊马手，是全嘎查的骄傲。谈起摔跤来，嘎查男子们一个个神采飞扬，如数家珍般地说出远近各盟旗的好搏克手们，他们品评赛事，滔滔不绝，拉出无穷无尽的相关话题。搏克手的握式、跤架、摔法、力量、巧力、智谋、灵活、险情、刚猛等方面以及搏克手们的家乡、出道、成绩、辈份、师承还有些奇闻轶事或荣耀，再加上每个搏克手的个性和摔法特长等诸多方面，都是他们兴趣盎然的谈资，是他们最具兴奋点的话题。

搏克运动基本动作中包括跤架和握式两种，了解这两种基本动作是进行搏克运动的基础，好的跤架以及好的握式是赢得比赛的重要条件。

握式包括握腕、反握腕、斜握腕、直握腕、抓肘、抓颈、抓领、抱抓、钩手抓、靠身抓、交叉抓、平行交叉抓、抓小袖、抓后腰、抓侧腰带、夹击、单臂夹、抻拽跤衣。

搏克技巧包括搬、挂、压拽、踩拽、扭拽、躲拽、虚拽、挚拽、横打、单打、跑打、举打、混打、外钩、楔钩、绕钩、钩踵、钩挑、俯冲、骑腿、抱身翻、后压、搂腰后压。

上述看起来非常机械的招数，到了那达慕赛场上，这些招数在搏克手身体上显现起来便变幻莫测、出神入化。对深谙其中奥妙的嘎查牧民来说，搏克运动可能是世界上最好的娱乐节目，即使在不懂其中奥妙的人看来，搏克手鲜艳威武的服装以及蛟龙猛虎般地上场或答谢动作等也是有趣的。

在嘎查调研期间，全盟中小学生搏克比赛于 2008 年 8 月 11 ~ 12 日在苏尼特左旗蒙古族中学隆重举行，本次搏克赛由盟教育局主办，苏尼特左旗教育局、团委、文体局联合承办。全盟共有盟蒙中、二连浩特市、东乌旗、西乌旗、阿旗、白旗、蓝旗、西苏旗、东苏旗 9 个代表队的 152 名运动员参加了比赛。比赛在本着推广民族体育精神，发扬传统优势体育项目，增进旗（县）市之间的互相学习交流，促进民族体育教学的目标下进行。经过两天的激烈角逐，共产生中小学总团体奖，中小学男、女团体奖，中小学男、女个人奖，道德风尚奖，优秀搏克手奖，优秀教练员奖，优秀裁判员奖9项大奖。对此次比赛嘎查牧民们非常感兴趣，到处设法打听相关消息。

赛马，也是那达慕男儿三艺之一。乌日根呼格吉勒嘎查出过很多快马，是快马之乡。嘎查的哈斯额尔敦（见图5－13）和巴图苏和是好吊马手。听说，哈斯额尔敦统计过嘎查快马的数量，可惜未能看到这份统计数据。现在，嘎查里养马数量相对多一些的年轻一代是好毕斯哈拉图和格日勒巴特尔两户。当然，多养几匹马，意味着可养羊数的减少。

图5－13　优秀的驯马师哈斯额尔敦

嘎查的哈斯额尔敦一家和巴图苏和一家是传承马文化的代表。他们自小在马背上长大，都以拥有一匹或几匹善跑的快马而自豪。驯练烈马是牧民的绝技，人们通常把是否善于驯马、赛马、摔跤作为鉴别一个优秀牧民的标准（见图5－14）。

赛马项目包括快马赛、走马赛、马术等。快马赛，是那达慕上最引人注目的项目之一。参加人数少则几十人，多则几百人。骑手年龄不限，不过通常均是少年。快马赛主要比马的速度，一般为直线赛跑，赛程几十公里，先达

图 5－14　哈斯额尔敦的赛马用具和奖牌

终点者为胜。那达慕的快马赛，需要选择平坦的草原，一般不分组，终点设在那达慕会场。能够参加赛马是一件很光荣的事情，母亲要给孩子做新衣服，父亲要提前一二个月给孩子挑选和训练马匹。有的马主人在吊马时，一夜数次起来，通夜看护料理即将给他带来荣誉的爱马。到赛马那天，马主人天不亮就起来，在亲人和乡亲们的簇拥下，趁天气凉爽赶赴赛场。一个个赛马手都身着精心制作的彩绸衣裤，头戴红绿方巾，骑着训练有素、精瘦滚亮的骏马，并辔而立，待命奔驰。蓦然，赛马开始，参赛的马像出弩的箭，疾风一般地卷过绿色草原，观众欢呼雀跃，声震四野。勇敢的骑手在飞驰的马背上，忽而挥臂加鞭，忽而将上身藏在马脖子一边，那惊人的骑技不时博得观众们的阵阵喝彩，而骑手们个个奋力争先，宛若飞霞流彩。激动的马主人和看客们，有的骑着摩托，有的开着汽车在适当距离外紧随飞奔的赛马和骑手。在终点，牧民们给获胜的赛手和赛马披红挂花，然后赛手牵着马儿走向欢呼的人群，接受人们的称赞和观赏。

据嘎查牧民说，过去男孩子一般五六岁开始摔跤，八岁就骑马，不过现在也慢慢出现了不会骑马的孩子，骑马的人越来越少了。这一方面是因马失去了以往的重要作用，另一方面现在多数人家都只有一个独生子，无比呵护，担心孩子摔伤，有些家长便不太鼓励了。

嘎查牧民通过那达慕除可以参加各类比赛之外，还能购买所缺各类商品，那达慕也是摆脱嘎查狭小的人际圈儿、开阔眼界、多方交流的机会。20 世纪 80 年代，旗那达慕都在空旷的原野上搭起主席台，从四面八方赶来的人们围着主会场搭起帐篷，有开饭馆的，也有卖副食、水果、饮料的，还有卖各种孩童玩具的，犹如集市，有时还有内地来的杂技团，热闹非凡。牧民群众可以观看摔跤比赛，也可穿梭于诸多帐篷之间，选购各种商品，还可以观看表演，或玩气枪射气球等游戏。喜欢看摔跤比赛的人们聚精会神地观看来自各盟、旗的摔跤手们的精彩表演，有惊心动魄的场面或大感意外的时候，全场嘘唏，声音回绕在空中，扣人心弦。中午时分，人们轮流进入帐篷餐馆里吃馅饼或肉包子等，馅饼的香味四散开来，极其诱人。下午，人们继续观看比赛。这样连续几天，直到各项赛事全部结束，最后由那达慕组委会向优秀的摔跤手、赛马手以及棋手颁发奖品。冠亚军摔跤手和赛马手可获得马、骆驼等大畜一头，再加上毛毯、皮箱等，棋手冠军可获得绵羊一只，季军以下奖品各不相同。这些都会激励观看比赛的嘎查孩子们将来成为优秀的摔跤手或赛马手。

20 世纪 90 年代，由政府筹划，在旗驻地满都拉图镇中央用砖墙围了一块空地，坐北朝南建起固定的主席台，作为固定的那达慕会场，不再去城郊的草原上办了。虽然那达慕会场失去了芳野的情趣，但也缩短了人们去那达慕会场的路程，人们更容易到达会场，不用坐公共汽车或搭乘别人的汽车了。其后，政府每隔一两年举行一次那达慕。但是到了90年代末，连续十几年干旱，政府举办那达慕的次数明显减少。2009年9月，在中共苏尼特左旗委员会、苏尼特左旗人民政府的指导下，苏尼特左旗文化体育广播电视旅游局、民政局在苏尼特左旗满都拉图镇承办了苏尼特左旗第四届寿星老人集体祝寿那达慕大会。对此颇有新意且符合民俗的活动，乌日根呼格吉勒嘎查牧民普遍表示欢迎，并希望政府能够一直办下去。民族传统游戏有男儿三艺，摔跤、骑马、射箭，其中射箭比赛已不多见了。

苏木和嘎查那达慕举办的模式与旗那达慕一样，个体牧户举办的那达慕最贴近嘎查生活，但并不是每个牧户都能办得起那达慕。家境比较殷实，孩子多，劳动力充足，有很多亲朋好友帮忙的人家，办起那达慕来会更容易一些。这种那达慕一般只开一天，早晨开始晚上结束。附近各地做买卖的人都会闻讯提前一天赶来，围着会场搭起帐篷。人们会开着汽车或骑摩托车来，赛马手会牵着爱马或用汽车驮着爱马提前赶来。东家要提前做好大量的准备工作，找人帮忙搭主席台，还要根据来人的数量，从别处借来很多蒙古包，搭在会场附近，可供四面八方来客休憩、过夜或进行蒙古象棋比赛。亲戚朋友们会送来祝寿的哈达、奶食、马、羊、钱、砖茶、绸缎、布匹等各种礼物，主人同样要备好礼品回敬。举行那达慕的早晨，主持人宣布那达慕开始，邀请寿星致词，完后播放长调或那达慕歌曲，然后进行各项比赛。

（三）人生仪礼

1. “乌尔博·奈热”

初次给幼儿剃胎发是受重视的人生仪礼之一，相关仪式及活动称为“乌尔博·奈热”。当男孩 5 岁或 7 岁时，女孩 4 岁或 6 岁时，父母会请人看日子，择良辰吉日给孩子剃胎发。“乌尔博·奈热”通常选在清明前后较多，有时也在夏秋进行，找一名与孩子属相相合的人剃第一撮胎发。

给孩子剃胎发时，牧民要收拾好房屋，请来亲朋好友，摆设点心和白食，并请大伙喝茶。然后请与子女属相相合之人，用剪子（手把处系有吉祥哈达）剪下第一撮胎发，装入丝制小袋子里，挂在孩子衣领后，之后再有一人把其余头发剪下来，额头上留一小撮。客人们会向剃胎发的孩子送礼物，理胎发者会送小孩一条哈达和一份礼物，并唱祝词，大意是：

吉祥如意，幸福安康！
遵守祖先的传统，
依照历来的做法，
选择明媚的春天，
选择最好的月份和日子，
在这万物复苏的季节，
亲朋欢聚一堂，
举行盛大仪式，
使用吉祥的剪刀，
轻理爱子的胎发，
祝你健康成长，体魄魁梧，

财源滚滚，朋友众多，
关心国事，孝顺父母，
一生平安，大吉大利！

祝福后，理发者在孩子的前额上亲吻一下，然后向客人敬三杯酒，大家同吃拌黄油、红糖的稠米饭。一般剪胎发宴，不备荤食，待客人走时，让剃发的小孩站在出口处，向道别的客人回赠礼物。生活条件好一点的人家会办小型那达慕，举行摔跤、赛马等庆祝活动。

2. 丧葬礼

蒙古族殡葬习俗相传久远。藏传佛教传入蒙古之后，葬俗有了浓厚的黄教色彩。乌日根呼格吉勒嘎查丧葬习俗虽与蒙古族整体“大同”，但也有“小异”。过去，不论是王公贵族、活佛、大喇嘛，还是普通喇嘛、贫民百姓，都要进行殡葬仪式表示哀悼。老人一旦去世，应立即盖上蒙古包顶窗，将室内全部器皿里的茶水倒掉，死者头前点长明灯，家人磕头致敬。人去世忌讳说“死”字，要说“寿终”“升天”“去世”“谢世”“成佛”“累去”等。如果婴儿死去，就说“失去了”等，死者不管男女老幼，均不能直呼其名，称“极累格齐”“哈利格齐”“榻来格齐”“不日勒齐”等，死者尸体或遗骨称“钦达尔”“沙日力”。要用白布或哈达蒙上死者面部，给其穿上新衣，通知亲属、好友、邻居等，还要请喇嘛（直到现在每个大队仍然能找到一两个喇嘛出身的人）选定出殡的日期并确定方位，然后念经超度亡灵。此间，亲友前来吊唁，丧家尽孝。出殡时，特别忌讳将遗体从屋门直接抬出，而是将蒙古包的“哈那”（墙壁）抬起，从地面和“哈那”间把遗体抬出。

下葬前一定要将死者的头发剃好。整个过程中忌讳大声喧哗、发笑、发出各类异样声响，要置遗体于肃穆环境中，以示尊敬。最后就是送葬，出殡前先举行遗体告别，然后由主要亲友送葬，送遗体人员中不应有妇女和小孩，到墓地后，由专人负责填埋或焚烧遗体。

下葬方式一般有天葬和土葬，也有火葬。过去以天葬为主，现在都是土葬。无论是天葬还是土葬抑或是火葬，区别主要在于遗体的处理方式上。

（1）天葬

过去，丧家要到台吉贵族或沙布荣喇嘛处求得下葬地。台吉和喇嘛给选地，划出葬地范围，并在葬地上插一铜箭，称“天箭”，再铺上毡条一块，通常选择西北地势高平，东南开阔敞亮，没有畜群吃草的偏远地方。父祖所葬地会成为子孙后代尊奉和祭祀的地方，别人不会再占用，也不会在此再行天葬。那时寺庙很多，每座庙都有专门的葬场，庙里的喇嘛死后就葬在那里，寺庙允许附近的牧户把死者葬在寺庙葬场。例如，解放前，包括乌日根呼格吉勒嘎查，甚至是苏尼特左旗北部各苏木的许多人，都将逝者遗体送到著名的查干敖包庙附近的叫那日图的地方（据说有 3 个叫那日图的地方）野葬。死者的遗体一般都以骆驼车或骆驼驮送，有时也用牛车把遗体送到父祖坟处，途中不歇，要以最快的速度送到。送遗体途中如果遇到马、黄羊、狼等是吉兆，遇到狐狸则不祥。到达后，把遗体放下，男的枕右手屈腿侧放，女的枕左手屈腿侧放，并把中指插入耳孔中，然后找来扁平石片，用哈达或白布包起来，枕在头底。然后，车夫赶车快速返回，不得回头看。等到第 3 天家人回看，有的人家第 21 天回看。那时，狼、犬、飞禽多，遗体很快被食尽，只剩遗骨，这种自然化速度越快、越干净，乡人就认为此人生前德行好，转世快。如果尸体没有被食尽或干脆没被吃，则认为死者是在等待哪个亲戚，死者家属要请喇嘛念经，或以为该处不宜下葬，要换个墓地。这种天葬的方式直到解放初还存在，现在完全消失了。

（2）火葬

藏传佛教传入蒙古地区后，王公贵族、活佛、大喇嘛死后实行火化，活佛、大喇嘛还要建舍利塔敬奉。还有就是患传染病的死者，要将其尸体火化。如果是夭折的话，火化以后要把遗骨装进木箱里，把钥匙也搁进木箱内，死者生前喜欢什么就陪葬什么，烟酒、衣物都有。亲戚朋友都来，嘎查人也基本都来送别。现在，嘎查牧民如果患重病在大城市医院就医时死去，那么基本都按政府规定，在当地火葬场火化遗体，然后将骨灰带回家乡安葬。

（3）土葬

土葬习俗也是自古就有，土葬指的是将死者的遗体，既不像天葬那样置于野外，也不像火葬那样焚烧，而是将其完整地埋在地下。乌日根呼格吉勒嘎查人现在基本都是土葬，一般随其祖坟安葬。嘎查中有人的祖先安葬在邻近的巴彦宝拉格嘎查果××家草场里，有死者下葬的时候，大家都理解，不必说明，直接去那个地方下葬。挖墓穴时，先挖一个坑，挖到一定深度以后，再向侧面挖进去，挖出与逝者体型相适宜的侧室，然后把包在毛毯或毡子内的遗体送入侧室内，用来时抬遗体用的木板把侧室口封住，填埋，不立墓碑。安葬父母以及前辈的地方，要垒起石堆，防止人畜踩踏干扰。白天经过安葬父母的地方，要下马行礼，若遇有急事不容停留时，要在马背上脱开马蹬，放慢速度，缓缓通过，不到万不得已不应疾驰驶过。

无论是天葬、火葬，还是土葬，送葬人回来时，在离家一二百米开外的地方，要用牛粪、羊砖等烧火3堆，送葬人需从火堆中穿过，伸手烤火，然后还要在倒进乳汁的水里洗手，驱邪净身后才能进屋。丧家要趁送葬时间，快速把蒙古包搬迁到新址上。然后丧家准备饭菜，请大伙吃“布延”（福）饭，表示感谢。

其后便是守丧期。守丧期一般是49天，第49天还要请喇嘛念经诵福。守丧期间，丧家人不能理头发，不能剃须，不能问好，不割草头，不过节。

3. “那顺·巴雅尔”

“那顺·巴雅尔”意为祝寿礼。乌日根呼格吉勒嘎查人注重过本命年，从13岁开始，每逢本命年，其亲属都来祝贺，61岁、73岁、85岁时，还要举行祝寿庆典。49岁以下的本年，只是亲属过年时送礼祝贺，一般不做仪式。孩子过13岁新年，家人会给其缝制新衣服，大年初一父母将叠好的新衣同一碗乳汁送给心爱的孩子，祝愿他（她）健康成长、尊敬老人、一生平安、富贵长寿。其他亲戚也会送牲畜、衣物等礼物，祝愿孩子平安长寿。25岁、37岁、49岁本命年时，礼品逐渐多起来，人们主要送一些袍面儿、牲畜、银碗、砖茶等。

三　精神民俗

（一）信仰民俗——敖包祭祀

敖包祭祀是牧民坚持至今的信仰。该嘎查境内有座古老的敖包，称作“呼图勒·查干敖包”。苏尼特有13个定期祭祀的敖包，此敖包便是其中之一。该敖包不仅本嘎查人经常祭祀，远近各地的苏尼特人也来祭祀。乌日根呼格吉勒嘎查有个叫“义图干图因·宝思哈拉”的地方，“义图干”为萨满师或巫师，过去祭祀敖包的时候，会从这里请萨满师，相传祭祀那天敖包所在地和这里会同时下雨。到了现在，据说嘎查的巴图苏和依旧能卜选吉日良辰，会看“亦搏乐”（赐福）日子。

（二）民间游艺

1. 蒙古象棋

玩蒙古象棋是乌日根呼格吉勒嘎查牧民日常娱乐之一，同骑马、摔跤一样，蒙古象棋是嘎查牧民茶余饭后最喜爱的娱乐项目之一。许多孩子在还不识字的时候，就把家里的棋子放在手里把玩。

草原上开始玩蒙古象棋的时间应该很早，据西乌珠穆沁旗蒙古象棋专家钢苏和的分介绍，蒙古象棋是世界上最古老的博弈游戏之一。该游戏的相关记录目前至少能追溯到契丹国时期的“喜塔尔”，然而契丹人“喜塔尔”的棋子和走法显然没有蒙古象棋这么复杂，而是比较简单的。从明代的《芝仙集》中可以找到蒙古象棋的相关记录，可以推测其基本组成和规则。最晚到14世纪时，蒙古象棋已经定型，其后即使有变化，也是局部的，对整体影响不大。

蒙古象棋由棋子和棋盘组成，对弈双方的棋子共计32个，双方各16个，由一位“那颜”（王爷）、一头“波日斯”（狮子）、两匹“茂日”（马）、两峰“特莫”（骆驼）、两辆“特日格”（勒勒车）、八个“胡”（卒子）组成。本地工匠用檀木等木材或牲畜骨头、犄角雕制棋子，将王爷雕成坐在轿子里的人或坐在交椅上的人，将“波日斯”雕成一头猛狮，马被雕刻为一匹烈马或领着小马驹的母马形象，骆驼是一峰威猛的种驼，卒子是腾跃的摔跤手。这些形象在工匠手中被雕刻得生动有趣，再涂上颜色，好看又好玩。

笔者自恃懂得蒙古象棋，与住宿人家的户主下了三盘，结果户主边看电视、边聊天地把我赢了两盘，令我无话可说。蒙古象棋是牧民最喜爱的传统游艺，牧民的下棋水平普遍不低，无论是由旗政府、苏木、嘎查组织的大型那达慕，还是由个人组织的小规模那达慕，都必设蒙古象棋比赛，牧民们参加比赛的积极性很高。蒙古象棋棋盘与规则同国际象棋极为相似，虽然棋子的造型和名称不同，但蒙古象棋的“那颜”（王爷）与国际象棋的国王、蒙古象棋的“波日斯”（狮子）与国际象棋的皇后、蒙古象棋的“特日格”（勒勒车）与国际象棋的车（堡垒）、蒙古象棋的“茂日”（马）与国际象棋的骑士、蒙古象棋的“特莫”（骆驼）与国际象棋的象一一对应。蒙古象棋相应棋子的摆法、走法与国际象棋也相差无几。蒙古象棋棋盘是由 8 乘 8 的 64 格组成，不分黑白格，现代国际象棋的棋盘虽然也由 8 乘 8 的 64 格组成，但它是由黑白双色相间的小方格组成。所以，可以利用国际象棋的棋子和棋盘玩蒙古象棋，也可以利用蒙古象棋的棋子和棋盘玩国际象棋。其战术打法也基本相同，略显不同的是，蒙古象棋开局相对缓慢，不像国际象棋那样“王车易位”，迅速展开，而是有明显的封闭性，“特日格”（勒勒车）出阵没那么迅速，但这样的格局有利于锻炼青少年选手的耐力、毅力等心理素质。蒙古象棋在内蒙古各盟旗以及国内其他地区的蒙古族中有广泛的群众基础，事实上，有个庞大的人群在经常性地参与这项活动，这无疑给优秀青少年棋手的成长提供了最适宜的气候和土壤。可惜草原上缺乏专门的组织和筛选机制，无法使蒙古象棋升级，与国际接轨，也无法使这些酷爱象棋的人们走出嘎查，走向世界。

2. 鹿棋

鹿棋由来已久，是乌日根呼格吉勒嘎查男女老少都喜欢玩的游戏之一。鹿棋产生时间久远，自古是游牧人的娱乐活动。草原地区广泛分布的岩画中就有鹿棋画，画的形象与今日鹿棋稍异，其详不赘。

鹿棋对弈有两方，一方持 2 子，为狗，以牛、羊“沙嘎”骨做之；另一方持 24 子，为鹿，以铜钱或小石子代之，如果不便找到，孩子们也经常用豆子或其他粒状物替代。棋盘呈大正方形，大正方形分成 4 个小正方形，小正方形交叉为“米”字形，形成 25 个点，以一端的中心为起点画一个菱形山，以另一端的中心为起点画一个三角形山，与菱形山遥相对应，则棋盘制成。开局之前，狗摆于两个山口处，鹿摆于棋盘内 4 角的 8 个点上。鹿棋的规则是：狗可以在棋盘上任意行走，鹿只能在大正方形的区域内活动。狗先走，狗与鹿相接，若相接线另一端是空点，狗可越过此鹿落至空点，将鹿吃掉；若相接线上两鹿相连，便吃不得。狗每走一次，鹿可添一子。玩家不断添子，尽量使两鹿相连，不让狗吃掉。最后，如果两只狗占据棋盘中心或山口，鹿因被吃过多，无法困死其中任何一只狗，则狗赢鹿输；如果鹿将两狗围堵在死角里，前后左右无回旋余地，则鹿胜狗输。

鹿棋在蒙古地区早已普及，嘎查牧民们同样热衷于此游戏，从孩童到大人都乐于玩。鹿棋棋盘容易制作，画在纸上，或用粉笔画在水泥平面或板子上均可，从户外捡来一些石子儿就可当作鹿和狗，即可开玩，适合经常迁徙的牧业生活。

3. “沙嘎”

“沙嘎”，汉语俗称嘎拉哈或羊拐，“沙嘎”是处于羊等动物胫骨底端的踝骨。自古以来，牧民都将宰杀的牲畜或猎物，如羊、牛、马、黄羊、盘羊、狼、鹿等的“沙嘎”经过蒸煮去肉脱脂，处理得干干净净，染成金黄色或红色，收进皮袋或布袋，搁箱中保存，等聚会或闲暇时拿出来，大家一同玩耍。“沙嘎”游戏有浓厚的民族特色，适合牧业生活，玩法多样。尤其在苏尼特地区，该文化保留得相对完整，2006 年，该旗被内蒙古自治区命名为“沙嘎艺术之乡”；2008 年，该旗被命名为“中国蒙古族沙嘎文化保护发展基地”。“沙嘎”有 4 面，均能立，宽凹面叫“绵羊”，宽凸面叫“山羊”或“牛”，窄凸面叫“马”，窄凹面叫“骆驼”。“沙嘎”的玩法有以下几种。

（1）掷“沙嘎”

玩者把“沙嘎”置于毡子上，然后抛起“森博格”①，当接“森博格”时，要把凹凸相同的两枚“沙嘎”拾起来，注意拾起时不能碰到其他的子。玩者或用两手捧多枚“沙嘎”撒在毡子上，以一手持“森博格”高掷空中，在“森博格”未落之际，快速抓起毡子上成对的两枚“沙嘎”，再将落下来的“森博格”接住，以“沙嘎”“森博格”同时在握，且没有碰触别子者为赢。如果没有成对的子落下，

---

① “森博格”意为小金属链。

则重掷“森博格”，用同一只手迅速把落单的子翻成一对，接“森博格”，再掷，抓起刚被配对的子。落掉“森博格”或碰触了其他子，便轮到其他玩家掷“森博格”。输赢由所得分数决定，抓到两对得10分，抓到3对得100分，4对则得1000分，以此类推，可得数千分或数万分。掷“沙嘎”的另一种玩法是，手握4枚“沙嘎”，同时掷之，所掷“沙嘎”各得一面的话，称为“撂四难”，因为4权“沙嘎”落地时有35种落样，落为不同4样极为困难。“撂四难”其实也是卦法。大年初一，为增添生活情趣或烘托欢乐气氛，细心人家会把4枚“沙嘎”放在盛果子和白食等丰盛茶点的托盘旁边，来客若有兴致可掷“沙嘎”看看新年运气，若能抛出不同的四样来，这一年就会大吉大利。掷“沙嘎”还有一种玩法，即翻手背。双手捧所有的“沙嘎”向上扔出后，用一只手翻手背接，再翻手心接，接住的算赢得的，以赢得的多寡作为继续玩的先后依据，直到赢得所有的“沙嘎”子。三“沙嘎”加法是另一种玩法，此玩法可多人参与。开始的时候，每人准备3枚“沙嘎”，3枚同落为马面，则得100分，3枚都是绵羊面得50分、骆驼面得30分、山羊面或牛面得20分。3枚中的两枚“沙嘎”落面儿相同亦可得分，此两枚落样是马面得20分，绵羊面得5分，骆驼面得2分，山羊面或牛面得1分，落不同3样不得分，得分最先达到规定分数者赢。此玩法有利于训练孩童的数学加法。

（2）弹“沙嘎”

此种玩法，不限“沙嘎”和玩家数量，玩家多，则“沙嘎”也多些，玩家少则“沙嘎”亦少。弹“沙嘎”应在有限大小的毡子或床铺上玩，将所需“沙嘎”全部撒到铺上，用手指弹碰落样成对的“沙嘎”，择其一归己，落样是马面则不弹，直接捡上；如果所有“沙嘎”落样相同，应迅速抓抢，抢得越多越好。玩家不得换座位，不得碰触其他子，不能因犹豫而将伸出的手指缩回，应伸哪儿弹哪儿，不能用弹“沙嘎”的手取子，不能用抓有“沙嘎”的手取子。玩家若犯规，则由下家弹。最初所撒“沙嘎”被取尽之后，每家从所获“沙嘎”中取相等数量，继续弹玩，两个或几个玩家轮流往复，直到最后无“沙嘎”可出者输，获得所有“沙嘎”者赢。

（3）“沙嘎”赛马

游戏开始前，玩家用一部分“沙嘎”垒起一座敖包象征物，用另一部分“沙嘎”从敖包向外排成一行，长约一米。这条线便是玩家参赛“快马”的赛跑路线，线上的每枚“沙嘎”长度是玩家“快马”的前进单位。每个玩家把代表自己“快马”的“沙嘎”放在赛跑路线的起点处，所有的人各持另一枚“沙嘎”，并将其合在一起撒到毡上，谁的“沙嘎”落样为马面，他所置于赛跑线边的“快马”便可前进一枚“沙嘎”的长度。如此反复掷“沙嘎”，“快马”首先到达敖包处的玩家算赢。

以上所举玩法只是较常见的几种，据说“沙嘎”玩法还有“摆青蛙”“摆五畜”“打远马儿”“射西哈”等上百种。在漫长历史演化中，“沙嘎”游戏衍生出许多与“沙嘎”相关的乡土风俗、文学艺术和工艺诸多方面的附属文化。据学者达·查干先生介绍，过去年轻男女结婚时手握“沙嘎”祭拜天地，婚后必取全羊“沙嘎”置于枕头下3天，然后包在哈达里永久收藏。有关“沙嘎”的诗歌、赞词、祝词数量颇多，与之相关的妙趣横生的谜语也不少。

兹翻译该地区一段“沙嘎”祝词如下。

啊！在这万物复苏、有缘相聚的吉祥日子里，相会在一起的我们，

按祖宗的规矩，围坐在一起；

按亲属的礼仪，和睦在一起；

按国家的规矩，聚首相会；

按姻亲的礼仪，必须把勇气和智慧相结合的、

充满欢乐和幸福的、引人入胜的“沙嘎”游戏，

摆出来才行！

啊！雄鹰在高高的山岩上产卵和繁衍，

当它羽翼丰满时，就会翱翔于蓝天。

虽然人数众多，但脱颖而出的“沙嘎”沁不出一二！

啊！“沙嘎”这个游戏，赢了之后惹人恼怒。

单和双，区别在其中；

捡起来和连起来，义气在其中；

去和留，哲理在其中；

算卦和卜筮，福分在其中；

挖苦和夸口，玩笑在其中；

抓和弹，韧性在其中；

比赛和竞争，精神在其中；

猜想和收拢，以和为贵。

“沙嘎”是十宝，

草原牧家的共同宝贝，

绵羊“沙嘎”珍贵宝贝，

你我和大家游戏宝贝，

窄平的一面是骏马宝贝，

对方一面是骆驼宝贝，
凹进的一面是绵羊宝贝，
对方的一面是山羊宝贝，
顺着看翁滚宝贝，
灵性对待人是宝贝。
但愿您的“沙嘎”铺满毡垫，
但愿您的牛马漫山遍野；
但愿您的“沙嘎”铺满蒲团，
但愿您的羊群撒满大地。
蒙古人的吉祥游戏，
我们这一代好玩的游戏，
玩过的地方阳光普照，
让玩的主人长命百岁！①

① 根据苏尼特左旗政协史志办所提供材料整理。

第六章　教育科技卫生

第一节　教育

一　传统教育

（一）家庭教育

乌日根呼格吉勒嘎查的人们普遍认为家教很重要，孩子的成长取决于父母的态度。现在每家就一两个孩子，都是心肝宝贝，父母疼得不得了，都惯坏了，孩子根本不懂家里的难处。年轻夫妇的孩子都是家里的“小皇帝”，跟过去大不相同。过去，每家都有好几个孩子，老大帮爸妈干活，弟妹都会听老大的话，更不用说听父母的了，但现在是父母围着孩子团团转。老嘎查长说：“非常重要的一点是家庭教育。有一件事情，对我印象很深，对我影响很大。1977 年的大雪灾，有件事情给我很大的启发。当时我是嘎查长，按上级指示把我们嘎查受灾牧户转移到北面的达来苏木。同赛汉高毕相比，达来苏木遭灾程度轻，上级决定把我们转移到那边度过自灾。迁移中，我们一路烧牛粪，整个冬天就坐在那敞篷拖拉机里，那时拖拉机是最主要的交通工具嘛，要是坐上解放车那就不得了啦。当时，我们在冷冰冰的房子里过夜，为了协助我们，上级派来一个叫策×××的年轻女干部，后来当了旗妇联主任。她当时刚刚参加工作，一个女孩子家，她爸当时是巴彦芒来的书记，在那头忙乎着转移牧户，策×××被分到我们嘎查协助转移牧户工作。牧户的牲畜没办法收拢，储存的草料根本不够用，她就骑着骆驼，转移牧户，晚上不搭房，搭个半拉帐篷，钻进里头过夜，说是睡觉，半睡半醒的哪能睡好？就那么过冬夜。她跟几个小伙子一起，在蒙古包里，下面的雪还在作响，上面铺一层薄薄的毡子，怎么睡得着呢？羊砖和牛粪都很少，冒点青烟就算生了火，第二天又开始工作。她有一次跟我说，除了宰杀牲畜以外，她什么活都能干得来，干什么都行。后来我就想，家教这么重要，她的父母都是出了名的勤劳能干的人，所以她就这么厉害。还是家教重要。但是另外一家，家里总是乱成一团，那年冬天遭灾他家要搬家，搬到队里，我们帮着抬家具，不知道上面洒了什么东西，‘斯儿德格’（毡垫）跟地面粘在一块，拿镐头敲打才使其分开。想想那时候，才20多岁的策×××做的，现在年轻人根本做不来，她那朴素而为他人着想的品质真是不佩服不行。你说这家教重要不重要？”

（二）社会教育

过去对嘎查牧民，尤其对年轻人的社会教育主要体现在群众活动、嘎查舆论、学校、大众媒体上。群众活动有民俗性质的敖包祭祀、那达慕大会以及社会性的群众大会，还有生产性的打马鬃、剪羊毛等多种类型。

如今，电视媒体的作用也不可忽视了。近年来，苏尼特左旗以建设民族文化为目标，不断加大文化建设投入力度，各项文化事业均取得新突破。民族文化保护和发展取得成效，文化基础设施建设得到显著改善，苏尼特文化的影响力显著增强。馆藏文物从无到有，登记造册的文物、岩画和石器资料等1万多件。全旗现有区级和旗级重点文物保护单位8处和13处，并建立了52个民间艺人档案。苏尼特左旗还被命名为内蒙古乌兰伊德文化之乡、沙嘎文化之乡、印记文化保护基地、绳艺文化保护基地等。苏尼特左旗先后成立了搏克协会、蒙古马赛马协会、民间文化艺术保护协会等。传承发扬民族传统文化，精心打造民族文化品牌，使乌兰伊德、沙嘎、印记、绳艺等苏尼特文化得以传承和发扬，并树立吉鲁根巴特尔、查干葛根、却扎木苏、老骥好汉等代表苏尼特特色的，正逐渐扩大影响为人所知的文化品牌。这些努力无疑在未来的日子里，将对包括乌日根呼格吉勒嘎查在内的所有人产生持续的文化影响。

当笔者问到“现在的年轻人与过去有什么不同？为什么？”时，得到的答案是：变化大，尤其是近年来变化很大，三五成伙，喝酒打架，跟长辈接触像平辈一样，这样的孩子有增多的趋势。在老牧民的印象里，20世纪80年代以后出生的孩子这样的多，不少是独生子，娇生惯养，从小喝酒、抽烟、不听父母话。有人说：“我们蒙古民族自古以来都遵循着尊重长辈、照顾晚辈的传统。这样发展下去，我觉得迟早是不行的。学龄孩子们问题多。原先的话，苏木嘎查定期开青年会议，犯错误的要被批评，多数人还是知错改错，有收敛。现在甚至有时，屋子内开会，屋外有人喝啤酒。”一位说话总有些夸张的牧民甚至说：“现在为钱什么不干？骂父亲是一般事儿。×××的儿子不就是那样的吗，叫嚣得厉害，他爸也没法治他。还有那×××的儿子不是老喝酒闹事吗，听说前两天喝多后又开别人的车，出车祸了，他们家本来就穷，也赔不起那车，这下子可倒霉啦。”“过去年轻人最喜欢骑马和摔跤，现在的小伙子最喜欢骑摩托、喝啤酒。过去只有老人们才能喝点酒。”还有一位中年男子说：“有的年轻人不愿意干活，一有空就喝酒甚至打麻将，酒后名声很不好。现在独生子多了，娇生惯养不听长辈的话，自由散漫无所事事的，近年来这样的年轻人越来越多了。我想这主要是因为家庭和社会管理松弛了的缘故。记得我们小时候，嘎查里一个月开一次共青团会议，该奖励的奖励，该批评的批评，奖惩分明，现在没人提议，更不用说什么开会了，过去不到 25 岁不结婚就不算成人，现在 18 岁的少年就开始悄悄喝酒。”

二　新中国成立前的教育

乌日根呼格吉勒嘎查建制相对晚一些，20 世纪 60 年代才设置。关于该地区人们在新中国成立以前接受教育方面的资料很少，嘎查老人们能够提供的信息也非常有限，所以只能从全旗的总体情况推测或间接了解当时的情况。根据苏尼特左旗教育局提供的资料，该地区在清朝，只有王公贵族和牧主富人们才有学习文字的可能，牧民群众 90% 左右都是文盲。当时传播文字教育的主要是私塾和寺庙学校。办私塾的是懂汉文的蒙古族人，数量很少，受教的绝大多数是达官贵人子弟。寺庙学校主要传授藏文知识。新式蒙文教育开始于 20 世纪 20 年代，苏尼特左旗的“巴彦·乌松”法会主持喇嘛贡其格吉格米德带领 3 个法师，率先成立了“蒙古书院”，有学员 50 人，后来迫于上层压力，改名为“蒙藏书院”，主要教授蒙藏语文和数学。据说，该校维持了50年左右，其毕业学员能以蒙文翻译藏书。该校是苏尼特左旗历史上第一所蒙文教育学校。

1933年，苏尼特札萨克王仁钦旺达德筹划建立新式小学，在该旗白日乌拉苏木“阿敦·胡图格”（马井）附近创建了“蒙古包学校”，当时只招男子入学，也称“男孩儿学校”。1942年，该校请来察哈尔的僧格林沁、克什克腾旗的哈斯巴泽尔等文人任教，由旗政府拨款，每月薪水是25银圆，年俸大概是300银圆。1942年，苏尼特左旗衙门特派乌力吉苏荣梅林，从辖地征收承办民间学校的物资，把原来的“男孩儿学校”搬迁至新盖起来的“胡日·因·毛都”新校区，学生从此能在宽敞明亮的教室里上课，牧民称之为“堂校”。当时就这么一所正规学校，从全旗招收学生，生员年龄相差悬殊，最小的有8岁，最大的有20来岁，共计有120多个学生。当时的教学方法和内容相当朴素简略，在蒙古包酥油灯下，以语文、数学、体育课程内容为主，以读写能力为旨，死记硬背。学生首先掌握蒙文字母之后，开始背诵《三字经》，进而学习四书五经，理解“三纲五常”，维护纲常礼教，传授孔孟之道。语文训练注重书法，不注重语法。学习成绩的评价，主要看能否洪亮地朗诵，能否写一手漂亮的毛笔字，而不大重视语法的正确与否。学校方面每月将学生的书法作品呈送给札萨克旗王，接受札萨克旗王检阅。当时没有固定的学期制，学生集中上课，冬天放假之前，校方会带领全体学生到札萨克衙门，将一年学习的全部内容默诵一遍，优秀者可获得札萨克衙门的一把糖果。熟练掌握读书写字以后，学生要抄写一份文书，呈报札萨克旗王审阅，获得恩准后，即可毕业。

后来日本侵略我国，伪蒙疆政府成立。在德王筹划下，这里又增建两所女子学校。具体来说，1942 年在旗白日乌拉苏木“呼和脑儿”处建立了第一所女子学校，招收了 90 余名学生，由巴图等几个老师负责。1944 年又在该苏木“巴润·胡图勒”处建立了第二所女子学校，招收了 50 余名学生，由达木丁、瓦其尔等老师负责。这两所女子学校维持了 3 年，到 1945 年连同上述的“堂校”一同毁于战火。这 3 所学校都模仿新式教育，实施全日制小学制度。女子学校和改进后的“堂校”的授课内容有：蒙语文、日语、数学、自然、体育、音乐等。虽然教授课程种类增加，但是受日本侵略者奴化教育的影响，当时很多学生不能用自己的母语清晰地表达，更不能书写语句通顺的蒙文文章，甚至出现了不少不伦不类的混合名词，严重影响了民族教育的发展。这些学生毕业之后可以升学到锡林郭勒盟蒙古中学或张家口的蒙古中学。

这一时期，除了官方办学外，一些寺庙也培养了不少懂蒙文的喇嘛等。例如，查干敖包庙嘎拉僧东如布活佛招集了 100 多个年轻喇嘛教授其蒙文，满都拉图庙柴英彭斯克法师给 37 个喇嘛教授蒙文，贝勒庙奥斯尔教会了 40 多个喇嘛，额尔敦庙桑杰教会了 30 个年轻喇嘛。

上述久远的事情，与乌日根呼格吉勒嘎查的教育发展并没有直接联系，甚至旧时能够接受教育的那些人里很少有这个地区的人，但这些事物毕竟是该嘎查教育发展的基础和历史背景，有助于理解其后的发展情势。

三　新中国成立后的教育

（一）小学教育

新中国成立以后，苏尼特左旗民族教育得到了快速发展，发生了巨大变化。1950年，苏尼特左旗有了第一所真正意义上的全日制义务蒙古族小学，从一年级开始分甲乙两个班，共招收60名学生，有3名教师和1名行政人员。刚开始上课的时候，利用的是旧贝勒庙的7间半建筑和4个蒙古包。到1957年的时候，该小学已经发展成有6个班级、249个学生、14名教师和工作人员的学校。次年，该校学生人数猛增到582人。到1965年为止，全旗各苏木全部建立了小学，甚至离苏木较远的大嘎查都有了小学，全旗共有小学58所。但是学校过于分散，教师素质普遍偏低，加之管理不善等原因，影响了教学质量，学生学习成绩日趋下降。1978年开始，政府将部分嘎查学校合并到苏木小学。到1982年时，嘎查学校基本不存在了。到1989年时，全旗优质小学有18所，学生3840名。

撤乡并镇之前，孩子上小学，都到苏木小学，需要寄宿。从小学开始宿舍生活，早已成为嘎查孩子们的生活常态。在学校里他（她）们接触到许多新事物，看到许多、学到许多，还能接触到许多同龄小孩，既感到新鲜和快活，又有陌生和紧张，尤其到了晚上，初次离家的孩子想家想得厉害，甚至有的孩子因此辍学。孩子们从此开始管理手头的零钱，学着做计划，女生一般比较节俭。父母把学校收取的费用交给校方，留给孩子一点零花钱，或者将钱交给宿舍阿姨或班主任代管，孩子需要时去取。家长隔一两个星期会来学校看自己的孩子过得如何，是否习惯。孩子放假或隔几个星期可以回一次家，这个时候是他（她）们最高兴的时候，回到家里看到的一切都那么熟悉和舒适，跑到羊圈里跟小羊羔玩耍，跟自家的小狗嬉戏，所有的一切都是欢乐的。假期结束后，他（她）们又要回到学校。

过去，学校食堂的饭菜很乏味，一年到头就那么几种，吃得学生们腻烦，但那个时候国家经济情况就是如此。冬天烧炉子，无论是在宿舍里还是在教室里受冻是常事。供暖的燃料多是牛粪和羊砖。学校有存放燃料的仓房，学校一般会跟学生家长交代，开学送孩子的时候每家顺便送来一麻袋牛粪或羊砖，家长们有时甚至送来好几麻袋燃料给学校。燃料房管理员每天给每个班级定量分发燃料，以供生火。小学生们值班打扫班级，并且学会了烧炉子。夏天和秋天，有时学校组织，有时以班集体为单位去附近草场捡牛粪，以备燃料之缺。

学生学习成绩好，可以得到校方奖状和日记本、钢笔之类的奖励。六一儿童节是小学生们最喜欢的节日，学习好的可以得到嘉奖，信心倍增，得不到奖的也穿上了新服装，能吃到冰棍、喝到汽水。谈到小学教育对家长和孩子最大最深的影响是什么时，多数牧民认为，遇到好老师是最重要的，因为小学阶段是一个人学业打基础的最重要时期，遇到负责任的好老师是孩子的福分。某个孩子在画画或语言方面有天赋，恰好遇到好老师发现，给予其鼓励、指导，也许就改变了孩子的一生。

现在，乌日根呼格吉勒嘎查的学龄儿童都能顺利上学。嘎查牧户一致认为是“国家政策好”，除了智障儿童以外，都能上学、升学。学校的食宿条件比过去有很大改善，在教学楼、宿舍、设施等各方面，政府都投入不少，对教师的素质要求也高了。当然，随着就学条件的大幅提高，也带来了不少难题，尤其是近年来实施的撤乡并镇，撤销苏木小学，将年幼的孩子们集中到旗县小学的做法深深影响了牧民家庭的正常生产生活秩序，带来了诸多后遗症，这一点下面会谈到。

（二）中学教育

1958 年，苏尼特左旗有了第一所中学，1965 年，有了 141 名中学生。1977 年时，中学生人数增长至 1545 名。1989 年，全旗拥有 3 所蒙古族中学，学生 1790 名。乌日根呼格吉勒嘎查离旗近，考上中学的，去旗里上蒙中的学生很多，也有去二连浩特市上蒙中的。

升到中学，学生需要寄宿。父母将孩子送到城里，必要时还陪读，这一点会影响牧民的畜牧生产。

（三）嘎查的大学生

据说，嘎查成立以来，共出过 6 名大学生。但笔者 2009 年采访期间，嘎查只有两名大学生。其中一位是乌云高娃，是老嘎查长车德布的小女儿，2009 年考上了内蒙古农业大学。老嘎查长说："我们家族第一个大学生啊，哈哈，我为我的女儿骄傲，只要能完成学业，花多少钱我也会出，只要学好有出息就行。"李正禹有两个女儿，大女儿 32 岁，通辽民族大学畜牧专业本科毕业，毕业后在旗综合高中任教。

（四）专业技术教育

嘎查专业技术人员不多。那仁格日勒的儿子阿拉坦苏和（是车德布老人培养的人）学会了电脑技术。李正禹的二女儿 28 岁，中专学历，毕业于包头轻工职业技术学院，现在在包头工作。陶格苏木的儿子阿木古楞参了军，在新疆军队司训大队掌握了开车技术。陶德毕力格的儿子呼和 26 岁（见图 6－1），毕业于内蒙古体育职业学院，毕业后被分到苏尼特左旗职业中学任体育老师。嘎查还有个专业搏克手，是索·苏乙拉图的徒弟。

图 6－1　陶德毕力格的儿子摔跤手呼和

嘎查牧民宝力道在旗里当汽车修理工，在嘎查支持下，自学成才。巴图苏和是正骨师，技法是家传的，上一辈正骨师去世之后，才能由另外的血亲继承。家传只能传一人，是一脉单传的，可以用土方法治疗脑震荡什么的。头颅方面疾病的治疗，除了巴图苏和以外，还有桑杰老人也会。

四　牧民的文化素质

（一）牧民的传统文化素质

这些嘴里说着蒙古语、保持着祖先遗留下来的习俗和生活方式的牧民是承载数千年草原文化的重要载体。事实上，他们每一个人都是草原文化的一分子。乌日根呼格吉勒嘎查所有男子都会摔跤，成年男子都会骑马。他们运用母语表达时不仅非常流利，而且词汇相当丰富，很少掺杂其他语言词汇，语言纯度高。他们掌握着丰富的畜牧经验，他们中有些人自己都不曾察觉这许多珍贵经验中蕴含的环保和科技成分。《人与生物圈》杂志对乌日根呼格吉勒嘎查牧民哈斯额尔敦的描述是这样的："这个老头虽然在人前木讷少言，可一旦把话题拉到马群和五畜身上，那双深邃的小眼睛就闪闪发亮了。他不断向我们晃着一只手，神情激昂地说着什么，虽然语言不通很难交流，但是他的那份感情从眼睛里完全地流露出来，真挚而热情。他说五畜就像一只手的五根指头一样，全全的，这样握起拳头来才有力、才健康。我们非常惊讶地发现，这些形象的比喻往往出自于那些看起来老实巴交说话就会脸红的牧民们，他们对草原、对生畜，甚至对自己命运的理解和看法，比许多专家都来得透彻、生动。"此报道部分说明了嘎查牧民所具备的传统文化素质。

（二）嘎查牧民现代教育意识和受教育程度

学校教育的重要性已得到嘎查牧民的普遍认同。"通过上学让孩子成为一个有文化的人"已经成为嘎查所有牧民的共识。他们说："我们自己没文化，就希望孩子能成为有文化的人。孩子应该掌握知识，尊重长辈，有礼貌，在社会上有个好形象。"嘎查老人那仁满都拉说："现在没有文化的牧民，越发不能生存了。毛泽东同志讲，没有文化的士兵是愚蠢的士兵。文化是赋予万物以生机的东西，文化这东西浑身是宝。对我影响最大的是《毛主席语录》，那时候，每天晚上背三段，那时候我们开玩笑说'宝格达（圣人）的训言被囫囵吞枣了'哈哈……"牧民说："我们嘎查东边的去旗里，西边的去二连。有的住宿，有的陪读，老人去看孙子。1980～1990年，孩子一般中途辍学回家的多，回家放羊过得也不错。1995年、1996年以后人们开始重视教育，现在上面也要求至少读完高中。那时，孩子们喜欢返乡的原因是喜欢骑马、放牧、骑摩托，因为有放牧过活的生计，所以不像城里的孩子，有特殊压力，比如没文凭不好找工作。”还有牧民说：“我们老了，想学也来不及了，孩子们将来想在城里找工作，识字有文凭才行，初中水平没用，学就往高学，大家普遍这么认为。初三毕业后应上职业学院，学画画、体育等专业课。现在，孩子也喜欢上学，像过去那样逃学回来的基本没有。”有家人在二连浩特市陪孩子读书，苦于家中缺人手的一位嘎查牧民说：“现在真是后悔当初没好好学，想想我们上小学那阵儿，老师们那么辛苦，甚至有个兴安盟来的女老师落着泪让我们好好学，当时根本不理解为什么学这个。”人们在这里反复提到的文化基本是指学校教育，而大部分人平常挂在嘴边的“苏乙拉”（文化）也都是指学校教育和学历文凭。近年来，牧民开始认识到传统生活方式也是文化，开始察觉自我了。

做调查的2009年，嘎查所有学龄孩童都就读于蒙语学校。2009年初，嘎查牧民的受教育程度情况如表6－1所示。

五　存在的问题及发展趋势

前几年撤乡并镇，学校都并到旗里去了，城里的教育质量比原来的当然是好多了，但是到旗里上学花销大，租房子、吃饭、穿衣（挑好的穿）、燃料都要花钱，交通费当然也要花，从苏木到旗里打车要花60元。家长必须陪读，给孩子做饭，料理日常生活，不然总担心。这样家里人手就不够了，条件好点的人家也有雇人帮忙的。

表 6－1　乌日根呼格吉勒嘎查牧民 2009 年初受教育程度调查情况

单位：岁

户主				配偶				家庭成员（子女、亲属）							
姓名	性别	年龄	受教育程度	姓名	性别	年龄	受教育程度	姓名	性别	年龄	受教育程度	姓名	性别	年龄	受教育程度
车德布	男	65	小学	？	女	55	初中	乌云塔娜	女	28	初中	乌云高娃	女	21	大学
好毕斯哈拉图	男	38	初中	乌兰	女	29	初中	昌德	女	57	小学	阿尔斯楞巴特尔	男	9	小学就读
桑杰	男	68	小学	乌力吉巴图	女	74	小学	贺希格芒来	男	26	中学	那日苏	女	24	小学
巴图苏和	男	52	小学	乌云格日勒	女	53	小学	白斯古楞	男	28	小学	巴雅尔图	男	24	小学
朝格巴雅尔	男	26	初中	吉如格玛	女	26	初中	白秀花	女	51	小学	阿穆尔吉雅	男	3	
陶乐玛	女	72	小学					格日勒朝克图	男	23	初中	通拉嘎	女	27	初中
李正禹	男	56	小学	武桂荣	女	53	小学	王玉花	女	81	？	李淑莹	女	27	中专
哈斯额尔敦	男	51	小学	娜仁花	女	50	小学	嘎拉巴达拉夫	男	27	初中				

续表

户主				配偶				家庭成员（子女、亲属）							
姓名	性别	年龄	受教育程度	姓名	性别	年龄	受教育程度	姓名	性别	年龄	受教育程度	姓名	性别	年龄	受教育程度
南丁其其格	女	23	初中												
嘎拉巴特尔	男	30	小学	萨仁其其格	女	28	高中								
布和	男	35	初中	阿拉坦塔娜	女	34	高中	红格尔	男	11	小学就读	阿兹亚	女	7	小学就读
胡日乐巴特尔	男	37	小学	奥特根花	女	36	小学	布和毕力哥	男	14	初中就读	布和巴雅尔	男	10	小学就读
那木日图	男	27	小学	奥特根图雅	女	27	小学	敖根巴雅尔	男	4					
格日勒巴特尔	男	36	初中	乌兰图雅	女	30	初中	淖甘敖日格勒	男	7	小学就读	巴日玛	女	68	
额尔敦达来	男	21	中学					那顺	女	74	小学	额尔敦其其格	女	28	中学
那仁满都拉	男	61	?	乌云格日勒	女	47	小学	额尔敦苏和	男	26	初中				

续表

户主				配偶				家庭成员（子女、亲属）							
姓名	性别	年龄	受教育程度	姓名	性别	年龄	受教育程度	姓名	性别	年龄	受教育程度	姓名	性别	年龄	受教育程度
额尔敦巴特尔	男	28	小学	乌云塔娜	女	23	初中	阿如罕	女	2					
唐海龙	男	41	小学	奥登格日勒	女	35	小学	布乐布瑞	女	9	小学就读	布乐日玛	女	1	
陶格苏木	男	52	小学	苏伊拉其木格	女	55	小学	阿木古楞	男	26	初中				
乌云巴特尔	男	38	小学	苏伊拉	女	45	小学	吉日嘎拉	男	27	初中				
陶德毕力格	男	48	初中	朝鲁门其其格	女	46	小学	米都格	女	78	小学	呼和	男	26	中专
陶格特木勒	男	62	小学	齐木德玛	女	56	小学	巴特尔	男	32	中学				

注：表格中“?”代表未知信息。

资料来源：根据入户调查资料整理。

随着就学条件的大幅改善，也出现了小学生家庭教育缺失的危机。由于孩子年纪过小就离开家庭，到旗里上学，孩子们从此离开人生最重要的老师——父母，被送到另一个环境中。家里有老人的话，一般由老人陪读，年迈之人能保证孙子有吃有喝不受冻就不错了，精神道德以及心灵上的照顾老人心有余而力不足，这就导致幼小的孩童在人格发展和情感发展过程中缺失了一环，其后果目前还没有充分显现，但以后必然出现。小小年纪离开温暖的家，到旗县租住人家的小凉房或仓库，这对成长期孩童的身体以及心灵必然产生不同程度的负面影响。

据某中学老师说，随着草原退化，牧民生活水平不断下降，因贫困化的困扰，部分牧民进城务工，部分牧民被转移到城镇之后无事可做，政府虽然千方百计地帮扶，还搞各种职业培训，但多数牧民均为中年以上，难以适应，各类培训见效甚微。倒是因为无事可做，有不少人染上了打麻将、喝酒等不良嗜好，有的牧民甚至家计都不能维持，由此出现家庭不合，导致离异的情况明显增加。这种变化给当事家庭子女的心理带来了严重创伤，影响了其学业和健康。

第二节　科技与生活

一　科技与生活

20 世纪 70 年代嘎查传达消息，比如有个集体学习或开会什么的，主要依靠骑马或骑骆驼的过往行人传达。直到 20 世纪 80 年代初，嘎查才有一部手摇电话，寄信要跑到苏木里。老嘎查长的手机是 2003 年开始使用的，深感它的好处，联系面扩大了，办事方便极了。牧民说："大概2003年通电，最先嘎查办公室和农业点上通电，一度电9毛钱左右，每两个月旗电力局上门收取。我们家是2006年通的电。电话、洗衣机、灯、电视、收音机都得用电，电对生活起了重要的作用。机井现在按一下按钮就可抽出水来，方便又耐用。"

20世纪70年代牧民只靠收音机，了解远近新闻。20世纪80年代中期，个别家庭看上了电视，有人甚至跑到5公里外的别人家去看。电视机成了解外界的重要窗口，靠风力发电机供电。后来有些牧户安装了卫星接收器，如图6－2所示。

图6－2　现代高科技进入牧户家（一）

当笔者问到收看电视的相关情况时，牧民说："春天看不成，接羔很忙。夏天风力小，我们都是靠风力发电，所以也困难。秋末到接羔期间是常看的。"仍有人认为"收音机是最好的传播信息工具，现在离了收音机就觉得冷冷清清，没有通长电的地方主要还是靠收音机获取信息和打发闲暇时光。有的频道有杂音，有的没有。有几个播音员播报得清楚，我特别喜欢过去的《陶吉斯》（长篇小说）栏目。听收音机可以了解畜牧业新技术和其他地区的畜牧业发展情况，还能听蒙古的歌曲，了解各地的那达慕。”

二　科技与生产

1976 年和 1978 年，嘎查买进了“28”型拖拉机和“50”型拖拉机，给牧民带来了便利，1983 年又买进了“东风”牌汽车，满足了牧民的生产需求。

利用柴油机和水泵将地下水抽出饮牛羊是条件比较优越的牧户的生产方式（见图 6－3）。

图 6－3　现代高科技进入牧户家（二）

科学种植技术成为饲料基地建设的急需，防疫所用各种药物是畜牧生产须臾不可离的。

通信的发展给牧业生产带来了有益影响，可以节省时间、节省开支。接羔的时候，牧场上接羔的人能用手机及时与家里人沟通。网络技术虽然显得离牧民生活很远，但将来可为牧民提供畜产品价格等信息。机动车早已成为牧民主要的交通工具，摩托车替代马成为放羊、放牛的主要工具（见图 6－4）。

图 6－4　嘎查牧户使用的带有挡风臂套的摩托车

三　牧民文化科技培训

老嘎查长在 20 世纪 80 年代专门到锡林浩特接受过畜牧防疫知识培训，后来也做过兽医。之后，旗里不断组织与畜牧生产技术和现代牧业技术相关的各类培训，嘎查会选合适的人去参加。1991 年，锡林郭勒盟畜牧站的僧格和蒙医研究所的巴图巴雅尔两位同志曾到本苏木蹲点，进行种植饲料和青贮技术的指导和培训。

目前，主要是转移牧民再就业培训，具体工作由旗牧区人口转移专管部门负责实施，请盟里或自治区具备资质的培训部门来进行各种技能培训。对此嘎查牧民并没有多少热情，多数人认为自己岁数大了，掌握不了，自己还是跟牛羊打交道更顺手。针对这一问题，主管部门划拨了专门经费，以此激励牧民参与听讲的热情。随着时间的推进，这种情况将来应有所改观。

2010 年初，苏尼特左旗在赛汉高毕苏木乌日根呼格吉勒嘎查实施农业综合开发土地治理草原建设项目。其中配套提高畜牧业生产中的科技含量，加强对项目区牧民的实用技术培训是被考虑的重要内容，旗里计划从天然草场划区轮牧、畜种改良、牲畜饲养管理、牲畜疫病防治、畜产品生产加工销售以及牧民专业合作社等方面对牧民进行授课。

第三节　卫生及保健

一　传统民族医药

（一）蒙医蒙药

根据旗统计局资料“1976 年 6 月末合作医疗、赤脚医生情况表”得知，当时该嘎查实行了合作医疗，有赤脚医生 3 人，其中男 1 人，女 2 人，都是少数民族，经过培训，都会接生。

目前，嘎查仍没有专业医生。巴图苏和是正骨师，家传的，上一辈正骨师去世之后，才能由另外的血亲继承。家传只能传一人，是一脉单传的。巴图苏和可以用土方法

治疗脑震荡什么的，除了巴图苏和以外还有桑杰老人也会正骨。

（二）传统蒙医术及其在牧民心目中的地位

嘎查里没有专业医生，牧民对本地蒙医很依赖，喜欢找蒙医，一般疾病都吃蒙药，便宜也能治病。苏尼特右旗的蒙医格格日勒图大夫下乡巡诊时，必到该嘎查，嘎查牧民都愿意让他看病，简单的病可以开处方，复杂的病会提供建议，他会随身携带一些药品。

嘎查老人通常不愿意打针和输液，只习惯喝蒙药，便宜也能治病，尤其对慢性病、旧疾的治疗效果很好。特别是蒙医骨科传承已久且有特色，骨头脱臼或血管疾病什么的，揉揉捏捏就能治好。牧民说："我的血糖高，我不吃西药，只吃蒙药，控制得也不错。当然平时自己要注意饮食调理，不能太累，我也不想用其他方法治疗。"

二　现代医疗

关于防疫工作，有人说："苏木医院里打防疫针，过去苏木医院医生来打针，挨家挨户地打针，搞得特别认真。现在苏木医院冷冷清清，大概只有三四个常驻工作人员，医院房子倒是新建的。小病找蒙医吃蒙药扛过去，病情重些就去旗医院。"

嘎查合作医疗制度是从 2007 年开始的，嘎查发给牧民证件本，每人每年交 10 元。刚开始，合作医疗制度没有普及，诊治费 1000 元以上才能报销。到旗医院看病，要经过卫生局审批，还要出具住院证、出院证、病历，医药费按百分比报销，10000 元住院费能报 3000 元。

（一）常见病症

布病是长期困扰嘎查牧民的病种。1963 年 9 月旗《防疫站工作组赛汉高毕公社工作总结》中显示，当时公社总人口是 607 人，走场到其他地方的有 260 人，应受析人数为 347 人，工作组检查 203 人，检查率是 58.50%，发现各期布病 37 人，发病率是 18.23%，可疑病人 13 人，其中乌日根呼格吉勒大队受析 8 人，发现患者 2 人，诊断后主要是用链霉素和地霉素进行治疗。工作组在治疗工作上主要以布病治疗为主，同时开展其他疾病的防治工作，在一个月的时间里集中治疗了 19 名患者，其中 11 名为布病，其他 8 名主要是关节炎、胃病、肺结核等病患者。关节炎是该嘎查牧民最普遍的病症，上年纪的牧民几乎都有，甚至许多年轻人也患上了，只是病痛程度轻一些。牧民陶格苏木说："40～50 岁以上的人都有腿脚毛病，年轻时穿得薄。我的出身是牧主，吃了不少苦头，皮裤穿烂了以后拿细铁丝串起来穿，所以现在腿脚、腰椎老疼。"另一个人说："骑摩托的话，即使夏天跑起来，也会嗖嗖地拉凉风。现在年纪轻轻的这么多人得关节炎我看就是骑摩托的原因。"到 20 世纪 80 年代以后，高血压病越来越多，肺炎也流行一阵，现在没有了。陶格苏木还说："我心脏也不好，是高血压导致的。高血压在我们这里很普遍，胖的瘦的都得。"牧民患病比例高，后果严重的还有消化系统疾病，胃病、食道病、结肠炎、直肠炎等都是危害牧民健康的疾病。饮食结构相对单一，蔬菜和水果食用量一直有限，脂肪摄取量较高，分解得少，酸碱容易失衡，血脂血压容易提升，由此引发的脑血栓和脑动脉硬化等心脑血管疾病较多。

（二）饮用水的问题

采访嘎查饮用水情况时，有人说："嘎查牧户的饮用水是用拖拉机从有机井处拉过来的。听说，我们嘎查有人着手检查饮用水的氟含量，查过一次，但没有查出来，此问题曾向嘎查委员会反映过。不用说，饮用水的洁净是很重要的。我们有些井里的水，水面上总是漂着一层像油一样的东西，人不能直接饮用，牲畜喝了没事，我想可能含有某种矿物质，听说也有人家把那水过滤澄清后再饮用，但多数人不喝。去年我们打的井，没有漂浮物，我想可能有氟，我们的水井有这么一个不同点，希望有关部门给检验一下。我们嘎查在巴彦呼布尔（嘎查地名）打了个机井，牲畜不喝那水，那水倒在地上，都能把草给烧了。不知是什么水，可能是硝太多的原因。目前为止，打了 20 多口井，从来也没有遇到过那种情况。饮水安全比较重要，嘎查人缺少饮水安全意识。"

附　录

附录1　《苏尼特左旗国民经济和社会发展第十一个五年规划纲要》

南部浑善达克沙地治理区。该区域涉及巴彦淖尔镇14个嘎查，面积945.6万亩，占全旗草场总面积的18.4%，属沙地植被区。今后在该区域主要采取“飞、封、造、管、护”的综合措施，建立人工植被，提高植被盖度，改善生态环境，积极发展林沙产业，开辟既能防沙固沙、保护草场，又能增加收入的新途径。“十一五”期间，在浑善达克沙地严重受损区进行飞播造林32万亩，封沙育林28万亩，进行人工造林0.4万亩，实施国家公益林补偿项目143.8万亩，实施努格斯河湿地自然保护区项目总面积304万亩。

中部划区轮牧区。该区域涉及满都拉图镇、巴彦乌拉苏木的19个嘎查，面积1717.2万亩，占全旗草场总面积的33.4%。今后在该区域生态建设上，普遍推行划区轮牧，从而减轻草场放牧强度，使草场利用合理化。鼓励牧民进一步加强围栏、暖棚及水利等畜牧业基础设施建设，在水源相对丰富地区合理开发利用水资源，进一步巩固现有高产饲草料种植基地建设，实现高产、稳产，为畜牧业生产提

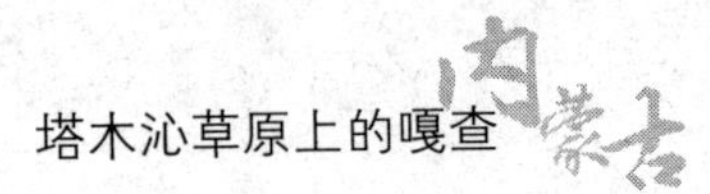

供充足的饲草料，发展现代化畜牧业。“十一五”期间，新增划区轮牧165万亩，基本草牧场建设1.1万亩；棚圈24万平方米；水源井710处，节水灌溉680处；小流域治理1.5万亩。

北部荒漠草原封禁保护区。该区域涉及管辖乌日根呼格吉勒嘎查的赛汉高毕苏木和查干敖包镇的16个嘎查，面积2475万亩，占全旗草场总面积的48.2%，属缺水草场，退化、沙化面积达到83%。今后在该区域生态建设上，把转移减少牧业人口作为根本性措施，坚持试点引路，以点带面，做好封禁保护项目试点工作，总结经验、全面推广。根据草原生态的退化、沙化程度，划定无人区、无畜区，宣传动员、组织就业培训和典型引路工作，开辟新的转移地点和增收渠道。通过将草场严重退化的牧户作为重点转移对象实施生态移民，逐步带动更多的牧民转移进城从事第二、第三产业。将草场封育起来，使散居在草原上的牧民转移到城镇周围新建设的定居点，打机井，开发饲草料基地，畜群由放牧向舍饲、半舍饲转变，走建设养畜之路。

附录2　苏尼特左旗人民政府办公室关于贯彻落实《锡林郭勒盟引导扶持牧区人口向城镇转移政策措施的指导意见》的实施办法（试行）

苏左政办发〔2006〕88号

各苏木、镇政府，旗直有关单位：

经旗政府研究，现将《苏尼特左旗贯彻落实〈锡林郭勒盟引导扶持牧区人口向城镇转移政策措施的指导意见〉的实施办法（试行）》印发给你们，请结合实际，认真贯彻落实。

二〇〇六年十一月十五日

苏尼特左旗贯彻落实《锡林郭勒盟引导扶持牧区人口向城镇转移政策措施的指导意见》的实施办法（试行）

第一章　总则

第一条　为了更好地贯彻落实锡林郭勒盟委、行署《关于引导扶持牧区人口向城镇转移政策措施的指导意见》（锡党发〔2006〕11号，以下简称《实施办法》），确保我旗牧区人口向城镇合理、有序地转移，实现改善草原生态和增加牧民收入的双赢目标，结合我旗实际，特制定本《实施办法》。

第二条　引导扶持牧区人口向城镇转移是一项事关牧区改革、发展、稳定，事关全旗经济可持续发展的系统工程，对于加快"城乡统筹、三化互动"进程，对于改善草原生态、增加牧民收入，让广大牧民群众成为工业化、城镇化的建设者、支持者，成为工业化、城镇化发展成果的共享者具有十分重要的意义。

第三条　本《实施办法》适用于具有我旗牧区户口、有承包草场，自愿进入旗县市（区）所在地及建制镇自主创业、就业、居住的人员及其子女。

第二章　组织机构

第四条　旗委、政府成立了牧区人口转移工作领导小组，负责对全旗牧区人口转移工作的领导和相关政策措施的制定等工作。领导小组下设两个办公室和两个工作组，即领导小组办公室设在旗围转办，驻二连市转移办公室设在二连浩特市，培训就业工作组设在旗劳动就业局，社会保障组设在旗社保局。

第五条 旗委、政府建立牧区人口转移联席会议制度，明确联席会议成员单位的职责和任务，制定详细的工作职责，定期、不定期地召开会议协调解决人口转移工作中遇到的困难和问题。

第六条 各苏木、镇要成立牧区人口转移工作领导小组，负责做好本辖区牧民转移进城工作。

第三章 政策措施

第七条 牧户以家庭为单位全家人口转移进城，自愿将承包草场禁牧5年以上，与苏木、镇人民政府签订草场禁牧合同后，可纳入生态移民项目享受住房补贴。在城镇购买普通商品住房的每人一次性给予8000元的补贴；在二连浩特市、锡林浩特市等跨地区转移购买二手房的每人一次性给予5000元的补贴；在满都拉图镇购买二手房的每人一次性给予2000元的补贴。上述购房时免缴房屋交易手续费、登记费，减半缴纳契税。在城镇租房居住的每人一次性给予1500元的补贴。

牧民个人转移进城，自愿将承包草场禁牧5年以上，与用工单位签订1年（含1年）以上劳动合同并实现就业1年（含1年）以上的，持嘎查出具的人口转移证明、禁牧合同和劳动合同副本，给予一次性1500元的租房补贴。

第八条 牧户以家庭为单位全家人口转移进城，并按照有关法律法规流转草场承包经营权，持嘎查出具的人口转移证明和草场承包经营权流转合同副本，经苏木、镇认定，在城镇购买普通商品住房、二手房，免缴房屋交易手续费、登记费，减半缴纳契税。在城镇自建住房，须按照城镇建设规划要求进行，建房时还可以免缴城市市政公用设施建设配套费；通过划拨方式取得用地的，免缴划拨用地管理费。

第九条　转移进城的牧民可向移出地苏木、镇人民政府提出申请，苏木、镇人民政府负责向旗围转办申报，由围转办会同劳动和社会保障、农牧业、扶贫等部门代为办理“再就业优惠证”和“转移就业培训券”。牧民凭“再就业优惠证”和“转移就业培训券”可分别享受以下优惠：

（一）牧民凭“再就业优惠证”新办小型企业或从事个体经营（国家限制的行业除外），在营业 3 年内免缴登记类、证照类行政事业性收费。新办小型企业的，3 年内免缴企业所得税；从事个体经营的，享受“3 年内每户每年以 8000 元为限额依次扣减当年实际应缴纳营业税、城市维护建设税、教育费附加和个人所得税”的税收优惠政策。

（二）牧民凭“转移就业培训券”，可到劳动和社会保障、农牧业、扶贫部门认定的培训机构接受职业技能培训，培训合格后，免费领取“牧民转移进城职业技能培训合格证”。

第十条　牧民转移进城在城镇周边从事特种养殖业，在矿区从事运输业，并草场禁牧 5 年以上的，可向旗围转办申请，享受生态移民项目补贴。围转办审核后，可依据项目规定给予一定数额的补贴，用于牧民生产。享受生产补贴的，不再享受住房补贴。

在矿区被征用草场的牧民，除享受规定的草场补偿外，还可以向旗围转办申请，享受生态移民项目补贴。

第十一条 牧民转移进城后，可自愿在移出地参加新型牧区合作医疗，也可按照相关规定参加移入地的医疗保险。

第十二条 牧民转移进城有住所的，经本人申请，公安户籍管理部门可以为其办理城镇居民常住户口。办理城镇居民常住户口后，其草场承包关系保持不变，继续享受国家对牧民的各项优惠政策，同时与城镇居民享受同等待遇。子女接受义务教育和高中阶段教育与牧区户籍人员同等对待。牧民家庭成员月人均收入和实际生活水平低于当地城镇最低生活保障标准的，由旗政府纳入城镇最低生活保障范围。

第十三条 牧区初中毕业生凭参加中考有效证明或初级中等义务教育证书，可进入盟内职业高中或中等职业学校就读；高中毕业生可直接进入盟内中等职业学校就读。

第十四条 贫困家庭学生考入普通高等院校，旗政府给予不低于第一学年学费 15% 的助学补助。特困家庭学生考入普通高等院校，旗政府给予不低于第一学年学费 30% 的助学补助。

第十五条 转移进城牧民的子女大学毕业后自愿回旗内就业创业的，由人事部门择优纳入旗级人才储备库。实现就业前，免费接受职业技能培训。

第十六条 转移进城牧户流转承包草场，须在本嘎查有承包草场的牧户范围内进行，旗草原监理部门对流转草场核减15%～30%的载畜量，严格落实草畜平衡制度，流转双方每3年签订一次流转合同。牧户草场承包经营权未流转的，不得雇用他人在自家承包草场从事畜牧业生产。

第十七条　各级公安户籍管理部门严格负责牧区户口管理，除出生、婚嫁和复转军人回乡外，一律不再登记牧区常住户口，不再办理分户手续。

第十八条　旗财政将牧区人口转移经费纳入预算，每年用于支持牧区人口转移的资金不低于当年地方财政预算收入新增部分的2%。

第十九条　各项目实施部门将沙源治理、舍饲禁牧、生态移民、公益林补偿、扶贫开发等资金，按照资金整合的有关规定捆绑使用，用于牧区人口向城镇和第二、第三产业转移上。

第二十条　旗内工业企业新招用工和新建企业用工，招用旗内转移进城牧民要占到企业一般性用工岗位总数的50%以上。每招用一名转移进城牧民并签订1年以上劳动合同的，旗政府按每人每年500元标准支付用工单位岗位补贴；3年内每签订1年劳动合同的，合同期满支付一次。

第二十一条　城镇城区绿化、环卫清洁、治安保卫、公共设施维护、物业管理等行业新增岗位，招用转移进城牧民按第二十条规定的标准兑现岗位补贴。

第二十二条　旗内商贸企业、服务型企业（国家限制的行业除外）、劳动就业服务企业中加工型企业和街道社区具有加工性质的小型企业实体，在当年新增岗位中招用持“再就业优惠证”的转移进城牧民，与其签订1年以上劳动合同并按规定为其缴纳社会保险费的，税务部门依法定额依次扣减营业税、城市维护建设税、教育费附加和企业所得税，定额标准为每人每年4000元。

第四章　工作职责

第二十三条　旗牧区人口转移工作领导小组办公室（设在旗围转办），负责牧区人口转移的宣传引导、建档立卡、补偿金兑现，协调相关部门抓好劳动力培训、转移就业等工作。

第二十四条　社会保障组（设在旗社保局），负责转移进城牧民的医疗保险、教育扶持、低保救济等社会保障工作。

第二十五条　培训就业组（设在旗劳动就业局），负责转移进城牧民的就业培训、岗位征集、用工信息收集和发布、牧民合法权益维护等工作。

第二十六条　驻二连市转移办公室，负责为转移到二连市的牧民提供就业指导和服务工作。

第五章　附　则

第二十七条　本《实施办法》由旗围转办负责解释。

第二十八条　本《实施办法》自印发之日起实施。

主题词：畜牧业　牧区　人口转移　办法

抄送：旗委办、人大办、政协办

苏尼特左旗人民政府办公室

2006年11月15日印发

附录3　苏尼特左旗农业综合开发2010年乌日根呼格吉勒项目区草原建设项目实施方案

（2010 年 3 月 26 日）

为了实施好农业综合开发项目，提高项目工程质量，保证项目资金安全，发挥项目效益，增强畜牧业综合生产能力，增加牧民收入，特制定本实施方案。

一　总体要求

以科学发展观为指导，以提高畜牧业综合生产能力和增加牧民收入为核心，加强畜牧业基础设施建设，改善畜牧业生产条件；强化科技支撑作用，促进畜牧业科技进步；保护草原生态环境，提高畜牧业可持续发展能力；推进畜牧业产业化经营，建设现代畜牧业示范基地。

二　坚持原则

坚持高起点、高标准、高质量、高效益的原则。坚持本着相对集中连片、规模开发、区域布局的原则。坚持择优选项、集中投资的原则。坚持因地制宜、突出重点、合理规划的原则。坚持以提高畜牧业综合生产能力与保护生态环境相结合的原则。坚持国家投入为导向、牧民投入为主体的民办公助的原则。坚持经济效益、社会效益、生态效益统筹兼顾的原则。

三　目标任务

项目建设总规模为12.03万亩，其中，天然草场划区轮牧7万亩，打草场5万亩，高产饲料基地0.03万亩。项目计划总投资为548万元，其中，中央财政资金322万元，自治区财政配套资金103万元，盟级财政配套资金13万元，旗级财政配套资金13万元，牧民自筹资金97万元（包括投工投劳折资16万元）。

四　具体措施

全面完成好上述目标任务，今年赛汉高毕苏木乌日根呼格吉勒项目区草原建设项目，要采取“整村推进”的办法，主要做好以下几项工作。

（一）规范放牧制度

要把规范放牧制度，实行季节性划区轮牧，作为实施农业综合开发项目的首要前提。在坚持春季休牧的基础上，认真总结和大力推广与现阶段生产力水平相适应、符合当地草原畜牧业生产实际、饲养成本较低、牧民能够和愿意接受的不同类型、不同规模草场的多种休牧轮牧模式，全面实现放牧制度化。根据水源条件，有效整合棚圈、草场、围栏、劳动力等各种资源，全面推行季节性划大区轮牧。大力引导和支持以联户、浩特为主的互助合作或合群放牧的划区轮牧。坚持以保护优先、科学治理、合理开发、永续利用、可持续发展为方针，在科学整合草场经营规模的前提下，着力推行季节性划大区轮牧模式，规范草牧场流转制度，减轻草场压力；结合全嘎查牧户户均草场面积大小，划分春夏、夏秋、冬春三季牧场，并且大区划分若干小区，按顺序依次利用，但是小区面积必须在3000亩以上；逐步实现草畜平衡，加快发展草原特色现代畜牧业。2010年，对全嘎查77万亩草场全面进行划大区轮牧，划大区轮牧覆盖面达100%。年内对原有围栏进行必要的划分和补齐，配套实施划区轮牧围栏7万亩，新打机井4眼、井房4处，标准化暖棚30处3000平方米，划区轮牧所需水罐20台、水槽40台。

（二）坚定推行限量养殖

要把推行限量养殖，作为实施农业综合开发项目的必要前提。要认真总结和综合分析我嘎查畜牧业发展状况、草地资源保护利用情况，按照天然草场实际载畜量，将最高饲养量限制值落实到每个牧户。按照旗里统一安排，取消往年制定的良种牛、驼、马折算载畜量的优惠政策和种植牧草、青贮、精饲料折青干草的优惠政策，规范和统一载畜量计算标准。在一定时期内，每个生产单元饲养牲畜数量控制在限量值以内，牲畜饲养规模保持相对稳定，不因市场变化、草场生产力波动等外因变化而发生大幅波动，逐步实现草畜年际长期平衡。重点解决暖季超载、大户超载问题。要引导牧业大户通过调整畜群结构，实现牲畜的少养、精养；要鼓励牧业大户通过租赁贫困户草场，带动贫困户脱贫等方式实现草畜平衡。积极鼓励贫困户、无畜户将草场依法有偿向本嘎查户籍的牧业大户和能人流转，积极引导和扶持牧户创建“现代家庭牧场”。

（三）调整畜牧业结构

要把推行专业化生产，作为实施农业综合开发项目的基本前提。按照“突出特点，发挥优势”的要求，以养殖苏尼特羊为重点，在抓好提纯复壮、种公羊集中管理和规范标准化畜群等工作的基础上，依托农业综合开发、现代农牧业建设、围栏封育和肉羊良种畜补贴等项目，推进苏尼特羊标准化养殖嘎查建设。苏尼特羊标准化养殖的基本要求是：一要实现季节性划区轮牧；二要全面实现草畜平衡，限量养殖；三要专业饲养，年内山羊全部出栏，三年内牛的饲养规模每户不突破10头；四要羔羊补饲育肥出栏；五要种公羊集中管理，实现特一级化标准；六要建立牧民合作经济组织；七要通过牧民大会研究决定，使其成为牧民自觉行动。今年通过实施好农业综合开发项目，将我嘎查建设成为全旗荒漠化草原地区苏尼特羊专业饲养的典范，为今后全旗全面推广提供经验。年内购置优质苏尼特种公羊100只，壮大种畜专业群。通过羔羊补饲育肥等措施，加强合作组织与肉食品企业的联系，逐步形成产业链条，实行肉羊专业化生产、产业化经营。

（四）提高牧民的组织化程度，实现产业化经营

要按照“民办、民管、民受益”的原则，大力加强嘎查专业合作组织建设，把全嘎查的能人，有实力、积极性高的牧户纳入专业合作组织，不断完善制度，规范管理，解决发展中出现的问题，边发展边提高。新组建合作社内部饲草饲料种植、剪羊毛、牲畜疫病防治、节约用水和打草服务队等方面的专业合作小组。让国家项目惠及更多的牧民群众，提高资源和资产的整合和利用水平。通过羔羊补饲育肥等措施，加强合作组织与肉食品企业的联系，逐步形成产业链条，实行肉羊专业化生产、产业化经营。今

年将农业综合开发项目扶持的拖拉机、打草机、大型捆草机和饲料基地喷灌设备由专业合作组织来经营，为全嘎查畜牧业经济服务，使其真正成为产业有特色、发展有潜力、组织有活力，为建设新牧区做出贡献。

（五）立足长远发展饲草产业

以嘎查为单位围封建设具有一定规模的天然打草场，实行科学适宜的改良措施，大力推行打草场轮刈制度，着重抓好天然打草场保护和建设，提高天然打草场产量，打草场由嘎查统一管理，分户受益。围绕当前和长远的抗旱工作需求，将节水灌溉高产饲料基地建设作为减轻草牧场压力、保障饲草料供给、调剂年际平衡等抗长旱抗大旱长效机制的重点工作，按照适度规模、集中连片、机井通电、稳定高产的要求，统筹新建节水灌溉高产饲料基地。根据牧户情况将节水灌溉高产饲料基地划分到每个牧户，由牧户自己承担籽种、化肥、水电费等必要的费用，组织人力给饲料基地拉运有机肥等，由合作社组织牧民或聘用其他人员进行集中种植和管理，到秋季分户收割储存。年内围封打草场 5 万亩、节水灌溉高产饲料基地 0.03 万亩，配套建设时针式喷灌机 1 台，安装节水管道 1400 米，建设蓄水工程 1 处 100 立方米、青贮窖 10 处 750 立方米、储草棚 30 处 1800 平方米，购置 18 马力拖拉机 8 台、打搂草一体机 8 台、大型捆草机 1 台。

五　保障措施

（一）加强组织领导力度，做好项目前期工作

把农业综合开发工作，作为推动牧区产业结构战略性

调整和促进牧区经济发展的重要措施，列入重要议事日程，加强对农业综合开发工作的领导，适时调整充实旗农业综合开发领导小组组成人员，由旗政府主要领导挂帅，分管领导任副组长，由财政、发改、畜牧、林水、科技、生态、扶贫、金融、审计、监察等各有关部门参与。各项目区苏木、镇也相应地成立工作机构，从而为农业综合开发项目的顺利实施提供了组织和领导保障。旗农业综合开发办公室按照《国家农业综合开发资金和项目管理办法》（财政部第29号令）的有关规定，会同拟申报项目的苏木、镇政府和相关机构，向牧民群众公示项目的建设地点、规划方案、需牧民筹资投劳方案等内容，深入项目区走访嘎查领导和牧民群众，组织召开项目区干部牧民座谈会，做好项目申报前的摸底调查和项目实施前期宣传动员工作，听取基层干部、牧民的想法和意见，了解畜牧业生产的实际需求和牧区经济发展中存在的具体问题，把牧区、牧业和牧民群众的利益放在首位，充分尊重和采纳牧民群众的意见，优化项目设计，充分带动牧民参与农业综合开发的积极性，确保牧民筹资投劳方案的落实。

（二）认真组织项目实施，严把工程建设质量

项目工程建设质量，是项目能否取得预期效益的关键。在项目工程建设中首先是坚持高标准、严要求，组织专业技术人员深入项目区，与项目区苏木、镇、嘎查干部一起对项目工程进行勘测设计，并反复修改，同时积极征求项目区牧民群众的意见，使项目设计更加科学、合理，真正能解决畜牧业生产中存在的实际问题。其次是实行项目工程招投标制。按照《国家农业综合开发项目招标暂行办法》

（国农办〔2001〕24 号）和《内蒙古自治区农业综合开发项目招投标管理实施细则》（内农综办〔2006〕97 号），对网围栏及附属设施、畜牧业机械、牧草种子等大宗物资采购，棚圈、机电井等工程施工进行招投标。在招投标过程中坚持公开、公平、公正的原则，经过认真筛选，择优选择供货商和施工单位，并与中标单位签订供货和施工合同，明确工程建设质量和工期，严格按照采购标准供货和工程设计图纸施工，既降低工程成本，又保证工程建设质量和工期。最后是在项目工程建设过程中严格按照《国家农业综合开发土地治理项目工程建设监理办法（试行）》（国农办〔2004〕49 号）和《内蒙古自治区农业综合开发地治理项目工程建设监理实施细则（试行）》（内农综办〔2006〕98 号）的有关规定，加大对项目工程建设的监督检查力度，旗农发办的相关工作人员会同盟办所派监理人员一起，每星期都深入项目区例行检查和指导，发现工程质量问题及时纠正，确保工程施工进度和质量要求。

（三）努力提高管理水平，管好用好项目资金

加强项目资金管理，是搞好农业综合开发工作的重要保证。今年，草原建设项目计划总投资 548 万元。其中，中央财政资金 322 万元，自治区财政配套资金 103 万元，盟级财政配套资金 13 万元，旗级财政配套资金 13 万元，牧民自筹资金 97 万元（包括投工投劳折资 16 万元）。为了切实管好用好农业综合开发项目资金，要加强对项目和资金管理人员的政策理论和业务技能的培训，努力提高项目和资金管理水平，保证国家项目资金的安全运行。一是加强对农业综合开发项目和资金管理人员的政策理论和业务技能的

培训力度，使其积极参加各级农发机构举办的培训班，认真组织学习《国家农业综合开发资金和项目管理办法》（国家财政部第29号令）、《农业综合开发资金会计制度》（财发〔2001〕11号）和有关农业综合开发项目及资金管理的规章制度，提高项目和资金管理人员的业务素质。二是严格执行国家有关农业综合开发资金投入政策规定，坚持“国家引导，配套投入，民办公助，滚动开发”的投入机制，及时足额拨付到位各级财政资金；按照《国家农业综合开发农民筹资投劳管理规定（试行）》（国农办〔2005〕239号）的“自愿互利、注重实效、控制标准、严格规范”和“谁受益、谁负担”的原则，在项目区苏木、镇广泛发动牧民群众采取多种措施，多渠道、多形式筹集资金，使群众自筹资金落到实处，今年，项目配套牧民自筹资金97万元，对一个嘎查来说压力比较大，各方面要全力以赴，努力完成好。三是严格实行县级报账制。农业综合开发资金按照财政部《农业综合开发资金报账实施办法》（财发〔2001〕11号）和《内蒙古自治区农业综合开发资金旗县级报账办法实施细则》（内财农综〔2006〕1363号）的规定，执行专人管理、专账核算、专款专用的原则，严格按报账管理办法规定的程序和手续进行报账，根据项目建设进度和有关报账程序及时拨付开发资金，确保项目资金及时到位，保证项目建设任务顺利完成，也保证国家项目资金的安全运行。

（四）加强项目工程管护，确保工程发挥长期效益

切实加强农业综合开发项目工程的管护，是充分发挥农业综合开发项目工程正常运转和长期发挥效益的关键。

按照《国家农业综合开发土地治理项目工程管护暂行办法》（国农办〔2008〕183号）的有关规定，本着“因地制宜、便于操作、分类管理、注重实效、保证运转”的原则，制定了各项管护制度和措施。在项目工程建设竣工后，本着“建管并重”、“谁受益、谁负责”、“以工程养工程”以及“市场手段与政府补助相结合”的原则，旗农开办与项目牧户签订《农业综合开发项目工程管护合同》，明确双方的责任和义务。一是落实项目工程管护主体。二是切实加强对已建成项目的运行和管护。三是加强对项目区牧民群众的工程管护宣传力度，使群众充分认识到农业综合开发项目在当前畜牧业经济发展中的地位和作用，增强群管意识，充分提高群众维护项目工程正常运转和长期发挥效益的自觉性。

附录4　国家质量监督检验检疫总局《关于批准对苏尼特羊肉实施地理标志产品保护的公告》

2007年第218号

关于批准对苏尼特羊肉实施地理标志产品保护的公告

根据《地理标志产品保护规定》，我局组织了对苏尼特羊肉地理标志产品保护申请的审查。经审查合格，现批准自即日起对苏尼特羊肉实施地理标志产品保护。

一　保护范围

苏尼特羊肉地理标志产品保护范围以内蒙古自治区锡林

郭勒盟行政公署《关于确认“苏尼特羊肉”地理标志产品保护范围的函》（锡署字〔2007〕34号）提出的范围为准，为内蒙古自治区苏尼特左旗和苏尼特右旗现辖行政区域。

二 质量技术要求

（一）羊源

1. 在苏尼特草原独特的气候、自然条件下，在纯天然、无污染的环境中自然放牧、自然选育的耐寒、耐粗、宜牧、小脂尾型肉质优良的苏尼特绵羊品种。

2. 经过初生、断乳、周岁3个年龄段的鉴定，选留的特级和一级的6个月以上羔羊（体重40kg以上）、成年羯羊（体重65～80kg）和母羊（体重50kg以上）。

3. 苏尼特羊体格大，体质结实，结构匀称，公母羊均无角，鼻梁隆起，耳大下垂，眼大明亮，颈部粗短，大腿肌肉丰满，四肢强壮有力，脂尾小呈纵椭圆形，中部无纵沟，尾端细而尖且一侧弯曲。被毛为异质毛，毛色洁白，头颈部、腕关节和飞节以下部、脐带周围有有色毛。

（二）饲养管理

1. 饲养条件以天然放牧为主，草场植被无污染，纯天然生长环境；气候特点是冬季寒冷漫长，春季干旱多风，夏季短促炎热，秋季气温剧降、霜冻早；草场类型主要为荒漠草原和干草原；主要植物种类有沙葱、多根葱、小型针茅草等达477种。

2. 适时进行常规疫苗注射，实行早春驱虫和夏秋两次药浴以外，未使用其他任何抗菌剂、添加剂。

3. 环境、安全要求：饲养环境、疫情疫病的防治与控制必须执行国家相关规定。

（三）羊肉加工

1. 按伊斯兰教风俗屠宰，屠宰厂符合 GB/T17237 规定，屠宰检验按 NY/T467 规定执行。

2. 屠宰放血完全、无淤血。

3. 剥皮，去头、蹄及内脏（包括肾脏），去羊油、大血管、乳房、生殖器，去三腺（甲状腺、肾上腺、病变淋巴结）。

4. 修割整齐、冲洗干净、无病变组织、无伤斑、无残留小片皮、无浮毛、无粪污、无胆污和泥污、无凝血块。

5. 检验合格的羊胴体进入排酸间，熟化预冷间室温 2～4℃，熟化周期 20～48 小时。

6. 熟化后的胴体转入剔骨，分割包装间，称重后进行整形包装，车间温度 10℃。

7. 薄膜包装好的肉品进行纸箱打包，在室温为 10～12℃的另一车间进行。

8. 将装箱肉品降温到 5℃以下，进行二次冷却。

9. 包装后的肉品置于 -35℃下速冻。然后转入 -18℃冷藏库贮存。

（四）质量特色

1. 感官特征：羊肉具有香味浓郁的特点，鲜嫩多汁、无膻味、肥而不腻、色泽鲜美、肉层厚实紧凑。

（1）色泽：鲜羊肉，肌肉色泽鲜红或深红，有光泽，脂肪呈乳白色；冻羊肉，肌肉有光泽，色鲜艳，脂肪呈乳白色。

（2）弹性：鲜羊肉，肌纤维致密、坚实、有弹性、指压后的凹陷立即恢复；冻羊肉，肉质紧密，有坚实感，肌纤维韧性强。

（3）粘度：鲜羊肉，外表微干或有风干膜、不粘手；冻羊肉，外表微干或有风干膜或湿润，不粘手。

（4）气味：鲜羊肉、冻羊肉，具有新鲜羊肉正常气味，煮沸后肉透明澄清，脂肪团聚于液面，具有香味。

2. 理化指标：苏尼特羊肉主要理化指标为 pH 值点 6.46，蛋白质含量点 19.59%，脂肪含量点 3.14%。

3. 安全要求：产品安全、卫生指标必须符合国家同类产品的相关规定。

三　专用标志使用

苏尼特羊肉地理标志产品保护范围内的出口企业，可向内蒙古出入境检验检疫局提出使用“地理标志产品专用标志”的申请；保护范围内的其他生产者可向内蒙古自治区锡林郭勒盟质量技术监督局提出使用“地理标志产品专用标志”的申请，由国家质检总局公告批准。

登出 2004 年国家质量监督检验检疫总局公告第 152 号公告中关于苏尼特羊系列产品（苏尼特牌）的地理标志注册。

自本公告发布之日起，各地质检部门开始对苏尼特羊肉实施地理标志产品保护措施。

特此公告。

二〇〇七年十二月二十八日

附录5 乌日根呼格吉勒嘎查要事记录

一、1953 年，命名为哈布苏日拉·好日晓吉勒。

二、1953～1954 年，称为莫日格吉乐图巴嘎（巴日嘎达）。

三、1957 年，莫日格吉乐图巴嘎全体牧户迁到昌图锡力苏木巴彦锡力嘎查走场，在那里待了 5 年。

四、1962 年 10 月，从昌图锡力苏木巴彦锡力嘎查回到原来的牧场，改名为乌日根呼格吉勒。当时在蒙古包里办公。

五、1963 年，嘎查全体赶着集体牲畜，走场到西乌珠穆沁旗朝格乌拉牧场第二巴日嘎达，于 1968 年回到本乡。当时组织走场的领导是旗委书记策伯格米德同志。此次走场损失了许多牛。

六、1966 年 6 月 21 日，发生从未见过的沙尘暴，白天燃灯。

七、1968 年，检查马群瘟疫，对病马进行隔离。

八、1968 年，北京知青来到本嘎查，组建红卫兵，因当时的社会原因，许多人被蒙上冤屈罪名，劳动改造，无偿地干挖井和搬运石头等活儿。

九、1970 年，土默特知识分子来到该嘎查，深入生活，研究传统文化的同时，学习了苏尼特标准音。该年在叫作“额恒乌苏”的地方建立了蒙古包小学，一位叫九花的老师全面负责小学各项教学及管理任务。

十、1977 年的大雪灾，该嘎查牧户全体到北部查干敖包、达来、红格尔等遭灾程度较轻的苏木，保住了小畜和牛，但损失了不少马。当时的组织者旗长哈斯宝力道、苏木长丹巴道尔吉、苏木副书记阿拉腾奥其尔等领导给予了强有力的帮助。

十一、1976年和1978年，嘎查买进了“28”型拖拉机和“50”型拖拉机，给牧民带来了便利，1983年又买进了“东风”牌汽车，满足了牧民需求。

十二、1981年，由当时的嘎查书记朝鲁同志、车德布、桑杰苏木长、陶德毕力格会计等发起，组织了嘎查历史上第一届牧民那达慕。

十三、1983年，开始实行双承包制度。

十四、1984年，嘎查部分牧户到邻近的宝拉格嘎查走场。

十五、1985年遭大雪灾，嘎查牧户到塔木沁草原走场，该年在塔木其塔拉上长了大片“胡日干·希日拉吉”草。

十六、1989年，遭遇罕见的大旱灾，嘎查牧户整体迁至阿巴哈纳尔旗伊拉勒塔苏木巴彦淖尔嘎查走场，1990年回来。

十七、1999年，又遭大雪灾，嘎查牲畜大量死亡。

十八、1995年，嘎查十户联合，邀请著名的雕塑家桑杰道尔吉，将著名搏克手“十六岁”却扎木苏的纪念塔立在其旧居遗址上，命名为“章其布却丹”塔，议定此后每年进行祭祀及庆祝活动，丰富群众文化生活，纪念嘎查历史名人。

十九、2000年，开始起沙尘暴，环境恶化。

二十、2003年，开始实施五年期围封转移“整体搬迁”政策，生态有所恢复，牧民收入减少。

二十一、2007年8月，组织嘎查第二次牧民那达慕，奖励了劳模和先进个人。

二十二、2010年，苏尼特左旗农业综合开发乌日根呼格吉勒项目区草原建设项目启动。该项目是以“提高畜牧业综合生产能力和增加牧民收入为核心，加强畜牧业基础设施建设，改善畜牧业生产条件，强化科技支撑作用，促进畜牧业科技进步，保护草原生态环境，提高畜牧业可持续发展能力，推进畜牧业产业化经营，建设现代畜牧业示范基地，增强畜牧业综合生产能力，增加牧民收入”①。

① 参阅附录3：《苏尼特左旗农业综合开发2010年乌日根呼格吉勒项目区草原建设项目实施方案》。

后　记

该调查报告是“当代中国边疆·民族地区典型百村调查”的子项目，是对内蒙古苏尼特左旗赛汉高毕苏木乌日根呼格吉勒嘎查的全面调研。该书早在2011年即已完成初稿，2012年提交出版，然因种种原因迟迟未能付梓。作为调查报告，时效性显然打了折扣，然而作为各个学科可资引用的史料，或可提供些许有价值的信息。该报告数据材料部分均是笔者实地踏查、入户采访所得的第一手资料。

苏尼特左旗位于我国最北与蒙古国接壤的地方，是一个纯牧业旗。在这么一个纯牧业旗里寻找具有典型意义的嘎查并不难，因为这里所有嘎查的同质性较高，衣食住行与生产方式大同小异，然而最终选择乌日根呼格吉勒嘎查还是经过考虑的。该嘎查位于旗驻地和二连浩特市之间，交通条件相对便利。做调查需要进行细致的观察与访谈，须反复深入，多次回访。然而牧区的交通条件通常较差，尤其是草原深处嘎查的交通条件更差。要想在规定时限内完成访查，必须选择交通相对便利的嘎查。另外，调查报告是涉及方方面面的复杂工作，搜寻档案资料、熟悉草原道路交通情况、快速融入环境，乃至草原上的衣食住行安排均须熟人相助，不然单凭个人是做不到的。赛汉高毕苏木是我的家乡，时隔数年，重返家乡，儿时往事历历在目，勾起了我无尽的回忆。我对牧业生产生活比较熟悉，开展工作相对方便。

书写调查报告不似撰写史学文章。走出书斋，深入实际，不仅要“动手动脚找东西”，更是要动口、动脑、动情与嘎查牧民坦率交流、抱成一团，耳闻目睹，方可获知。调研期间，我曾数次回访乌日根呼格吉勒嘎查。我因长期从事史学工作，缺乏社会调查工作经验，不熟悉社会学、人类学田野调查方法，开展工作时，犯了程序设计不周的错误。从而导致了重复劳动，本可一次完成的任务，反复好几次的情况数次发生，不仅浪费了自己的时间精力，还拖累了被采访对象，幸好每次均得到乡亲们耐心友善的协助。即使偶有误解之时，经坦诚沟通也随即化解，所以在此要特别感谢乌日根呼格吉勒嘎查正直善良的乡亲们。

我的专业是北方民族史与蒙古史研究。我一直认为，不了解游牧民族赖以生息的地理环境及与其相适应的独特的游牧经济和风俗文化，只抱着极其有限的文献记载进行所谓古代民族史研究，无异于盲人摸象。虽说内蒙古今日之牧业经济与古代游牧经济差距不小，但这片土地仍是古代北方民族驰骋过的那片土地，五畜仍是原来的五畜，勒勒车和套马杆仍在使用，所有人都讲着纯粹的蒙古语。虽说牧民们正在过着游牧与定牧相结合的日子，但其仍旧保留着大量游牧时代的传统习惯。在城市，埋头于故纸堆往往不得其解的问题，来到这里便豁然恍悟，疑问随之而解。我当初积极参与这个项目的初衷便是脚踏实地学习活的草原牧业文化。有意识地加入并亲身体验的这段牧区生活，必将持久影响未来的学术研究。如今我对当初的判断更加确信了，将来遇到类似的实践机会，只要条件允许，我仍会积极参与。

经历此次田野踏查工作，我对牧区环境与文化加深了认识。加入社会的最“根层”（蒙古语“ündüsünšatu”一词的直译，这个翻译可能比习用的“基层”“底层”更合理）——生产第一线的牧民生活，才真正接了地气，领悟了生活的真谛。在开展调查工作方法方面我也积累了不少经验。做足前期准备极其重要，广泛搜集和阅读与采访对象相关的所有材料，具备可能的最充分的了解，方能合理设计调查提纲与时间表；有的放矢，才能在最短的时间内获取最多有价值信息。想了解真实情况，不能只做一位外部的观察者，要真诚待人，要进入，要成为“自己人”，方能有效沟通。这方面需要较高的人生素养与修为，需要对人的社会性与个体差异不断加深认识。

中国社会科学院边疆史地研究中心研究员毕奥南老师及内蒙古师范大学历史文化学院于永教授对调查研究工作给予了悉心指导与帮助，在此由衷致谢。

特别感谢给予我无私帮助的已故老嘎查长车德布前辈和优秀的牧马人哈斯额尔敦全家，同时感谢现任嘎查长格日勒巴特尔及嘎查书记好毕斯哈拉图的积极协助。还要感谢苏尼特左旗原教育局那日松局长、苏尼特左旗档案馆塔拉同志、统计局萨茹拉女士、计生局乌力吉局长，没有你们的热心协助，这份报告是无法完成的。

我的妻子阿拉腾其木格在调查工作全程予以我充分的理解与支持，还执笔了该书第五章第六节部分初稿和第六章第三节蒙古传统医学部分。

由于撰写水平和时间所限，书中必有不少缺陷和遗漏，恳请学界同仁及广大读者批评指正。

图书在版编目（CIP）数据

塔木沁草原上的嘎查 ：内蒙古苏尼特左旗乌日根呼格吉勒嘎查调查报告 / 牧仁著. -- 北京 ：社会科学文献出版社，2018. 6

（当代中国边疆 · 民族地区典型百村调查. 内蒙古卷. 第三辑）

ISBN 978 - 7 - 5201 - 1495 - 0

Ⅰ. ①塔… Ⅱ. ①牧… Ⅲ. ①农村调查 - 调查报告 - 东苏旗 Ⅳ. ①D668

中国版本图书馆 CIP 数据核字（2017）第 240106 号

当代中国边疆 · 民族地区典型百村调查：内蒙古卷（第三辑）

塔木沁草原上的嘎查

——内蒙古苏尼特左旗乌日根呼格吉勒嘎查调查报告

著　　者 / 牧　仁

出 版 人 / 谢寿光

项目统筹 / 宋月华　范　迎

责任编辑 / 范　迎　孙智敏

出　　版 / 社会科学文献出版社 · 人文分社（010）59367215

地址：北京市北三环中路甲 29 号院华龙大厦　邮编：100029

网址：www. ssap. com. cn

发　　行 / 市场营销中心（010）59367081　59367018

印　　装 / 三河市龙林印务有限公司

规　　格 / 开　本：889mm × 1194mm　1/32

印　张：10. 625　字　数：238 千字

版　　次 / 2018 年 6 月第 1 版　2018 年 6 月第 1 次印刷

书　　号 / ISBN 978 - 7 - 5201 - 1495 - 0

定　　价 / 119. 00 元　（共 2 册）

中国社会科学院中国边疆史地研究所 **厉声 主编**

当代中国边疆·民族地区典型百村调查：**内蒙古卷（第三辑）**

分卷主编：**于 永 毕奥南**

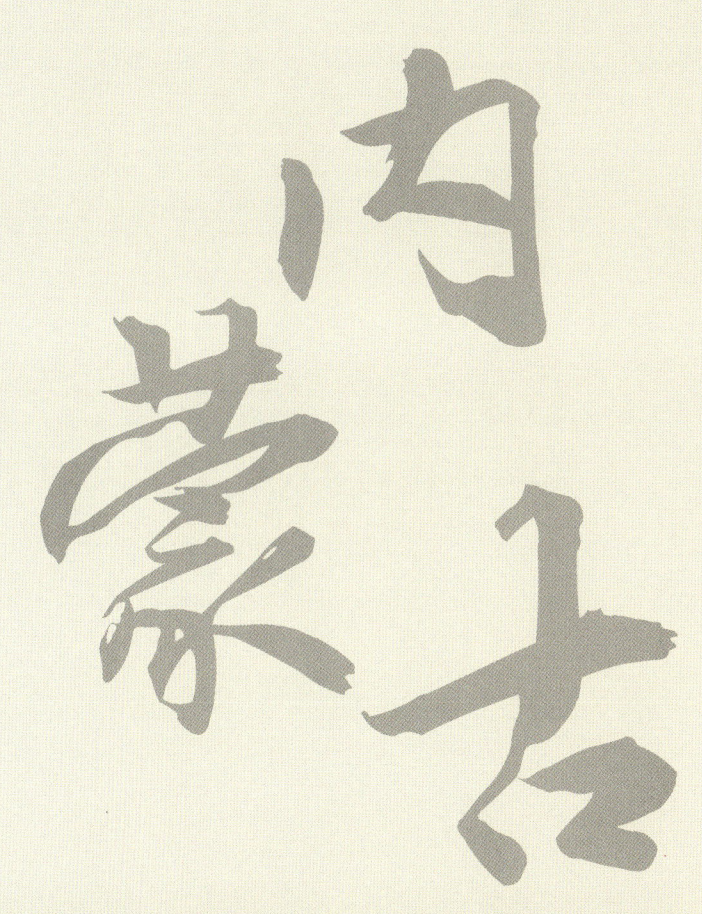

巴音杭盖嘎查党支部、嘎查委员会所在地

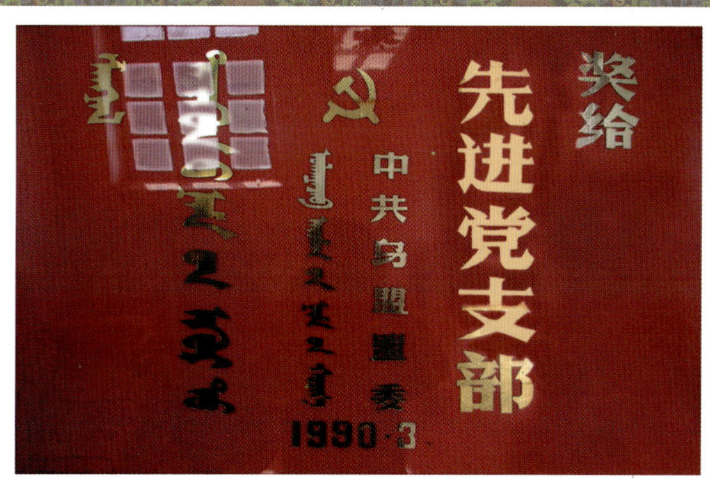

巴音杭盖嘎查党支部曾荣获过的荣誉

巴音杭盖嘎查境内夏季草场一瞥

草原上正在兴建的风力发电机

达茂旗百灵庙

达茂旗草原文化宫

蒙古族牧民传统民族服饰

蒙古族牧民传统烟袋

中国社会科学院中国边疆研究所 厉声 主编
当代中国边疆·民族地区典型百村调查·内蒙古卷（第三辑）

阴山北麓茂明安草原一隅

——内蒙古达茂旗明安镇巴音杭盖嘎查调查报告

铁柱 等◎著

社会科学文献出版社
SOCIAL SCIENCES ACADEMIC PRESS (CHINA)

“当代中国边疆·民族地区典型百村调查”

总序

深入实际，开展国情调研，是中国社会科学院肩负的重要科研任务，也是中国社会科学院履行好党中央、国务院赋予的“思想库”“智囊团”职能的重要方式。中国边疆省区占国土面积的60%以上，边疆区情及当地的民族社会调研（边疆调研）是中国国情调研的重要组成部分。正如一位边疆工作者所说：不了解少数民族，就不了解中华民族；不了解边疆，就不了解中国。1983年，中国社会科学院中国边疆史地研究中心建立后，特别是1990年以来，一直将边疆调研作为学科研究的重点之一。

2004年，中国边疆史地研究中心承担国家哲学与社会科学基金特别项目“新疆历史与现状综合研究”（简称“新疆项目”）。2006年，中国边疆史地研究中心牵头，立项开展“当代中国边疆·民族地区典型百村调查”（简称“百村调查”），作为此特别项目的子课题。“百村调查”以新疆为重点，在新疆、西藏、内蒙古、宁夏、广西五个民族自治区和云南、吉林、黑龙江三省基层地区同时开展，共调查100个边疆基层村落。调查工作在“新疆项目”领导小组和专家委员会指导下，由“百村调查”专家委员会暨编委会组织实施。在中国边疆史地研究中心主持拟定的调查大纲框架下，发挥每个省区的优势，体现各自的特色。

本项目的实施得到了边疆地区各级地方党政部门的支持。首先，调查工作注意与地方党政部门的相关工作衔接，在实施调查之前，主动向各级党政部门汇报情况，听取指示和意见。其次，调查组主动让各级党政部门了解调研的全过程，在调研过程中出现问题时及时向相关党政部门请示。最后，调研阶段成果和最终成果的副本同时提供地方党政部门参考。

“百村调查”的调研主题是：改革开放30多年来中国边疆基层村落的民族社会和经济发展的历史与现状。具体内容包括：乡村概况、基层组织、经济发展、社会生活、民族、宗教、文教卫生、民俗风情等。项目调研的时间是：2007~2008年（资料下限至2007年底或适当延长）。

“百村调查”的调研对象为：100个具有典型意义与特色的中国边疆基层村落。课题以基层乡、村两级为调查基点，大致每个省区选择2个地州，每个地州选择1~2个县，每个县选择2个乡，每个乡选择2个村。新疆共调查22个村，其他地区均为13个村（辽宁、吉林、黑龙江以东北边疆为单元，共调查13个村）。调查点的选择要求：

(1) 本地区社会稳定与经济发展中具有典型意义的基层乡和村。

(2) 存在边疆现实政治、社会或经济发展的热点、难点问题。

（3）与20世纪50年代全国边疆民族调查能有一定的衔接。

“百村调查”采取学术调查与现实政治相结合的方法，以社会人类学入村入户调研方法为主，同时关注现实政治、社会与经济发展中的热点、难点问题；一般共性调查与专题专访调查相结合，在一般综合性调查的基础上，选择好专访或专题调研的“切入点”；总结经验与完善不足相结合，在总结各项工作经验的同时，善于发现问题和提出解决问题的对策与建议。调研注重入户访谈和小范围座谈的专访调查。在一般性问卷和统计资料收集的基础上，注重对基层干部、群众典型、教师、宗教人士等特定人员的专题访谈，倾听和收集他们对基层社会稳定与经济发展的看法、意见和建议，形成能说明问题的专访或专题调研报告。

“百村调查”的成果形式分为调查综合报告与专题报告两大类。

（1）调查综合报告：依据大纲规定，撰写有关乡村经济社会等发展状况的综合报告，课题结项后分期公开出版。专题报告及调查资料可以公开发表的，在篇幅允许的情况下，作为附录附在综合报告末尾。

（2）专题报告：内容较敏感、不适宜公开出版的专题报告，集成《专题报告集》，内部刊印。

“百村调查”主编　厉声　谨识

2009年8月25日

目　录
CONTENTS

图目录
FIGURE CONTENTS

表目录
TABLE CONTENTS

序 言
FOREWORD

“当代中国边疆·民族地区典型百村调查”是2004年度国家社会科学基金特别项目“新疆历史与现状综合研究项目”的子课题。内蒙古自治区既是中国少数民族聚居地区，又是中国边疆地区，于是顺理成章地成为这个子课题的有机组成部分。按照课题的整体设计，内蒙古自治区需要调查13个典型村。由于多年合作关系，项目主持单位中国社会科学院中国边疆史地研究中心决定依托内蒙古师范大学历史文化学院，委托院长于永教授和中国社会科学院中国边疆史地研究中心的毕奥南研究员共同主持内蒙古自治区的子项目。

接受任务后，根据内蒙古地域辽阔、农村牧区基层社会类型多样的具体情况，在选择典型村时，我们考虑了以下几个标准：第一，选择的典型村应该覆盖内蒙古的东西南北。因为内蒙古东西部经济文化以及地理因素存在诸多差别，南北风貌也不尽一致，所以典型村的选择如果集中在一个地区，很难反映内蒙古作为边疆民族地区的全貌。我们认为应该在内蒙古的各个盟（市）范围内，尽量做到每个盟（市）选择一个村（嘎查）。第二，需要兼顾内蒙古不同地区的不同经济社会类型。广袤的内蒙古自治区有农区、牧区、半农半牧区；有城乡结合地区，还有边境地区；有蒙古族聚居区，有汉族聚居区，有其他少数民族聚居区，还有蒙汉杂居地区。因此，典型村的选择必须兼顾这些类型差异。

根据上述考虑，我们在内蒙古最东部的呼伦贝尔市（原呼伦贝尔盟）选择了额尔古纳市恩和村。这个村既是中国俄罗斯族聚居区，又是中国东北部与俄罗斯临界的边境村。从该村社会发展可以观察中国边境地区俄罗斯族经济文化变迁轨迹。

在兴安盟选择了科尔沁右翼中旗高力板镇的国光嘎查。这是清末蒙地放垦后形成的村落，经济形态上经历了由游牧到半农半牧的演变，在民族成分上是蒙汉杂居地区。由于地理区位上处于两省区（内蒙古自治区与吉林省）之间，经济发展思路值得关注。

通辽市（原哲里木盟）是全国蒙古族人口聚居比例最大地区。我们在该地区选择了三个村，分别是扎鲁特旗东南部道老杜（原巴彦茫哈苏木）苏木保根他拉嘎查和扎鲁特旗西北部鲁北镇（原毛都苏木）的宝楞嘎查，以及科尔沁左翼中旗白音塔拉农场二爷府村。这三个村都是蒙古族聚居的农业村落。扎鲁特旗的两个嘎查是清末蒙地放垦以后，在牧业地区逐渐形成的农业村落。中华人民共和国成立以后，国家在内蒙古自治区建立了很多农场，对于科尔沁左翼中旗白音塔拉农场二爷府村的调查能够让我们对内蒙古地区农场的变迁及其经营现状有一个认识。

赤峰市喀喇沁旗地处燕山山脉深处，是清代前期（康熙）开始农耕化的地区，历经几百年，当地的蒙古族已经汉化，现在是以农业为主业、牧业为副业、汉族人口占多数的蒙汉杂居地区。喀喇沁旗王爷府镇富裕沟村是内蒙古的山村，对该村的调查能够开启一个窗口，了解内蒙古南部地区农村社会的基本情况。

锡林郭勒盟地处中国正北方大草原，正蓝旗赛音胡都嘎苏木和苏尼特左旗赛罕高毕苏木是典型的牧区，这两个地区保留着传统蒙古族的生产生活方式，受农耕文化的影响比较小。正蓝旗是察哈尔蒙古族聚居区，赛音胡都嘎苏木地处浑善达克沙地，传统牧业经济由于受生态环境恶化影响，已经难以发展。苏尼特左旗地处内蒙古的北部，是紧邻蒙古国的边境旗，因为环境恶化严重，正在执行“围封转移”政策。对这两个牧区嘎查的调查，可以让人们了解到草原生态形势严峻，以及牧业经济发展的困境。进而引发的思考是，在发展经济的同时，蒙古族传统文化怎样迎接社会转型的挑战？

呼和浩特市清水河县的窑沟乡老牛湾村，是内蒙古南部地区与山西偏关临界的一个山村，地处黄土高原丘陵区，临黄河和长城，与山西省仅一河之隔，在清代前期即有山西移民进入，是山西移民在内蒙古组成的汉族村落，也是有名的贫困地区。调查者以扶贫挂职方式深入当地生活，与当地干部密切合作，回顾历史发展历程，探索新的发展思路，尝试揭示这个村的前生今世。

呼和浩特市土默特左旗小浑津村是城乡结合部的蒙古族村落，这里蒙古族居民的语言和生产方式已经汉化，但是还保留着浓厚的蒙古族习俗。面临社会转型、生产方式改变，这个蒙古族村落如何保留自己的习俗，调查者希望通过努力，来揭示民族文化变迁的轨迹。

鄂尔多斯市（原伊克昭盟）准格尔旗十二连城乡五家

尧村濒临黄河，现是内蒙古自治区的新农村建设示范点。目前，村落社区面临全面转型，既有生产、生活方式的变革，也有社区治理格局的转变。调查者准备对这种转型进行截面式描绘，展示该村改革开放以来取得的成绩及存在的问题。

巴彦淖尔市（原巴彦淖尔盟）杭锦后旗双庙镇继丰村地处河套平原与乌兰布和沙漠交会处，是内蒙古地区近代典型移民村。这里自然环境恶劣，但居民顽强地适应了生存环境，并通过长期奋斗使环境沙化得到遏制。改革开放30多年来，这里的社会经济得到长足发展，调查者拟通过实地走访，入户恳谈，努力勾勒这个村的发展历程。

包头市达尔罕茂明安联合旗明安镇巴音杭盖嘎查地处大青山北，是以蒙古族为主的纯牧业区，因为生态环境恶化，根据国家政策已经全部禁牧。但是，如何安置当地牧民，涉及诸多问题，这在内蒙古地区推行城镇化及生态移民的实践中具有典型意义。

在初步择定调查点后，为了保证调查工作顺利实施，为了能够得到真实的调查材料，课题组采取了以下措施：

第一，选择熟悉典型村的专家学者担任主持人。内蒙古地区13个典型村的负责人可以分成两种类型：一种是在该村生活数年或者十多年，与村民熟悉，对该村的情况比较了解的人员；另一种是在调查村有特别熟悉的人员，能够起到引荐的作用。鄂尔多斯市的五家尧村、巴彦淖尔市的继丰村、赤峰市的富裕沟村、通辽市的三个村、锡林郭勒盟的两个嘎查、呼和浩特市的老牛湾村9个典型村的负责人都属于第一种类型。其他典型村负责人属于第二种类型。

选择熟悉并且与典型村有密切关系的专家学者担任主

持人，能够有效地消除调查者与被调查者之间的隔膜，消除被调查对象的顾虑，得到调查对象的配合，从而获取真实的信息。所选择的熟悉典型村的专家学者，大都是出生在典型村，高中毕业后因考入大学才离开了所在的村庄。他们在本村生活近 20 年，对本村的历史、环境、经济、政治、生产生活方式、风俗习惯、文化心理等，都有深切的感性认识，能够准确地表述本村情况。

第二，对参加调查人员进行业务培训。首先认真研读中国社会科学院中国边疆史地研究中心下发的有关本次调查的文件，参考其他省区调查成果。根据调查文件，结合内蒙古地区的实际情况，在多次商讨的基础上，拟定了内蒙古地区调查的大纲、调查问卷、访谈大纲、调查表，请有经验的调查人员介绍了调查中应注意的问题。

第三，选择呼和浩特市老牛湾村进行试点调查。老牛湾村距离呼和浩特市比较近，其他各村的主持人首先到该村参与调查，得到一定的锻炼，取得一些调查经验，再开始本村的调查。

第四，对 13 个村的调查基本上采取线型推进的方式，没有采取平推的方式，目的是先开展调查的村能够给后开展调查的村积累调查的经验。

参与内蒙古地区典型村调查的学者多出身于历史学专业，在调查过程中，他们主要使用了历史学的方法，直接收集典型村的档案资料，通过访谈获得第一手的口述资料，通过调查问卷获得一家一户的数据性资料，通过观察获得感性资料。在通过不同方式最大限度地获取资料后，试图全面客观地描述典型村的现状及历史变化，目的是让读者对典型村的状况能有一个全面的认识。

第一次在内蒙古地区做这样一个比较大规模的调查，从我们的角度来说是一个尝试，受主客观条件的制约，调查成果肯定还有很多问题，我们期盼着同行的指正。

于　永　毕奥南

2009 年 12 月 1 日

前　言
PREFACE

本书为中国社会科学院边疆史地研究中心“当代中国边疆·民族地区基层社会与经济发展典型调查”项目中的内蒙古自治区典型嘎查调查报告之一。

课题组接受实地调查任务之后，按照实地调查报告的撰写要求，拟定调查提纲并设计“问卷调查”“住户基本情况调查表”“访谈提纲”等3份调查问卷，于2009年2月、2009年3月和2010年7月，历经3次对调查地巴音杭盖嘎查进行了全面调查，掌握了包括文献资料、政策法规、统计资料在内的大量的第一手调查资料，为撰写调查报告打下了坚实的基础。

巴音杭盖系蒙古语，意为“水草丰美的山林”。巴音杭盖嘎查[①]属内蒙古自治区包头市达尔罕茂明安联合旗[②]（以下简称达茂旗）明安镇7个嘎查之一。其南部与明安镇莎茹塔拉嘎查相接，东部与希日朝鲁嘎查相邻，北部与巴音塔拉嘎查相连，西部与巴彦淖尔市乌拉特中旗毗邻，是明安部蒙古族世代居住区。解放前后，居住在本旗的喀尔喀

① 嘎查，蒙古语，是苏木或镇的下一级行政区划名称，相当于农区的行政村。

② 旗，设置始于清代，相当于县的管理区域。

右翼部后裔以及居住在包头市固阳县等地的土默特部后裔蒙古族陆续迁入嘎查境内。同时，20世纪五六十年代以后，内蒙古其他地区的一些蒙古族以及祖籍为山西、陕西等地的一些汉族也迁入嘎查境内。解放前，巴音杭盖嘎查属茂明安旗[①]东苏木[②]。解放后，曾先后归属该旗的达尔架努图克[③]、新宝力格苏木、巴音珠日和苏木、明安镇等。嘎查总面积为176.76平方公里，草场面积为239000多亩，属荒漠半荒漠草原。适宜的自然环境为发展畜牧业经济提供了良好的物质基础，主要畜种有牛、羊、马、骆驼。截至2010年7月，巴音杭盖嘎查共有55户牧民，人口218人，其中蒙古族163人，占总人口的74.77%，汉族55人，占总人口的25.23%，是一个蒙汉杂居的纯牧业嘎查。

巴音杭盖嘎查在人民公社时期，发挥集体经济优势，大力发展畜牧业经济，成为苏木乃至旗里有名的畜牧业大嘎查。1983年起实施的“草畜双承包”制度，极大地带动了牧民的生产积极性，牧民的生活条件和生活水平明显提高。同时，由于历史、自然、人为等多种因素的影响，自20世纪八九十年代以后，同内蒙古其他牧区一样，该嘎查区域内草牧场退化、沙化较为严重，自然生态环境明显不如过去。针对草原生态环境的不断恶化，达茂旗旗委、旗政府自2008年1月1日起在全旗牧区6个苏木（镇）实施

---

① 茂明安旗，1644年清朝设立，下设东苏木、中心苏木、西苏木、希鲁苏木。1952年10月，茂明安旗与达尔罕旗合并，建立了达尔罕茂明安联合旗。

② 苏木，蒙古语，原意为“箭”，是旗的下一级行政区划名称，相当于农区的乡或镇。

③ 努图克，蒙古语，解放后内蒙古牧区建立的旗的下一级行政区划名称，相当于现在的苏木或镇。

全面禁牧，以期草原牧草自然恢复和生态环境的根本改善。巴音杭盖嘎查属实施全面禁牧嘎查之一。全面禁牧政策措施的实施，不但改变了牧民的传统畜牧业生产经营方式，同时对牧民的传统生活方式和民族传统文化也造成了一系列变化。因此，以巴音杭盖嘎查作为实地调查对象，对于了解内蒙古自治区牧区经济社会的发展、变迁，尤其是了解改革开放以来牧民传统生产生活方式和民族传统文化的变迁，具有重要的现实意义。这就是课题组选择巴音杭盖嘎查作为内蒙古自治区典型嘎查进行实地调查的目的所在。

在实地调查中，笔者深深地感到，牧区经济社会发展和牧民生产生活的提高离不开牧民的勤劳和智慧，更离不开党的正确的方针政策。从改革开放至今，巴音杭盖嘎查牧民传统畜牧业生产经营方式和生活方式的变迁以及随之出现的民族传统文化的变迁等情况，不仅仅是由生态环境的恶化而导致的，更重要的是政策制度的导向起到了决定性的作用。该调查报告以此为基本写作思路，尽可能全面地展示解放以后，尤其是在改革开放以来巴音杭盖嘎查自然、经济、政治、社会以及牧民生产、生活、风俗习惯、文化、教育等方方面面，以便反映目前内蒙古自治区牧区嘎查经济社会发展、变迁的基本情况。

铁　柱

2011 年 5 月 8 日

第一章　概况

第一节　自然环境

一　地理位置

巴音杭盖嘎查是属于内蒙古自治区包头市达茂旗明安镇的纯牧业嘎查。

达茂旗位于内蒙古自治区中段北部，包头市正北部。全境地处北纬41°20′～42°40′，东经109°16′～111°25′。旗境南北最长约160公里，东西最宽约150公里，总面积18177平方公里。南部和西南部与呼和浩特市武川县、包头市固阳县相连；西部与巴彦淖尔市乌拉特中旗毗邻；东部与乌兰察布市四子王旗交界；北部与蒙古国接壤，边境线总长88.6公里。旗驻地百灵庙镇，位于旗境中部偏南，距包头市160公里，距呼和浩特市167公里，距白云鄂博矿区45公里。

明安镇位于达茂旗西部，是一个纯牧业镇，总面积2597.44平方公里。北与查干淖尔苏木相连；西、西南与乌拉特中旗桑根达来苏木、巴音苏木、新忽热苏木、新库伦苏木、石哈河镇毗邻；南与西河乡相接；东临白云鄂博矿区、巴音敖包苏木。镇政府驻地为查干敖包，距百灵庙镇73公里，距包头市235公里，距呼和浩特市242公里。

巴音杭盖嘎查位于明安镇中部，南部及东部与明安镇莎茹塔拉嘎查和希日朝鲁嘎查相连，北部与明安镇巴音塔拉嘎查相接，西部与巴彦淖尔市的乌拉特中旗毗邻。距旗人民政府驻地百灵庙镇90公里，距包头市250公里，距呼和浩特市257公里。

二　地形地貌

巴音杭盖嘎查地处阴山丘陵支脉地区，西南部地势较高，东北部地势低平，平均海拔在1400米左右，系低山丘陵区。境内山丘纵横，丘陵起伏，呈波状高原，由南向北的两道季节性河沟穿越嘎查，形成开林水系，并积成滩川，使整个地势由西南向东北倾斜。山峰海拔高度最高为哈布特盖吉苏敖包的1846米，一般高度在1300米左右，相对高度为30～100米。

巴音杭盖嘎查系大陆沉积物的堆积地区，土壤类型是棕土型砂壤土与栗土型砂壤土。草原属荒漠半荒漠草原，草场主要有高平原砂土质棕钙土半荒漠小针茅草场、高平原砂砾质棕钙土半荒漠灌丛化小针茅草场、低湿地中壤质轻度盐渍化棕土型芨芨草场3种。草场植被稀疏，植物以速生针茅为主（见图1－1）。

三　气候

据《达尔罕茂明安联合旗志》记载，巴音杭盖嘎查地处中温带，又深居内陆腹地，大陆度为71%～73%，大陆

图 1-1 巴音杭盖嘎查地形地貌一瞥

性气候特征十分显著，属温带半干旱大陆性气候。[①] 冬季漫长严寒，夏季短促温凉，寒暑变化强烈，昼夜温差大，降雨量少而且年际和月际变化悬殊，蒸发量大，风大风多，无霜期短，光能资源丰富，热量不足，但有效积温较多。

根据内蒙古自治区四季划分标准的有关规定，巴音杭盖嘎查 3~5 月为春季，6~8 月为夏季，9~10 月为秋季，11 月至翌年 2 月为冬季。

春季，受干旱季风的控制，冷空气势力较弱，暖空气势力在逐渐增强，气温回升，土壤表层开始解冻。春季历年平均气温为 4.9℃，大风日数为 27 天，多偏南、偏北大风，平均降雨量为 29.8 毫米，干旱和大风是春季的主要灾害。

夏季，受西南季风的影响，降雨较为集中，历年平均

---

① 达尔罕茂明安联合旗志编纂委员会编《达尔罕茂明安联合旗志》，内蒙古人民出版社，1994。

降雨量为169.6毫米，占年总降雨量的67%。降雨特点是：多阵性降雨，时间短，强度大，利用率低。历年平均气温为19.1℃。初夏干旱和冰雹是本季节的主要灾害。

秋季，气温下降，降雨减少。平均气温为8.2℃，平均降雨量为43.6毫米，占年总降雨量的16.3%，霜冻是秋季的主要灾害。

冬季，受西北干旱季风控制，蒙古冷高压迅速加强，冷空气活动频繁，常有寒潮、大风、降雪天气。平均气温为-11.9℃，降雪量为12.1毫米，占年总降雨量的2.9%。白灾、黑灾、寒潮、大风雪是冬季的主要灾害。

巴音杭盖嘎查年平均气温为3.4℃，年极端最高气温为38.6℃，出现在1972年8月11日；年极端最低气温为-41.1℃，出现在1971年1月21日。平均气温年较差为92.5℃，平均气温月较差为14.5℃。历年平均最高气温为11.16℃，历年平均最低气温为-3.4℃。最热月出现在8月，最冷月出现在1月。

无霜期日数年平均为106天，年度差异较大，最长为124天（1967年），最短为81天（1972年）。初霜日一般在9月10日前后，终霜日在5月27日前后，最早初霜出现在8月18日（1972年），最晚初霜出现在9月20日（1977年）。

土壤冻结在10月14日前后，土壤解冻在4月3日前后，历年最大冻土深度26.8厘米。

巴音杭盖嘎查地处内陆，降水主要靠太平洋暖湿气流通过夏季季风的输送，因路途遥远，停留时间短，所以降雨季节短暂，降雨量少。历年平均降水量为255.6毫米，1979年降水量最多，为400.3毫米；1966年降水量最少，为 142.6 毫米。降雨集中在 6 ~ 9 月，占全年降水量的 87%。7、8 两月降雨最多，各为 70.1 毫米和 71.1 毫米，占全年降水量的 55%。12 月和 1 月降水最少，为 17 毫米。

巴音杭盖嘎查最长连续降水日为 8 天，降水量为 47.2 毫米，出现在 1974 年 7 月 9 日至 16 日，最长连续无降水日为 68 天，出现在 1979 年 11 月 28 日至 1980 年 2 月 3 日。日最大降雨量为 90.8 毫米，出现在 1962 年 7 月 5 日，1 小时最大降雨量为 50.1 毫米，出现在 1962 年 7 月 5 日 16 ~ 17 时。

历年平均降雪日数为 23 天，最早初雪日出现在 9 月 27 日，最晚终雪日出现在 5 月 27 日，全年终雪日到初雪日最长天数为 243 天，全年最多积雪日数为 131 天，最大积雪深度为 21 厘米。

年平均降雹日数为 3.8 天，1 年最多降雹日数为 8 天，降雹主要集中在 6 ~ 9 月，占全年降雹总量的 74%。一天中 12 ~ 16 时降雹机率最高，为 60%。

四　河流

据调查，嘎查境内有 3 条河，分别是开令河、哈达图高勒（河）、道日毕宝力格（泉）。

开令河属内陆河，发源于巴音杭盖嘎查朝日格图（敦德呼都格西山顶），由南向北流经巴音珠日和苏木、红旗牧场、查干淖尔苏木注入哈日淖尔。干流全长 99.1 公里，共有支流 20 多条，总长 242 公里。

哈达图高勒（河）属内陆河，发源于巴音杭盖嘎查刚嘎图，流经毛敦敖包、哈达图陶路盖、乌兰哈布其勒、乌兰温都尔等地到宝力根处与开令河汇合。目前哈达图高勒已经枯竭，雨季有少量流水。

道日毕宝力格（泉），有两个发源地，即巴音杭盖嘎查呼布与巴音杭盖嘎查脑干乌苏。发源于呼布的支流经过那日图到道日毕宝力格处合流到另一发源于脑干乌苏流经百星图的支流，在道日毕宝力格合流后叫好尼查干高勒（河），好尼查干高勒由东向西，最终流入巴彦淖尔市的乌拉特中旗的石哈河。

五　自然灾害

巴音杭盖嘎查是三年一小旱、五年一大旱，十年九旱的地区。干旱频率为：春季，重旱占15%，轻旱占64%，无旱占21%；夏季，重旱占24%，轻旱占47%，无旱占29%。春旱有连续出现的情况，如1965～1973年，连续9年出现不同程度的春旱。春旱连夏旱的重旱年份有1960年、1962年、1965年、1988年。由于干旱少雨，草场未能返青，牲畜死亡率较高。20世纪80年代以来，虽然嘎查采取多种抗旱措施，但干旱仍然是畜牧业生产的大敌。2005年，降水偏少，是40年一遇的旱灾年；2010年也是大旱之年。

巴音杭盖嘎查是三年一遇白灾的地区。据访谈得知，受白灾袭击的年份有1952年、1954年、1957年、1961年、1967年、1977年、1993年和2003年。积雪覆盖草场使牧畜吃不饱或根本吃不上草，挨饿受冻，致使牲畜大量死亡。

巴音杭盖嘎查地处冷空气入侵国内的大风区。大风虽是一种能源，但在目前是弊大于利。特别是春季，大风与干旱同期出现。瞬间风速达到17米/秒以上的大风，在巴音杭盖嘎查年均日数在68天左右，最多年份可达130天。该嘎查是“一年一场风，从春刮到冬”的多风地区。春季是大风盛行的季节，它不但使土壤水分蒸发快，水分耗湿严重，加剧干旱程度，而且更严重的是破坏草场，造成风蚀沙化，草场退化，惊散畜群，使牲畜迷途、丢失、冻死。冬季常出现风雪交加的白毛风天气。

六　物产资源

1. 野生植物

巴音杭盖嘎查境内野生植物种类较多，多具生态价值、食用价值和药物价值。主要有臭柏、山榆、柄扁桃、狭叶锦鸡儿、小叶忍冬、中亚紫菀木、草麻黄、沙葱、发菜、白蘑等。

臭柏：别名叉枝圆柏、爬地柏、爬山柏，蒙古语名为“阿日其”。葡萄灌木。枝干展，小枝细；鳞叶交叉对生，相互紧贴，先端钝而稍尖，长1~2毫米，下面有明显椭圆形腺体。刺形叶常生于幼龄植株上，排列紧密。球果呈不规则卵圆形或近球形，熟时呈暗褐紫色，被白粉，有2~3粒种子。生长于海拔1500米以上的山地，为庭院绿化树种，枝叶可入药。

臭柏仅生长在达茂旗明安镇境内，而且大片集中生长在巴音杭盖嘎查境内的阿日其阿古拉（柏山），漫山遍野，清香宜人（见图1-2）。牧民说，近几年由于连年干旱以及人为破坏等原因，臭柏生长情况明显不如过去。

山榆：别名山枝榆、大果榆。落叶乔木。高达2米，胸径30厘米。树皮灰黑色，纵裂。枝常具木栓质翅，小枝淡黄褐色，初被毛，后渐脱落无毛。叶阔到卵形或椭圆形，长4~9厘米，先端突短尖，基部狭，两边不对称或呈歪耳

图 1－2　巴音杭盖嘎查境内阿日其阿古拉（柏山）的臭柏

形；叶缘具钝重或单锯齿，侧脉 8～16 对，两面被短硬毛，粗糙；叶柄被短柔毛，花 5～9 枚，簇生于前一年枝的叶腋或苞腋处。翅果呈倒卵状椭圆形，较大，长 2～3.5 厘米，有毛，边缘有睫毛，基部突窄成细柄，种子位于翅果中央。花期 4～5 月，果期 5～6 月。为中等饲用植物，亦是荒山造林和水土保持的优良树种，果实可药用。

柄扁桃：当地名叫山樱桃。落叶灌木。高 1～1.5 米，树皮灰褐色。多分枝，枝具绒毛，嫩枝浅褐色，常被短柔毛。单叶互生或簇生于短枝上，椭圆形或倒披针形，长 2～4 厘米，宽 1～2 厘米，先端锐尖或圆钝，基部呈宽楔形，边缘具不整齐牙齿，小幼时下面具短柔毛，叶柄长 2～4 毫米。花单生于短枝上，直径 1～1.5 厘米，花梗长 2～4 毫米，被柔毛，萼筒宽卵形，长约 3 毫米，萼片三角形，比萼筒稍短。花瓣粉红色，圆形，长约 8 毫米；雄蕊多数，长约 6 毫米；子房密被长柔毛，花柱细长，与雄蕊近等长。果卵球形，长约 1.2 厘米，被稀疏短柔毛。离核，核光滑，近卵形，稍扁，棕黄色，直径 4～6 毫米。花期 5～6 月，果期 7～8 月。生于石质山坡、沟谷，为低等牧草，种籽可入药，可做水土保持植物。

狭叶锦鸡儿：当地名叫红柠条。短灌木，高 15～20 厘米。树皮灰绿色或黄灰色。枝细而短具纵棱，幼时有毛。托叶在长枝上者硬化成针刺，长达 3 毫米；叶轴在长枝上的硬化成针刺，长达 7 毫米，笔直或向下弯曲，在短枝上的叶无叶轴；小叶 4 片，假掌状排列，条状披针形，长 9～11 毫米，宽 1～1.5 毫米，暗绿色。花梗单生，较叶短，长5～10 毫米，中部以下具关节。萼钟状筒形，长 5～6.5 毫米，无毛，萼齿三角形，具刺尖，长为萼筒的 1/4。花冠黄色，长 14～20 毫米，旗瓣圆形或阔倒卵形，爪极短，长为瓣中的 1/5；翼瓣上端较阔而为斜截头，爪长为瓣中的 1/2 以下，耳距状，长为爪的 1/2 以下；龙骨瓣具较长的爪，耳短而钝，子房常无毛。荚果圆筒形，长 20～25 毫米，宽 2.5～3 毫米，两端渐尖。花期 5～6 月，果期 9～10 月。生于山地、坡地、覆沙地，是荒漠草原带的常见灌木。为中等饲用植物，各种家畜采食其花及嫩枝条，是较好的防风固沙和草场补播植物，茎可抽纤维，供造纸用，种子可榨油。

小叶忍冬：矮小灌木，具旱生植物灰白色外貌。小枝表皮剥落，老枝灰黑色。叶卵状椭圆形或倒卵状椭圆形，长 10～15 毫米，两面密生微毛或上面近无毛。总花梗单生叶腋，长 10～15 毫米，下垂。相邻两花的萼筒几乎全部合生，萼檐呈环状，花冠黄白色，长 10～13 毫米，里面生柔毛，基部浅囊状，唇形，上唇具小裂片，开花时唇瓣张开，雄蕊与有毛的花柱均稍伸出花冠外。果红色，径5~6毫米。花期5~6月，果期8~9月。生于山地，丘陵，可做水土保持和绿化树种。

中亚紫菀木：半灌木，高20~40厘米。下部多分枝，枝有被绒毛的腋芽，小枝被灰白色卷曲短绒毛。叶矩圆状条形或近条形，长12~15毫米，宽1.5~2毫米，边缘反卷，下面被灰绿色，上面被灰白色卷曲密绒毛。头状花序较大，长8~10毫米，宽约10毫米，在枝端排成疏伞房状，总花梗较粗壮。总苞宽倒卵形，总苞片3~4层，上端通常紫红色，背面被灰白色蛛丝状短毛，边缘舌状，花淡紫色。花期6~7月，果期8~9月。生于季节性干河床、石砾质戈壁。中等牧草，枝叶骆驼喜食。

草麻黄：小灌木，高30厘米。根状茎，木质坚硬，黄褐色，茎丛生，细长，多分枝，暗绿色，直立或上部稍弯曲，具纵沟，节间长3~5厘米。叶对生，鳞片状，长约2毫米，白色。膜质先端分离成三角形，基部合生，鞘状，紫色。雌雄异株，雄花单一花序，卵圆形，有或无梗，具2~8对花，花苞卵形或圆形，基部合生，花丛合生，柱状，花药8个，伸出花苞；雌花为复状花序，卵圆形，具短梗，各具花2朵，苞片3~4对，基部合生，成管状形外露。浆果球形，红色，具种子2粒。花期6月，果期7月。生于砂质干坡地，砾质坡地，性极耐旱。为低等牧草，冬季羊和骆驼食其干草，根茎可入药。

沙葱：蒙古语名为“呼木勒”，生长在戈壁沙滩中，耐旱性极强，叶子细而长，开淡青色白花，是草原牧民的美味蔬菜。沙葱肉丝面条、沙葱肉馅包子、沙葱肉馅饺子是草原牧民款待亲朋好友的绝妙美餐。秋末，还可腌成酸奶汁浸泡的沙葱酸菜，留作冬季食用。

发菜：蒙古语名为“嘎吉勒乌斯”，意为地毛。其形似头发，长10～20厘米，有的可达40厘米，是不分枝的黑色线状体，属于兰藻中的“发状念珠藻”。其味道鲜美，营养丰富，含有氨基酸以及铁、钙、钾、碘等。除食用外，还可入药，辅助治疗高血压，调节神经机能。

白蘑：产于草原土质肥沃处，其生长奇特，或排列成串，或长成半圆、圆圈形，间距大体相等，个头基本均匀。白蘑在八九月间的雨后破土而出，成长茁壮，状似竖起的洁白的小鼓锤。白蘑色白细嫩，肉厚味浓，营养丰富，是高蛋白的菌类食物，长期食用可降低胆固醇，并有助于防治癌症。

2. 野生动物

巴音杭盖嘎查境内野生动物有盘羊、青羊、黄羊、狐、狼、獾、草兔、苍鹰、秃鹫、戴胜、麻雀、燕子、蒙古百灵等。这些野生动物中，不少属珍贵野生动物，生态价值和药用价值都很高。据牧民讲，近几年由于生态环境的恶化及人为屠杀等，有些珍贵野生动物已经灭绝或濒临灭绝。

盘羊：当地也叫大头羊、大角羊，是体格较大的一种野羊，身高1.1米，长1.5～1.7米，体重达60公斤。公羊头大，角形雄伟挺拔，往两侧成360度的圆形旋转，总长度达1米以上，头重达20～25公斤，故得名“大头羊”。母羊角小，只有公羊的1/5，颈部黑色，后肢到腹部呈白色。过去数量较多，目前已绝迹。盘羊可入蒙药，系国家二级保护动物。

青羊：外貌似山羊，但耳尖长头小，雌雄都有一对黑角，颈背生有长鬣，毛粗长而卷缩，冬毛青褐色，脊背中央有一条黑角纵纹。过去数量较多，目前已大量减少。青羊的血、角、肝、胆、肉都是名贵中、蒙药材，系国家二级保护动物。

黄羊：体长可达1.3米。角短，上有轮脊，颈细长，尾短，肢细。体毛以棕黄色为主，腹面白色，以草类和灌木为食，为典型的草原动物。20世纪50年代末至60年代黄羊被大量捕杀，数量已迅速减少，近几年冬季又有大批迁来。其肉可食，皮可做皮衣或制革。黄羊的角、肉、喉、血可入药，已列入国家二类保护动物。

狐：包括赤狐和沙狐，当地叫狐狸。赤狐毛一般呈赤褐、黄褐、灰褐色，耳背黑色，尾尖白色；沙狐一般呈淡棕色或暗棕色，耳背灰棕色，尾尖黑色或黑褐色。其常栖息于田野、草原森林或沙丘内，以鼠类、爬行类动物、小型鸟类为食，为鼠类天敌。赤狐毛皮珍贵，沙狐次之，可做皮衣、围领、皮帽等。狐的肺、心、肉、脑均可入药。

狼：能栖于山地、草原、荒野等各种自然环境。20世纪50年代，其一度成为牧民家畜的主要危害动物，20世纪60年代经过大规模捕杀后已绝迹。其皮毛是做皮衣、皮领、皮帽、皮褥的好原料。狼的油、舌、胃、胆、肉均可入药。

獾：当地叫猪獾，体长50厘米左右，尾长10厘米。头长、耳短、前肢爪特长，适于掘土，毛灰色，有时发黄。头部有3条宽白纹，耳缘也是白色，胸、腹、四肢黑色，通常筑洞于土丘或大树下，主要在夜间活动。杂食性动物，以昆虫、啮齿类动物、蛙、蜥蜴、鸟、果实和植物绿色部分等为食，其是鼠类天敌。有冬眠习性，每次产仔3~4只。毛皮可做皮衣、褥垫，毛可做刷子和画笔，肉可食，脂肪和肉可入药。

草兔：多见于干旱草原丘间凹地及灌丛中，草原、田野、山地、河谷均有栖息。一般秋冬特别是雪后多见，并为最佳猎获期。毛皮可做皮衣、皮帽等。冬季其经常盗食人工草地中的牧草，会对牧草造成一定损失。

苍鹰：当地亦称鹰或老鹰。雄鹰体长约50厘米，除头部概为黑灰外，上体其余部分主要为苍灰色，下体灰白，并密布暗灰色横斑和近黑色羽干纹。雌鹰羽色近似雄鹰，但体形较大，栖息于山林。其主要捕食野兔，野鼠及鹑等。

秃鹫：当地叫狗头雕、座山雕、秃鹰。其生活在石质低山区，大型猛禽，体长约1.2米，体羽主要是黑褐色，颈部羽毛淡褐而近白色。头被绒羽，颈后有部分裸秃，故名秃鹫。栖息于高山，嗜食鸟兽尸体。其可入蒙药。

戴胜：当地叫“咘咘雌”。体长约30厘米，具棕栗色显著羽冠，颈和胸等与羽冠同色而较淡，下背和肩羽色黑褐而杂有棕、白色斑。尾脂腺能分泌臭液。营巢于树洞或墙窟窿间，嗜食昆虫。夏候鸟，栖息于草原、田野或林间，肉、卵可入药。

麻雀：当地名叫老家子。数量多，群居，肉、脑、粪可入药。

燕子：包括家燕、湖燕、沙燕三种。湖燕为夏候鸟，其肺、粪可入药。

蒙古百灵：是草原上百灵鸟类的代表种和特有种。其羽毛虽不华丽，但鸣叫悦耳动听，是鸣禽中的佼佼者，又能捕食多种害虫。

3. 矿藏

巴音杭盖嘎查境内矿藏资源较丰富，经勘查发现的有沙金、铁、稀土、萤石、石英、石墨等矿藏。据调查，近几年由于经济利益的驱动以及地方政府部门管理不严等原因，外地采矿者经常到嘎查境内到处勘查和开采矿藏，乱采乱开现象十分严重。目前已开采过的有铁矿、石墨矿、硅石矿各一处，规模不大（见图1－3）。由于储量不多、效益不高等原因，这些矿已停止开采。但课题组于2010年7月进行实地调查时，在巴音杭盖嘎查境内偶尔又发现有近期勘查或开采过的矿。牧民说，这种乱采乱开现象对草原生态环境造成很大的破坏。因此牧民希望各级政府部门在实施禁牧政策，加强草原生态环境保护和建设的同时，还应采取强有力的措施，严禁这种乱采乱开行为。

图1－3　巴音杭盖嘎查境内已开采过的铁矿

4. 风能源

达茂旗地处内蒙古自治区风能富集的核心区域，风电产业已呈现蓬勃发展的态势。正在建设中的龙源包头巴音风电场位于达茂旗明安镇东南部至百灵庙镇西南部地区，由龙源集团和雄亚（维尔京）有限公司投资联合建设。

巴音杭盖嘎查境内风能资源丰富，风速大、风力强、持续时间长。10 分钟平均最大风速可达 24 米/秒，瞬间最大风速 12 级，一年中春季大风最多，冬季最少，为风能资源的开发与利用提供了良好的自然条件。课题组在 2010 年 7 月实地调查时，巴音杭盖嘎查南部地区已建成 7 座风机。据牧民说，建一座风机给牧民 10100 元的一次性草场补偿。按规划巴音杭盖嘎查境内将陆续建风机。

风能是一种无污染、可再生且低廉的新能源，有着巨大的发展潜力和广阔的市场前景。合理开发利用风能，既可减少环境污染，又能带来巨大的经济效益，但风能开发也对草原植被和生态环境带来不可忽视的破坏。每一座风机需要挖直径 5 米、深 3 米的大坑，施工车辆穿梭往来，留下一道道车辙，仿佛是草原上的道道伤痕（见图 1－4）。据访谈，牧民对风能开发所带来的破坏草原的现象很不满。

图 1－4　施工车在草原上作业时飞尘扬沙的情况

第二节　建制沿革

一　旗沿革

达茂旗草原，有着悠久的历史和灿烂的文化，早在青铜器时期就留下了人类活动的足迹。

据《达尔罕茂明安联合旗志》记载，春秋战国时期，达茂旗地属林胡、楼烦。秦汉时属九原郡北境，为匈奴族游牧地。三国、两晋时，属拓跋鲜卑族故地，属怀朔镇辖。隋唐时为东突厥据地，五代时为达靼部据地。辽代时为丰州北境及东胜州地隶西京道。入金后，属西京路净州辖。当时，居住于阴山以北的汪古部（亦称白达达）为金王朝守护净州以北边墙①。

1206 年，成吉思汗建立蒙古汗国后，封汪古部首领阿剌忽失的吉惕忽里为 88 名功臣之一，令其管理汪古部，并将三女儿阿剌合别乞嫁于阿剌忽失的吉惕忽里，相约为“世婚世友”。阿剌合别乞公主曾代行汪古部首领之职统辖漠南蒙古诸部，其被称为“监国公主”。元朝时将净州、德宁、集宁、砂井等城池封为汪古部领地。后阿剌忽失的吉惕忽里后裔被元朝封为高唐王、赵王。因此，净州、德宁等地又称驸马赵王封地。

北元时期，成吉思汗第十五世孙巴图孟克达延可汗统一蒙古诸部后，将蒙古部落划分为左右翼 6 个万户，达茂旗

① 达尔罕茂明安联合旗志编纂委员会编《达尔罕茂明安联合旗志》，内蒙古人民出版社，1994。

地属右翼土默特万户北境。16 世纪 40 年代，该地成为达延汗之孙土默特部首领安答汗领地，旗境哈拉勿素城（原汪古部首府德宁路、今阿伦索木古城遗址）便成为安答汗的避暑行宫和围猎场所。

1653 年，成吉思汗十六世孙格列森札扎赉尔珲台吉后裔本塔尔，自喀尔喀土谢图汗部率千余户归附清朝。清廷诏封本塔尔为札萨克和硕达尔罕亲王，统其众，赐牧于大青山北部的塔尔浑河及艾不盖河流域，与内札萨克蒙古诸部并列，诏世袭罔替，为喀尔喀右翼旗。札萨克驻地在塔尔浑河畔（今黄花滩水库南敖包附近）。本塔尔第四子诺内接替亲王爵位后，开始修建塞外名刹“广福寺”（即百灵庙）。1708 年，爵位传至诺内之子詹达固密时，由亲王降袭札萨克多罗达尔罕贝勒，此后喀尔喀右翼旗改称达尔罕贝勒旗。

民国 3 年（1914），达尔罕贝勒旗隶属绥远特别行政区。民国 17 年（1928），绥远特别行政区改为绥远省，旗地属绥远省乌兰察布盟管辖。民国 23 年（1934）4 月 23 日，蒙古地方自治政务委员会在达尔罕贝勒旗百灵庙成立。民国 26 年（1937）10 月 2 日，百灵庙被日伪蒙古军侵占。民国 28 年（1939）9 月 1 日，伪“蒙疆联合自治政府”宣告成立，伪“乌兰察布盟公署”也随之在百灵庙成立。1945 年 8 月日本投降后，达尔罕贝勒旗属绥北行政区管辖。

1949 年 9 月 19 日，绥远省和平解放，达尔罕贝勒旗仍属绥远省乌兰察布盟管辖。1952 年 10 月，达尔罕旗与茂明安旗合并，建立达尔罕茂明安联合旗，旗政府设在百灵庙镇。1954 年，原属绥远省土默特旗管辖的席勒图旗划归达尔罕茂明安联合旗。此时的达尔罕茂明安联合旗包括原达尔罕旗、原茂明安旗和原席勒图旗辖地，并归属乌兰察布盟人民政府。1958 年 4 月 2 日，乌兰察布盟人民政府改为乌兰察布盟行政公署，本旗隶属乌兰察布盟行署管辖。1996 年 1 月 1 日起，达茂旗划归包头市管辖。当时，达茂旗辖有 1 个镇、11 个苏木、9 个乡和 2 个牧场，下设 8 个居民委员会，44 个嘎查，50 个村民委员会，378 个自然村。

经过 2001 年和 2006 年两次调整后，达茂旗共辖 7 个镇、1 个苏木，下设 8 个居民委员会，35 个嘎查，38 个村民委员会，350 个自然村。

二　苏木沿革

从解放初至今，巴音杭盖嘎查曾先后属巴音珠日和苏木、新宝力格苏木、明安镇等管辖。

解放前，巴音珠日和属茂明安旗西苏木。1950 年，茂明安旗牧区成立达尔架努图克，农区成立恒生茂区，巴音珠日和属本旗达尔架努图克。1952 年，达尔罕旗与茂明安旗合并，建立达尔罕茂明安联合旗，所辖牧区一、二、三努图克，农业区四、五、六区，巴音珠日和属本旗第三努图克。1956 年，把牧区原来的 3 个努图克改建为查干哈达、查干敖包、巴音花、巴音敖包、新宝力格、希拉穆仁 6 个苏木，巴音珠日和属本旗新宝力格苏木。

1958 年成立人民公社时，巴音珠日和归属新宝力格公社，1962 年从新宝力格公社分出后单列建成巴音珠日和公社，1984 年社改乡时，改称巴音珠日和苏木，辖有巴音珠日和、满都拉、巴音塔拉、巴音杭盖 4 个嘎查。1990 年全苏木有居民 274 户、1116 人，民族有蒙古族、汉族、满族、藏族。该苏木以牧业为主，主要畜种有牛、羊、马、骆驼。

2001 年全旗撤乡并镇时，原红旗牧场的管辖区域划归巴音珠日和苏木，巴音珠日和苏木人民政府所在地定在原红旗牧场场部宝力图，距百灵庙镇 58 公里。

2004 年，原巴音珠日和苏木所辖区域并入新宝力格苏木。苏木所辖有满都拉、巴音塔拉、巴音杭盖、莎茹塔拉、希日朝鲁、那仁宝力格、呼格吉乐图 7 个嘎查，共 850 户，3143 人，有蒙古族、汉族、回族、满族、藏族等民族，其中少数民族人口 1886 人。合并后的苏木东西长 75 公里，南北宽约 100 公里，总面积 2560.66 平方公里。

2006 年达茂旗第二次撤乡并镇时，原巴音珠日和苏木所辖区域和新宝力格苏木合并为明安镇，原红旗牧场的管辖区域保留巴音珠日和苏木名称。

明安镇总面积 2597.44 平方公里，辖满都拉、巴音塔拉、巴音杭盖、莎茹塔拉、希日朝鲁、那仁宝力格、呼格吉乐图 7 个牧业嘎查。

三　嘎查沿革

解放前，巴音杭盖属茂明安旗东苏木。1950 年时，巴音杭盖属本旗达尔架努图克。1952 年达尔罕旗与茂明安旗合并后，巴音杭盖属本旗第三努图克。1956 年撤区划乡改建苏木后，巴音杭盖属本旗新宝力格苏木。

1958 年成立人民公社时，巴音杭盖归属新宝力格公社。1962 年调整行政区划，从新宝力格公社划出部分地区后单列建成巴音珠日和公社，巴音杭盖嘎查属巴音珠日和公社。

1984 年，巴音珠日和公社改称巴音珠日和苏木，巴音杭盖嘎查属巴音珠日和苏木。

2004 年，把原巴音珠日和苏木的所辖区域划归新宝力格苏木管辖，巴音杭盖嘎查属新宝力格苏木。2006 年，把原巴音珠日和苏木所辖区域和新宝力格苏木合并为明安镇，巴音杭盖嘎查属明安镇。

巴音杭盖嘎查建立以来，嘎查所在地一直在宝日罕图。2007 年，巴音杭盖嘎查所在地从宝日罕图迁到原巴音珠日和苏木小学教室。

第三节　族系源流

据史书记载及访谈得知，居住在巴音杭盖嘎查的蒙古族，就其族系源流来讲，主要由茂明安部、喀尔喀右翼部、土默特部组成。

一　茂明安部

据史书记载，茂明安部落是一个有着悠久历史的蒙古部落，是元太祖成吉思汗的胞弟哈布图·哈萨尔的嫡系后裔。1206 年，成吉思汗建立大蒙古汗国后，封其胞弟哈布图·哈萨尔为亲王，并将大小兴安岭以北额尔古纳河、海拉尔河一带广袤肥沃的呼伦贝尔草原和四千户居民赐给哈萨尔统辖。这四千户逐渐发展壮大成阿鲁科尔沁、乌拉特、四子部、巴尔虎、明安部等八个部落，统称为阿鲁蒙古。

哈布图·哈萨尔第十六世孙车根时，茂明安部游牧于呼伦贝尔的沁查干朝鲁、钦达穆尼额尔德尼、查呼日台那林高勒一带。1633年，车根偕其叔父固穆巴图鲁、台吉达尔玛岱滚、乌巴什等携千余户居民归附后金，并由呼伦贝尔西迁，游牧于今达茂旗境内的艾不盖河源。次年，茂明安部的台吉扎固海杜凌、乌巴海、达尔汉巴图鲁、瑚棱、都喇勒、巴特玛、额尔忻岱青、阿布泰等陆续归附后金。

1644年，清朝封车根子僧格为札萨克一等台吉，世袭罔替，赐牧艾不盖河源，是时人口1200余人。1735年，清朝将茂明安部落改为茂明安旗，隶属乌兰察布盟，茂明安旗由此得名，一直延续到解放初期。清朝指定给茂明安旗的牧地是：在张家口外800里，东界喀尔喀右翼、西界乌拉特、南界归化土默特、北界瀚海。从此，茂明安部蒙古人世世代代生活在这一地区，直到今天。

据调查，目前巴音杭盖嘎查45个蒙古族牧户中的11个牧户就是茂明安部蒙古人后裔。

二　喀尔喀右翼部

15世纪中叶，成吉思汗第十五代孙巴图孟克统一蒙古诸部，将喀尔喀万户分封予阿尔楚博罗特和格埒森札二子。阿尔楚博罗特领内五鄂托克喀尔喀地区，形成漠南内五鄂托克喀尔喀集团。格埒森札领外喀尔喀地区，将其所属领地全部分封给七个儿子，称外七鄂托克喀尔喀，后称“喀尔喀多伦和硕”（即喀尔喀七旗），分为东、西、中三路，以三汗掌之。

1653年，格列森札扎赉尔珲台吉后裔本塔尔与土谢图汗衮布之间发生矛盾，遂偕其弟本巴什希、札木素、额琳沁及侄子衮布，率千余户南下归附清朝。清王朝封本塔尔为札萨克和硕达尔罕亲王，诏世袭罔替，并赐牧地于艾不盖河及塔尔浑河畔，与内札萨克诸部并列，始称喀尔喀右翼旗。喀尔喀右翼部牧地位于张家口西北 700 里，东南距京师 1130 里，东至四子部落界，西至茂明安部落界，南至归化城土默特界，北至瀚海。

1708 年，王位传至诺内亲王子詹达固密时，由亲王降袭为札萨克多罗达尔罕贝勒，从此改称达尔罕贝勒旗。此后，喀尔喀右翼蒙古人世世代代在这一地区游牧。

据调查，巴音杭盖嘎查的喀尔喀蒙古人正是 1653 年归附清朝的喀尔喀右翼部蒙古人后裔，他们大部分是在新中国成立前后从邻近的苏木嘎查陆续迁入巴音杭盖嘎查的。

三　土默特部

15 世纪末至 16 世纪初，达延汗统一蒙古诸部，并重新划分 6 个万户，土默特部为右翼三万户之一。达延汗任命其三子巴尔斯博罗特为统领右翼三万户的济农。巴尔斯博罗特次子俺达汗时，土默特部逐渐强大。俺达汗的领地以大青山南北为中心，东达宣化镇边外，西至乌拉山前后，甚至远至甘肃、青海地区也有部落驻牧，并且该部逐渐成为右翼诸部政治、经济、宗教的活动中心。

17 世纪初，土默特部因内部纷争激烈而趋分裂，一部分留驻大同边外丰州滩一带，一部分东迁辽东地区，故有东、西土默特之称。1632 年，清兵征讨宣化、大同边外林丹汗部、西土默特部，该二部战败降清。1636 年，清廷将西土默特部编为左、右翼二旗，设都统、副都统、参领、佐领等官职以统辖旗众。该二旗不设札萨克，也称归化土默特，直到民国。

1751 年，清廷诏准喀尔喀蒙古仁钦道尔吉为席勒图召（延寿寺）第六世转世呼图克图噶根，法名叫阿嘎旺罗布桑达瓦。1762 年，阿嘎旺罗布桑达瓦活佛被提升为札萨克达喇嘛。为安置六世呼图克图活佛从喀尔喀蒙古来漠南时带来的俗徒和牲畜，清廷将希拉穆仁河流域的广阔草场划拨给席勒图召六世活佛，作驻牧生息之地。

据调查，巴音杭盖嘎查的土默特蒙古人正是席勒图旗土默特蒙古人后裔，他们大部分也是在新中国成立前后从今天的包头市固阳县等地陆续迁入巴音杭盖嘎查的。

此外，20 世纪五六十年代以后，内蒙古通辽市（原哲里木盟）、兴安盟、鄂尔多斯市（原伊克昭盟）、锡林郭勒盟等地区的部分蒙古族迁入了巴音杭盖嘎查。其中，从通辽市和兴安盟等内蒙古东部地区迁入的蒙古族占多数。

第四节　人口

一　人口自然状况

1. 总人口

由于自然和生活条件所限，巴音杭盖嘎查人口自然增长率历来不高。截至 2010 年 7 月，巴音杭盖嘎查共有 55 户牧民，人口 218 人，其中蒙古族 163 人，占总人口的 74.77%，汉族 55 人，占总人口的 25.23%（见表 1－1）。

表 1－1　1966 年以来巴音杭盖嘎查人口概况

单位：户，人

年　份	总户数	人　口			平均每户人口数
		男	女	合计	
1966	48	68	71	139	2.90
1978	71	142	115	257	3.62
1980	55	109	107	216	3.93
2010	55	105	113	218	3.96

资料来源：巴音杭盖嘎查档案资料。

从表 1－1 可以看出，从 1966 年至 2010 年的 44 年间，巴音杭盖嘎查人口从 139 人增长到 218 人，年均增长率为 1.80%左右。其中：在 20 世纪六七十年代的生产队时期，总户数和总人口明显增加；而 80 年代至 2010 年的 30 年间，总户数和总人口持平，这和实施计划生育政策以及“草畜双承包”责任制有直接关系。

2. 性别状况

表 1－2　巴音杭盖嘎查男女构成比例

单位：人

年　份	总人口	男性人口	女性人口	男女构成比例
1966	139	68	71	100∶104.41
1978	257	142	115	100∶80.99
1980	216	109	107	100∶98.17
2010	218	105	113	100∶107.62

资料来源：巴音杭盖嘎查档案资料。

据表 1－2 可知，1966 年巴音杭盖嘎查人口性别比例为 100∶104.41（男∶女），2010 年性别比例为 100∶107.62（男∶女）。1978 年男女性别比例差别较大，男性明显高于女性。总的来看，除了1978年时男性明显高于女性，男女性别比例差别较大外，巴音杭盖嘎查男女人口自然增长率基本持平，男女性别构成比例较为合理。

3. 民族构成

巴音杭盖嘎查原属于明安部辖地，在这里世代居住着以游牧业经济谋生的蒙古族牧民。据调查，从20世纪60年代以后，祖籍为山西、陕西等地区的汉族从包头市固阳县、乌兰察布盟四子王旗等周边地区陆续迁入巴音杭盖嘎查，从此出现蒙汉民族杂居的状况。这些汉族迁入巴音杭盖嘎查以后，与当地蒙古族牧民一样一直从事畜牧业经济，人口自然增长很快，到20世纪70年代时在嘎查总人口中曾一度占40%以上（见表1-3）。

表1-3　巴音杭盖嘎查1966年以来民族人口分类统计

单位：人，%

年　份	1966	1968	1971	1973	1980	2010
人口总数	139	154	249	220	216	218
蒙古族	101	100	145	127	149	163
占总人口数百分比	72.66	64.94	58.23	57.73	68.98	74.77
汉族	38	54	104	93	67	55
占总人口数百分比	27.34	35.06	41.77	42.27	31.02	25.23

资料来源：巴音杭盖嘎查档案资料。

据表1-3可知，1966年至1973年间，在巴音杭盖嘎查总人口中，蒙古族所占的比重处于一个缓慢下降的趋势。而20世纪80年代至2010年的30年间，蒙古族在总人口中的比重逐渐增多，而汉族在总人口中的比重逐渐下降。

二 人口职业结构

畜牧业既是牧民的经济基础，又是其主要的生产生活方式。因此在牧区，畜牧业历来是牧民的主要劳动领域，牧民主要以畜牧业生产劳动为主。2008 年实施全面禁牧以前，巴音杭盖嘎查的 218 名人口中，实有劳动力为 190 人，其中男性劳动力 100 人，女性劳动力 90 人，均从事畜牧业生产劳动。在闲暇时，有些年富力强的牧民偶尔有外出打工的情况，主要从事建筑业、服务业等，但一般时间短，收入低。

全面禁牧后，巴音杭盖嘎查牧民按禁牧政策要求出栏大部分牲畜的同时，部分牧民到旗驻地百灵庙镇、白云鄂博矿区等地经营小规模的餐饮业和商店，或在建筑、工业、服务业等行业打工，而大部分牧民仍留有少量牲畜在本嘎查“偷牧”或到外地租草场“移牧”。因此，目前巴音杭盖嘎查牧民从事的行业似乎比以前明显增多，职业结构处于多元化的趋势。但是据调查了解，外出经商或打工的牧民由于收入低、工作不稳定等原因，大部分已陆续返回嘎查，甚至有些牧民无事可做。所以，从目前的情况来看，巴音杭盖嘎查牧民从事的行业处于不稳定状态。

第二章　基层组织

第一节　嘎查党支部

一　党支部成员

在牧区，嘎查党支部作为党的基层组织，在宣传和落实党的方针、政策，带领牧民建设新牧区等工作方面，发挥着重要作用。目前，巴音杭盖嘎查党支部由17名党员组成（见表2－1），占全嘎查成年牧民的8.17%。

表2－1　巴音杭盖嘎查党员名册

序号	姓　名	民族	性别	出生日期	入党时间	现党内职务
1	毛闹海	蒙古	男	1936.9	1966.7	
2	刘青山	蒙古	男	1949.11	1971.7	
3	娜仁花	蒙古	女	1956.12	1976.7	
4	大陶格陶	蒙古	男	1949.6	1977.7	
5	温都苏	蒙古	男	1949.5	1979.7	
6	阿拉腾巴雅尔	蒙古	男	1962.2	1987.7	党支部书记
7	孟克巴特尔	蒙古	男	1969.4	1989.7	
8	苏和巴特尔	蒙古	男	1974.4	1995.7	
9	浩毕斯嘎拉图	蒙古	男	1970.2	1997.7	党支部组织委员

续表

序号	姓　名	民族	性别	出生日期	入党时间	现党内职务
10	毕力格巴特尔	蒙古	男	1972.8	1997.7	党支部宣传委员
11	宝音陶格陶	蒙古	男	1964.3	1997.7	
12	贺文明	汉	男	1968.3	1997.7	
13	达来	蒙古	男	1970.3	2002.7	
14	呼格吉乐图	蒙古	男	1971.10	2002.7	
15	阿拉腾苏和	蒙古	女	1971.2	2002.7	
16	乌力吉	蒙古	男	1979.3	2004.7	
17	乌力吉斯仁	蒙古	男	1987.3	2006.7	

资料来源：巴音杭盖嘎查党支部提供，2010 年 7 月。

据表 2－1 可知，目前巴音杭盖嘎查的 17 名党员中，30 年以上党龄的老党员有 5 名，占 29.4%；20 年以上党龄的有 2 名，占 11.8%；10 年以上党龄的有 5 名，占 29.4%；10 年以下党龄的有 5 名，占 29.4%。

二　党支部委员

巴音杭盖嘎查党支部委员会由党支部书记 1 名，党支部组织委员和宣传委员各 1 名组成。每隔 3 年由嘎查全体党员大会按照“公推直选”的办法选举产生党支部委员。

1. 党支部书记阿拉腾巴雅尔

嘎查党支部书记阿拉腾巴雅尔同志，男，蒙古族，1962 年 2 月生（见图 2－1）。1987 年 7 月入党，1985 年当选为嘎查达（村主任），一直连任到 1997 年。1997 年任嘎查党支部书记。2000 年至 2010 年，连任嘎查党支部书记兼嘎查达职务，主持和领导嘎查党支部的日常工作。

多年来，阿拉腾巴雅尔同志坚持党性、爱岗敬业、脚踏

图 2-1　嘎查党支部书记阿拉腾巴雅尔

实地、身体力行，加强嘎查党支部和嘎查委员会的团结，坚持办事公正、公开、公平的原则。在他的倡导下，嘎查里实行了村务、财务、党务三公开制度，赢得了牧民的拥护和支持。多年来，嘎查里从来没有发生过一起因办事不公引发的上访事件。

阿拉腾巴雅尔同志说，要做好新形势下的牧区基层工作，必须认真学习和贯彻党的牧区工作的路线、方针、政策，必须学习和实践科学发展观，不断提高党员的思想觉悟，一心一意为群众服务。在阿拉腾巴雅尔同志的带领下，巴音杭盖嘎查党支部连续多年被镇、旗、市党委评为先进党支部。

阿拉腾巴雅尔同志是一位工作经验丰富、能力强的基层领导干部，他的工作赢得了牧民的支持和拥护，得到了上级党组织的充分肯定和多次嘉奖。1997 年被评为自治区级优秀党员；2001 年 7 月 30 日参加中国共产党内蒙古自治区第七次党代会；2007 年 12 月 20 日参加包头市第十三届人民代表大会第一次会议；2009 年 12 月参加包头市第十二次民族团结进步暨学习实用蒙古语表彰大会。

目前，阿拉腾巴雅尔同志带领嘎查全体党员和牧民，为积极落实禁牧政策措施而努力工作。

2. 党支部组织委员浩毕斯嘎拉图

嘎查党支部组织委员浩毕斯嘎拉图同志，男，蒙古族，1970 年 2 月生，小学文化（见图 2－2）。1997 年入党。1997 年起担任嘎查党支部组织委员兼副嘎查达职务。在嘎查党支部委员会的集体领导下，负责党支部的组织工作。

图 2－2　嘎查党支部组织委员浩毕斯嘎拉图参加选举（左一）

浩毕斯嘎拉图同志自担任嘎查党支部组织委员以来，按照工作职责积极开展嘎查党员的组织生活、宣传教育以及培养和发展新党员等工作。据访谈，浩毕斯嘎拉图同志坚持原则，工作认真。他的工作得到了嘎查全体党员和牧民的肯定。2002 年被评为嘎查先进工作者，2007 年被评为嘎查优秀党员。

3. 党支部宣传委员毕力格巴特尔

嘎查党支部宣传委员毕力格巴特尔同志，男，蒙古族，1972 年 8 月生，高中文化（见图 2－3）。1997 年入党。

2001年起担任嘎查党支部宣传委员职务，2003年起担任嘎查委员职务，在嘎查党支部委员会的集体领导下，负责党支部的宣传工作。

毕力格巴特尔同志虽然只有高中学历，但在繁忙的工作之余，他通过刻苦学习成为嘎查里很有学问的牧民。他不但在文学方面很有造诣，而且在开展嘎查党支部宣传工作方面成绩突出。他担任嘎查宣传委员以来，对拟定嘎查党员的学习计划，组织嘎查党员学习党的方针、政策，带领嘎查党员和青年开展文化体育活动等工作方面，做了很多工作。牧民说，毕力格巴特尔同志忠诚老实，工作认真，积极进取，是一位较为出色的基层党支部宣传委员。

图2-3　嘎查党支部宣传委员毕力格巴特尔

三　党支部主要工作业绩

据访谈及嘎查党支部提供的材料，巴音杭盖嘎查党支部自成立50年以来，带领嘎查全体党员，在基层党组织的建设、牧区经济建设、提高牧民生产生活等方面做出了卓有成效的工作。尤其，自1997年阿拉腾巴雅尔同志担任嘎查党支部书记以来，巴音杭盖嘎查党支部工作在很多方面取得了显著成绩。主要工作业绩有以下方面。

1. 加强制度建设

根据党的基层党组织制度建设要求，高度重视加强和完善党支部的制度建设工作。如，党支部有《党支部的基本职责》《发展党员工作流程》《支部书记工作职责》《组织委员工作职责》《宣传委员工作职责》《支部议事制度》《党员学习制度》《支部集中制原则》《民主评议党员规定》《先进性教育长效机制》等一整套工作制度，使党支部发展成为制度健全、凝聚力强的基层党组织。

2. 强化党建工作

按照上级党组织的指示要求，及时传达党的方针、政策。确定每月5日为全体党员、班子成员学习日的同时，根据牧区畜牧业生产的季节性特点以及交通不便、牧民居住分散等实际情况，组织全体党员主要在夏季或秋季牧闲时期，开展学习活动，并研究决定嘎查重要事宜。在培养和发展新党员工作方面，一贯重视把有文化、有上进心的年轻牧民不断吸收到党员队伍中去。如1997年以来入党的9名党员，入党时的平均年龄为27岁，其中25岁以下的有3名，20岁以下的有1名。这是近年来嘎查党建工作的重要举措。

3. 发挥党员的模范带头作用

嘎查全体党员在支部书记阿拉腾巴雅尔同志的带领下，经常开展帮助嘎查牧民的义务劳动。如在实施全面禁牧前，每年帮助牧民搭建棚圈、修缮房屋、打井、接羔、剪羊毛，遇大旱之年从农区无偿为牧民购买饲草料。据牧民说，仅在 1997 年嘎查全体党员就开展了 40 多天的义务劳动。这种形式的劳动，提高了党员的思想觉悟，发挥了党员的模范带头作用，同时帮助牧民解决了生产生活方面遇到的问题和困难。

4. 开展扶贫致富活动

通过“党员三结合致富链”“党员结对帮扶”等形式，开展形式多样的扶贫致富活动。如对嘎查低保户、贫困户进行脱贫致富宣传工作的同时，经常进行义务劳动，发放困难补助、粮食等物资；嘎查党支部领导努力探索牧民的致富之路，曾带领部分牧民到巴彦淖尔市乌拉特中旗参观学习农牧专业合作社经营经验，到本旗巴音花苏木参观学习胚胎移植技术和经营等。

因巴音杭盖嘎查党支部工作成绩显著，多次受到上级党组织的嘉奖。曾被评为农村牧区党组织三级联创示范嘎查、五好嘎查党支部、包头市民族团结进步和谐嘎查、基层先进党组织等（见图2－4）。

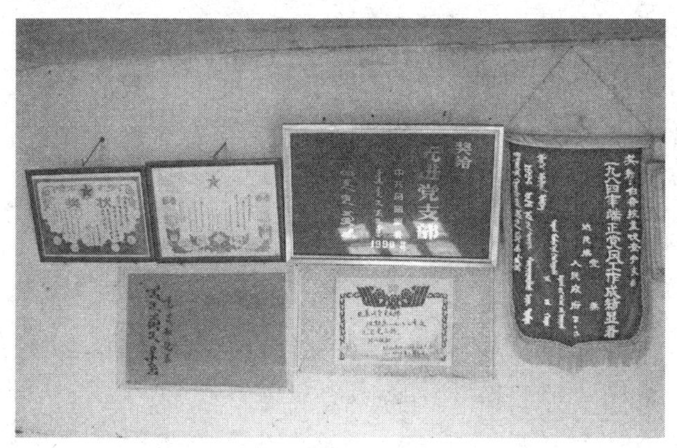

图 2－4　巴音杭盖嘎查党支部曾荣获过的部分荣誉

第二节　嘎查委员会

一　嘎查委员会的组成

巴音杭盖嘎查实行“一套人马两套班子”制度，由3人组成的嘎查党支部委员同时为嘎查委员会的组成人员。具体说，嘎查支部书记阿拉腾巴雅尔在主持嘎查党支部日常工作的同时，兼任嘎查达职务，全面负责嘎查各项工作；嘎查党支部组织委员浩毕斯嘎拉图负责党支部组织工作的同时，兼任副嘎查达职务，主要负责嘎查畜牧业、医疗卫生等工作；嘎查党支部宣传委员毕力格巴特尔负责党支部宣传工作的同时，兼任嘎查委员职务，主要负责共青团和妇联等工作。

二　嘎查委员会的产生

嘎查委员会成员每隔3年通过民主选举产生。通常被选举人得票率须达到参加投票总人数的60%以上才有资格当选，而且参加投票的人数不低于全嘎查总人数的70%。每次选举时，嘎查委员会严格执行民主、公平的原则，杜绝请客送礼等拉票现象。

嘎查委员会换届选举工作流程严格按照《中华人民共和国村民委员会组织法》和《内蒙古自治区实施〈中华人民共和国村民委员会组织法〉办法》执行，通过准备、选民登记、推荐候选人、投票4个阶段，选举产生嘎查委员会（见图2－5）。嘎查达阿拉腾巴雅尔说，由于坚持公平、公正、民主原则，几次嘎查委员会成员换届选举过程都很顺利，没有因舞弊、拉票等行为出现矛盾、冲突；选出的嘎查委员会组成人员的工作经验、文化程度、年龄结构也很合理，能够代表嘎查牧民的意愿和利益。

图 2-5　巴音杭盖嘎查委员会的选举大会

三　嘎查委员会成员工作补贴

按照上级有关精神，嘎查委员会实行嘎查委员工作补贴制度。随着经济社会的发展，工作补贴也逐年有所增长（见表 2-2）。

表 2-2　巴音杭盖嘎查委员会成员工作补贴情况

单位：元

姓　名	职　务	时　间	工作补贴
阿拉腾巴雅尔	嘎查达	1985～1998 年	20
	嘎查党支部书记兼嘎查达	1999～2001 年	100
	嘎查党支部书记兼嘎查达	2002～2008 年	300
	嘎查党支部书记兼嘎查达	2008 年 7 月后	1000

续表

姓　名	职　务	时　间	工作补贴
浩毕斯嘎拉图	副嘎查达	2008 年 7 月 1 日前	200
	副嘎查达	2008 年 7 月 1 日后	500
毕力格巴特尔	嘎查委员	2008 年 7 月 1 日前	200
	嘎查委员	2008 年 7 月 1 日后	500

资料来源：巴音杭盖嘎查委员会提供，2010 年 7 月。

四　嘎查委员会的工作规划

据实地调查了解，以嘎查党支部书记兼嘎查达的阿拉腾巴雅尔同志为首的巴音杭盖嘎查委员会是一个工作计划和发展目标明确、能力强、团结合作的基层领导集体。多年来，嘎查委员会在带领嘎查牧民发展畜牧业经济，提高牧民生产生活水平，建设和谐新牧区等方面做出了显著的成绩。正是如此，嘎查委员会的工作不但得到了牧民的支持和认可，而且得到了上级政府部门的多次嘉奖。

随着全面禁牧政策的实施，嘎查委员会的工作任务和发展规划也发生了相应的变化。宣传全面禁牧政策，带领牧民落实全面禁牧政策措施成为目前嘎查委员会的主要工作任务。为此，嘎查委员会根据旗委、旗政府关于全面禁牧政策的精神要求，制定和实施了《明安镇巴音杭盖嘎查禁牧工作方案》，内容包括制定禁牧工作方案的政策依据、禁牧目标任务、禁牧实施方案、草场的管理和禁牧后牧民的再就业途径等。

嘎查党支部书记兼嘎查达阿拉腾巴雅尔同志讲述了在实施全面禁牧情况下，今后嘎查发展的一些思路和工作规划。

1. 重视教育，提高牧民的文化素质

目前，巴音杭盖嘎查绝大部分成年牧民连小学都没毕业，文化程度普遍很低。这一情况，一直是影响嘎查经济社会发展和牧民生活水平提高的重要因素。因此，要把重视教育，提高牧民的文化素质放在嘎查发展的首要而长远的位置上。结合旗委、旗政府在禁牧政策中规定的牧民子女教育补贴措施，嘎查委员会尽可能创造条件，支持、帮助牧民子女上学深造。尤其要鼓励牧民子女学习掌握某种专业技术和技能，使他们将来能够找到适合于社会发展需要的工作岗位。

2. 支持牧民的转产转业，提高牧民的生活水平

实施全面禁牧后，虽然嘎查部分牧民外出经商或务工，但遇到了诸多困难和问题，牧民的转产转业、再就业等问题一直得不到顺利解决。在这种情况下，嘎查委员会要结合禁牧政策中的有关规定，积极引导和支持嘎查牧民外出经商或务工。经常了解目前在旗驻地百灵庙镇、白云鄂博矿区等地经商、务工的牧民所遇到的困难和问题，并及时向上级政府部门汇报情况。给嘎查牧民介绍其他地区的成功经验，使更多的牧民得到再就业，提高生活水平。

3. 努力发展旅游业，提高牧民的经济收入

巴音杭盖嘎查境内的人文资源和自然资源很丰富，有汉长城遗址、古岩画、宝日罕图庙遗址、突厥墓群遗址等文物古迹；有哈布图·哈萨尔祭奠和敖包祭祀等传统祭祀活动；有宝日罕图山、阿日其阿古拉（柏山）等自然风景。因此，发展旅游业潜力很大。为此要做到：①向上级有关部门提出申请，制订嘎查旅游发展规划；②向上级有关部门争取资金，保护和修建主要的文物古迹，并解决主要景点景区的通电、通路等问题；③在主要的景点景区，建立蒙古包等接待区。通过发展旅游业，不但可以解决牧民的就业问题，同时能够提高牧民的经济收入，促进嘎查经济社会的快速发展。

4. 加强生态保护，探索可持续发展道路

结合当前实施的全面禁牧政策措施，积极探索既恢复牧草，保护和改善生态环境，又能提高牧民生产生活水平的适合当地自然环境和牧民利益的发展模式。如可探索生态畜牧业这种既保护生态环境又能促进畜牧业的适度放牧措施。这样的话，40~50岁的牧民可以在家饲养部分牲畜，年富力强的牧民有更多的机会能够外出经商、务工等。

第三节　共青团和妇女联合会

一　共青团组织

据调查，目前巴音杭盖嘎查有14名共青团成员（见表2-3），由嘎查委员毕力格巴特尔负责共青团组织工作。一般主要在节假日，如春节、国庆节、青年节和敖包祭祀等节日里组织嘎查青年牧民开展一些文体娱乐方面的活动。共青团成员曾多次帮助五保户或生活困难牧户进行义务劳动，甚至经常资助患有疾病的牧民。还为牧民订购一些报刊杂志，使其及时了解时代的发展和变化。

表2-3　巴音杭盖嘎查共青团员名册

姓　名	民　族	性　别	学　历	出生日期	备　注
董慧	汉	女	高中	1989.2.20	在校生
浩日其楞	蒙古	男	高中	1990.5.19	在校生

续表

姓　名	民　族	性　别	学　历	出生日期	备　注
布仁高娃	蒙古	女	大学	1987. 12. 7	在校生
格日乐图雅	蒙古	女	大学	1989. 5. 24	在校生
乌日汗	蒙古	女	大学	1989. 10. 22	在校生
沙日娜	蒙古	女	大学	1989. 4. 12	在校生
曾艳龙	汉	男	中专	1989. 8. 10	在校生
阿拉德日图	蒙古	男	大学	1990. 9. 2	在校生
哈斯塔娜	蒙古	女	大学	1985. 12. 30	在校生
哈斯乌日尼	蒙古	男	高中	1988. 1. 26	待业
孟根陶格其	蒙古	女	中专	1991. 12. 11	待业
阿如娜	蒙古	女	中专	1990. 4. 9	在外打工
苏龙嘎	蒙古	女	大专	1987. 3. 4	在校生
乌日古木勒	蒙古	女	高中	1993. 10. 7	在校生

资料来源：巴音杭盖嘎查党支部提供，2009 年 7 月。

据表 2－3 可知，目前巴音杭盖嘎查 14 名共青团成员中，男 4 名，占 28. 57%，女 10 名，占 71. 43%；中专以上在校生 8 名，占 57. 14%，高中在校生 3 名，占 21. 43%，待业 2 名，打工 1 名。

二　妇女联合会

巴音杭盖嘎查妇女联合会工作由嘎查委员毕力格巴特尔负责。在春季接羔或剪羊毛时，组织嘎查妇女相互帮助；还经常组织嘎查妇女学习《婚姻法》，宣传计划生育政策和妇女保健保育等方面的知识。嘎查委员毕力格巴特尔说，随着全面禁牧政策的实施，嘎查里的共青团和妇联工作也发生了相应的变化。由于部分牧民外出经商或打工以及牧民流动情况的增多，上述活动自然减少了，只是在敖包祭祀等传统节日里组织嘎查青年开展一些娱乐活动。

第三章　生态环境的保护与禁牧

第一节　生态环境的保护

一　生态环境现状

地处达茂旗西北部的巴音杭盖嘎查境内山丘纵横，丘陵起伏，属荒漠半荒漠草原。虽然地形、气候、牧草资源等为经营畜牧业经济提供了得天独厚的自然条件，但整体上巴音杭盖嘎查自然生态环境很脆弱，草场植被稀疏，载畜能力不高。据调查，和达茂旗其他牧区天然草原一样，近几年巴音杭盖嘎查草场沙化、退化日趋严重，草场载畜能力急剧下降，草畜矛盾十分突出，畜牧业生产可持续发展遇到了极大的困难。

据牧民讲，直到20世纪80年代初，巴音杭盖嘎查草场植被都很好，生态环境没有明显的恶化。但是自从实施草畜双承包责任制以来，牧民过度增加牲畜头数，从而逐渐造成超载过牧和草畜矛盾的情况。加之连年干旱少雨等自然灾害的频繁发生，草原的退化和沙化更加严重，生态环境不断恶化。保护和建设生态环境，成为巴音杭盖嘎查经济社会发展的重要任务之一。

二 生态环境保护措施

针对生态环境的日益恶化，达茂旗旗委、旗政府自21世纪初开始采取多种措施加强生态环境保护和建设。在全旗范围内采取退耕退牧、还林还草、牧区划区轮牧和以草定畜、农区禁牧等一系列政策措施的同时，还在干旱荒漠区建立自然保护区，以期草原自然修复和生态环境的改善。

按照旗委、旗政府的统一部署，巴音杭盖嘎查牧民从20世纪80年代开始用铁丝网围栏自己的草场，到90年代末除了个别贫困户外基本上围栏完毕。2000年以后，以牧户为单位，根据可食饲草量，确定牲畜饲养量，实行“以草定畜”的措施。这些措施对保护牧草资源和生态环境起到了一定的作用。

同时，巴音杭盖嘎查地处达茂旗巴音杭盖自然保护区的中心区域，该自然保护区于2001年被批准为自治区级保护区。2006年6月，巴音杭盖自然保护区管理站（股级）晋升为管理局（科级），2007年3月经包头市政府批准并报自治区政府，自然保护区管理局提升为副处级管理局。几年来，达茂旗旗政府为保护区主要地段围封围栏10公里，同时将核心区1.21万公顷土地使用权划拨给保护区管理局，并发放林权证，同时承诺在保护区内永不开发矿产，不搞交通设施建设，争取将保护区晋升为国家级自然保护区。目前，保护区的总体规划、科考报告、项目申报书、自治区人民政府申报文件已通过国家林业局的评审，各级林业部门正在积极筹措、准备，迎接国家环境保护部的评审。

目前，进一步落实全面禁牧政策措施，成为巴音杭盖嘎查牧民保护和建设生态环境的重要任务。

第二节　实施全面禁牧

一　实施全面禁牧的背景及依据

内蒙古草原是欧亚草原的重要组成部分，是我国北方最主要的生态屏障带，也是目前世界上草原类型最多、保存最完整的草原之一。但近半个世纪以来，受全球气候变迁和人类不合理行为的影响，内蒙古草原大面积退化、沙化，其生态屏障作用日益弱化，已经严重影响了草原区域人们的生产生活，威胁到了全国乃至更广泛区域的生态安全。

达茂旗是内蒙古自治区 19 个边境牧业旗县之一，是包头市唯一的牧业旗。达茂旗地处大青山西北内蒙古高原地带，地势南高北低，缓缓向北倾斜。南部属丘陵区，中、西有低山陡坡，北部属高平原台地，间有开阔原野，平均海拔 1376 米。境内草原辽阔，草原面积 16574 平方公里，优良牧草繁多。草原类型由南向北依次为干草原、荒漠草原和草原化荒漠 3 个自然植被带，其中荒漠草原占 50.2%，是主体草原。虽然地形、气候、牧草资源等为经营畜牧业经济提供了得天独厚的自然条件，但整体上达茂旗自然生态环境很脆弱，草场植被稀疏，载畜能力不高。据调查，和内蒙古其他牧区天然草原一样，自 20 世纪 90 年代以来，由于连年干旱、超载过牧、垦荒、开矿等自然和人为因素的影响，达茂旗草原“三化”（退化、沙化、盐渍化）现象呈逐年加剧且难以有效控制的趋势。据有关统计资料，到 20 世纪末，全旗天然草原“三化”面积达 2100 万亩，占草原总面积的 84%。日益恶化的生态环境已严重危及全旗农牧民的生产生活，同时也严重威胁到包头市、自治区乃至京津地区的生态安全。

针对草原生态环境日趋恶化的情况，自2000年起内蒙古自治区按照中央有关精神，在全区农村牧区实施禁牧、休牧、轮牧“新三牧”制度，禁牧成为内蒙古自治区保护和建设生态环境的主要措施。各地方政府根据当地自然环境和生态特征，制定和实施禁牧政策措施，以保护和恢复生态环境。

2007年，为贯彻落实十七大提出的关于建设“生态文明”的号召，达茂旗根据自治区部分盟市及牧区旗市生态保护座谈会意见和《中共包头市委员会、包头市人民政府关于加快推进农村牧区收缩转移集中战略的实施意见》《中共包头市委员会、包头市人民政府关于实施围封禁牧加强生态建设的决定》的精神，决定从2008年1月1日起，启动牧区6个苏木（镇）实施全面禁牧的生态保护工程。为保证全面禁牧工作的顺利实施，达茂旗旗委、旗政府先后出台了《关于加强牧区围封禁牧工作的决议》《达茂联合旗牧区全面禁牧工作实施方案》等文件，制定了实施全面禁牧工作的各项政策措施。

全面禁牧，也称常年禁牧。它不同于内蒙古自治区其他牧区实施的禁牧、休牧、轮牧，更不同于农区实施的舍饲圈养，而是对禁牧区草牧场实施围封禁牧，牧民要全部出栏牲畜的同时从嘎查搬迁转移。这是在内蒙古自治区牧区率先实施的新一轮全面禁牧措施。

巴音杭盖嘎查属达茂旗牧区实施全面禁牧的嘎查之一。

二　全面禁牧政策措施

全面禁牧是一项政策性强、涉及面广的重要工作。为了全面了解全面禁牧工作，我们简单介绍一下达茂旗旗委、旗政府所制定和实施的政策措施的有关内容。①

1. 期限和目的

从2007年10月开始，达茂旗在该旗百灵庙镇的3个嘎查进行了禁牧试点工作。在此基础上，按照包头市市委、市政府的要求，从2008年1月1日实施全面禁牧。但考虑到禁牧区牧民出售牲畜需要一定时间和过程，所以，为禁牧区又预留了半年时间，即要求禁牧区必须在6月30日前完成牲畜全部出栏的工作。

根据草场植被恢复所需时间及其他因素，达茂旗将全面禁牧期限的第一阶段定为10年。10年后是否继续禁牧，将视草场植被恢复情况另行确定。

全面禁牧的总目的是："保护生态，大力发展现代舍饲畜牧业，提高农牧民生产水平和生活质量，实现移得出，稳得住，保生态，富起来。"

2. 涉及的范围及对象

达茂旗全面禁牧牧区面积1516.2万亩，涉及6个苏木（镇）、4736户牧民。禁牧涉及的对象确定为：具有达茂旗牧区户籍，且1997年草牧场二轮承包时，参加草牧场或饲草料地承包的牧户及其婚迁、新生的支生户。

3. 转移安置渠道

妥善安置转移牧民直接关系到全面禁牧政策措施的顺利实施，达茂旗旗委、旗政府规定主要从四个方面对牧民进行安置。

---

① 全面禁牧政策措施的有关内容根据达茂旗旗委宣传部编《达茂旗牧区围封禁牧政策读本》（2008年2月）和达茂旗旗委宣传部及达茂旗围封禁牧工作领导小组编《达茂旗实施禁牧宣传手册》（2008年6月）整理。

一是牧民自愿找地方外出转移安置。自愿永久性转移的牧户（包括无草场、饲料地的牧户）要与所在嘎查签订协议，经苏木（镇）政府同意、旗禁牧办备案，办理城镇户籍。同时，将草场及饲料地经营权交回嘎查，并一次性给予每户5000元转移安置补贴金。

二是在23个移民村安置。达茂旗旗委、旗政府对移民村的房屋、水浇地、棚圈、水电路讯等基础设施建设投入了大量的资金，户均达到8万多元（牧民自筹仅1.5万元），为禁牧后牧民发展现代化舍饲畜牧业创造了良好的条件。

三是在旗驻地百灵庙镇和其他建制镇安置。搬迁进入百灵庙镇及其他建制镇的牧户，住房按国家规定的经济适用型住房管理办法管理，5年内不得交易，房价由建设部门统一测算制定。牧民按照自己的意愿选购房屋，再按照相关程序办理购房手续。

四是在原饲草料基地安置。饲草料基地牧户在禁牧的基础上，原地利用原饲料地种草养畜，发展舍饲畜牧业。

4. 转产转业渠道

实施全面禁牧后，妥善安置并引导牧民转产转业不但关系到禁牧工作的顺利实施，而且直接关系到牧民生活水平的提高。对此，达茂旗旗委、旗政府规定，对于进入城镇从事第二、第三产业的，要求旗人事劳动部门具体负责组织牧民进行免费就业培训，推荐就业、扶持创业。

具体安置渠道：一是对于18～40周岁的青壮年牧民，要求驻旗企业在招工时留出不少于70%的岗位安置牧民就业；二是鼓励支持牧民在城镇及周边地区从事第二、第三产业，对于自主创业和从事第二、第三产业的牧民，将参照城镇下岗职工再就业有关优惠政策给予扶持，按照相关政策减免税费，并提供小额担保信贷；三是对于40～60周岁的牧民，政府将开发各类公益性岗位安置就业；四是对于60周岁以上的牧民每人每月给予200元生活补助金；五是到移民园区发展舍饲畜牧业；六是在原饲草料基地进行舍饲圈养。

5. 相关优惠补贴

医疗补贴：将牧民全部纳入农村牧区新型合作医疗范围。以家庭为单位，个人每年交费10元，旗、市及各级财政每人每年补助75元（如国家政策有调整随国家政策）。工业总厂户参照现行城镇居民基本医疗保险有关政策参加医疗保险，具体交纳标准为，成人每人每年170元，学生每人每年70元，政府补贴每人每年70元。"无劳动能力、无儿无女、无生活来源"的人员政府全额补贴。

教育补贴：牧民子女在旗内就读的，义务教育阶段享受"三免一补"（免学杂费、课本费、住宿费，补生活费）；对高中阶段的实行免费教育（免学杂费、课本费），在包头市高中阶段（蒙语授课）就读的，参照包头市标准给予补贴；在全日制普通高等院校就读的，专科生每人每年补贴生活费2000元，本科生每人每年补贴生活费5000元。高中、专科、本科学生的补贴，自2008年9月起按学年度发放。

最低生活补贴：因禁牧造成生活困难的牧民，凡符合达茂旗农牧民最低生活保障标准的，全部按规定将其纳入最低生活保障范围。

养老补贴：对60周岁以上有草场、要禁牧的牧民（2008年7月1日年满60周岁的牧民），每人每月给予200元养老补助金，补助金从2008年7月1日起发放。

草场补贴：坚持草牧场承包制度不变，以1997年牧区草牧场二轮承包时到户的草场面积为依据，按承包草场面积给予牧户禁牧补贴，每亩每年补贴5元（含0.2元草场管护费），补贴期10年。考虑到物价上涨因素，旗委、旗政府还将从多方面加大各项补贴力度。

住房补贴：进城入镇的牧民，旗委、旗政府统一规划建设牧民小区，住宅区的土地使用、管网建设等费用由政府投入，牧民将以低于市场价的优惠价购房，在此基础上，政府还将给予牧民购房补贴。关于在旗驻地百灵庙镇和其他建制镇的住房补贴已经有明确规定，补贴办法为，按草场承包到户时登记人口计算，人均草场面积3000亩以上（含3000亩）的，每户补贴2万元；人均草场面积3000亩以下的，每户补贴3万元。住房凭草场经营权证书申请登记，每证一套（同一户名多证，只限一套）。支生户购房的每户补贴1万元。

三　全面禁牧政策的落实情况

1. 牧民对全面禁牧的认识

实施全面禁牧，不仅是一项保护和恢复草原生态环境的重要举措，而且也会对世代以牧为生的牧民的传统生产生活方式产生重大影响。据访谈，巴音杭盖嘎查牧民对全面禁牧政策中所提出的保护和建设草原生态环境的根本目的都表示理解和支持。牧民说，草场退化、沙化日趋严重，在生态环境日益恶化的情况下，通过实施禁牧让草原生态自然恢复是目前最有效的途径，这体现了牧民爱护草原、保护草原生态环境的传统意识。但是牧民对全面禁牧政策的一些具体措施和方案，也提出了不少意见和建议。如制定和实施禁牧政策措施时，一定要充分考虑到牧民不愿意出栏全部牲畜，不愿离开世代居住的家乡的心愿；生态环境的保护要与牧民经济利益和生活质量的提高以及保护和传承民族传统文化的重要性有机结合；提高禁牧牧民的草场补贴；改变对“偷牧”牧户只采取罚款或罚畜的方式；改变“一刀切”的禁牧措施；实施以草定畜的禁牧措施等。

个案3-1　牧民对全面禁牧认识的访谈

访谈者：铁柱　乌恩白乙拉　常山

被访谈者：其木德

时间：2010年7月7日

地点：明安镇

其木德，男，蒙古族，63岁，巴音杭盖嘎查牧民。实施全面禁牧后，其木德一家出栏了大部分牲畜。其木德说，近几年牧区草场、生态情况确实不如过去了。大部分牧民都理解、拥护目前的禁牧政策，这是一项利国、利民的政策。牧民都希望通过实施禁牧保护草原，恢复生态环境，为子孙后代留一片绿色天地。同时，他认为草场的退化、沙化不仅仅是由过度放牧引起的，连年干旱、开垦、开矿等自然和人为因素也是不可忽视的重要原因，甚至这些因素对草原生态环境造成的影响远远大于过度放牧。他还说，目前所实施的全面禁牧政策中也存在很多问题。如目前的草场补贴很低，要提高补贴标准的同时，必须保证按时发放草场补贴；采取“一刀切”的全面禁牧措施不符合牧民的愿望，必须尊重牧民都不愿意离开世代居住的家乡的心愿；制定和实施禁牧政策措施，必须从实际出发，采取“以草定畜”的禁牧方式，既能保证生态环境的恢复，又能保护牧民的利益，这是为广大牧民普遍接受的禁牧措施。

2. 签订禁牧合同

按照达茂旗旗委、旗政府实施全面禁牧政策的规定要求，禁牧区牧民必须与所在嘎查签订禁牧合同，并履行禁牧合同的有关要求。

2009 年 2 月实地调查时，巴音杭盖嘎查 55 户牧民中，53 户牧民已和嘎查签订了禁牧合同，2 户牧民未签订合同。

达茂联合旗牧区禁牧合同书

编号

甲方：________苏木（镇）人民政府________嘎查法人代表

乙方：(禁牧户) ________

根据《中华人民共和国草原法》、《内蒙古自治区草原管理条例》及其《实施细则》、《中共包头市委员会、包头市人民政府关于实施围封禁牧加强生态建设的决定》和《达茂联合旗牧区全面禁牧工作实施方案》的有关规定和具体要求，结合我旗实际情况，特签订如下合同：

一、甲方责权

1. 按《达茂联合旗牧区全面禁牧工作实施方案》按时兑现乙方的草场禁牧补贴和落实各项安置政策。

2. 向乙方宣传中央、自治区、包头市有关生态建设政策，解释《达茂联合旗牧区全面禁牧工作实施方案》、《达茂联合旗牧区禁牧管理办法》及上级有关禁牧政策。

3. 全面落实《达茂联合旗牧区全面禁牧工作实施方案》，严格执行《达茂联合旗牧区禁牧管理办法》。

4. 按《达茂联合旗牧区禁牧管理办法》要求管理禁牧草场。

5. 指导、协助乙方安排好产业建设，优化畜种，发展现代畜牧业。

6. 为乙方提供种植、养殖技术指导。

二、乙方责权

1. 自愿将所承包草场禁牧，面积________亩，草场经营权证书号为：________，承包人口为：________人。

2. 按本嘎查禁牧方案要求，按时出栏牲畜并实现禁牧，享受对应各项安置补贴政策。

3. 严格遵守《达茂联合旗牧区禁牧管理办法》。

4. 拥有禁牧后草场的承包经营权。

三、违约责任

1. 甲方不能按时兑现乙方的草场禁牧补贴和落实各项安置政策，乙方有权要求上级相关部门督促嘎查、苏木（镇）兑现和完成。

2. 乙方在2008年6月30日实现禁牧后，若乙方不能按合同履行义务，由草原监督管理所按《内蒙古自治区草原管理条例》给予放牧户警告并以每个羊位5～10元的罚款，直至由草原行政管理部门强制处理，同时扣发草场补贴。

四、合同生效期、合同份数及其他

1. 合同自签订生效之日起生效至2018年6月30日止。

2. 合同一式三份，甲、乙各执一份，草原监督管理所备案一份。

3. 本合同未尽事宜，按相关法律、法规执行。

甲方签章：

甲方（法人代表）签字：

乙方（禁牧户）签字：

年　月　日

3. 牲畜出栏情况

据调查，巴音杭盖嘎查牧民于2008年6月30日前后出栏了大部分牲畜，另有几户牧民出栏了全部牲畜。截至2010年7月实地调查时，不少牧户仍拥有几十只至100多只羊，在嘎查境内“偷牧”或到邻近旗、苏木租赁草场“移牧”。牧民说，虽然没有按照全面禁牧政策要求全部出栏牲畜，但与禁牧前相比，巴音杭盖嘎查牧民牲畜总头数已减少了80%左右。

4. 转移安置情况

根据达茂旗旗委、旗政府全面禁牧政策的要求，禁牧区牧民要全部出栏牲畜的同时，按照转移安置的具体部署必须搬迁转移出嘎查。据调查，自2008年6月30日以后，巴音杭盖牧民大部分陆续搬出了嘎查。其中，一部分牧户到白云鄂博矿区和旗驻地百灵庙镇租房住（见图3－1），一部分牧户到邻近苏木嘎查或邻近旗租赁草场放牧，还有一部分牧民到外地打工等。但是到2009年底时，大部分牧民已返回了嘎查。搬到生态移民村的牧民只有那日苏一家。牧民苏和巴特尔、杨永诚、毛闹海在百灵庙镇生态移民楼各自购买了一套楼房（见图3－2）。

图 3-1　百灵庙镇租赁的房屋

图 3-2　达茂旗驻地百灵庙镇生态移民区新建楼房

2010 年 7 月实地调查时，嘎查牧民那顺乌日图已在旗驻地百灵庙镇购买楼房居住，武进城等两户牧民正在白云鄂博矿区办理买楼房手续，有 5 户牧民在外地租赁草场放牧，还有几户牧民在白云鄂博矿区和旗驻地百灵庙镇租房经营小型饭店或商店等。

因为自从实施全面禁牧以来，巴音杭盖嘎查牧民搬迁转移情况处在经常变动当中，所以目前对该嘎查牧户的转移安置的具体情况无法准确确定。

5. 转产转业情况

自实施全面禁牧以来，巴音杭盖嘎查部分牧民按照旗委、旗政府关于禁牧牧民转产转业的有关要求，离开嘎查到旗驻地百灵庙镇、白云鄂博矿区经营小规模的蒙餐馆、服装店、化妆品店、商店等。如浩毕斯嘎拉图、毕力格巴特尔、那顺乌日图3户牧民在百灵庙镇经营小商店。但据访谈了解，半年后他们经营的小商店就陆续关门停业了。2010年7月实地调查时，只有牧民那顺乌日图在百灵庙镇经营的小型蒙餐馆和进占俊在白云鄂博开的小商店以及阿丽玛在百灵庙开的化妆品店在继续维持。外出的牧民，如在百灵庙建筑工地打工的呼格吉乐图、在百灵庙蒙古族幼儿园打工的阿拉腾苏和、在白云鄂博矿区打工的焦勇等牧民，一段时间后也陆续返回了嘎查。

虽然达茂旗旗委、旗政府在禁牧政策措施里明确规定，禁牧牧民在领取禁牧补贴、享受各类优惠政策的同时，政府还应积极引导牧民转产转业、组织牧民进行免费就业培训、推荐就业、扶持创业以及提供多种就业渠道等，但是由于牧民自身的条件以及其他原因等，到目前为止，牧民转产转业的相关政策措施没能得到真正落实。调查中发现，很多牧民因为找不到合适的工作，每天无所事事。

6. 禁牧补贴落实情况

实施全面禁牧以来，巴音杭盖嘎查牧民享受到了禁牧补贴的相关优惠待遇，但牧民普遍关注的是草场补贴标准及具体落实过程中存在的问题。因为，自实施全面禁牧以来，草场补贴成为牧民的主要经济来源。牧民都认为草场补贴标准过低，并且从2009年以来，出现了草场补贴不能按时发放的情况。牧民认为应在适当增加补贴额度的同时，今后必须考虑到物价上涨因素。调查中发现，草场补贴标准过低且不能按时发放的情况，直接影响了牧民的生活。截至2010年7月实地调查，草场补贴不能按时发放的情况依然持续。

个案3－2　草场补贴情况访谈

访谈者：铁柱　乌恩白乙拉　常山

被访谈者：那顺乌日图

时间：2010年7月2日

地点：百灵庙镇那顺乌日图家

那顺乌日图，男，蒙古族，67岁，巴音杭盖嘎查牧民。实施全面禁牧后，那顺乌日图一家全部出栏牲畜，到旗驻地百灵庙镇曾一段时间租住两间平房，后购买了一套两室一厅的楼房居住。他和姑娘、儿子一起在百灵庙镇经营小型商店和蒙餐馆，目前商店因效益不高已关闭，蒙餐馆同样面临关闭的处境。

那顺乌日图家的草场面积为7875亩，草场补贴每亩按4.8元计算，他家一年的草场补贴共37800元。那顺乌日图说，自从全面禁牧以来草场补贴已成为牧民的主要经济来源和生活依靠。可是，从2009年开始草场补贴不按时发放，经常拖延一至两个月，对此牧民都有很大的意见。因为不能及时领到草场补贴，有些牧民不得不到白云鄂博矿区或旗驻地百灵庙镇赊账购买日常生活用品等，这对牧民的生活带来了极大的不便和困难。不少牧民曾找有关部门咨询草场补贴不能按时发放的原因，但没得到满意的答复。那顺乌日图还对提高草场补贴标准提出了自己的意见。他说，目前的草场补贴太低，无法保障牧民的生活需求，更无法提高牧民的生活水平。因此，要根据物价上涨因素不断提高草场补贴标准，以保证禁牧政策措施的顺利实施和牧民的生活。

四 全面禁牧工作中存在的问题

据几次实地调查得知，虽然巴音杭盖嘎查牧民出栏了大部分牲畜，部分牧民按政策规定转移到旗驻地百灵庙镇以及白云鄂博矿区等地，但牧民不仅对禁牧政策措施普遍有意见，甚至持有抵触心理，“偷牧”“移牧”等现象依然很严重。正因如此，实施全面禁牧政策近3年以来，禁牧工作遇到了不少阻碍和困难，相关政策措施未能全部落实到位。造成这种现象的原因当然和全面禁牧工作中存在的诸多问题有直接关系。

1. 缺乏调查研究

调查研究是制定科学决策的基础和必要前提，只有深入、细致的调查研究，才能做出科学合理的政策措施。全面禁牧工作是一项直接关系到整体利益和局部利益的政策性很强的工作，其既关系到保护和建设生态环境，又影响牧民经济利益和传统生产生活方式。因此，在细致、深入的调查研究的基础上，制定科学合理的禁牧政策措施，将有利于全面禁牧工作的顺利进行。

通过调查了解到，在实施全面禁牧前，有关部门没能深入、细致地了解和听取牧民对全面禁牧的意见和想法，尤其没能够及时了解禁牧实施过程中牧民所遇到的种种困难和新问题、新情况。由于缺乏前期调查研究和充分的论证，禁牧政策措施中存在诸多不合理、不科学的规定，这是全面禁牧政策措施至今没能够顺利实施的重要原因所在。

2. 宣传工作不到位

宣传工作是政策措施顺利实施的重要保障，任何一项政策能否顺利、有效地落实，关键在于宣传工作是否到位。因此，深入、细致的宣传工作，使得每个牧民了解全面禁牧政策措施的具体要求、具体内容，显得更为重要、更为迫切。

据调查，由于牧区地广人稀、牧民居住分散以及地方职能部门工作方面的一些失误等主客观原因，很多牧民对全面禁牧政策的诸多方面缺乏全面了解。牧民说，上级政府部门只把签订禁牧合同等具体工作交由嘎查领导来办理之外，没见到宣传工作方面的具体措施和举动。有的牧民说，在签订禁牧合同时，连合同书上写的具体内容和要求都不清楚。可见，有关部门对政策深入、细致的宣传和积极引导等工作做的不到位，这在很大程度上影响了全面禁牧政策措施的顺利实施。

3. 工作方式不得当

能否解决好禁牧过程中出现的“偷牧”或“移牧”等新问题、新矛盾是禁牧工作能否顺利进行的关键。

实施全面禁牧 3 年来，各级政府在禁牧措施方面做了大量工作，牧民的牲畜大为减少，但“偷牧”或“移牧”现象依然持续，牧民都不愿意离开家园，牧民转产转业、转移安置等问题也一直未得到彻底解决。为何会出现这种情况？一些基层干部认为牧民认识浅薄，只顾眼前利益，不懂得禁牧的长远生态意义。但我们在调查中发现，造成牧民“偷牧”“移牧”的原因，除了禁牧政策本身存在诸多问题之外，政府部门采取的不妥当的工作方式也是不可忽视的重要原因。其中以惩罚为主的强硬措施，不但没能够解决“偷牧”“移牧”现象，反而引起牧民的抵触心理，激化了矛盾。据牧民反映，自实施全面禁牧以来，旗禁牧办（禁牧队）工作人员经常到嘎查对“偷牧”的牧民进行罚款或罚交牲畜，由此经常引发牧民和禁牧办工作人员之间的矛盾和冲突。这种强硬的工作方式，不符合禁牧政策的根本精神，更不符合牧民的意愿和利益。

4. 禁牧措施不妥当

全面禁牧不仅是一项保护和恢复草原生态环境的强硬措施，更重要的是其涉及牧民生产生活的方方面面，其措施方案能否合理、妥当直接关系到牧民的经济利益和生活水平的提高。在几次实地调查中我们发现，全面禁牧政策措施的有关规定存在不少不妥或不合理之处。如草场补贴的发放是以 1997 年前的第二次草场承包到户为准的，因此，1997 年后入户嘎查的牧民自然得不到草场补贴。牧民说，这些牧户目前难以维持生活。转移安置方案中虽然规定对进入城镇购买房屋和永久性转移安置的牧民给予一定的补贴，但没能体现对牧民原房屋、棚圈、铁丝网、水井等固定资产的拆迁补贴。禁牧初期，虽然把牲畜出栏时间推迟到 2008 年 6 月 30 日之前，但这期间正是接羔和抓膘时期，仍然不利于出栏，而且政府方面也没采取引导、帮助等措施。这些情况，使得牧民的经济利益和生产生活受到不少损失。

5. 政策落实不到位

虽然全面禁牧政策措施中有很多引导牧民转产转业方面的规定，但在实地调查中我们了解到，巴音杭盖嘎查在外经商或务工的牧民，因各种原因，除个别牧民外，目前都已返回嘎查。牧民说，转产转业的诸多相关规定不符合牧民的实际情况，小额贷款、免税等承诺一直得不到兑现。所以，引导牧民转产转业、就业等规定实际上成了一纸空文。尤其，自实施全面禁牧以来，草场补贴成为牧民的主要经济来源和生活依靠，但据牧民反映，草场补贴不但标准很低，而且从2009年起出现不能按时发放的情况，这给牧民的日常生活带来了很大的困难和不便。牧民说，禁牧政策是一项好政策，是利国的，牧民也是理解、拥护的，但必须把有关政策措施真正落实到位，这样才能够得到广大牧民的拥护，才能推动禁牧工作顺利进行。

五　生态环境恢复情况

据有关部门报道，自实施全面禁牧以来，达茂旗草原整体恶化趋势得到有效遏制，牧草盖度、密度、高度等方面都有所增长。2009年，牧草平均高度较上年增加15厘米左右，个别地区达到40厘米，平均盖度28%，牧区天然草原产草量较往年增长近2倍。从以上数据看，达茂旗草原生态环境的改善确实与实施全面禁牧工作是分不开的。据几次实地调查了解到，牧民都认同禁牧对恢复和改善草原生态环境的作用，同时也希望制定和实施更加科学、合理的禁牧政策措施，以便真正达到生态效益、经济效益和社会效益的有机结合。

从巴音杭盖嘎查近几年的生态环境恢复情况来看，实施全面禁牧以后，草场植被比往年有了一定的改善，但因这几年连年干旱少雨等原因，牧草自然恢复情况依然不明显，草原生态环境的保护和建设工作依然任重而道远。

第四章　经济

第一节　畜牧业生产

巴音杭盖嘎查是达茂旗纯牧业嘎查之一，适宜的地理位置、气候、牧草等自然条件为畜牧业经济的发展创造了良好的物质基础。长期以来，巴音杭盖嘎查牧民主要饲养牛、马、骆驼、绵羊、山羊五畜的同时，还饲养驴、骡、猪、狗、鸡等。在这些家畜中，牛、马、骆驼、驴、骡称为大牲畜；绵羊和山羊称为小牲畜。随着生态环境以及政策的变迁，这些牲畜的种类和头数在不同时期都有所不同。总的来看，小牲畜的数量一直多于大牲畜，并且是牧民主要的经济收入和肉食来源。

根据调查所得的资料及访谈，我们对解放以来的巴音杭盖嘎查畜牧业经济的发展概况分为人民公社时期、草畜双承包时期和实施全面禁牧三个阶段进行简单介绍。

一　人民公社时期

1. 畜牧业经营方式

蒙古族千百年来过着“逐水草而居”的游牧生活，这种居无定所、自由放牧的传统游牧方式虽然对自然环境的依赖性很强，但是在逐水草而牧的过程中，既保护了草原牧草资源又保障了牲畜的繁殖，是合理利用和保护草原牧草资源的最有效方式。

据访谈，巴音杭盖嘎查牧民大约于 20 世纪 40 年代开始逐渐从传统游牧方式向定居游牧转变。定居游牧后，牧民在旗或苏木境内自由放牧，放牧单位以家庭为主。大约从 1958 年人民公社化以后，定居游牧逐渐被定居移场放牧所取代。这时生产队草牧场分为冬春和夏秋两个营地，一年搬动两次，秋末冬初移到冬营地，度过冬春两季；春末夏初移到夏营地，度过夏秋两季。各营地上一般都打井解决水源问题，放牧界线以生产队为主，放牧单位是生产队。

草场使用权属于巴音杭盖生产队。在草场管理方面，牧民们共同保护、建设和合理利用草场，从不随意开垦、采土、采砂、采石、采矿。如果牧民对草场有破坏行为，生产队会立即追究赔偿责任，牧民对草场管理和保护的意识都很强。

2. 畜牧业生产基本建设

人民公社时期，在牧区“统一计划、统一管理、统一安排劳动、统一处理产品、统一分配、统一进行基本建设和固定役畜、固定畜群、固定草场、固定劳动工具、固定设施设备”的指导思想下，巴音杭盖生产队发挥集体经济优势，在购置铡草机、胶轮车、步犁、拖拉机、柴油机、割灌机等农牧业生产机具的同时（见表 4－1），打井、搭建棚圈、储备饲草料、建草库伦等（见表 4－2），以加强畜牧业生产基本投入和基本建设。

表 4-1 巴音杭盖嘎查人民公社时期（部分年代）牧业生产机具设备拥有量

年份	柴油机（台）	铡草机（台）	胶轮大车（辆）	铁轮车（辆）	小胶车（辆）	铁制水车（辆）	新式步犁（架）	实有水井（眼）	拖拉机（辆）	割灌机（台）	挂车（辆）	机井（眼）
1966		1	3	1		1						
1967	1	1	3	1	1	1	1					
1968	1		2	1	1	1						
1970	1	1	4	1	4							
1972	1	1	3		6	1		28				
1973	1		3		12	1		29	1			
1975	3		2		18			35	1		1	1
1976	3		1		18	2		38	1	1		
1980	3		2	重载汽车1辆，汽油机2台，打草机1台，水泵2个，喷雾器1个								

资料来源：巴音杭盖嘎查委员会提供。

表 4-2 巴音杭盖嘎查人民公社时期（部分年代）棚圈、饲料基地、草库伦等拥有量

年 份	打草量（万斤）	畜 棚（间）	畜棚面积（平方米）	畜 圈（座）	畜圈面积（平方米）	草库伦（亩）	饲料基地（亩）
1970	12	18	450	21	3150		
1973	15	21	168	23	1260	900	240
1975	4	22	176	23	1270	100	240
1976	18	27		21		300	265
1977	11						
1980	2	5	120	5	500	1500	

资料来源：巴音杭盖嘎查委员会提供。

3. 牲畜增减情况

在传统畜牧业经济条件下，牲畜数量是反映畜牧业生产发展的主要标志。以下为 1964 年 7 月至 1977 年 12 月，巴音杭盖生产队大小牲畜年度拥有量及增减情况统计表（见表 4－3、图 4－1），其中包括生产队集体经营牲畜和牧民自留牲畜（见表 4－4）。

表 4－3　巴音杭盖嘎查人民公社时期（部分年代）牲畜数量统计情况

单位：头（只）

时　期	项　目	大牲畜数量	小牲畜数量	合　计
1964 年 7 月 1 日至 1965 年 6 月 30 日	期初实有数量	812	8427	9239
	期末实有数量	940	10174	11114
	增减数量	128	1747	1875
1965 年 7 月 1 日至 1966 年 6 月 30 日	期初实有数量	567	10174	10741
	期末实有数量	335	7948	8283
	增减数量	－232	－2226	－2458
1966 年 7 月 1 日至 1967 年 6 月 30 日	期初实有数量	335	7948	8283
	期末实有数量	357	8438	8795
	增减数量	22	490	512
1967 年 7 月 1 日至 1968 年 6 月 30 日	期初实有数量	357	8438	8795
	期末实有数量	397	7515	7912
	增减数量	40	－923	－883
1969 年 7 月 1 日至 1970 年 6 月 30 日	期初实有数量	771	9465	10236
	期末实有数量	1089	10774	11863
	增减数量	318	1309	1627
1970 年 1 月 1 日至 1970 年 12 月 31 日	年初实有数量	821	8110	8931
	年末实有数量	1060	8749	9809
	增减数量	239	639	878
1972 年 1 月 1 日至 1972 年 12 月 31 日	年初实有数量	1170	6679	7849
	年末实有数量	1335	9267	10602
	增减数量	165	2588	2753

续表

时 期	项 目	大牲畜数量	小牲畜数量	合 计
1973 年 1 月 1 日至 1973 年 12 月 31 日	年初实有数量	1176	6467	7643
	年末实有数量	982	6722	7704
	增减数量	-194	255	61
1974 年 1 月 1 日至 1974 年 12 月 31 日	年初实有数量	982	6722	7704
	年末实有数量	1159	7375	8534
	增减数量	177	653	830
1975 年 1 月 1 日至 1975 年 12 月 31 日	年初实有数量	1159	7375	8534
	年末实有数量	1333	7796	9129
	增减数量	174	421	595
1976 年 1 月 1 日至 1976 年 12 月 31 日	年初实有数量	1333	7796	9129
	年末实有数量	1251	6479	7730
	增减数量	-82	-1317	-1399
1977 年 1 月 1 日至 1977 年 12 月 31 日	年初实有数量	1251	6479	7730
	年末实有数量	1323	6233	7556
	增减数量	72	-246	-174

注：1. “-”代表减少。2. 为保持数据原貌，表中有问题数据未做修改。

资料来源：巴音杭盖嘎查档案资料。

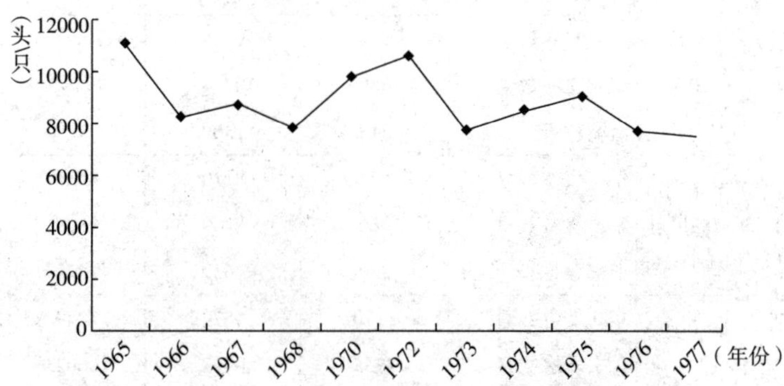

图 4-1 巴音杭盖嘎查人民公社时期的牲畜数量增减情况

据表4-3可知，从年末（或者期末）实有的牲畜总数量来看，牲畜总数最多的是1969年下半年至1970年上半年，共有11863头（只）。牲畜总数量最少的是1973年，共有7704头（只），总差距为4159头（只）。

从增减的数量来看，牲畜增长数量最多的是1972年，从年初的7849头（只）牲畜增长到10602头（只），增长的数量为2753头（只）。牲畜减量最多的是1965年下半年至1966年上半年，从10741头（只）减少到8283头（只），减少的数量为2458头（只）。根据以上数据，从1964年7月至1977年12月，巴音杭盖嘎查牲畜每年以323.45头（只）的数量减少。

表4-4　巴音杭盖嘎查人民公社时期（部分年代）集体和自留牲畜统计情况

单位：头（只）

时　期	期末实有大小牲畜合计	其　中	
		集体经营	社员自营
1964年7月1日至1965年6月30日	11114	10238	876
1965年7月1日至1966年6月30日	8283	7642	641
1966年7月1日至1967年6月30日	8795	8161	634
1967年7月1日至1968年6月30日	7912	7359	553
1969年7月1日至1970年6月30日	11863	11251	612
1970年1月1日至1970年12月31日	9809	9331	478
1972年1月1日至1972年12月31日	10602	10131	471
1973年1月1日至1973年12月31日	7704	7321	383
1974年1月1日至1974年12月31日	8534	8079	455
1975年1月1日至1975年12月31日	9129	8530	599
1976年1月1日至1976年12月31日	7730	7284	446
1977年1月1日至1977年12月31日	7556	7052	504
1980年1月1日至1980年12月31日	6655	5589	1066

资料来源：巴音杭盖嘎查档案资料。

据表4－4可知，从1964年至1980年，巴音杭盖嘎查年度牲畜总数量最多的是1964年下半年至1965年上半年，共有大小牲畜11114头（只），其中集体经营的牲畜占92%，牧民自留的牲畜占8%。年度牲畜总数量最少的是1980年，共有大小牲畜6655头（只），其中集体经营的牲畜占84%，牧民自留牲畜占16%。

4. 牲畜处置情况

1964年7月至1980年12月，巴音杭盖生产队牲畜的处置情况如表4－5所示。

表4－5　巴音杭盖嘎查人民公社时期（部分年代）牲畜处置情况

单位：头（只）

时　期	期初实有牲畜数量	繁殖仔畜	其中成活数量	死亡数量	屠宰数量	出售数量
1964年7月1日至1965年6月30日	9239	3538	3338	579	270	747
1965年7月1日至1966年6月30日	10741	2591	1054	2610	541	1701
1966年7月1日至1967年6月30日	8283	3100	2965	602	434	1616
1967年7月1日至1968年6月30日	8795	2696	1901	2389	387	747
1969年7月1日至1970年6月30日	10236	3941	3324	1648	529	872
1970年1月1日至1970年12月31日	8931	3911	3277	1692	721	1361
1972年1月1日至1972年12月31日	7849	3340	3009	957	26	—
1973年1月1日至1973年12月31日	7643	2182	1938	1009	673	434

续表

时　期	期初实有牲畜数量	繁殖仔畜	其中成活数量	死亡数量	屠宰数量	出售数量
1974 年 1 月 1 日至 1974 年 12 月 31 日	7704	3304	3127	896	719	690
1975 年 1 月 1 日至 1975 年 12 月 31 日	8534	3045	2878	790	621	779
1976 年 1 月 1 日至 1976 年 12 月 31 日	9129	2769	1863	2489	627	721
1977 年 1 月 1 日至 1977 年 12 月 31 日	7730	2888	2413	1420	824	801
1980 年 1 月 1 日至 1980 年 12 月 31 日	6789	2736	2423	739	736	1084

资料来源：巴音杭盖嘎查档案资料。

据表 4－5 可知，从 1964 年 7 月至 1980 年 12 月，巴音杭盖生产队集体经营和牧民自留牲畜年均繁殖仔畜量为 3080 头（只），年均仔畜成活量为 2578 头（只），年均牲畜死亡量为 1371 头（只），年均牲畜屠宰量为 547 头（只），年均牲畜出售量为 963 头（只）。

二　草畜双承包时期

1. 畜牧业经营方式

巴音杭盖生产队 1983 年更名为巴音杭盖嘎查。按照达茂旗旗委、旗政府的部署，巴音杭盖嘎查于 1983 年开始实施草畜双承包责任制。当年嘎查共有 38 户牧民，136 口人。牲畜承包的标准是人均 17.5 只小畜、2 头牛、2 匹马，3 个人 1 峰骆驼（见表 4－6，图 4－2）。

因牲畜承包到户、草牧场划归牧户使用，所以畜牧业从集体经济变为个体经济，畜牧业经营方式也随即从人民公社化时期定居移场放牧转变为定居划区轮牧，放牧界线以家庭为主。20世纪80年代末开始，嘎查牧户用铁丝网围栏自家的草牧场，到90年代末时围栏基本完毕。草场围栏后，牧民只能在自己的草牧场内放牧。牧民说，这种畜牧业经营方式带动了牧民的生产积极性，在提高经济收入的同时，因牧民一味追求牲畜头数，从而对草牧场带来了极大的压力，造成了超载过牧和生态环境的逐渐恶化。

表4-6 巴音杭盖嘎查1983年牲畜承包时牲畜数量统计

单位：头（匹、只）

种　类	牛	马	骆　驼	小　畜	合　计
嘎查拥有的牲畜	272	272	46	2380	2970
牧民自留的牲畜	443	0	29	1675	2147
合　计	715	272	75	4055	5117

资料来源：巴音杭盖嘎查委员会提供。

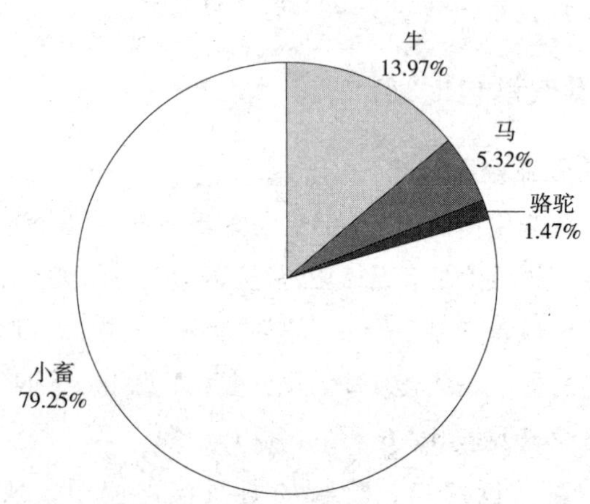

图4-2 巴音杭盖嘎查1983年牲畜承包时各牲畜所占比例

据表4－6和图4－2可知，1983年牲畜承包到户时，巴音杭盖嘎查共有5117头（匹、只）牲畜，其中，骆驼占1.47%，马占5.32%，牛占13.97%，小畜占79.25%。

2. 第二次草场承包

1997年实施第二轮草牧场承包到户30年不变的政策，进一步完善了“双权一制”。承包的标准是：每人分得1125亩草场，1958年以前入嘎查户籍的牧户多分到一口人的草场。当时承包的草场分为冷季草场和暖季草场，平均载畜量标准是29.09亩草场内一只羊。因为草牧场的优劣不同，所以每个承包户的适宜载畜量也不同（见表4－7）。

表4－7　巴音杭盖嘎查1997年草场承包情况

户　号	人　口（人）	承包草场面积（亩）			载畜量标准（亩/羊）	适宜载畜量(头/只)
		冷季草场	暖季草场	合　计		天然草场
1	6	5250	2625	7875	25.1	254
2	2	1500	375	1875	25.1	—
3	4	4500	0	4500	33.7	133
4	5	5625	0	5625	33.7	199
5	2	5625	0	5625	33.7	158
6	3	4500	0	4500	33.7	133
7	4	5625	0	5625	33.7	170
8	5	6000	0	6000	33.7	178
9	9	8085	2040	10125	25.1	357
10	2	2250	0	2250	33.7	66
11	6	4500	3000	7500	25.1	231
12	4	5625	0	5625	33.7	170
13	2	4500	0	4500	33.7	133

续表

户　号	人　口（人）	承包草场面积（亩）			载畜量标准（亩/羊）	适宜载畜量(头/只)
		冷季草场	暖季草场	合　计		天然草场
14	7	5250	2625	7875	25.1	254
15	6	4500	2250	6750	25.1	218
16	6	6750	3375	10125	25.1	327
17	4	1125	0	1125	33.7	33
18	7	9000	0	9000	33.7	267
19	8	5250	2625	7875	25.1	254
20	9	9060	2190	11250	25.1	504
21	4	4500	0	4500	33.7	133
22	2	2250	1125	3375	25.1	109
23	6	7875	0	7875	33.7	233
24	8	7500	3750	11250	25.1	—
25	4	3000	1500	4500	25.1	145
26	7	5250	2625	7875	25.1	254
27	6	6750	1575	8325	25.1	296
28	4	6750	3375	10125	25.1	327
合　计	142	148395	35055	183450	814.6	5536
均　数	5.07	5299.8	2337	6551.8	29.09	212.9

资料来源：巴音杭盖嘎查草场承包合同书。

3. 牲畜增减情况

根据嘎查书记阿拉腾巴雅尔的访谈得知，实施草畜双承包责任制以来的巴音杭盖嘎查牧民拥有牲畜种类及增减情况大致如下。

骆驼：巴音杭盖嘎查属荒漠半荒漠草原，较适宜饲养骆驼，因此牧民很久以前就饲养骆驼。当时骆驼不但是重要的交通工具，也是牧民重要的肉食和经济来源之一。自20世纪80年代以来，巴音杭盖嘎查骆驼逐渐减少，到20世纪90年代时基本灭绝。其原因主要有摩托车、汽车等现代交通运输工具的出现、生态环境的恶化以及骆驼的经济效益下降等。

马：马历来在蒙古族牧民生产生活中发挥着重要作用，到目前为止，巴音杭盖嘎查没有断绝过马迹。1983年实施草畜双承包责任制时，巴音杭盖嘎查拥有264匹马，1985年增加到320匹，是近30年增加最多的一年，这与牲畜承包到牧户后牧民养马积极性的提高有关。20世纪90年代后，马的数量逐渐减少，目前只有两户牧民拥有100多匹马，这也和摩托车、汽车等现代交通运输工具的出现有关。

牛：牛是牧民的主要经济收入之一，也是日常奶食品和肉食品的主要来源。1983年牲畜承包到牧户的时候，全嘎查共有714头牛。20世纪90年代生态环境开始恶化，并出现草原放牧超载现象，为了保护草原生态环境，保持草畜平衡，不少牧户出售本地牲畜购买了奶牛。到2000年的时候，养奶牛的牧户达到16户。但由于养奶牛的条件和经验不足，所以16户牧民中的13户不久又把奶牛全部出售。到2008年1月1日实施全面禁牧时，全嘎查共有1000多头牛。

羊：羊历来是巴音杭盖嘎查牧民主要饲养的牲畜，尤其实施牲畜承包制后，羊的数量快速增长。1983年牲畜承包的时候，全嘎查共有4055只羊，到1999年时增长到10167只。1983年至1999年的16年当中，年均增长数为382只，年均增长率为6.25%。1999年后连年干旱，草场退化、沙化严重，所以羊的数量增长不明显。2008年1月1日实施全面禁牧政策时，全嘎查共有 10034 只羊，其中山羊 3123 只，绵羊 6911 只。

驴、骡：直到 20 世纪 90 年代，巴音杭盖嘎查 50% 的牧户都曾饲养过毛驴，平均每年有 30 多头。之后因摩托车等现代交通工具的普及，毛驴自然灭绝。骡的数量历来不多。

三　实施全面禁牧后

1. 畜牧业经营方式

自 2008 年 1 月 1 日实施全面禁牧以来，巴音杭盖嘎查牧民传统畜牧业经营方式发生了重大改变，出现了“偷牧”“移牧”等新型畜牧业经营方式。同时，禁牧后牧民虽然同样拥有对草牧场的经营权，但因已出栏大部分牲畜，所以从草场获得经济效益的方式由放牧变成草场补贴。

据调查，全面禁牧政策开始实施时，巴音杭盖嘎查 80% 以上的牧户留有几十只至 100 只左右不等的牲畜，到附近的旗或未实施全面禁牧的苏木、嘎查“移牧”。如，到巴彦淖尔市的乌拉特中旗、集宁市的四子王旗和本旗那仁宝力格嘎查等地“移牧”。具体有两种情况，一种是租赁草场“移牧”，租赁价格一般由草场亩数或牲畜头数来决定。按草场亩数交租金的话，一亩草场一年 5 元；按牲畜头数交租金的话，一头牲畜（小畜）一年 6 元。另一种是把牲畜出租“移牧”，年度内 20% 的仔畜归牲畜出租牧户，80% 的仔畜和绒毛归草场主人。租赁期一般为半年或一年。

个案 4－1　“移牧”情况访谈

访谈者：常山

被访谈者：呼格吉乐图

时间：2010 年 7 月 7 日

地点：明安镇

呼格吉乐图，男，37 岁，蒙古族，巴音杭盖嘎查牧民。2008 年 11 月，他把自己家的 186 只羊租给了巴彦淖尔市乌拉特中旗石哈河镇的一位朋友。双方协定，年内绵羊仔畜的 20% 归呼格吉乐图，80% 的仔畜和绒毛（包括绵羊和山羊）归草场主人。呼格吉乐图说，这种租赁草场“移牧”的方式对牲畜主人特别不利。如果在自己的草场内放羊的话，186 只羊至少能接 150 只羊羔。一只羊羔按 400 元核算的话，年度仔畜收入为 6 万元左右，一年的绒毛能卖 6000 元左右。抛去一切费用，年度纯收入能达到 6 万元左右。他说他们家的情况还好一些，因为羊租给的是熟人。有些牧民把牲畜出租后，别说每年收回 20% 的羔子，甚至连大牲畜的原数都无法保证。

无论是租赁草场“移牧”，还是把牲畜出租“移牧”，都因为没有经济收入可言，所以在外地“移牧”的牧民不久都返回嘎查继续“偷牧”了。目前，“偷牧”成为巴音杭盖嘎查牧民全面禁牧后经营小部分牲畜的主要放牧方式。牧民白天把牲畜赶到山沟盆地里放牧，遇到旗禁牧办的工作人员时，如果无法躲避的话就被罚款或被罚牲畜。牧民说，罚款少则 1000 元，多则 3000 元不等，罚牲畜一般是 1 ~ 3 只。因此，旗禁牧办的工作人员和牧民之间因罚款而经常发生争执，甚至发生激烈的矛盾和冲突。

达茂旗旗委、旗政府投入大量资金，在水资源富集、自然条件较好的滩川地开发水浇地，建设生态移民新村，鼓励禁牧区牧民到生态移民村发展舍饲圈养的畜牧业。据调查，到2010年7月为止，巴音杭盖嘎查牧民只有那日苏一户在明安镇高腰海生态移民村购买了房子，经营舍饲圈养的畜牧业。

个案4－2　舍饲圈养情况访谈

访谈者：常山

被访谈者：那日苏

时间：2010年7月6日

地点：巴音杭盖嘎查

那日苏，蒙古族，45岁，巴音杭盖嘎查牧民。因为他1997年后才迁入巴音杭盖嘎查，所以虽然户籍在巴音杭盖嘎查，但没有分到草场，一直在嘎查集体草牧场内放牧。

按照全面禁牧政策，那日苏无法得到草场补贴，因此他只好在明安镇高腰海生态移民村用9000元买了移民安置房。据那日苏说，这种移民安置房子的原价为19000元，禁牧区牧民购买要给优惠10000元。那日苏搬进生态移民村后，圈养几十只羊和几头猪，饲草料自己购买，并正在修建80平方米的猪窝，准备扩大养猪规模。那日苏说，他来到移民村一年多以来，没有得到其他任何优惠措施，舍饲圈养遇到不少困难，生活依然很拮据。

2. 饲草料储备情况

为了防止冬季常出现的白灾，牧民们无论在集体经营时还是在个体经营时期，都要通过自己种植或购买储备一定的饲草料，以便牲畜安全过冬。据对巴音杭盖嘎查典型8户牧民的调查了解到，全面禁牧前牧民每户每年都从附近农村或城镇购买数量可观的饲草料，而禁牧后不但购买饲草料的牧户明显减少，而且购买的数量也急剧下降（见表4－8）。

表4－8　巴音杭盖嘎查典型8户牧民禁牧前后饲草料储备情况

时　期	户　号	饲料种类	购买地点	价　格（元/斤）	年均购买量（斤）
2007年1月1日至2008年6月30日	1	玉米	百灵庙镇	0.80	8000
	2	玉米	附近农村	0.68	10000
	3	玉米	附近农村	0.70	30000
	4	玉米	附近农村	0.68	13000
	5	玉米	附近农村	0.75	15000
	6	玉米	附近农村	0.60	10000
	7	玉米	附近农村	0.60	5000
	8	玉米/草/奶牛料	附近农村	0.70	5500
	均　数			0.69	12062.5
2008年7月1日至2010年7月1日	1	玉米	附近农村	0.90	15000
	2	玉米	附近农村	0.90	7000
	3	玉米	附近农村	0.90	8000
	4				
	5				
	6				
	7				
	8				
	均　数			0.90	10000

资料来源：根据问卷调查整理。

据表4－8可知，全面禁牧前，巴音杭盖嘎查8户牧民年均购买饲草料为12062.5斤左右，而全面禁牧后，8户牧民中仅有3家购买饲草料，年均购买饲草料为10000斤左右，总减少率为17.1%。这是全面禁牧后牧民牲畜大量减少的结果。

3. 牲畜增减情况

实施全面禁牧后，虽然巴音杭盖嘎查仅有几户牧民按禁牧政策要求全部出栏了牲畜，其他大部分牧民都留有小部分牲畜依然在“偷牧”或“移牧”，但与禁牧前相比牲畜数量大为减少。如：2007年底，全嘎查大小牲畜共约11134头（匹、只），2010年7月时共约3336头（匹、只），总减少率为70%左右。这说明畜牧业已不再是巴音杭盖嘎查牧民主要的经济来源和生活支柱。对巴音杭盖嘎查典型8户牧民的调查更能反映这一情况（见表4－9）。

表4－9　巴音杭盖嘎查典型8户牧民禁牧前后牲畜数量变化情况

单位：头（匹、只）

时　期	户　号	牛	马	绵　羊	山　羊	合　计
2007年7月1日至2008年6月30日	1	13	10	350	20	393
	2	30	0	210	200	440
	3	30	0	450	80	560
	4	10	0	260	170	440
	5	12	0	230	60	302
	6	0	0	200	200	400
	7	0	0	200	100	300
	8	0	0	550	0	550
均　数		11.88	1.25	306.25	103.75	423.13
2008年7月1日至2010年7月1日	1	6	15	50	0	71
	2	10	0	50	30	90
	3	20	0	50	2	72
	4	8	0	60	30	98
	5	6	0	80	10	96
	6	0	0	0	0	0
	7	0	0	0	0	0
	8	0	0	12	0	12
均　数		6.25	1.88	37.75	9	54.88

资料来源：根据问卷调查整理。

据表4－9可知，禁牧前的2008年6月底，8户牧民共有3385头（匹、只）牲畜，禁牧后的2010年7月时，8户牧民共有439头（匹、只）牲畜，总减少率为87%。禁牧前的2008年6月底，8户牧民平均有423.13头（匹、只）牲畜，禁牧后的2010年7月时，8户牧民平均有54.87头（匹、只）牲畜，平均减少率为87%。

第二节　经商与其他

一　经商活动

过去由于受畜牧业传统生产方式和生活方式的影响，巴音杭盖嘎查牧民的商业意识不强，外出经商者更是寥寥无几。自实施全面禁牧以后，部分牧民因禁牧政策要求出栏牲畜而离开嘎查到旗驻地百灵庙镇等地，经营小规模的蒙餐馆、服装店、化妆品店、商店等。牧民的经商意识和经商活动似乎有了一定的转变。

据对浩毕斯嘎拉图、毕力格巴特尔、那顺乌日图3户牧民在旗驻地百灵庙镇经营的商店的走访了解到，他们经营的商店半年后就陆续关门停业。主要原因是资金短缺、经验不足、享受不到政策优惠等。那顺乌日图在百灵庙镇经营的另一个叫“福泽蒙餐”的餐馆，目前因遇到上述困难，同样面临着关门停业的处境。牧民进占俊把自家的牲畜全部出售后，到白云鄂博开了一家小商店，据说收入还算可以。

个案 4－3　经营蒙餐牧户

访谈者：铁柱　乌恩白乙拉　常山

被访谈者：那顺乌日图

时间：2010 年 7 月 2 日

地点：那顺乌日图家

那顺乌日图，蒙古族，现年 67 岁，巴音杭盖嘎查牧民。他于 2008 年 8 月 8 日把家里 600 多只小牲畜全部出售后，携一家 5 口人来到旗驻地百灵庙镇开了规模很小的一家饭馆，名为“福泽蒙餐”（见图 4－3）。饭馆主要经营酸奶面、蒙古包子、火烧饼（肉夹）等简单的蒙餐。自从开业以来，餐馆的生意一直不景气。那顺乌日图老人同时在百灵庙镇商业步行街经营过名为“猫和老鼠”的包厢店，但由于经营不善、资金短缺等原因，已关门停业，且赔了 3 万多元钱。2009 年，内蒙古自治区团委下发了启动“青年能人兴业计划小额贷款”的项目文件，那顺乌日图老人的姑娘和儿子为了得到此项目的资助，多次找过旗有关部门，但至今未有结果。

据那顺乌日图老人讲，来到百灵庙镇经营第三产业以来遇到的最大困难是资金短缺、经验不足、物价高、税费多，以及有关部门未能履行相关的优惠政策等。禁牧政策规定：“禁牧转移后，进入城镇自主创业和从事二、三产业的牧民，参照城镇下岗职工再就业有关优惠政策（最长 3 年的税费减免、提供 2 万元左右小额担保信贷、免费培训）给予扶持。”据那顺乌日图老人讲，他们家在经营小型蒙餐馆和商店以来，从来没得到此类优惠待遇，嘎查其他牧民也曾向禁牧大队等有关部门咨询过此事，但没得到什么答复。

图 4－3　嘎查牧民那顺乌日图经营的饭馆

个案 4－4　经营蒙餐牧户

访谈者：铁柱　乌恩白乙拉　常山

被访谈者：特木尔巴特尔

时间：2010 年 7 月 3 日

地点：百灵庙宾馆

特木尔巴特尔，男，蒙古族，38 岁，巴音杭盖嘎查牧民。特木尔巴特尔于 2000 年起在包头市经营一家蒙餐馆，当时效益还算可以，能维持一家三口人的生活。可是自从实施全面禁牧以后，他的餐馆效益明显不如从前了。特木尔巴特尔说，主要原因是禁牧以前他家餐馆用的牛羊肉都是从自己家进的，价格便宜且质量好。但是自禁牧以后，餐馆用的牛羊肉只能从集市上购买。这样一来，牛羊肉价格高、质量又得不到保证等，他家餐馆效益明显下降了很多。另外，由于没能享受到禁牧政策所规定的减免税等相关优惠等原因，特木尔巴特尔于 2009 年 8 月关闭蒙餐馆，做起口岸贸易，目前效益较可观。

二　畜产品的出售

1. 活畜

根据生活所需，牧民会把自家饲养的活畜作为商品随时出售，一般是外地人到嘎查收购。从2008～2009年度的出售价格来看，一只绵羊和山羊的价格一般为400～700元；一头成熟的本地牛的价格一般为3500～4500元；一匹成熟的马的价格一般为4000～5000元。

2. 肉类

牛羊肉是牧民主要的肉食来源，也是牧民经济收入的主要部分。从问卷调查获得的情况来看，肉类品的出售价格主要是随着市场需求而逐年有所增加（见表4－10）。

表4－10　巴音杭盖嘎查典型6户牧民的肉类出售价格

单位：元/斤

户　号	2007～2008年度牛羊肉出售价格		2008年7月～2010年7月牛羊肉出售价格	
	牛　肉	羊　肉	牛　肉	羊　肉
1	8.00	6.00	16.00	8.00
2	12.00	10.00	18.00	14.00
3	12.00	11.00	16.00	14.00
4	12.00	10.00	18.00	14.00
5	12.00	12.00	18.00	16.00
6	8.00	12.00	16.00	16.00

资料来源：根据问卷调查整理。

据表4－10可知，2007～2008年度肉类的平均出售价格为每斤牛肉10.67元，每斤羊肉10.17元。2009年以后，每斤牛肉上涨到17.00元，每斤羊肉上涨到13.67元。与2007～2008

年度相比，牛羊肉价格的总增长率为47.17%。

3. 乳制品

乳制品是牧民日常生活的主要饮食之一。巴音杭盖嘎查牧民的传统乳制品主要用牛奶制作，所以只有养牛的牧户才能出售乳制品。出售的乳制品种类有鲜奶、奶油、黄油、白油、奶豆腐等。实施全面禁牧后，只有个别养奶牛户才出售乳制品。

牧民米·照日格图在全面禁牧后先后购买过4头奶牛（见图4－4）。目前他家有两头奶牛，每头奶牛的年纯收入为6000元左右。因嘎查境内没有直接乳制品收购店，所以只能出售给嘎查牧民或从城镇来的人。2010年7月份的出售价格为：酪旦每斤40元、奶油每斤13元、黄油每斤16～18元、白油每斤10元。

图4－4 牧民饲养的奶牛

4. 其他（羊绒、羊毛、皮张等）

羊绒、羊毛、皮张等畜产品也是牧民的主要经济收入之一，尤其牲畜多的牧户或在畜产品价格上涨的年代，羊绒、羊毛成为牧民经济收入的主要部分（见表4－11）。

表4－11 巴音杭盖嘎查典型6户牧民的绒、毛、皮出售价格

单位：元/斤，元/张

户　号	2007～2008年度畜产品出售价格				2008年7月～2010年7月畜产品出售价格			
	羊绒	羊毛	山羊皮	绵羊皮	羊绒	羊毛	山羊皮	绵羊皮
1	98.00	1.00	80.00	30.00	120.00	2.00	80.00	30.00
2	110.00	3.10	70.00	20.00	130.00	2.80	70.00	20.00
3	110.00	3.00	80.00	20.00	140.00	3.00	80.00	20.00
4	110.00	3.10	80.00	20.00	130.00	2.80	80.00	20.00
5	110.00	3.10	70.00	20.00	135.00	3.00	75.00	20.00
6	120.00	3.00	75.00	30.00	125.00	3.00	80.00	30.00

资料来源：根据问卷调查整理。

据表4－11可知，羊绒、羊毛和皮张的价格也呈现逐年上涨的趋势。2007～2008年度的平均出售价格为每斤羊绒109.67元，每斤羊毛2.72元，每张山羊皮75.83元，每张绵羊皮23.33元。到2009年时价格上涨到每斤羊绒130.00元，每斤羊毛2.77元，每张山羊皮77.50元，每张绵羊皮23.33元。平均总上涨率为11.75%。

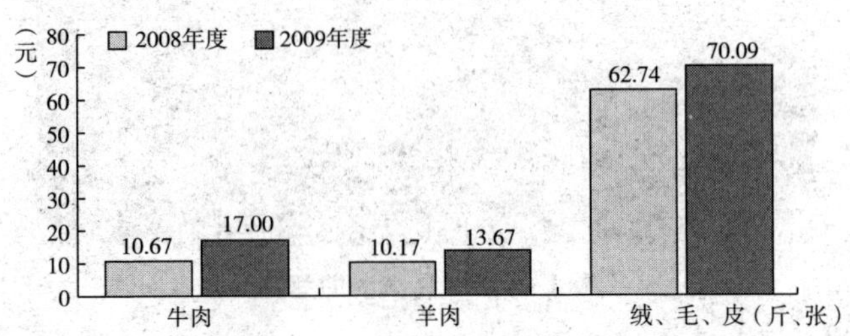

图4－5 巴音杭盖嘎查2008～2009年度畜产品年均上涨情况

资料来源：该图根据表4－10、表4－11的数据制作。

据图4－5可知，巴音杭盖嘎查2009年度的畜产品总价格与2008年度相比，总上涨率为20.56%，其中牛肉的上涨率是59.32%，羊肉的上涨率是34.41%，绒、毛、皮的上涨率是11.72%。牧民说，畜产品价格的上涨除了市场需求的因素外，全面禁牧后嘎查牧民牲畜大量减少也是一个重要原因。

同时，全面禁牧后因牧民已出栏大部分牲畜，畜产品的出售已不是牧民经济收入的主要来源。

三　家畜、家禽的饲养

牧民在饲养牲畜以外，有些牧民也饲养狗、猪、鸡等家畜和家禽（见图4－6）。牧民自古喜欢养狗，每家少的养一只，多的养几只。养鸡的牧户历来不多，且鸡的数量也很少。据牧民那顺乌日图说，他在禁牧前曾经养过几十只鸡。

据调查了解，在人民公社时期，巴音杭盖生产队大量饲养猪。如1969年生产队集体养猪13头，1972年生产队集体养猪32头。1983年草畜双承包之后，牧民养猪的情况几乎没有。

自实施全面禁牧后，巴音杭盖嘎查个别牧民开始养猪。嘎查书记阿拉腾巴雅尔于2008年购买10头猪。饲料按每斤1.35元的价格从白云鄂博购买。2009年40多头猪共卖了480000元，结果扣除一切费用后还亏损了8000多元。据阿拉腾巴雅尔讲，养猪利润不高是由于缺乏养殖经验、市场消息不灵通、不能按时出栏等原因。目前他家有14头猪，今后打算主要靠卖小猪崽，这样既可以节省时间、人力，又可以减少养殖成本、增加收入。

图 4-6 牧民饲养的家畜、家禽

四 家庭手工业

蒙古族牧民传统手工业主要以皮、毛、奶等畜产品作为原料，制成毛毯、草囊、毛绳、皮绳、皮桶、皮衣、皮靴、奶食及搭帐房用品等，是属于满足基本生产生活所需的家庭手工业范围。据调查，巴音杭盖嘎查牧民自古以来有制作这些生产生活用品的传统，以解决日常所需。但是自 20 世纪 80 年代以后，随着生活水平和生活条件的改善，用皮、毛制作的手工用品日趋减少，而衣食住行等生产生活方面所需的东西更多的是从市场上购买。除了制作奶制品外，牧民传统家庭手工业在日常生产生活中的重要作用逐渐失去。

据调查，目前由于牧民牲畜大量减少，只有少数牧户制作一些奶食品等，更多的牧户，尤其是搬迁到城镇的牧户只能从市场上购买一些奶食品，以备自用。

第三节　外出务工

一　务工去向

据调查，近几年巴音杭盖嘎查牧民打工意识有所提高，外出打工人员逐年增加。尤其是实施全面禁牧后，很多牧民都打过工。打工的去向主要集中在旗驻地百灵庙镇，之外还有包头市、白云鄂博矿区、石宝矿区等附近的城镇。

外出务工的原因主要是这两年家庭收入降低，且全面禁牧后牲畜出栏，家里劳动力剩余等，所以牧民想外出打工以增加家庭收入、维持生计。但是牧民在打工中遇到种种困难，如年龄偏大或不懂技术而常常被拒绝。此外，还有工作辛苦、生活条件差、收入低等。正因为上述原因，目前大部分外出务工者已陆续返回家乡。

二　职业及收入情况

外出务工的牧民从事的职业主要以工业、建筑等领域的体力劳动为主。据牧民说，如果能找到长期、稳定工种的话，外出务工的年收入还算可以，否则务工收入反而低于支出见表4－12。

表4－12　巴音杭盖嘎查几户牧民外出务工情况

户号	年龄（岁）	文化程度	打工地点	职业	收入（元）	支出（元）	月薪（元）	期　限
1	31	高中	百灵庙	工业	4000	2000	1000	2005年5月1日至2005年10月1日
2	39	中专	百灵庙	幼儿园临时工	2000	20000	600	2009年3月15日至2009年6月30日

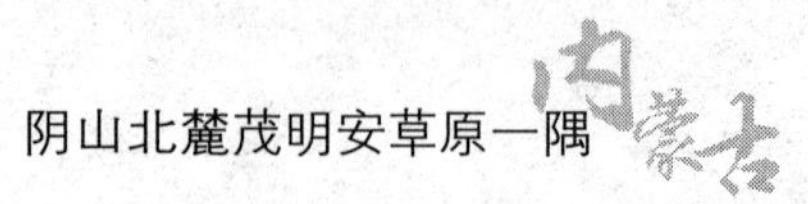

续表

户号	年龄（岁）	文化程度	打工地点	职业	收入（元）	支出（元）	月薪（元）	期　限
3	55	小学	百灵庙	建筑	不稳定	不稳定	1200	2008 年 7 月 1 日至 2010 年 1 月 1 日
4	49	小学	百灵庙	建筑	5000	2000	600	2009 年 3 月 5 日至 2010 年 7 月 7 日
5	35	小学	白云鄂博	不稳定	不稳定	不稳定	不稳定	2008 年 8 月 5 日至 2010 年 5 月 6 日

资料来源：根据问卷调查整理。

据表 4－12 可知，户 1、户 4 的工作稳定性和长期性比较好，所以收入高于支出；户 3 的工作较稳定，但没有长期性，所以收入和支出都不稳定；户 5 的工作不稳定，且没有长期性，所以收入、支出和月薪都不稳定。

户 2 情况比较特殊。据了解，他家于 2008 年 11 月把牲畜出栏后，一家 4 口人来到旗驻地百灵庙镇租房打工。妻子在幼儿园当临时工，工作比较稳定，月薪为 600 元；丈夫没有稳定的工作，有时甚至几个月都找不到工作。因此，2009 年 3 月 15 日至 2009 年 6 月 30 日为止的三个半月内，他们的家庭支出为 20000 元，家庭收入仅 2000 元。目前夫妻二人已返回嘎查。

第四节　牧民经济收入和支出

一　收入来源

在传统畜牧业经济条件下，牧民主要以畜牧业收入为主，如出售活畜、畜产品等。自实施全面禁牧以后，牧民家庭经济收入的来源和结构已发生了很大的变化。政府补贴、经商、打工、饲养家畜等成为主要的经济来源。

1. 政府补贴

草场补贴：达茂旗旗委、旗政府全面禁牧牧民草场补贴规定，禁牧草场补贴以1997年牧区草牧场第二轮承包到牧户的草场面积为依据，按承包草场面积给予补贴，每亩每年补贴5元，其中0.2元是草场管理费，所以草场补贴实际上是每亩每年4.8元。并规定对于1997年后出生的人或此后迁入嘎查的人，不予发放草场补贴。据调查了解，目前草场补贴成为牧民的主要经济来源（见表4－13）。

表4－13　巴音杭盖嘎查28户牧民1997年承包到的草场面积及草场补贴情况

户　号	人　口	草场面积（亩）	补贴额（元）
1	6	7875	37800
2	2	1875	9000
3	4	4500	21600
4	5	5625	27000
5	2	5625	27000
6	3	4500	21600
7	4	5625	27000
8	5	6000	28800
9	9	10125	48600
10	1	2250	10800
11	6	7500	36000
12	4	5625	27000
13	2	4500	21600
14	7	7875	37800
15	6	6750	32400
16	6	10125	48600
17	4	1125	5400
18	7	9000	43200

续表

户 号	人 口	草场面积（亩）	补贴额（元）
19	8	7875	37800
20	9	11250	54000
21	4	4500	21600
22	2	3375	16200
23	6	7875	37800
24	8	11250	54000
25	4	4500	21600
26	7	7875	37800
27	6	8325	39960
28	4	10125	48600
合 计	142	183450	880560

资料来源：巴音杭盖嘎查委员会提供。

据表4－13可知，如果按1997年的嘎查人口和所承包的草场面积来核算草场补贴的话，142人的总补贴为880560元整，人均年补贴为6201.13元。但是，由于牧民当时所承包到的草场面积大小不等以及1997年以后出生人口的增加等因素，牧民之间实际得到的草场补贴的差距很大。还有就是2007年后迁入嘎查的牧户无法得到草场补贴。据访谈了解，有些牧民对这种补贴措施和标准持有很大的意见。

其他补贴：据达茂旗旗委、旗政府发放全面禁牧牧民补贴的规定，除了草场补贴外，牧民还享受合作医疗补贴、牧民子女教育补贴、牧民最低生活补贴和养老补贴等。各类补贴的发放条件、发放标准、发放时间等已在第二章的相关内容里详细介绍。据调查，目前巴音杭盖嘎查牧民正在享受各类相关补贴，这在一定程度上缓解了禁牧牧民生活方面的燃眉之急。

2. 经商及务工收入

实施全面禁牧后，虽然巴音杭盖嘎查牧民经商意识和务工意识有所提高，外出经商和务工人员有所增加，但从目前的情况来看，经商和打工只能是短期现象，无法提高牧民的经济收入，更无法改善生活质量。外出打工人员如果工作稳定的话，年纯收入 2000～3000 元；牧民那顺乌日图自营的蒙餐馆年纯收入 10000 元左右，这大体上说明了禁牧以后牧民外出经商及务工人员的收入情况。目前其他在外经商和务工人员已陆续返回嘎查，这更加说明禁牧后牧民在转产转业方面所遇到的困难和问题。

3. 养殖收入

禁牧后，虽然个别牧户饲养猪、鸡等家畜、家禽，但因缺乏养殖经验等，收入非常微薄。如嘎查书记阿拉腾巴雅尔于 2008 年起饲养猪，年收入仅仅 2000 元左右。

饲养奶牛投资大、技术含量要求高，所以牧民没有能力和条件饲养奶牛。据调查，目前巴音杭盖嘎查只有牧民米·照日格图一家饲养两头奶牛，一头奶牛所产奶食品年收入 6000 元左右。

4. 畜牧业收入

在过去，牧民经济收入主要来自畜牧业。牧民根据所需出售活畜、牛羊肉、羊绒羊毛、皮张等畜产品，不但解决了日常生产生活方面的开支，而且年收入较为可观。自实施全面禁牧政策后，畜牧业已不再是牧民主要的经济收入来源。虽然部分牧户留少量牲畜在嘎查境内“偷牧”或到外地租赁草场“移牧”，但由于牲畜数量少、租金高等原因，年均收入非常微薄，甚至有些牧户因“移牧”出现倒贴的情况。因此，禁牧以来牧民畜牧业收入不但明显降低，而且经常处于变动之中，所以其具体情况无法确切统计。

二　生产生活支出

据调查，全面禁牧前后巴音杭盖嘎查牧民生产生活方面的开支与结构发生了明显变化。

据表 4－14 和表 4－15 可知，在生产支出方面，禁牧前主要是购置饲草料、打井、搭建棚圈等生产性支出；禁牧以后生产性支出项目大大减少，租赁草场成为个别牧户主要的生产支出。在生活支出方面，禁牧后牧民生活支出项目增多，如租房费、水电费、供暖费等。

从嘎查典型 10 户家庭的总支出看，2009～2010 年度家庭总支出为 340490 元，其中生产支出为 35450 元，占 10.41%；生活支出为 305040 元，占 89.59%。这说明实施

表 4－14　巴音杭盖嘎查典型 10 户牧民生产性支出及结构

单位：元/年

时　间	户号	购买牲畜	购买草料	租草场费	生产工具	打井	棚圈	风力发电	雇工	其他：养猪、鸡等
2009～2010 年度	1	0	0	10000	0	650	800	0	0	0
	2	0	0	7000	0	0	0	0	0	0
	3	0	0	10000	0	0	0	0	0	0
	4	0	0	4000	0	0	0	0	0	3000
	5	0	0	0	0	0	0	0	0	0
	6	0	0	0	0	0	0	0	0	0
	7	0	0	0	0	0	0	0	0	0
	8	0	0	0	0	0	0	0	0	0
	9	0	0	0	0	0	0	0	0	0
	10	0	0	0	0	0	0	0	0	0
合计		0	0	3100	0	650	800	0	0	3000

资料来源：根据问卷调查整理。

表 4-15　巴音杭盖嘎查典型 10 户牧民生活支出及结构

单位：元/年

时间	户号	房屋修建	食物费	衣着费	教育费	医疗费	水电费	交通费	打礼费	供暖费
2009～2010年度	1	2400	5000	1500	25000	5000	1000	1750	4000	0
	2	10000	5000	500	1000	10000	500	2000	5000	0
	3	10000	9000	5000	2000	4000	600	4000	4000	0
	4	3600	11000	1000	0	3000	120	1000	5000	0
	5	3000	5000	2000	0	2000	2000	3000	5500	0
	6	3600	2000	1000	0	18000	0	500	2000	0
	7	3600	2100	1000	0	3500	0	600	4000	0
	8	3000	1390	1000	0	10000	2000	0	10000	3000
	9	3600	0	1200	0	0	0	0	0	0
	10	3000	0	0	0	0	0	0	0	0
合计		45800	40490	14200	28000	55500	6220	12850	39500	3000

资料来源：根据问卷调查整理。

表 4-16　巴音杭盖嘎查典型 10 户牧民日常用品购置情况

单位：元

户　数		1	2	3	4	5	6	7	8	9	10	11	12
沙发	年代	2003	1992	—	—	2001	—	—	1984	—	2006	—	2004
	价格	400	1200	—	—	800	—	—	1200	—	450	—	1500
茶几	年代	2003	—	—	—	—	—	—	—	1981	2006	—	2004
	价格	300	—	—	—	—	—	—	—	280	500	—	500
衣柜	年代	1985	—	1985	1979	1985	—	1987	1984	1991	2006	1963	2004
	价格	200	—	400	200	600	—	200	1200	200	1000	80	1500
冰箱	年代	2004	—	2006	—	1999	—	—	—	—	—	—	—
	价格	1400	—	1200	—	1500	—	—	—	—	—	—	—
洗衣机	年代	2004	2008	—	—	1988	—	—	—	—	—	—	—
	价格	580	660	—	—	800	—	—	—	—	—	—	—

续表

户数		1	2	3	4	5	6	7	8	9	10	11	12
电话	年代	2004	2008	—	—	1998	2008	—	—	—	2007	—	—
	价格	1300	800	—	—	1400	200	—	—	—	200	—	—
手机	年代	2003	2001	2003	2000	2000	2008	2007	2005	1999	2000	2000	2003
	价格	300	650	800	150	1500	1000	400	1200	1350	800	980	1800
暖气	年代	—	—	—	—	—	—	—	—	—	—	—	2005
	价格	—	—	—	—	—	—	—	—	—	—	—	5000
风力发电	年代	2004	2005	2004	1988	1983	2007	1991	1994	1988	1988	1989	1989
	价格	6000	4800	4000	700	800	500	400	500	800	700	800	800
总额		10480	8110	6400	1050	7400	1700	1000	4100	2630	3650	1860	11100

资料来源：根据问卷调查整理。

禁牧后，巴音杭盖嘎查牧民生活支出大大超过生产支出。在禁牧以后畜牧业经济收入大幅下降的情况下，生活支出的增多更加加重了牧民的生活负担。据表4－16，从日常用品的购置情况来看，风力发电机和手机的普及率已达到100%。因为嘎查境内还没有通电的缘故，洗衣机、冰箱等现代家电用具的普及率还很低。

三　收入增减情况

牧民生产生活方式的转变，必然引起家庭经济收入增减的变化。据调查，随着全面禁牧，巴音杭盖嘎查牧民家庭经济收入的来源和渠道似乎增多，但因畜牧业不再是牧民主要的经济收入来源，所以家庭经济收入呈现明显的下降趋势（见表4－17）。

表 4－17　巴音杭盖嘎查典型 10 户牧民 2007 年 7 月至 2009 年 7 月年均经济收入增减情况

单位：万元

时　期	户号	畜牧业总收入				经商打工	政府补贴			
		卖牲畜	卖羊毛羊绒	卖奶食品	卖肉		草场	医疗	教育	养老
2007 年 6 月 30 日至 2008 年 6 月 30 日	1	5.4	2.3	1.1	0.1	0	0	财政局人匀年补助 75 元	0	0
	2	2.1	0.9	0	0	0	0		0	0
	3	8	1.2	0	0	0	0		0	0
	4	10	4	0	0	0	0		0	0
	5	8	2	0	0	0	0		0.28	0
	6	8	1	0	0	0	0		0.28	0
	7	3.5	0.6	0	0	0.2	0		0	0
	8	2	1	0	0	0.5	0		0	0
	9	2.7	3	0	0	0	0		0	0
	10	2	2	0.4	2.4	0	0		0	0
合　计		51.7	18	1.5	2.5	0.7	0		0.56	0
2008 年 7 月 1 日至 2009 年 7 月 1 日	1	0.9	0.3	1.1	0.03	0	3.24	财政局人匀年补助 75 元	0.75	0
	2	0.23	0.07	0	0	0	1.5		0	0
	3	0	0	0	0	0	1.62		0	0
	4	0	0	0	0	0	4.86		0	0
	5	0	0	0	0	0.2	1.62		0.28	0.24
	6	0	0	0	0	0	5.34		0.28	0
	7	0	0	0	0	0.34	3.78		0	0
	8	0	0	0	0	0.5	1.152		0	0
	9	0	0	0	0	5	3.78		0	0.48
	10	0	0	0	0	0	0.72		0	0
合　计		1.13	0.37	1.1	0.03	6.04	27.612		1.31	0.72

资料来源：根据问卷调查整理。

据表 4－17，巴音杭盖嘎查典型 10 户牧民 2007 年 6 月 30 日至 2008 年 6 月 30 日的年均收入为 74.96 万元，2008 年 7 月 1 日至 2009 年 7 月 1 日的年均收入为 38.312 万元，年均经济收入的下降率为48.89%。正因如此，绝大多数牧民对目前的经济收入表示非常不满，如表4－18所示，89%的牧民认为经济收入比以前降低了。在这种情况下，有些牧民只能到信用联社借贷款以维持和改善生活。据调查，以前巴音杭盖嘎查牧民一年贷款数额最高者为3000～4000元，而实施全面禁牧后有些牧民一年内贷款7万～8万元。造成牧民经济收入下降的原因，除了实施全面禁牧政策使牧民主要的经济收入——畜牧业经济收入大大减少外，草场补贴额度少、牧民转产转业没能落实到位、牧民传统生产生活观念没有改变等也是不可忽视的重要原因。

表4－18　牧民对经济收入的看法

问　题	您觉得经济收入比以前如何？		
答　案	增长	没变化	降低
人数（人）	2	0	17
比例（%）	11	0	89

资料来源：根据问卷调查整理。

四　牧民对生活现状的态度

实施全面禁牧政策以来，巴音杭盖嘎查牧民传统的生产生活方式正在发生着一系列变化。部分牧民虽然保留一部分牲畜"偷牧"或"移牧"，但传统畜牧业经济已经不是牧民的经济基础和生产方式。据调查了解，按照禁牧政策要求，个别牧户在生态移民村购买房子进行舍饲圈养或到旗驻地百灵庙镇等地临时租住房屋经商及务工等，但到目前为止，牧民的转移安置和转产转业仍没能真正落实，经济收入和生活不但不稳定，而且出现了急剧下降的趋势。牧民对生活现状的态度，在一定程度上反映了牧民生活方式的转变和生活水平下降的情况（见表4－19）。

表4－19　牧民对生活现状的态度

问　题	与过去5年相比目前生活状况如何?				对目前生活状况的满意程度如何?		
答　案	更好	没变化	变差了	不好说	满意	一般	不满意
人数（人）	3	6	4	6	1	5	13
比例（%）	16	32	21	32	5	26	68

资料来源：根据问卷调查整理。

据表4－19可知，巴音杭盖嘎查大部分牧民对目前的生活状况表示不满，说明牧民的生活水平明显不如过去。据访谈，目前牧民最关心的是家庭收入的增加和生活质量的提高、传统畜牧业生产生活方式的保存、民族传统文化的保护和传承、子女学校毕业后找工作等诸多现实而具体的问题。

第五节　贫困问题

一　贫困化趋势

据调查了解，改革开放以来巴音杭盖嘎查牧民经济收入明显提高，生活水平有了一定的改善。但是近年来由于连年干旱及草原生态环境的不断恶化，畜牧业生产的可持续发展一直得不到明显的改善。尤其不少牧户由于缺乏勤劳和经营管理不善等原因，长期以来处在无法维持生活现状的境况。1987年巴音杭盖嘎查委员会经过调查和了解，确定4户牧民为该嘎查的贫困户。嘎查委员会虽然对这些贫困户多次采取帮扶脱贫措施，但是他们的生活状况一直没能得到明显的改善。目前，巴音杭盖嘎查确定了13个低保户，占全嘎查牧户的24%。

从调查所得到的牧民经济收入下降的情况和牧民对生活现状的态度来看，自实施全面禁牧政策以来，巴音杭盖嘎查牧民的生活水平总体上处于明显下降状态。因此，巴音杭盖嘎查牧民贫困化趋势依然很严重，这成为该嘎查经济社会发展过程中出现的较为突出的问题。

二　扶贫措施

针对部分牧户的贫困情况，巴音杭盖嘎查委员会根据旗政府的有关精神，对已确定的贫困户和低保户一直采取帮扶脱贫措施。如1987年嘎查委员会对4个贫困牧户分别资助100只羊、60只羊、30只羊、60只羊，协定3年内的所有利润归被资助的贫困户所得，而3年后嘎查委员会只收回资助时的数量相等的羊。据调查了解，这些措施对缓解贫困户的困境生活、改善生活条件起到了一定的作用。但这些贫困牧户因经营不善、缺乏勤劳等，生活状况不但没有明显改善，而且一直处于贫困状态。1997年嘎查党员曾给4个贫困户义务搭建棚圈，并对其进行脱贫致富的宣传工作。目前对已确定的13个低保户共23人，也正在采取一些帮扶措施，如规定给每人每年资助500元困难补助，并不定期发放一定数量的白面、大米、食用油等。

第五章　社会生活

第一节　婚姻家庭

一　婚姻

巴音杭盖嘎查蒙古族牧民虽然族系源流互不相同，并迁移到巴音杭盖嘎查的时间前后不一，但是由于长期相互交往与影响，其在婚姻习俗方面已具有了许多共同特点。

1. 婚姻习俗

定亲：据调查，巴音杭盖嘎查年轻人的交往方式以自由恋爱为主。年轻男女相识相爱一段时间后拜访对方的父母，双方的父母同意后择吉日举行定亲仪式。也有用传统的做媒择偶方式定亲的。当男方的父母相中了某家的姑娘时，会请懂占卜的人看自己的儿子与对方的女儿属相是否相合，如果没有什么大碍，男方父母就会请媒人，带上“桑白”（一种用白绫代替的哈达），到女方家提亲。媒人到女方家后先将男方的求婚愿望、家庭状况等向女方父母做介绍和说明，然后向女方的父母献“桑白”。如果女方收下，就表示同意了这门亲事。俗话说：“递了哈达过了礼，成与不成由你。”如果女方不收，则表示不同意，但也说些

“愿两家保持友好往来”之类的客气话。

据嘎查牧民甘珠尔老人讲，订婚后男女双方会选择吉日商定“报答母亲哺育之恩”[①]（以下简称“哺育之恩”）。一般情况下，“哺育之恩”以牲畜的形式来体现，有时也有银元、元宝等。商定好“哺育之恩”的时间后，男方会请一两位德高望重的长者带上酒、绸缎、圆饼等礼物到女方家。这时女方家也要请来一两位德高望重的长者，提前商量好“哺育之恩”的种类和数量，但必须根据男方家庭的经济情况。男方人员来到女方家后，首先向女方家请安并向长辈敬上鼻烟壶，然后把带来的礼物献给女方家，女方家会准备丰盛的茶点招待。双方相互闲聊后，男方说明来意，提出商定“哺育之恩”，这时女方家才提出“哺育之恩”的种类和数量，一般情况下，根据男方家庭经济状况确定“哺育之恩”。之后男方来客当天返回。

据甘珠尔老人讲，“哺育之恩”的种类和数量没有特定的标准。20 世纪 80 年代的时候，家境一般的牧户给2 ~ 3 头大畜或象征性地给几只羊或几块砖茶，富裕户给几十头大畜或 100 ~ 200 只小畜。进入 20 世纪 90 年代以后，“哺育之恩”的形式有所变化，主要以金钱来体现，最少 3000 元左右，最多 5000 元左右，也有 5000 元以上的，但一般不超过 1 万元。

婚礼：商定好“哺育之恩”后选定婚礼日期。一般情况下请喇嘛来选定，也有请老人的。选定婚礼日期时根据

---

① “报答母亲哺育之恩”，该嘎查的汉民称“彩礼”，但是“报答母亲哺育之恩”和“彩礼”并不完全相同。“报答母亲哺育之恩”是男方只能给予女方的母亲，女方的其他任何人都不能得到哺育之恩。甘珠尔老人讲，巴音杭盖嘎查蒙古族牧民从来没有收“彩礼”的习俗。

男女双方的生辰八字，选择跟属相相同的日期。与此同时，要选好婚礼主持人、亲家的代表、傧相（伴郎）、婚礼祝词人、陪酒嫂子、磕头娘、梳头妈、歌手、帮忙人等。另外，还要准备好举行婚礼用的服装、首饰、蒙古包、马匹、车辆、哈达、饮食品等。男方一切准备就绪后，便可以发请柬，并把婚礼日期通知女方。

婚礼的前天晚上，女方家举行下茶礼仪。女方家人把新娘安排在另一个蒙古包，并且由两位嫂子陪伴。父母亲郑重地准备丰盛的肉食（羊背子）、奶食、奶茶招待姑娘，席间父母亲要向姑娘说明："男大当婚，女大当嫁。我们已经为你选好了婆家，明日便是吉日良辰，你将要出嫁到远方，希望你不忘父母教育，成家之后孝敬公婆、尊敬丈夫、勤劳持家、做贤妻良母……"伴娘嫂子也会说"骏马要在草原上奔驰，姑娘要到丈夫家生活，愿你成为男人的好伴侣，孩子的好母亲，祝你生活美满，平安幸福"之类的祝福话。

婚礼的第一天，男方组织新郎一行到女方家迎亲，同时，男方宴请来宾。迎亲队伍到女方家后，双方的祝词人互相辩论。新郎进屋时，年轻女性抢夺新郎的衣物、帽子和靴子，与新郎"逗乐"。祝词和"逗乐"结束后，女方便邀请迎亲队伍的一行人参加早已准备好的盛宴。宴会开始之前，新郎要向前来参加婚礼的长辈、亲朋行跪拜礼并敬酒，这时男方祝词人接过酒杯唱诵祝酒词。祝酒赞词结束后，歌手们唱3首婚礼歌以表示迎接新郎，为大家助兴，共同祝福新郎、新娘以后的幸福生活。其中最重要的一首歌曲是《慈善的喇嘛》。婚宴十分热闹，祝词与歌声此起彼伏，交错进行，敬酒、敬茶、欢声笑语连成一片，真是所谓"婚宴三首歌，助兴歌千首”。婚宴一直进行到傍晚，到新郎该休息的时候，女方会请新郎进入专门为他准备的屋内休息。

婚礼的第二天进行送亲礼仪，这是非常重要的环节。在新郎给参加婚礼的人敬酒之际，大家唱送亲歌送亲。以前，通常唱的送亲歌为《那林希日嘎》（小黄马）。送亲时新娘的父母不能亲自出门送姑娘，必须闭门不出，所以，新娘为了表达思恋家乡和父母而放声大哭，她的姐妹们也拉住她表示不愿意让她远嫁他乡。

当送亲队伍离男方家不太远的时候，男方会派出两位骑马人前去迎接送亲队伍。迎接人到达送亲队伍后相互请安，并且下马，点篝火相互闲聊一会儿，然后立刻回去。女方送亲队伍也要派两位骑手到男方家中向长辈报平安，并品尝男方为他们准备的食物，然后快马加鞭返回送亲队伍，这一过程叫“报平安”。目前，有的牧户已简化这一过程，直接通电话问候送亲队伍的到来。

送亲队伍来到男方家后，顺时针方向绕房3圈。然后，男方要把新娘坐的车或马牵到预先铺好的白毡子处，让一位与新娘属相相同的人把新娘抱下马来放在毡子上，然后由嫂子们搀扶新娘从白毡和门槛上铺的红毡子上慢慢迈过，进入为新娘准备的屋内。进屋的时候，在门槛上新娘的婆婆给新娘品尝鲜奶。新娘进屋后更衣，便用新郎刀鞘中的一根筷子分开头发，戴好头戴。打扮好以后，新娘跪在门口铺好的白毡上，由一位长者主持拜佛、拜火。新娘进入房间后向长辈（不分男女）磕头，这位长辈就是新娘的“磕头妈”或“磕头爸”，然后向火佛、向火、向婆家磕头。向婆家磕头时，婆婆给儿媳戴上戒指或手镯。新娘向其他长辈磕头时，长辈们必须赏赐礼品。当新娘向喇嘛磕头时，婆婆会请喇嘛为儿媳取名字，此后婆婆就用新名称呼儿媳，这是为了证明她已经不是别人家的人了。磕头仪式举行完后，新娘要出去时有人会把门用木柱堵上，这时双方的祝词人又开始诵堵门词，直到堵门者认输放行新娘。然后，新娘和新郎到婚宴上向前来贺喜的宾朋问候，宾朋们也向新郎、新娘表示祝福。这时美味佳肴已经准备就绪，婚礼主持人捧哈达举起美酒，致祝酒词，众亲朋共饮美酒，共同祝福一对新人新婚幸福。

当宴会接近尾声时，赞屋礼仪就开始了。送亲队伍返回之前，待新娘和新郎进入新屋后，双方祝词人用红柳条叉起羊尾和4根最长的肋骨，用双手高高举起，口中高声赞屋子和屋内的陈设，每赞一种物品，就会把鲜奶掸在物品上，意思是祝福两位新人新生活有好开端，新的家会给他们带来福气和财气。

按照当地的婚俗，送亲队伍应该当天返回。当宴会进行到一定的程度时，女方的主持人会站起来说“太阳近西山，婚宴时间长了；雨过天晴，来客也该上路了”等话语，表达返回之意。男方主持人便再三挽留，希望能再多坐一会儿。这时新郎出门在送亲队伍返回的路上铺白毡，放桌子等候。在女方主持人上车之前新郎为他敬酒3杯，也会给其他客人一一敬酒表示欢送。待送亲队伍走远以后，男方代表在木柱上挂羊头，系上粉绢哈达，向邪方——东南方扔掉。这是为了防止婚礼的邪恶，俗话说：“婚礼跟邪恶。”送亲队伍走时，新娘不可出门送行。按照“石头掉地为沉”之俗，在新娘的袍襟内放块石头，祝女儿像磐石一样纹丝不动，比喻忠实丈夫，操持家务，一辈子成为这家的成员。送亲队伍走后，男方的婚宴继续进行，一直延续到黑夜。

晚宴结束后，由嫂子陪同新郎、新娘入洞房，让二人合枕一个枕头安歇，这叫“合枕”。

回娘家：姑娘出嫁的第三天或第七天，新娘父母会备上简单的物品来看望姑娘，在姑娘这边住几天后返回。姑娘出嫁过一段时间后，新娘和新郎要携带礼品回看娘家。携带的礼品由男方的家庭经济条件来决定，一般情况下带“秀斯”、衣物、几块砖茶等。新娘和新郎到娘家时，娘家人会非常高兴，用早已准备好的羊胸、奶食等设宴招待。女方在婚礼上不食用羊胸，就是为了回看父母时食用。宴会进行之间，新娘的父母会把适量的家庭财产分给姑娘。

离婚及再婚：据调查了解，巴音杭盖嘎查偶尔会出现离婚的现象。如果夫妻感情确实不和或家庭成员之间相互不和的话，离婚也是允许的。目前，有的牧民进城后由于环境和条件的变化，抛弃家庭而离异的现象逐渐增多。据该嘎查书记阿拉腾巴雅尔讲，巴音杭盖嘎查的离婚形式可分为两种：一种是“协议”离异，夫妻双方商定离异后，到旗民政局办理离婚手续即可；另一种是“争吵”离婚，夫妻双方无法达成“协议”离异时，会通过法院裁定离婚。

巴音杭盖嘎查牧民的再婚形式也可以分为两种：一种是丧偶后再婚，如果配偶不幸去世的话，可以另找配偶一起生活；另一种是离婚后再婚，男女双方办理好离婚手续后，可以再找配偶成家。

2. 婚姻习俗的变化

随着时代的发展和变迁，巴音杭盖嘎查牧民的婚姻习俗与过去的传统婚姻习俗相比已有了一些明显的变化。

在择偶方式方面，20 世纪 80 年代以前，主要以“指腹为婚”和父母包办婚姻为主。自 20 世纪 80 年代后，逐渐盛行自由恋爱和自主择偶方式。

在择偶条件方面，过去不太重视对方的家庭经济条件，主要考虑对方的人品、劳动能力、年龄是否相当等。但是目前更多是考虑对方的经济收入、文化程度、家庭成员之间的和睦关系、容貌等。“哺育之恩”主要以金钱体现，并逐渐提高；嫁妆的多少和种类主要由女方的家庭经济情况来决定。

在结婚年龄方面，过去男女青年的成婚年龄一般为 16 ~ 18 周岁。20 世纪 90 年代以后，青年男女的成婚年龄明显提高，女性一般为 20 ~ 23 周岁，男性一般为 22 ~ 24 周岁。总的来看，20 ~ 29 岁成婚者居多，20 周岁以下和 30 周岁以上成婚的人越来越少，尤其是女性（见表 5 - 1）。

表 5 - 1　巴音杭盖嘎查牧民婚姻年龄的变化趋向（共 52 户）

单位：人

性　别	新中国成立至改革开放			改革开放至 20 世纪 90 年代之前			20 世纪 90 年代至今		
	20 周岁以下	20 ~ 29 周岁	30 ~ 39 周岁	20 周岁以下	20 ~ 29 周岁	30 ~ 39 周岁	20 周岁以下	20 ~ 29 周岁	30 ~ 39 周岁
男	3	11	0	3	15	1	2	17	0
女	5	6	0	6	14	0	5	16	0

资料来源：根据问卷调查整理。

巴音杭盖嘎查牧民婚姻习俗的变化主要与改革开放以来经济社会快速发展、年轻人的思想逐渐开放以及婚姻自由政策等有关。

二 家庭

1. 家庭结构

目前，巴音杭盖嘎查共有55户牧民。按照当地牧民的说法，家庭（gerbüli）和户（Oreh）既有关联，也有区别。相同之处是两者都指居住单位，不同之处是有时候家庭的范围比户大一些，一个家庭内可包括两户或若干户。比如，父母与成家的儿子组成一家共同生活，在经济上相对独立，一同生产。这种家庭一般由两户构成，父母和未成家的子女成为一个户，另一户是成家的儿子和他们的子女。

根据当地的牧户来划分家庭结构的话，由一对配偶及未婚子女组成的牧户称为核心家庭，由祖父母（或外祖父母）、父母、子女等三代或两代组成的牧户称为联合家庭，由父母中的一方与子女一起生活的牧户称为单亲家庭。

据调查了解，目前巴音杭盖嘎查大部分家庭为核心家庭，占64%。核心家庭中一般由父亲当家，少数家庭中由母亲当家。无论谁当家，家里的重要事宜一般由父母协商之后做出决定。家庭成员之间没有明确的权利和责任之别，并且家庭成员之间的关系很和谐。当家的父母在家庭经济和生活上起着指导性作用，并且多承担和参与家庭经济生活方面的事情。

巴音杭盖嘎查联合家庭占29%，一般由父母、夫妻和儿女等三代人组成。新中国成立前后，主要由长者当家，家里的一切事情——包括子女的婚姻、家庭支出、教育子女、家庭经济生活等方面都由当家者来管理。如果长者年老体弱，无法管理家庭的话，由其儿子当家。20世纪90年代以后，长者的家主地位开始下降，由他（长者）的子女或儿媳当家的情况逐渐增多。当家主要管理家庭的经济生活等方面的一些琐事。

巴音杭盖嘎查的单亲家庭并不多，只占7%。

2. 家庭功能

巴音杭盖历来是以畜牧业经济为主的牧业嘎查，因此牧民家庭功能主要表现在畜牧业生活方面。每个有劳动能力的牧民都要参加畜牧业生产劳动，努力提高家庭经济生活。在经济收入和支出方面，牧民家庭发挥着重要的调节作用。据调查了解，一年四季的经济收入和支出都以家庭为单位核算。如果是联合家庭的话，一年的经济收入和支出必须分摊给每个户，但分摊的数额不等；如果是核心家庭或单亲家庭的话，未必分摊家庭收入和支出。

尊重长辈、赡养长辈是蒙古族的优良传统。据调查，目前在巴音杭盖嘎查已没有劳动能力的人共有21人，其中大部分为年老体弱的老年人，占嘎查总人口的12%。这些人的生活起居，有子女的都由子女来承担。

在牧区，家庭在子女的抚养和教育方面起到非常重要的作用。父母和年长者在承担抚养子女的同时，从小给子女们传授民族传统文化、道德品质、牧业知识等优良传统。因此，牧民家庭发挥着人生“第一所学校”的作用。

由于地处偏僻和生活条件所限等原因，家庭成为牧民主要的休闲和娱乐场所。除了祭敖包、举行那达慕等大型活动以外，牧民平时的休闲和娱乐活动主要在家里进行，如看电视、听收音机、玩棋牌、拉四胡、弹马头琴、唱歌跳舞等。

3. 家庭劳动分工

据访谈，巴音杭盖嘎查家庭劳动分工主要表现在性别分工和年龄分工两个方面。在性别分工方面，男性多从事放牧、饲养、社交、购买生产工具、建造房屋、搭建棚圈等体力劳动；女性多从事照顾老人和小孩、做饭洗衣、打扫卫生、纺纱织布、挤奶等风险性较小和体力消耗较少的劳动。但是，当劳动力不足或繁忙季节时，男女会共同参与这些劳动。春季接羔、抓羊绒和夏季剪羊毛是牧民最繁忙的时候，所以全家男女老少都参与。制作奶食和肉食也很少分工，因为这是草原民族的特色食品，人人都会制作。

在年龄分工方面，建造房屋、售卖、购物、制作食品等劳动，大部分由身强力壮的年轻人来完成。中年人主要承担放牧。老人和孩子们有时参与一些辅助性的劳动，如老人看管小孩和家，孩子们打柴、放羊羔和牛犊、挑水等。

自实施全面禁牧政策以来，巴音杭盖嘎查牧民的家庭劳动分工似乎发生了一些变化。如由于牧民外出务工和子女到旗驻地百灵庙镇等地上学，看管或陪读孩子上学等成为老年人的主要任务。

4. 分家及财产分配

据访谈，巴音杭盖嘎查牧民的分家现象，以前主要出现在儿子多的家庭中。一般情况下按照子女成婚年龄的大小顺序来分家，最小的儿子留在父母身边，承担赡养父母的责任。独生子的家庭很少分家，儿子成家后跟父母一起生活。近几年分家现象有所增多，无论是多个孩子，还是独生子女，成家后都要让他们分家单独居住。分家后，子女们仍有责任赡养父母，否则，会受到牧民的批评和指责。据调查了解，分家的原因主要是家庭人口众多、家庭矛盾频繁、生活不方便等。

巴音杭盖嘎查牧民家庭财产的分配方式有两种。一种是子女成家后分财产；另一种是成家之前分财产。子女成家时，父母按照子女们对家庭功劳的大小，分给其部分牲畜、生产工具等。如果父母年老体弱的话，子女们成家之前就确定分给其一定的财产。父母自己也保留一定数量的牲畜等财产，以便用于晚年的生活。据访谈了解，改革开放以前把家里的碗、筷、杯、盆等餐具都当成财产分给子女。但是到了20世纪90年代以后，这些家用餐具就不当成财产分了，这说明牧民的生活水平和生活需求提高了。

据调查，直到20世纪90年代，巴音杭盖嘎查牧民仍保持着小儿子继承家庭财产并赡养父母的传统。到20世纪90年代以后，由于有些牧民的子女外出读书、工作或家中没有儿子等，部分牧民家庭中开始出现由其他子女继承家庭财产并赡养父母的现象。

第二节　衣食住行

一　饮食

1. 饮食种类和制作

饮食习俗涉及人类食用之物的区域特点、烹制加工方式以及食用方法，不同的生产方式决定了不同的饮食结构及与其相适应的饮食习俗。

长期以来，肉食品和奶食品等畜产品不但是牧民经济生活的主要来源，而且也是他们的主要日常饮食。据访谈，直到新中国成立前后，巴音杭盖嘎查牧民仍以“白食”和“红食”为主。后来随着交通及生活条件的改善，牧民的饮食结构逐渐发生了变化，除了“白食”和“红食”以外，开始食用蔬菜和谷物。牧民将蔬菜通称为“青食”，将谷物类的食物称为“紫食”。

（1）白食

白食是指用马、牛、羊、驼等牲畜的奶加工制作的奶食，蒙语称“查干意德”，意为白色的食品，是牧民的食品之首，被视为珍品。每逢拜年、祝寿、招待宾客、喜庆宴会等都首先以品尝奶食、敬献奶酒为最美好的祝愿。每逢祭奠敖包、苏丽德的时候，也要用新挤的鲜奶向上天和圣主祭酒，这是一种神圣的礼节。

因为蒙古族各部落之间地域和习惯有所差别，所以奶食品的品种、名称、制法各不相同。据调查了解，巴音杭盖嘎查牧民的传统奶食品有如下品种。

“卓克”：将刚挤下的鲜奶放入干净的瓦盆、瓷盆或木桶里，在夏天温度较高的条件下，静置24～48小时，上面就会凝结出一层黄色油层，这就是“卓克”。取“卓克”跟气候有着直接联系，而且季节不同“卓克”的厚度也不同。“卓克”生熟都可以食用，牧民把“卓克”拌炒米吃，味道非常鲜美。在“卓克”的下面凝结成豆腐脑状的称凝奶，凝奶蒙古语叫“依力根苏”。

黄油：把“卓克”放入锅内小火熬制，其上面漂浮一层黄色液体，就是黄油。黄油也称酥油，营养极为丰富，是奶食品中最贵重的物品。黄油绵甜可口，能调血补气，增加热量，健全体魄。牧民敬奉佛祖或祖先时点火用黄油。同时黄油也是招待贵宾、赠送亲友的珍贵物品。

白油：蒙语称“查干陶苏”①，一种乳白色油性物质，

---

① 内蒙古有些地区还称白油为“齐齐给”或酥油。

是直接从“卓克”中提炼出来的。把储存的“卓克”过滤，把乳清滤掉后放入锅内小火熬制，“卓克”里的乳清进一步分离，上面浮的是黄油，黄油下面的就是白油。在分离白油后的酸奶中勾兑鲜奶后就成了“浩日末格”（Hormog），其非常可口且有特种营养。白油酸甜可口，因水分较大，不好储存。加些砂糖，与炒米、炒面拌起来吃，也是牧区的一绝。

奶皮子：蒙语称“乌日么”。其制法是将鲜奶倒入锅内，用微火慢慢烧开，同时用勺子反复扬奶子。扬过一定的时间后，上面就会产生很多气泡，当泡沫十分丰富时，减小火力，直到火自然熄灭。然后把奶锅静置于另一处，过十几个小时后，奶子上就会结一层厚而多皱纹的表皮，将它对折捞出，放入平面器皿，在阴凉通风的地方晾干就成奶皮子了。奶皮子产量不多，但营养丰富、松软香甜，能够滋补身体、调理气血，使人容光焕发。牧民常把奶皮子放入茶中泡食或拌炒米吃。奶皮下面的奶称为熟奶，将熟奶倒入缸中可制成酸奶。

奶豆腐：牧民主要用牛奶制作奶豆腐。奶豆腐的制法有两种，一种是把凝奶倒进锅里，用温火熬煮。然后把分解的黄水提出来，留下的稠凝乳加大火力，把乳清彻底榨完后，及时用勺背揉搓稠凝乳直至不粘锅。最后，用小勺或专用木具将稠凝乳放入模具挤压成型后放置阴凉处，过几个小时后，从模具中取出，放置阴凉处慢慢晾干即可。这种奶豆腐的颜色亮白，有时为了让奶豆腐变得筋道滑腻，会加少许“卓克”或黄油，这种奶豆腐的颜色黄，半透明而有光泽。奶豆腐的形状随模具变化而多种多样。另一种是把生奶倒入锅中煮沸，然后把酸奶按一定比例倒入锅中继续熬，直到出现稠状乳即捞出来的制作方法。

“比西拉格”：汉语称酸奶酪。“比西拉格”的原料是制完奶皮子剩下的熟奶发酵的酸奶。“比西拉格”的制作方法是把酸奶倒入锅中煮开，然后盛在用白布缝制的口袋中挂起来，等待水分自然沥干，将口袋中的干物质倒出来，用手捏制成各种形状晾干即可。干“比西拉格”可以长期存放。巴音杭盖嘎查牧民一年四季都食用“比西拉格”（见图5-1）。

图5-1 “比西拉格”（奶酪）

鲜奶：蒙古语称“苏恩”，是指刚从母畜乳房挤出来的奶，是各种奶食品之源。鲜奶可分为牛奶、羊奶、驼奶等。牧民用牛奶提炼奶豆腐、奶油、“比西拉格”、奶皮子、奶粉等。鲜奶可以煮沸后直接饮用。

牧民有时候饮用羊奶。绵羊奶具有油脂浓厚、热性、凝乳多、乳油厚、酸碱度偏低、发酵时比牛奶快等特点，所以，牧民常用绵羊奶加工乳酪、奶油、奶皮子、“查嘎”等。用绵羊奶熬的奶茶味正宗、色香俱全。山羊奶油脂少、清淡、凉性，所以适合发酵。

奶茶：奶茶由砖茶、盐、鲜奶相兑而成。先把砖茶捣碎，根据水的多少适量放入锅或壶内。烧开后，茶至浅咖啡色时放入少量的盐和鲜奶即成。牧民每日三餐都离不开奶茶，奶茶营养较高、甘甜可口。

“查嘎”①：巴音杭盖嘎查大部分牧户都储藏着“查嘎”。制作“查嘎”需要酵母，酵母蒙语称“呼仁格”。制作的方法是在干净的布袋里放少许酒曲和鲜奶进行搅拌，或者在半生不熟的蒙古米子上加一点白酒和鲜奶，然后，倒入干净的容器内，用干净的布裹好口放置在15℃以上的带有酒酵母的环境中充分发酵即可。做“查嘎”特别注意保持清洁，木杵要专用，加酸水要凉，加奶和酸水要掌握比例，周围温度要保持在22℃左右。据牧民说，用“查嘎”煮肉或做面条（酸奶面），味道酥酸。“查嘎”的作用很多，如“查嘎”能解酒、止泻育肥等。

奶酒：奶酒的原料是“查嘎”。奶酒的种类较多，如用酸牛奶酿制的叫牛奶酒，用酸马奶酿制的叫马奶酒，用马奶、驼奶和别的酸奶混合后酿制的叫“博斯日格酒”等。

被牧民视为珍品的马奶酒需要一个精心酿制过程，而且酸奶的发酵与酿制技术直接关系到奶酒的质量。每年的夏秋之际，牧民用马奶来酝酿马奶酒。据嘎查阿迪亚老人讲，20世纪50年代的时候，巴音杭盖嘎查牧民都自己酿制马奶酒，后来逐渐消失。

“其格”②：“其格”是用马奶发酵制成的。制作方法是用牛奶、羊奶发酵的“查嘎”做酵母，将鲜马奶放入木桶，用专门制作的搅动工具，每日上下搅动数十甚至数百次，

① 内蒙古有些地区称“艾日格”。

② 在内蒙古有些地区，“艾日格”和“其格”指同一饮品。

使其发酵而成。“其格”不仅是饮用佳品，同时也能使人神清气爽、强身健体，有解乏补气之功效，并具有治疗多种疾病的功能。据嘎查阿拉腾巴雅尔书记讲，20世纪60年代以后，巴音杭盖嘎查牧民常常自己酿制“其格”。

(2) 红食

红食是指将猎获的动物或家畜屠杀后取其肉质部分（如：血、肝、肉等）烹制而成的食品，蒙语称“乌兰伊德”，即红色食品之意，有时也称肉食。

红食的种类多、营养极为丰富，是牧民日常生活中的主要食品之一，也是招待客人、举行喜庆宴席以及祭敖包、祭祖先时不可或缺的食品。牧民在日常生活中的红食主要以羊肉为主，牛肉为辅。

牧民的肉食来源除了家畜之外，还有野生动物。据调查了解，20世纪50年代以前，巴音杭盖境内有很多野生动物，如野兔、黄羊、狼、狐狸等。20世纪五六十年代嘎查组织牧民进行大量捕杀后，野生动物的数量和品种迅速减少。目前，该嘎查境内只有野兔、狼、狐狸、麻雀、鸽子等。

在长期的生活实践中，牧民积累了很多食肉技能与知识。吃肉食的方法以手把、晾干肉、“秀斯”为主。灌肠有肉肠和血肠。小羊肠是灌以面粉或荞面调和的羊肠，肥肠或牛肠一般灌肉、花肚、膈肌等。

手把肉：手把肉是牧民经常吃的肉食，也是招待客人的重要食品之一。制作手把肉的方法是将屠杀的羊剥皮取出内脏后，不剔肉，按骨节分成大小不同的块，放入冷水锅里，加少许盐和酸奶，烧滚30～40分钟后即可食用。肉鲜而不膻，肥而不腻，易于消化。一手抓肉，一手持刀，边割边吃。根据手把肉的部位不同食用方法也不同，胸叉是供神或祭祀用的，也用于出嫁的女儿；肩胛骨是专门给女婿或招待客人的；腿骨和下水是给下人吃的（见图5－2）。

图5－2　手把肉

晾干肉：据嘎查阿迪亚老人讲，晾干肉是春季和夏季的主要肉食。因为春季和夏季牲畜瘦弱，不宜屠杀，因此很少吃到新鲜肉。干肉是前一年的冬季在牛羊膘满肉肥时屠杀，将肉拉成粗细适中的条，然后放在通风干燥的凉房中风干。这种肉松酥干脆，味道好，携带方便，又可长期保存。晾干肉的食法主要有泡炒米、包干肉沙葱包子和做干肉面条等。

血肠和肉肠：其制作方法是宰羊后将血从羊胸腔中取出放在盆中，然后往血中放入适量面粉、盐、沙葱等调味品，把羊小肠洗干净后灌入羊血，制成血肠煮熟。血肠味道鲜美。肉肠是把羊的直肠塞满羊花肚和膈肌，加以葱、蒜、盐等调料，煮熟后味道香浓。

“秀斯”：“秀斯”是从古代流传下来的蒙古族牧民的食品精髓，也是招待尊贵客人的重要礼仪性食品。其烹制方法是将羊宰杀后去皮，从第七肋骨至尾巴末端卸成一个方块，再将四肢、去掉下额的头、脊椎放入锅中急火煮熟，加少量盐和葱等调料。煮熟后按整羊的前后左右部位顺序摆放，最底部分放四肢，四肢上面放羊背，最上面放羊头和脊椎。羊头的额部用刀划三角形状的小口，涂抹黄油或奶皮以示对客人的尊重和祝福。“秀斯”上席时要将羊头朝向贵客方向，贵客用刀在羊头上划“十”字后将羊头捧给主持人，主持人操刀割下羊尾尖与胫骨，和羊头一道放入盘中，端至佛前敬佛。然后把刀再次递给贵客，客人从羊背左侧割一条肉放在右侧，再从右侧割一条肉放在左侧，把刀还给主持人，主持人开始分割“秀斯”，供给客人食用。据调查了解，目前巴音杭盖嘎查牧民在祭敖包、祭天、祭祖先、祭奠寺庙及举行大型婚礼、那达慕大会等重要活动时才食用“秀斯”。

（3）紫食

紫食是指谷物类的食物，有时候也称“黑食”。巴音杭盖嘎查的紫食分为面食和粮食两大类。面食类有蒙古包子、羊肉面、酸奶面、奶油卷儿、炸果子和果条等。

蒙古包子：其做法是先把面粉揉成软硬适中，醒放在盘内，然后将鲜羊肉切成小块肉丁，再加切碎的葱花或沙葱、盐等搅拌。面皮要求越薄越好，包子形状似蒸饺，但在捏合边上有折叠花纹。用旺火烧滚水后，蒸 15 分钟左右即可出笼食用。

羊肉面和酸奶面：面条是牧民最喜欢吃的面食之一，尤其在寒冷的冬天吃得最多。羊肉面的制作方法是切好的羊肉或干肉放入冷水锅里，再加入调料，烧开后将切好的面条放入锅内用勺子滚翻几次，过 10 分钟左右就熟，出锅前放些沙葱，其味道鲜美。如果羊肉面里加入适量的酸奶就成酸奶面。

奶油卷儿：奶油卷儿也是牧民常食的主食之一。其制作方法是用温水将面粉和好，并且擀成薄片后，把融化的奶油（黄油）均匀地浇洒在薄面上，从一侧卷成卷儿，盘绕在蒸笼内，与调拌好的羊肉汤同时蒸熟。出笼后将面卷儿切成丝泡在羊肉汤里食用，也可以先把薄面切好丝后在笼内蒸熟。

粮食类主要有炒米和大米。炒米是牧民最爱吃的粮食，是与红食和白食同样重要的食物。牧民每日三顿都饮茶，饮茶都不离炒米。

炒米：炒米的原料是糜米，俗称蒙古米。炒米的制作方法是把干净的糜子用水泡软，用温水煮成半熟，炒法分为炒脆米与炒硬米。炒脆米时，待铁锅里的沙子烧红后放入适量半熟的糜子，用特制的搅拌棒快速搅拌，待米迸出花且水分蒸发完毕即可。炒硬米时，可以不用放入沙子，干炒到半生不熟即可，最后上碾子碾去糠皮就成了炒米。炒米分量轻，容易保存，可随身携带，随时食用。炒米的吃法有多种，如用肉汤煮炒米粥；在奶茶里煮米粥；把适量的炒米放进饭碗，加入少许的糖，然后注入烧开的奶茶，泡几分钟即可进食，加黄油、奶豆腐，味道更佳；用酸奶或鲜奶泡吃，加适量的奶油、白糖；放牧或旅行时，干嚼进食。俗话说蒙古族有“暖穿皮子，饱吃糜子”。因为在牧区没有制作炒米的原料和条件，所以牧民只能到外地集市或城镇购买。

大米：据嘎查阿迪亚老人讲，巴音杭盖嘎查牧民食用大米的时间比较早。20 世纪 70 年代集体化时期，每人每月就分到 2 斤大米。20 世纪 90 年代以后牧民普遍食用大米。食用大米主要有肉汤煮大米粥和焖煮两种。

（4）青食

青食是指水果和蔬菜类的食物。巴音杭盖嘎查牧民家常食用的蔬菜有土豆、辣椒、大蒜、黄瓜、白萝卜、韭菜、茄子、豆角、芹菜、白菜等。这些蔬菜是从白云鄂博矿区和旗驻地百灵庙镇等地市场上购买的。夏季食用蔬菜多，冬季少。巴音杭盖嘎查境内有沙葱、蘑菇、黄花菜、山芹菜等野菜，也是牧民经常食用的蔬菜类食物。

（5）饮品

巴音杭盖嘎查牧民的饮品主要有奶饮品、茶类、酒类等。奶饮品有鲜奶、酸奶、“查嘎”。酸奶，蒙语称“额德申苏”，鲜牛奶放一两天后自然凝固成酸奶。茶类主要有砖茶和奶茶，两者的最大差别是是否放入鲜奶。牧民一日三餐都离不开茶，而且男女老少都有喝茶水的习惯，可以说“宁可一日无餐，不可一日无茶”。

酒类包括马奶酒、烧酒和啤酒。据访谈，20 世纪 50 年代以后，巴音杭盖嘎查牧民酿造马奶酒的情况逐渐减少。目前，嘎查牧民都饮用烧酒和啤酒。牧民说，饮酒有解除疲劳、扩张血管、促进血液循环、发热驱寒等功能，所以牧民在日常生活中都喜欢喝酒。

2. 饮食器具

饮食器具是饮食文化的重要组成部分。蒙古族牧民的饮食器具具有种类多、容积大、结构丰富、耐用、携带方便等特点，这是由游牧生产生活方式所决定的。

据访谈，巴音杭盖嘎查牧民在解放前后主要使用木、银、铜制作的饮食器具，如木碗、乳桶、银碗、铜壶等。20 世纪 50 年代以后，这些饮食器具逐渐减少。目前多用铁、铝、陶、塑料制作的饮食器具，如水缸、水桶、葫芦、饭碗、茶杯、酒杯、盘子、锅、盆子、铜勺、铁勺、饭桌、椅子、案板、面板、菜刀、肉刀、火炉等。

木碗：木碗是牧民常用的餐具之一。据访谈了解，解放前后每个牧民都有自己的木碗，每当用餐时就用自己的木碗，而且参加宴席等集体用餐时必须随身携带。20 世纪 60 年代以后，牧民携带木碗的现象逐渐减少，而且家庭成员之间分用各自木碗的现象也逐渐消失。目前，木碗成为一种辅助性的餐具。

乳桶：牧民的乳桶有木制的、铁制的、塑料制的等。据调查了解，铜制乳桶盛行于 20 世纪中期。木制的乳桶呈圆柱形，中间有一道箍，加盖，有的两边各安一木把，有的没有木把。铜制和铁制的乳桶呈圆柱形，桶的两端、中间部分手把处均镶有花纹，既美观又结实耐用。乳桶的大小不同，一般情况下能盛入 100 ~ 150 公斤水。

银碗：据调查，解放前后巴音杭盖嘎查牧民饮酒时多用银碗。银碗大小形状不同，外面都刻有花纹。目前，少数牧户家有银碗，并且只有在喜庆节日或招待客人时才使用。

茶壶：茶壶主要用于熬奶茶或烧水。据访谈了解，20 世纪 60 年代，巴音杭盖嘎查牧民常用铜壶。铜壶十分精致、造型优美、样式各异，大多为圆形或椭圆形（见图 5 – 3）。后来铜壶逐渐消失，牧民开始使用瓷器茶壶、铝壶和暖壶等。

图 5-3 铜壶

3. 饮食礼仪

巴音杭盖嘎查牧民依然保留着蒙古族丰富多彩的传统饮食礼仪与习俗。

德吉礼："德吉"是指饮食品的最初部分，因为蒙古人把饮食品分为最初部分和剩余部分。德吉礼是指把饮食的最初部分献给长者、贵客或敬献给天、地、祖先的礼仪，以此表示自己的恭敬之意。牧民进行德吉礼时，要整理衣帽后把饮品或食品献给客人，客人也要在整理衣帽之后用双手接受饮品或食品。在家里用餐时，按年龄的长幼和地位的高低来敬献给饮食品的"德吉"，如果有客人的话，首先敬献给客人，否则视为不礼貌。

萨察礼："萨察"是祭洒的意思，萨察礼是指进食前或祭祀仪式时，向天地诸神祭洒饮食的礼俗。牧民食用白食、红食、饮品（多指酒类）时进行萨察礼，通过萨察礼表示自己的感恩之情，牧民认为一切饮食品都是天地、祖先对他们的恩赐。进行萨察礼的过程是首先敬献苍天，然后敬献大地，最后敬献祖先，所以要进行三次萨察礼。牧民饮酒时最讲究萨察礼，尤其是老人。饮酒时用左手拿住酒杯，右手无名指沾杯中酒向天、地、祖先弹三次；食肉时切三块向天抛弃；喝茶时用勺把奶茶向天洒三次。行萨察礼的人必须恭敬地站立，整理衣冠后用左手虔城地举行萨察礼。据调查了解，20 世纪 80 年代以后，巴音杭盖嘎查牧民在日常生活中的萨察礼习俗逐渐减少。目前，主要在过节、祭敖包、举行婚礼时进行完整的萨察礼，老年人在平时饮酒的时候也经常做萨察礼。

敬酒：敬酒是招待宾客礼节的主要一环。牧民过节或招待宾客时，晚辈要给长辈敬酒，平时用餐不敬酒。一般情况下，长子先敬酒。敬酒者要戴帽子、衣着整齐，斟好酒后用双手托起哈达捧酒杯，轻轻地磕头，以表示尊重。然后以辈分或年龄的大小依次敬酒，接酒者接酒后说句吉祥话，同时用无名指蘸酒向天、地、火炉方向各点一下，然后把酒饮下去。如果不能喝酒或不会喝酒的话，可以沾唇示意，表示接受了敬酒者的情意。

迷拉礼："迷拉"是涂抹之意，迷拉礼是指把饮食品的"德吉"涂抹在牲畜和幼儿身上，或者涂抹在一切美好事物的开端之处，以此表达衷心祝福的礼俗。行迷拉礼的食品主要是奶食品。一般情况下，由德高望重的长者来进行迷拉礼，行迷拉礼时用右手无名指把饮食品的"德吉"涂抹在被祝福的事物上。迷拉礼主要有以下几种，大年初一长辈对晚辈进行迷拉礼，长辈在晚辈的前额上涂抹鲜奶或黄油等，祝福其在一年里一切幸福美满。对婴儿进行迷拉礼，长辈用右手无名指把奶油或黄油涂抹在新生婴儿的前额中间或头顶上，同时不停地口诵"长命百岁，一生无忧，像明亮的星星一样，永远闪烁，像不灭的神灯一样，永远光明"等祝颂词，以祝福婴儿的一生幸福快乐。对牲畜进行迷拉礼，牲畜的主人用右手无名指把牲畜的初乳涂抹在刚生下的羊羔、马驹、牛犊等仔畜的额头上，口诵“千马之上，万马之首”等祝颂词，以祝福牛羊茁壮。当孩子正式开始骑马时，对孩子和坐骑都要进行迷拉礼，以祝福他成为一名出色的骑手。

4. 饮食禁忌

白食禁忌：白食是神圣的、珍贵的，是牧民的最佳食品，因此白食的禁忌较多。第一，忌讳不洗手挤奶或制作奶食品，因为鲜奶是一切奶食品的原料，鲜奶不干净的话，其他奶食品就更不清洁了。第二，忌讳把白食随意扔掉或滴洒，否则会得到苍天的斥责。如果不慎洒在地上的话，要用手指蘸一下抹在额头上，并且赶快收拾弄洒的白食。第三，忌讳把白食与红食混放在一起，也忌讳与各种调味品或蔬菜放在一起，否则牛乳房会“裂伤”。第四，忌讳踩踏或跨过白食。第五，禁忌把白食靠近狗、猫之类的家畜。

红食禁忌：红食是牧民的重要食品之一，因而牧民特别重视食用红食。与红食有关的禁忌之俗有屠杀牲畜时不可割破牲畜的喉咙，必须使牲畜仰卧，然后沿其前胸下部破开，再按手伸进的方向摸去，将其动脉扯断，然后掐紧动脉的断裂口，用这种方法可以使血液留在体内，严禁牲畜的血液流出体外。禁忌食用病死、被狼咬死、怀胎而死的牲畜肉。食肉时进行萨察礼后才能吃。禁忌一个人吃肩胛骨，必须大家共同食用。吃骨头肉时必须吃得干干净净。

饮品禁忌：饮品禁忌主要与酒和茶有关。斟茶时，忌讳茶碗有裂纹，一定要完整无缺，有了豁子被认为不吉利。倒酒或敬酒时，按年龄的大小来依次进行，如果有客人的话客人优先，否则不礼貌，并且不能把酒杯接过来直接倒，要让客人把酒杯拿在手里。倒茶时，壶嘴或勺头要向北、向里，不能向南（朝门）、向外，因为向里福从里来，向外福朝外流。用手献茶的时候，忌讳手指蘸进茶里。禁忌饮完酒后酒杯倒放。忌讳用别人的茶杯喝茶。新熬的奶茶敬献“德吉”之前，忌讳品尝。禁忌小孩儿饮酒。忌讳饮用变脏、偷盗、抢夺或骗取的饮品等。

其他禁忌：进餐时忌讳倒洒饭菜，否则会受到苍天的惩罚；忌讳进餐时狼吞虎咽，否则消化不好；用餐时不能唱歌或吹口哨；忌讳敲打餐具、倒放饭碗；忌讳盛饭时，从饭锅中间开始盛；忌讳筷子插在饭上，这样不吉利；忌讳进餐完毕饭碗里有剩余部分，必须干干净净地吃完。

5. 食用饮食

先白后红：“白”是指白食，牧民用餐时，首先吃白食——奶豆腐、奶酪、黄油、白油，奶皮子等。“红”是指红食，吃了一些白食后才能食用红食。先白后红是指崇尚白色，视白食为饮食上品的一种习俗。牧民不论是大小宴席，都先食用白食。每逢祭奠敖包、祖先及祭火的时候，都用新挤的鲜奶向上天或圣主祭洒。在喜庆和祈祷之后，往往挥动着桶里的鲜奶，进行招福致祥的仪式。

以饮为主：以饮为主是草原民族饮食文化的特征。谚云：“学之初啊，饮之初茶。”不论蒙汉生熟，主人给你捧上茶水，“有好茶喝，有好脸看”。牧民喝茶讲究配套，如同炒米、酥油、黄油、奶酪、白糖和肉一起食用。茶内泡奶食和肉食，既解渴又耐饿，所以牧民一日三餐都得喝茶。

轻便简朴：“奶茶泡炒米”是游牧民族的一大发明，不仅有生活依据，而且有科学依据。吃上一顿手把肉，再美美喝一顿茶，不仅荤素搭配、稠稀结合，而且口中不腻、胃里舒服。除了炒米，还有蒙古包子、卷子、米饭等。

6. 饮食消费情况

饮食消费情况是反映饮食结构以及生活方式变化的重要环节。据调查，随着交通及生活条件的改善，近几年巴音杭盖嘎查牧民饮食结构和饮食消费发生了明显变化，在日常生活中除了肉食品外，紫食和青食的消费越来越多。尤其实施全面禁牧政策以来，由于牧民已出售大部分牲畜，在日常生活中的肉食品和奶食品的消费比例急剧下降，甚至出现只能到市场上购买的情况（见表5－2、图5－4）。

表5－2 巴音杭盖嘎查典型12户牧民2008年底饮食消费情况

单位：斤，元

户　主	奶食品	肉食品	紫　食	青　食	总　量	总金额
甘珠尔	40	500	470	493	1503	11342.50
阿拉腾巴雅尔	20	400	1400	1633	3453	26070.15
达来	10	500	510	672	1692	12774.60
米·照日格图	60	300	500	460	1320	9966.00
恩格代	50	750	1150	560	2510	18950.50
毕力格	10	500	730	512	1752	13227.60
浩日老	20	650	645	848	2163	16330.65
孟德巴图	20	300	400	300	1020	7701.00
照那斯图	20	750	675	717	2162	16338.20
套格套	200	800	310	1510	2820	21291.00
苏和巴特尔	50	300	1310	1421	3081	23261.55
其木德	150	720	580	400	1850	13967.50

资料来源：根据问卷调查整理。

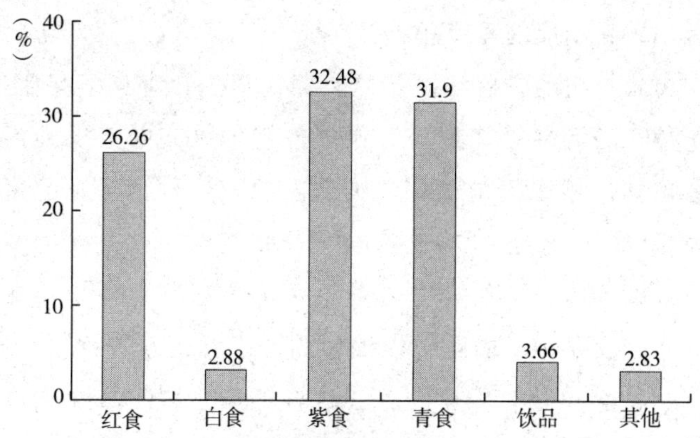

图 5－4　巴音杭盖嘎查牧民年均饮食消费结构

资料来源：根据“住户基本情况调查表”整理。

图 5－4 表明，巴音杭盖嘎查牧民的年均饮食消费比例分别为白食占 2.88%，红食占 26.26%，紫食占 32.48%，青食占 31.90%，饮品占 3.66%，其他饮食消费量占 2.83%，主要包括烟、糖类、调味品等。

二　服饰

蒙古族牧民在长期的游牧经济生活中，创造了适合于草原自然环境和生活方式的传统民族服饰文化。据调查，长期以来巴音杭盖嘎查牧民依然保持着穿戴传统民族服装的习惯，其传统民族服装的种类和特点与其他地区蒙古族牧民的传统民族服装基本相同。

1. 传统民族服装

长袍类：长袍是牧民一年四季的主要服饰，冬季穿用畜皮或兽皮缝制的白茬皮袍或吊面皮袍，春夏季穿用丝绸或棉布缝制的夹袍或单袍。长袍一般有 3 道扣袢儿，其中领口、腋下、腰侧各钉一道扣袢儿。纽扣有银制的、铜制的，也有用布料制成的盘桃扣。

男式长袍的颜色多以蓝色、棕色为主，青年多穿蓝色，年纪稍长的人多穿棕色。男式蒙古袍的款式与其他地区的蒙古袍款式相比稍微短些，胸围宽松，这种袍子穿起来显得宽松大方，适宜套马、骑马、骑骆驼时穿。女式的蒙古袍多以红、绿、黄色为主。青年女子多穿着色泽艳丽的袍子，中年女子袍子的颜色以浅色为主。女式蒙古袍以合身、秀气、华丽和做工优良著称，这样的蒙古袍可以突出女性的线条美。过去的蒙古袍附带有马蹄袖，马蹄袖在冬季可代替手套有防寒之用。女子从四五岁起穿有马蹄袖的长袍，外边套短坎肩。

蒙古袍穿着时也有些讲究。首先，对袍领特别注意，不允许袍领内翻或外卷，即使是旧衣也不能随便乱扔，要把袍领剪下来用火烧掉。穿袍时首先穿右袖，再从身后把袖子绕过来穿左袖。脱袖时，从上到下依次解开扣子，先脱左袖，后脱右袖，脱下的袍子要整理叠好，领子朝外，前面朝上搁置（见图5－5）。

图5－5　蒙古族传统服装

腰带是蒙古长袍的重要组成部分，除了孕妇，无论是男女老少穿长袍时均要系上腰带。男子系腰带时双手上举，将袍子的上半部努力上拉，系好腰带后，腰带以上部分宽松，这样男子汉就显得威风、大方、气派。女子系腰带时不必上拉，以袍子贴身为美。腰带颜色因袍子的颜色而异，多与袍子形成反差，显得亮丽多彩。腰带质地多为绸子或缎子，长度4~6米。腰带具有适合游牧民族生产生活的特殊功效，首先，系腰带乘马或乘驼可以减轻对人体内脏的颠簸，对腰部有很好的保护作用；其次，长长的腰带可以在特殊的情况下当作笼头或绳子使用，用来拴系牲畜或打水。

牧民常常在长袍外面配套坎肩。坎肩是一种套在长袍外面的无袖短衣。男式斜襟，女式直襟。无领无袖，前面无衽，后身较长，正西胸横列两排纽扣或缀以带子，四周镶边，对襟上绣着各种各样的花朵。

帽子头巾类：牧民特别尊重和珍惜帽子，因为帽子不但戴在人体最主要的器官——头颅之上，而且具有遮阳、保暖、美观适用等作用。

据嘎查阿迪亚老人讲，直到解放前后巴音杭盖嘎查牧民冬季仍多戴蒙古帽、老布吉帽、狐狸皮帽等。蒙古帽类似风雪帽，有带红缨和不带红缨两种，钉有貂皮和羔羊皮，男女皆戴蒙古帽。老布吉帽无圆顶、无缨，也无护颈尾，用两个系带固定其耳。狐狸皮帽是用狐狸皮制作而得名，牧民放牧时经常戴狐狸皮帽，但是妇女决不能戴狐狸皮帽。春季和夏季男子多戴圆顶立耳帽、红缨凉帽，妇女则戴尖顶立檐或罩绸缎头巾。牧民会客时戴礼帽。在宴会招待重要宾客敬酒时必须戴帽，否则视为不礼貌。如果自己的帽子无意当中掉在地上，则捡起来用右手托起，亲吻一下再戴上，认为这样才吉利。帽子摘下来必须放在高处或折叠好的衣服上，男人的帽子不可放在女人的衣服之下，可见帽子象征着主人的人气、人格和尊严。据调查了解，巴音杭盖嘎查牧民多戴各种各样的棉帽和布帽。

男子很少围头巾，多以妇女为主。头巾的颜色多种，一般以蓝、绿、紫、红、白色为多。不同年龄的妇女围不同颜色的头巾，年轻妇女多围红、蓝、黄、青等颜色非常鲜艳的头巾，而年龄较大的妇女多围白、橙、紫等颜色的头巾。因季节的不同头巾的种类和围法也不同。春季和夏季的头巾较薄，一般都是绸缎或布；秋季和冬季的头巾较厚而大，一般围在整个头部，以保暖和抵挡风沙。已婚妇女和未婚妇女的头巾围法有所差别，未婚妇女缠头巾时不封顶，在右边系结并将其穗垂至肩膀；已婚妇女缠头巾时封顶，从前往后缠，系在脑后。

裤子靴子类：裤子的种类较多，款式多样。在寒冷的季节，牧民男女均穿白茬皮裤、吊面皮裤。冬天穿皮裤特别适宜放牧，因为抗风能力强，保暖性较高。夏季多穿单裤、夹裤。裤子的款式一般较为宽松，女子裤子的宽度比男子裤子的宽度稍微窄一些。目前，牧民一般情况下不穿套裤，只有在喜庆节日时才穿着外面套有美丽图案的套裤。

据调查，巴音杭盖嘎查牧民直到解放前后仍经常穿蒙古靴、毡靴和布靴子。蒙古靴子是勤劳勇敢、富有创造力的蒙古族在地形复杂、气候变化多端、寒暑温差较大的蒙古高原上从事几百年的游牧生活过程中创造出来的足衣（见图5－6）。

蒙古靴子由靴靿、靴帮、夹条、靴底四个部分组成，在靴帮和靴靿上贴绣云纹图案进行装饰。牧民穿着的蒙古靴子多以香牛皮制作，称香牛皮靴子。香牛皮靴子的样式分为三种：第一种是靴子的脚尖部朝上翘起来，牧民通常叫“朝头靴”；第二种是脚尖稍微翘起来，叫“半朝头靴”；第三种是脚尖部不翘起来，顶部是鸡蛋形，牧民把它叫作“鸡蛋头靴”。牧民把布靴也称“玛骇”，其是用布料制作的。毡靴是用羊毛制作的，常在寒冷的冬天放牧时穿，牧民也称其为“衣斯给嘎档”。目前，巴音杭盖嘎查牧民很少穿靴子了，除了老人以外，有些年轻人逢年过节时才穿精美的靴子。

图 5 -6　蒙古靴子

鞋子：牧民平时都穿着各种各样的鞋子。除偶尔缝制布鞋以外，其他的都是到外地市场上购买。布鞋的质量好，并且有时脚尖上刺绣花纹，非常精美。夏天穿布鞋透风凉爽，冬天穿布鞋暖和轻快。

袜子：巴音杭盖嘎查牧民的传统袜子有布袜、毡袜和毛袜子。布袜有时购买，有时自己制作。自己制作的布袜子多刺绣花纹。夏季多穿布袜。毡袜是用羊毛制作的，冬天套在靴子里穿。毛袜是用羊毛捻线编织或用毛线纺织的。牧民很少穿毛袜子。

2. 装饰类和发型

（1）男子装饰

以前，牧民穿着传统民族服装时经常佩带多种装饰品，总称佩饰。佩饰一方面与日常生活和生产有关，因此可以当成生产生活工具；另一方面与审美价值有关，佩饰往往可以显示主人的身份、地位和富有程度。牧民男子传统装饰品主要有蒙古刀、火镰、鼻烟壶、褡裢、烟荷包、鞭子等。

蒙古刀的种类众多、造型各异、大小不一，主要是用来屠杀牲畜和吃肉的工具，是男子汉的佩饰，也是自卫武器。牧民以前使用的蒙古刀，其刀刃用好钢，柄用牛角、红木做成，刀鞘有镶铜、镶银，还有镶金的，上刻龙、虎、兽头、云纹图案。刀鞘中有孔可插象牙或驼骨筷子，象牙筷子的大头一端还套有银束子，民间传说在饭菜里下毒用它可以试出来。刀鞘是用羊角或铁片制作的。有些蒙古刀的刀鞘和刀是连体的，可以折叠，有些蒙古刀的刀鞘和刀是分开的。蒙古刀必须悬挂在腰带右侧。据了解，“不戴蒙古刀的男子汉，妇女们多看不起”。目前，佩带蒙古刀的牧民男子很少，只有吃肉时才用蒙古刀。

火镰是蒙古人用来取火的工具。据嘎查阿迪亚老人讲，直到20世纪40年代，巴音杭盖嘎查牧民还常用火镰取火。火镰一般是生铁铸成，带在腰带的左侧。为了防冻，外面套个皮套子，套子上绣有庙宇、鱼虾、云头等花纹。取火时用两片天然火石，把火绒放在中间夹住，抓在一只手里，用另一只手的火镰刃子一击，迸出火星，就可以把火绒燃着。如果是抽烟，直接把火绒按在装好的烟袋上就行。如果要生火，还要把火绒放在马粪上，吹出火苗，再用马粪把柴薪点燃。这是一种古老的取火办法，新中国成立后，火柴供应充足，火镰便不用了。

褡裢是指装鼻烟壶的袋子。中间开口，一边装入鼻烟壶，一边装入哈达之类的礼仪制品。在节日和重大的场合佩带在腰间身前左侧。褡裢一般用深蓝缎子做成，库铜镶边或用各色丝线在上下绣出齿纹作为花边，中间再绣山纹、花卉、龙凤、双蝶、对鱼等图案，装哈达与装鼻烟壶的图案要一模一样。佩带时要上下错开，以便让两边的图案都显露出来。姑娘往往把褡裢视为情物，送给心上人。新郎娶亲时，岳母和大姑有几人，就要做几个褡裢送给新郎，新郎要先带岳母的。据调查了解，目前巴音杭盖嘎查牧民在重要的喜庆节日时才佩带褡裢。

巴音杭盖嘎查的老人几乎都有鼻烟壶。有玛瑙、水晶、银、玉、石、磁、木料等多种原料制成。鼻烟壶的盖上自带一个挖耳的勺子，可以伸进鼻烟壶颈部的细孔里，从里面挖出鼻烟，放在指甲上，凑到鼻孔上一吸，立马能打出喷嚏来。牧民见面后要互相交换鼻烟壶。两人见面以后，各掏出自己的哈达和鼻烟壶，将哈达的口（指折叠出两片的那面）朝向对方，把哈达架在自己的手腕上，右手拿着鼻烟壶。然后，把哈达搭在对方的手腕上，用右手把鼻烟壶递过去，对方用左手把鼻烟壶接住，各放于右手上，在手心里旋转一圈以后，又递回对方的左手里，再把哈达搭到对方的手腕上，这样各自又把自己的鼻烟壶和哈达换了回来。

鞭子是骑马用的。蒙古男子斜跨在高头大马上，一手叉腰，一手提鞭，很有派头。鞭子有多种，有的用熟皮条夹杂红绿粗皮革编结而成，能编出鳞纹、万字、吉祥结等图案。有的用三股熟皮条拧成，有一尺多长，末梢接一截皮筋子做的细鞭梢儿，将粗端绑在红柳鞭杆上，这叫熟皮马鞭。会抽鞭子的能发出很大的叭叭的响声，不会抽的抽不响，还会让鞭梢儿抽了自己的脸。

（2）女子装饰和发型

头戴蒙语称“陶勒盖扎斯勒”，是妇女装饰的重要组成部分，也是蒙古族妇女最为讲究、最豪华、最复杂、最靓丽的装饰品和陪嫁品。巴音杭盖嘎查的蒙古族妇女长期保留着戴头戴的风俗，每逢过年或参加重要喜庆活动时都戴头戴。牧民的头戴装饰由以下几个部分组成，把各种银制小部件连在一起，戴在额上的部分叫“塔图尔”，挂在两边夹发辫的两个四方银制的夹，叫“哈布其格”，挂在“塔图尔”两侧的用黑缎子缝制的末端带环的鬓角垂饰叫“哈达日格”，“哈达日格”下端的环上挂的两片银制物叫“穗和”，“穗和”下端挂有金、银或珊瑚、玛瑙组成的珠串，叫“稳吉日格”。把“塔图尔”在脑后连接起来的银制片状器物叫“希里布其”，把两个“穗和”连在一起且中间挂在有圆形的“薄勒”的饰物叫“好力宝”。

耳环是戴在耳朵上的饰品。巴音杭盖嘎查妇女基本上都戴耳环。姑娘7~8岁时穿耳孔，到13岁时戴耳环。耳环可以由金、银、铜、塑料、玻璃、宝石等材料制成。有的是圈状的，有的是垂吊式的，有的是颗粒状的。耳环的重量和大小受人体的承受能力限制。耳环的佩戴主要以妇女为主，个别男子也有佩戴。佩戴的方式通常有3种：穿挂于耳孔，以簧片夹住耳垂，或以螺丝钉固定。当今，年轻姑娘们都戴上形形色色的耳环，显得秀美俊俏。耳环在一定程度上可显示出某种风俗、信仰、地位、财富等。

耳坠是替代耳环用的。牧民平时很少戴耳坠，只是姑娘出嫁时戴耳坠。耳坠可分为大耳坠和小耳坠。耳坠形状像问号，一面有个银钩子，一面由一连串的穿缀物组成。耳坠上有复杂的图案，上面有方古、四个“陶纳勒嘉”、吉祥银盘蚕，只有最下面吊的那部分像个真正的耳坠。若耳孔上戴不动，姑娘们会偷偷从耳后引下根线来，拴住套在头上。小耳坠只是未婚女子戴的，因此出嫁的那天晚上，要摘下来，换上大耳坠，表示姑娘变成了新娘。

手镯是一种套在手腕上的环形饰品。据访谈，该嘎查的妇女都很喜欢戴手镯，有时男士也戴手镯。手镯的作用大体有三个方面。首先，显示身份，突出个性。其次，美化手臂。手镯一般佩戴在左手上，镶宝石手镯应贴在手腕上，不镶宝石的，可松松戴在腕部。只有成对的手镯才能左右腕同时佩戴。最后，红铜镯子能治骨肉之间存下来的黄水（一种慢性病），据说戴上红铜镯子，日久可把黄水吸出。手镯按结构分为两种：一种是封闭形圆环，以玉石材料为多；另一种是有端口或数个链片，以金属材料居多。按制作材料分为金手镯、银手镯、玉手镯、镶宝石手镯、红铜镯等。手镯作为一种首饰，被牧民作为服装的配套装饰，作为艺术品来修饰自己，作为个人风格、爱好的一种装扮手段，正在被越来越多的牧民所接受并使用。

戒指是用金属或其他材料做成的小环，戴在手指上作为装饰品、纪念物或护身符。戒指一般不宜随便乱戴，按习俗，戴在各个手指上所表示的含义不一样，也是一种讯号和标志。以前未婚的女孩可以戴戒指，戴在食指以外的手指上，男孩一般不戴戒指。近几年以来，年轻男女皆戴戒指。

3. 服饰的变迁

据访谈，直到20世纪60年代，巴音杭盖嘎查的牧民每逢喜庆节日仍然穿戴着传统民族服饰。到了20世纪70年代以后，除部分牧民穿着蒙古袍以外，部分牧民男子开始穿中山装，女子穿小方领上衣。布料主要以海昌蓝、条绒、学生蓝为主。

随着改革开放，巴音杭盖嘎查牧民的生活条件逐渐改善，服饰文化出现多样化趋势。除了部分老年人仍穿蒙古袍外，中青年男女适应时代潮流，赶制现代服装。男子多穿中山服、西服、风衣和三紧服，冬季穿呢料大衣、军大衣及皮夹克等。女子多穿大翻领、短裙、连衣裙、套裙、健美裤、牛仔裤，冬季穿各式呢料大衣、夹克大衣和各种毛织品服装等。每逢春节时，青年男女才身穿蒙古袍，相互拜年。

到了20世纪90年代，白云鄂博矿区和百灵庙镇等地大型购物中心的快速发展，便利了牧民的生活。牧民的穿着打扮更加现代化，服装款式可谓各色各样，大翻领、小翻领、大立领、小立领、交领，长的、短的、半大的、厚的、薄的、夹层的、双层的，应有尽有。皮衣、毛料衣服也成为中等收入以上的人们常穿的服装。羊毛衫、牦牛衫、丝光羊毛衫、羽绒裤、羊毛裤、保暖内衣等保暖性更好的衣服也成为牧民冬季常穿的衣服。

进入21世纪以后，随着交通、通信等基础设施条件的改善，巴音杭盖嘎查牧民与外界的交往日益密切。牧民服饰的样式越来越多，品位更加提高。各种服饰流行周期短，一年一变，甚至一年多变。

巴音杭盖嘎查牧民服饰文化的变迁，说明牧民生活水平不断提高，在接受和适应现代生活方式的同时，传统民族文化和习俗正在逐渐消失。

4. 服饰消费

据调查，巴音杭盖嘎查牧民在一年四季均购买服装，夏季购买的服装比冬季少，过春节时儿童和年轻人购买服装的较多（见表5-3）。

表5-3　巴音杭盖嘎查典型12户牧民2008年底年均服饰消费情况

单位：元

户号	1	2	3	4	5	6	7	8	9	10	11	12
服装消费额	5000	1000	3000	8000	1000	4500	800	500	4000	5000	3000	3000

资料来源：根据“住户基本情况调查表”整理。

据表5-3可知，巴音杭盖嘎查典型12户牧民的年均服装消费额达38800元，每户年均服装消费额达3233元，每人年均服装消费额为808元。这说明在日常生活的消费中，服饰消费额并不高。

三　居所

1. 房屋结构及建造

蒙古包：蒙语多称“伊斯给格日”，是适应蒙古高原特定的自然环境和游牧生产生活的需要而形成的居所，伴随着蒙古族走过了上千年漫长的历史。蒙古包结构简单，易于拆分、搬运，还有防风防雪等作用。据访谈，直到20世纪50年代，巴音杭盖嘎查牧民依然居住着蒙古包，过着逐水草而居的游牧生活。随着定居游牧，汉族式房屋“百兴格日”逐渐成为牧民的主要居所，牧民只是在夏营盘或走

"敖特尔"时才会建起蒙古包。目前，因实施禁牧，个别牧户已到旗驻地百灵庙镇或白云鄂博矿区购买或租住楼房。

蒙古包的建筑材料由木头、皮、毛构成，这种材料不但价格低廉、容易找到、容易拆卸、容易搬运、便于重新搭建，而且还可以根据人口的数量随意变大变小，根据冷暖情况加厚变薄，下圆上斜的整体设计对外减少了风暴阻力。

蒙古包的基本结构可分为木制部分、毡制部分和绳索三部分。木制部分有支撑和调节大小的作用，毡制部分有保暖、覆盖作用，绳索主要用于固定和缝合。蒙古包的木制部分主要有"陶脑"、"乌尼"、"哈那"、门、柱等。"陶脑"，即顶窗，它的形状、大小直接影响到毡包的整体形态。"乌尼"相当于椽子，是用圆形柳条做成的。将上端削扁，插入顶窗周围的孔里用毛绳子串起来，与顶窗形成一个整体，再把另一端与"哈那"连在一起。"哈那"是指蒙古包的支撑围墙，使用约2米长的细木杆相互交叉编扎而成的活动网状物，它的优点就是可以伸缩，折叠起来它会缩成不足50厘米的长方体，撑开来它会延伸成三四米的网状墙架。这样的几张网状物和门连接起来形成一个圆形墙围，接着把与"哈那"和门对应的多根被称作"乌尼"的撑杆和"陶脑"插接，构成蒙古包顶部的伞形骨架。然后用撑杆尾部预留好的皮绳环或鬃绳环把对应的撑杆与圆形墙架顶尖处固定并勾好，到此为止蒙古包的整体框架就形成了。蒙古包的毡制部分有顶窗毡、顶毡、围毡、门帘、饰顶毡等。蒙古包的整体框架形成之后用羊毛毡把蒙古包的圆形墙架裹住，并用毛绳上中下围圈在门框上固定好，然后用垫肩式毡子将伞形骨架苫好，并用毛绳菱形状斜坡压下，与圆形墙架上中下三根绳直线连接就成为蒙古包。蒙古包的绳索由羊毛、马毛及马鬃编制而成。除围绳之外，还有哈那绳、顶窗拉绳以及哈那固索等。

“百兴格日”：据访谈，自从 1954 年巴音杭盖嘎查牧民朝扎木苏在嘎查境内的“乌兰温都尔”建造了第一座“百兴格日”之后，该嘎查的“百兴格日”就逐渐增多了。目前，巴音杭盖嘎查 76% 的牧民都居住在“百兴格日”内（见图 5-7）。

图 5-7　牧民的“百兴格日”

“百兴格日”是“板升屋子”的蒙语称呼，外形及结构与汉族地区房屋基本相同，是由土坯、泥土、木料和砖等材料建成的弧顶型房屋。墙壁的底部为一米多高的石头地基。墙壁用黑土、黏土和干草搅拌成的泥土垛成，这样的墙壁坚固性很强。墙的宽度约 0.8 米，土坯墙的高度约 1.8 米，包括地基约 2.8 米。墙壁的缝隙用水泥封堵。松树或桦树等坚木为柱和梁，一般有 9 个或 5 个梁。连柱架梁，架梁时在围墙上弧形摆放，梁上搭檩，顺檩搭椽，上面铺茅草、秸秆和黑土，房顶外部用黏土抹平，黏土晒干之后坚固性很好，可抵制雨水的冲刷。为了防止雨水进入窗内，每个房屋都有房檐。

到20世纪80年代后，巴音杭盖嘎查建起了四角用砖建造的“百兴格日”。其余墙壁用土坯建造，称“四脚落地”。窗户、门楣为木制。

建造“百兴格日”时首先选址，选址时主要选择水草丰茂的地方，并让德高望重的老人算一算房屋位置的福祸吉凶、房屋高低、开门出水方向及上梁的时间等。

用土坯、泥土和砖等材料建完屋墙后上梁。在梁上系上红丝带，把脊梁抬上去架好以后，房主站在墙顶撒糖块或撒钱，让建造人员和孩子们捡起。上完梁后盖顶，盖顶是个重活，也是新房已建成的标志，所以需要身强力壮的年轻人来帮忙，当日主家要杀羊招待客人。盖顶结束后安窗门、建炕造炉子以及其他设备，最后乔迁新居。乔迁新居时，首先进行迷拉礼，把饮食品的“德吉”敬献给新建成的房屋，以此衷心祝福新家给主家带来好运，希望新家兴旺、美满幸福。乔迁新居的那天主家要招待亲朋好友。

起脊瓦房：据访谈，1979年，巴音杭盖嘎查牧民浩日老建造了第一座砖瓦结构的房子——瓦房，从此生活条件较好的牧民逐渐盖起瓦房。目前，巴音杭盖嘎查有13座起脊瓦房，结构特点和建造与“百兴格日”大同小异。石头地基，上面用红砖建成，地面铺瓷砖，墙内用白灰抹一层，因此屋内显得整齐而清洁（见图5－8）。

2. 房屋辅助设施与院落配置

仓库：仓库一般建在主房的东西两侧或西南。建筑材料和外形与主房相同，一般都是一间房子。仓库内储藏食物或其他生产生活工具。有的牧户仓库旁边建车库。

图 5-8 牧民的起脊瓦房

风力发电机：到目前为止，巴音杭盖嘎查还没有通电，每个牧户都使用风力发电机（见图 5-9）。风力发电机的风扇坐落在房子附近风力较大的高地，如果不刮风的话，风力发电机就无法发电，牧民只能靠蜡烛或煤气灯照明。

图 5-9 牧户的风力发电机

家院：60%的牧户都有家院，是围着房子周围建造的长方形院子。石头地基上用黑土、黏土与干草搅拌成的泥土建成的土墙，墙厚约0.3米，高度约1.5米。家院面积各不相同，院门多以木和铁制造（见图5－10）。

图5－10　牧户的院落配置

畜圈：畜圈是每个牧户不可缺少的配置。畜圈根据建筑材料可分为两种，一种是用泥土建造的，另一种是用铁网建造的，这种铁网畜圈近几年才出现。夏季和秋季多用铁网畜圈，并且建在凉爽透风的高地，这样有利于牲畜的肥胖及预防疫病。冬季和春季的畜圈在房子附近用泥土建造，而且都有暖棚，这是为了牲畜避免寒冷。

3. 屋内设施

蒙古族牧民自古以来非常讲究房屋清洁卫生。屋内设施虽然简单、陈旧，但摆放整齐、讲究。据调查了解，巴音杭盖嘎查牧民的家庭同样保持着这一优良传统。

蒙古包内的设施：支火撑布局在蒙古包的正中，蒙古包搭建后，最先安放火撑。安放火撑的时候，讲究置放端正，或可稍向西偏斜，但绝不能向东南偏斜，这是怕福气冲门跑掉。火撑主要是由青铜或生铁打制而成的。火撑放好后开始铺垫子，但是家具下面不铺垫子，如果没有家具的话会铺到“哈那”边上。铺完垫子之后摆放其他设施。西北面放佛桌，因为蒙古族以西北方向为尊。佛桌上面放佛像和佛龛，佛龛中主要安放佛像，有时在里面或上面放经书或箭等。佛龛前放香烛、佛灯、供品等。

蒙古包的西边摆放着套马杆的套索、蒙古刀、猎枪等男人用品。蒙古包西南侧的“哈那”上挂着狍角或丫形的木钩子，上面挂着马笼头、嚼子、马鞯、鞭子、刷子等物品。放马鞍时要顺着墙根立起来，使前鞍鞒朝上，骑座朝着佛像。凡与马有关用具的摆放都有规律，这是因为牧民对马的热爱。蒙古包的北面摆放桌子，桌上铺毯子之后在上面摆放被子和衣物。男人的衣服放在上层，女人的衣服放在下层，而且袍子的领口朝向佛像。女人的用品放入专用的箱子内，并且把箱子挨着被桌摆放在东北方。

蒙古包的东墙是摆放碗架的位置。碗架有很多层，这是因为预防红食、白食及紫食混放。奶和茶放在最上面，其他食物及其餐具放在各自的位置上。把水桶放在地上或碗架南边，锥子、斧子放入碗架的下层，因为锥子和斧子是捣砖茶用的，不能离开。家中最尊贵的是奶桶，不能乱扔或乱放，通常放在毡包的东南位置。

“百兴格日”和砖房内的设施：巴音杭盖嘎查牧民的“百兴格日”由三间或三间以上的屋子组成，有些“百兴格日”的居室和厨房的中间没有直接通门，而是各有外门（见图 5－11）。

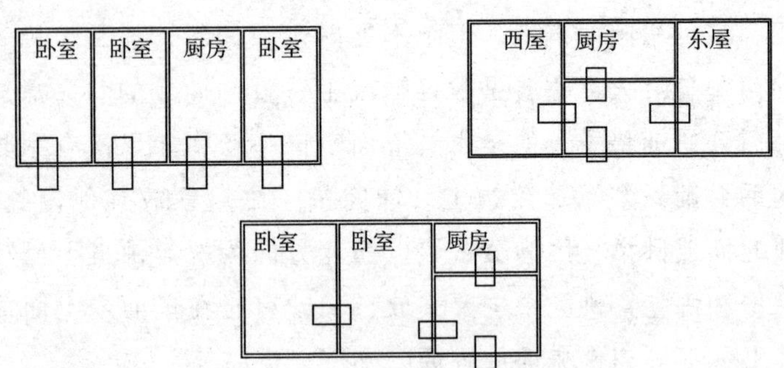

图 5－11　巴音杭盖嘎查房屋布局示意

资料来源：课题组绘制于 **2009** 年。

居室的火炕搭建在屋后方或靠窗口。火炕高约 0.8 米，长度约 2.5 米，宽度约 2 米，炕沿宽度约有 0.1 米，多由木头制作，也有用水泥制作的。炕上铺毛毯子等。炕的右侧或左侧叠放被褥，娶妻分家的新户会把被褥放入衣柜内。老人的被褥不需要叠放，铺放或卷起来，以便随时休息。

大多数牧户居室的墙壁上都挂着成吉思汗的肖像，还挂有镜框、照相架、时钟、佛像以及其他图片等。成吉思汗肖像外面一般安框架，上面铺着蓝色的哈达。佛像前面敬献着点心和香烛，以表示敬重之意。靠墙壁摆放着沙发或柜子，柜子上面摆放收音机、电视、书籍以及各种花纹的小盒子。据调查，20 世纪七八十年代巴音杭盖嘎查牧民的家中有了衣柜，90 年代末出现了高级组合的家具，新成家的牧户家里摆放着现代新式家具，居室内的一角摆放衣服架，以便挂衣物。在冬季有的家庭在居室内放火盆取暖。

厨房设在三间房的中间或房子的最东侧。在厨房，与居室隔墙建造炉灶，炉子上放小型的铁锅或茶壶烧水。灶子上放大铁锅，以大小分为 3 斗、2 斗等。炉灶旁边是牛粪、羊粪等柴火（见图 5－12）。沿着厨房的墙摆放多层次的橱柜，里面放入餐具和食品，白食放在最上层，锥子、斧子放入橱柜的下层。橱柜的周围摆放饭桌、椅子、水桶、奶桶等用具，但是这些用具没有特定的位置。

图 5－12　柴火——羊粪砖

4. 取暖

房屋的取暖主要依靠炉灶。此外，有些牧户还使用暖气或火盆。取暖的柴火主要是牛粪、羊粪等传统的取暖材料，近几年有些牧户开始烧用煤炭。

5. 房屋的修缮

房屋的修缮可分为屋内修缮、屋外修缮和接屋三个部分。屋内的修缮包括修炉灶、抹墙、铺地等。随着生活条件的提高，巴音杭盖嘎查牧民开始用白灰抹墙，用瓷砖铺地，这样装饰的房子清洁而整齐。炉灶必须开坑，以便倒灰。

屋外的修缮主要指抹墙和抹顶。牧民每隔两年抹一次墙面和屋顶。一般情况下，抹墙皮泥厚度大约1厘米，抹房顶较厚，是为了防止雨水冲刷而屋内漏水。生活条件改善或家庭人口增加时，需要盖新房或接屋，主要在主房的两侧或后面接屋。两侧接的屋子高度必须与主房子相等，如果接在屋后的话可以比主房稍微低点。

根据房屋的居住年限和陈旧情况，牧民会更换窗门和屋顶。以前，牧户用的门窗都是用木料制作的，这种门窗在长年的风雨中容易变形，所以必须要更换。20世纪末以来，牧户开始使用铁门窗和塑料门窗。房顶出现塌陷或漏水现象时，需要更换屋顶的檩、梁、上铺的秸秆茅草、土瓦等一切材料。

四　交通

1. 出行方式及演变

据调查，巴音杭盖嘎查牧民的交通工具分为两大类，一类是畜类，另一类是车类。畜类以马、骆驼为主，车类有牛车、马车、驴车、拖拉机、摩托车、汽车等。随着牧民生产生活方式的变化和生活条件的改善，这些交通工具在不同时期起到了不同的作用。

畜类：自从游牧业成为游牧民族主要的生产生活方式以来，马既是牧民的主要交通工具，也是须臾不可离的亲密助手和伙伴。牧民男女老少都喜欢骑马，骑马可以走向四面八方，不分山路草地，因此迁徙、狩猎、放牧时都离不开马。骑马时可以套马鞍，也可以不套。牧民骑马串门或进城时，马背上会带“捎马子”，里面装入物品。牧民不但喜爱马，而且积累了饲养、防疫等很多保护马匹的经验。直到20世纪90年代，马依然是巴音杭盖嘎查牧民的主要交通工具。后来由于摩托车、汽车等新的交通工具的出现以及马匹市场价格的降低，养马的牧户急剧减少，马自然失去了充当牧民主要交通工具的作用。目前该嘎查只有两户牧民有100多匹马。

自古以来，骆驼也是牧民的主要交通工具之一，用于骑乘、拉车，尤其在驮载重物方面其他畜类无法代替它。据访谈，20世纪90年代以前，巴音杭盖嘎查不少牧户拥有数量不等的骆驼，当时牧民走“敖特尔”时多用骆驼搬迁重物。20世纪90年代以后，该嘎查的骆驼数量逐渐减少并最终绝灭。牧民说，骆驼的灭绝是生态环境的恶化以及现代交通工具的冲击和人们追求经济利益的缘故。

车类：勒勒车是蒙古族牧民传统交通运输工具，用牛或骆驼拉。牧民倒场、载物、婚丧嫁娶、赶集等都离不开勒勒车。勒勒车多以榆树、桦木制作，具有车轮高大、结实耐用、结构简单、装载量大、四季皆用等特点。直到新中国成立以前，巴音杭盖嘎查牧民的主要交通运输工具依然是勒勒车。20世纪50年代以后，勒勒车逐渐被淘汰。

据调查，20世纪50年代时，巴音杭盖嘎查牧民很多都用牛车，有时车上用毡子搭棚，冬天暖和，夏天防晒，前后开门。20世纪60年代以后，牛车逐渐减少。20世纪七八十年代开始出现驴车、马车、自行车和拖拉机，驴车没有全面普及，并且到20世纪80年代基本被淘汰。20世纪70年代中旬，全嘎查只拥有4辆马车。20世纪70年代以后，自行车逐渐普及。20世纪80年代初，嘎查里曾拥有两辆拖拉机。

20世纪80年代初，巴音杭盖嘎查牧民开始购买摩托车，并逐渐代替马匹成为牧民的主要交通工具。目前，基本上每个牧户都有摩托车，放牧、串门、进城时都骑摩托车。

近几年，牧民开始购买柳州五菱汽车，目前全嘎查共有3辆。柳州五菱汽车的使用价值高、价格便宜、速度较快、省油，适合于山地草原的道路。牧民进城、装载生活用品、春季接羔等多用该车。

目前，巴音杭盖嘎查一户牧民家拥有两台客车、一台运输车。一辆客车在巴音珠日和（以前巴音杭盖嘎查所在地）与旗驻地百灵庙镇之间搞客运，另一辆在苏木驻地新宝力格和旗驻地百灵庙镇之间搞客运。据车主讲，客运收入较为可观，而且对嘎查牧民的外出提供了便利条件。

2. 出行习俗

蒙古族牧民在长期的游牧生产生活中形成了诸多与之相应的出行习俗，并世代传承下来。据调查，长期以来巴音杭盖嘎查牧民尤其年长者在日常生活中很讲究出行方面的一些传统习俗。

择吉日：牧民每当远行时首先择吉日。出行的当日，老人要进行萨察礼，祭祀天地，祈求保佑，口诵祝词，祝福他们一路顺风，平安回返。如果途中住宿，要把帐篷门朝向目的地。途中每次用餐时，都要进行萨察礼，祭祀天地山水，祈求路途吉祥安康。

出行禁忌：骑马或坐车去做客时，要在距居住地或栓马桩较远处下马或下车，忌讳在主人家跟前下马或下车；忌讳来者将马鞭、打狗棒等物带进屋内；忌讳踩门槛；蛇日是12个月里最不吉利的日子，所以禁忌蛇日出行；正月初七禁忌出行，正月初八禁忌返回；出行之前禁忌跟别人拌嘴或吵架，否则办事无成；在野外住宿，忌讳头面向山；禁忌堵塞大家出行的大路；套车的马和乘骑的马不能混用，尤其是赛马绝对不能用于套车；冬至禁忌出行，因旧时死刑犯常于冬至日处决，称“赶冬至”。

目前，由于牧民传统生产生活方式的变迁以及民族传统文化的消失，上述诸多习俗在牧民的日常生活中渐渐淡化，尤其年轻人不太讲究这些习俗了。

3. 出行消费

改革开放以来，巴音杭盖嘎查牧民与外界的联系日益密切。牧民在购买摩托车、汽车等现代交通工具的同时，出行消费也逐年增加（见表5－4）。

表5－4　巴音杭盖嘎查典型11户牧民购买交通工具和出行消费情况

序号	摩托车			汽车或班车			三轮或四轮车			年均交通费用（元）
	有/无	购期（年）	价格（元）	有/无	购期（年）	价格（元）	有/无	购期（年）	价格（元）	
1	√	1989	1000	×	—	—	√	2008	5000	1000
2	√	1987	4000	×	—	—	×	—	—	1000
3	√	1993	3000	×	—	—	×	—	—	2000
4	√	1997	2000	×	—	—	×	—	—	300
5	√	1983	1200	×	—	—	×	—	—	3000
6	√	1993	1000	×	—	—	×	—	—	300
7	√	2004	5000	×	—	—	×	—	—	500
8	√	1999	4000	√	2008	9000	√	2002	3000	2000
9	√	1987	6000	√	2008	13000	×	—	—	300
10	√	1986	1200	×	—	—	×	—	—	2000
11	√	2005	4100	×	—	—	×	—	—	3000

注：“√”表示有；“×”表示无。

资料来源：根据“住户基本情况调查表”统计。

据表5－4可知，巴音杭盖嘎查11户牧民年均交通费用总额为15400元左右，平均每户为1300元左右，而每户牧民均拥有摩托车，且购买费用几乎都高于每户牧民的年均交通费，这说明摩托车在牧民的出行方式和出行消费中占主导地位。

第三节　传统节日

蒙古族牧民在长期的游牧生产生活中形成了独具特色的传统节日，并长期传承下来，成为民族传统文化的重要组成部分。据调查，巴音杭盖嘎查牧民的传统节日有祭火节、除夕、春节、清明节、那达慕等。

一　祭火节

祭火节也称祭火神，每年农历腊月二十三日傍晚，牧民要举行祭火仪式，民间称之为“过小年”。蒙古族传统观念认为，火代表着光明与圣洁，而火神通向天神，并保佑人们。因此，为了得到火神的保佑，腊月二十三日夜幕降临之际人们开始祭火。

在祭火当天，要打扫房屋，称“扫尘”，并准备好祭品，祭火的主要祭品是羊胸。当日把羊胸煮好后，用刀割开肉和骨，然后，在骨头上系好五种颜色的布料和线。到祭火时辰时，把羊胸的骨头与黄油、红枣、糖果、酒等食品的“德吉”一起放入火中，然后，全家成员磕头拜火，唱祭灶词，祈求火神保佑全家安康快乐。在奶桶里放入羊胸肉、四根最长的肋骨和肩胛骨后，拿进内屋祭佛三天。如果没有佛像的话，就把奶桶的肉放在柜上，祭火神三天。祭火仪式由男主人主持。

二　除夕

除夕也称腊月三十日或“毕特翁”。到除夕时，过年的准备工作就绪，开始准备除夕的食品。除夕的傍晚，牧民首先祭祀祖先和神灵佛祖，然后吃团圆饭。团圆饭中必须有蒙古包子，以表达团团圆圆的心愿。天黑时点着灯火，一宿不灭，有条件的牧民在牛羊圈都点亮着灯。

为辞旧迎新，除夕之夜有不眠的习俗，牧民认为除夕之夜不睡觉，在新的一年中就会更加清醒、更加聪明。主妇要摆放装满奶食品、果条、红枣等的奶食盘，以便过年期间给拜年的人品尝。

三　春节

农历正月，蒙古语称作“查干萨日”，即“白月”的意思。正月初一，天亮之前牧民就开始熬茶、煮肉、做“阿木斯”等，“阿木斯”是专门敬献火神或拜天用的食物。正月初一拂晓时，牧民首先叩拜天神，然后迎接火神，向火神祭洒奶酒、奶食品等祭品。之后，向家里的长者敬献哈达，行叩拜礼，长者用吉祥的语言祝福子孙后代。家中的拜年礼结束后，则要从邻近的年长者家开始拜年，之后才拜其他亲戚朋友。拜年时，牧民都穿着鲜艳的新蒙古袍。

随着时代的变迁，巴音杭盖嘎查牧民的拜年礼仪形式和内容有所变化。20 世纪 80 年代，春节拜年时必须拜全嘎查的每个牧户，不论是不是亲朋好友。目前，过春节时，亲戚朋友之间拜年就可。拜年的礼品也有所变化。20 世纪 80 年代，带一瓶酒就可以拜完每个牧户，因为，进屋后拜年人拿出酒倒在酒盅里磕头拜年，在临走的时候把该牧户的酒倒满在自己的酒瓶里，之后继续去拜其他牧户。目前，拜年时必须带上或多或少的礼品，如酒、罐头、点心、绸缎、布料等。拜年人不能空手出门，要品尝该牧户的饺子、肉食、奶食和糖果等，一般情况下牧户会给孩子糖果之类的食物，有时候还会给压岁钱。

四　清明节

蒙古族在清明节到祖先墓地上坟习俗的形成与其定居生活的形成有关。因为，在游牧时期蒙古族没有固定的墓地，丧葬习俗为野葬。定居以后，才有了清明节到祖先的墓地上坟、扫墓、祭祀的习俗。

巴音杭盖嘎查牧民也有清明节上坟、扫墓、祭祀的习俗。有祖坟的牧民，在祖坟上填土或修复，并且焚烧饮食的“德吉”，之后给祖先磕头祭拜。没有祖先坟墓的话，在火葬的地方点篝火，把带来的饮食“德吉”给祖先焚烧。

五　那达慕

那达慕，意指娱乐，是蒙古族在长期的游牧生活中创造和流传下来的具有独特民族色彩的竞技体育活动，也是蒙古族传统大型节日。蒙古族传统那达慕一般在水草丰美、牛羊肥壮的7~8月间举行，是为了庆祝畜牧业丰收。同时，每逢祭祀敖包、活佛坐床等活动时，也要举行那达慕。传统的那达慕主要举行博克（见图5-13）、赛马、射箭等传统体育竞技比赛。现在，那达慕已成为草原牧民大型集会庆典活动，除举行博克、赛马、射箭等传统体育竞技比赛之外，还增加了掷布鲁、下蒙古象棋、举办文艺演出、进行物资交流等多项活动。

据访谈，在 20 世纪 80 年代以前，达茂旗牧区的苏木每隔 3～4 年会举行一次那达慕，但以后苏木举办那达慕的情况逐渐减少。随着经济社会的发展，近几年达茂旗旗政府每年在秋季组织举行全旗那达慕大会。巴音杭盖嘎查牧民经常参加哈布图・哈萨尔祭奠、邻近苏木或嘎查里祭祀敖包时举行的那达慕，并在摔跤、赛马项目上曾取得过好成绩。目前，该嘎查善于摔跤的有毕力格图和浩毕斯哈拉图两位牧民，毕力格图曾经在敖包祭祀那达慕上获得过冠军。

图 5－13　传统娱乐活动——博克

第四节　传统祭祀

据调查，巴音杭盖嘎查牧民经常参与的传统祭祀活动主要有哈布图・哈萨尔祭奠、敖包祭祀等。

一　哈布图·哈萨尔祭奠

哈布图·哈萨尔祭奠历史悠久，庄严而神圣，是蒙古族传统祭祀习俗中具有重要影响的祭祀活动。

哈布图·哈萨尔祭奠堂位于达茂旗明安镇境内的哈日查干稍荣山深处，距巴音杭盖嘎查西南 15 公里处。

根据史料记载，哈布图·哈萨尔是尼伦蒙古乞颜部的领袖孛儿只斤·也速该巴特尔的次子，是一代天骄成吉思汗（铁木真）的胞弟，生于 1165 年，卒于 1213 年。哈布图·哈萨尔身材高大魁梧，从小练就一身好武力。射箭是他最擅长的技艺，使得硬弓，百发百中，哈布图·哈萨尔以其精湛的箭法名扬天下。他从小跟随其兄铁木真，为蒙古族的强盛与蒙古大帝国的建立立下了不朽的功勋，是蒙古历史上杰出的政治家和军事家。

1206 年，成吉思汗统一蒙古高原，建立蒙古大帝国后，实行千户制，分别赐予其黄金家族成员及诸位众臣土地、庶民。成吉思汗把以呼伦湖周围及额尔古纳河、海拉尔河流域为领地的四千户居民分封给哈布图·哈萨尔，后发展成为 8 个部落，其中包括原哲里木盟的科尔沁十旗及阿鲁科尔沁旗、乌拉特三旗、四子王旗一旗、茂明安二旗在内的 17 个旗的祖先。

茂明安部落一直有着定期祭奠其祖先哈布图·哈萨尔的传统习惯。1633 年，茂明安部落部长车根与其叔父固穆巴特鲁率所部归降后金（后来的清朝）时，就把哈布图·哈萨尔的祭奠“欧日嘎”（堂）随部迁移到章京南边（今包头郊区），后来随着清朝政府放垦盟旗牧场，哈布图·哈萨尔祭奠“欧日嘎”也向北一迁再迁，其在“文化大革命”

中遭到了毁灭性的破坏。

党的十一届三中全会后，达茂旗党政领导根据广大人民的强烈要求，决定在哈布图·哈萨尔祭奠“欧日嘎”的旧址上修建祭奠堂（见图5－14）。现在每逢祭奠，本旗和周边旗县（乌拉特前旗、乌拉特中旗、乌拉特后旗、乌兰察布四子王旗）的哈布图·哈萨尔的后裔及蒙古族牧民，不辞辛苦，带着供品，前来参加祭奠活动，以缅怀自己祖先的丰功伟绩，用哈布图·哈萨尔的精神激励后人为振兴自己的民族而努力奋斗。巴音杭盖嘎查牧民们也非常积极地参与祭奠活动。

图5－14　哈布图·哈萨尔祭奠堂

祭奠的“希图根”物（供物）：祭奠堂为“宝日平欧日嘎”，原来是5个“哈那”的纯白色蒙古包。蒙古包的周毡是由无杂色和印记的羊毛制作的，但它与我们常见的蒙古包有所不同，它没有扣绳、箍带，称无扣绳、箍带的纯白色蒙古包。蒙古包的天窗上有黄色的金顶，包前的平石上放着铁香炉，平石旁叠放着已旧的围毡。“欧日嘎”左面丘陵上扣着原茂明安旗4个苏木煮“秀斯”用的4口大铁锅，每当举行祭奠仪式时，在此处支起3块石头，架上铁锅煮“秀斯”。

“欧日嘎”内铺满洁白的毡子，5尺高的木制佛龛内悬挂着两幅画像，是在白布上用红色绘制的“愤怒的哈萨尔”和“慈祥的哈萨尔”。据说，此像是由美好哈萨尔心脏的鲜血绘制成的。哈萨尔的弓箭和箭囊悬挂在佛龛的右面。这两处的悬挂物便是哈布图·哈萨尔祭奠仪式的“希图根”物。

主“希图根”前摆着“卓思德尔和”（长期奉供的班零）、“其莫尔”（大麦面和黄油制成的供品，似油茶面）和8个供水银盅。在此下放着铜质香炉，“希图根”前垂悬着各种颜色的丝绸和哈达。

佛龛左侧的长木盒里装着五六十个黄铜佛灯碗，木盒上面放着用金粉书写的蒙文《圣主成吉思汗的祭奠经》和《成吉思汗黄金家族世谱》。“欧日嘎”的东南和西南角各摆着盛祭品“秀斯”用的两个大木盘。当黄教在蒙古地区盛行后，祭奠仪式也开始请两位喇嘛诵经，因此，在佛龛的两边增设了喇嘛坐的两把椅子。

据调查，现在的哈布图·哈萨尔祭奠活动，每年要举行五次，分别是农历二月二十七日、五月二十七日、七月二十七日、十月二十七日和除夕，其中五月和十月的两次为大型祭奠，二月和七月的两次为小祭奠。

主持哈布图·哈萨尔祭奠活动的人是固定的，称为“呼呼格”。他必须是哈布图·哈萨尔的直系后裔，由他专门负责筹集祭奠活动所需要的供品及灯油，供奉用的“秀斯”由各苏木轮流摊派。

祭奠方式：把羊的左前腿褪了毛，同下颌、口条、喉咙、五脏一起煮熟后供在哈萨尔的弓箭、箭囊前，这时有一个人拉满哈萨尔弓箭，坐在挂弓箭处。羊的其余部分剥皮后按关节、肢、背分解好，煮熟后盛在4个大木盘内供在哈萨尔的像前，称为“四桑”。

当“呼呼格”庄重地站在哈萨尔像前，宣布祭奠仪式开始时，众多的参与者在“欧日嘎”前铺展大襟跪下祈祷。紧接着，诵经喇嘛颂赞成吉思汗桑、哈日苏力德桑、那木德格桑和道尔吉召都巴桑，“呼呼格”牵来一匹视为哈萨尔坐骑的白马，喇嘛给他诵经、颂赞，洒圣水洗礼，系上绸带后放走，让他自由地奔驰在茂明安草原上。其后，“呼呼格”根据扎萨克的谕旨向哈萨尔像祈祷，祈祷圣主哈萨尔保佑其居民平安吉祥，主要诉说当前全旗面临的问题、任务，祈求哈萨尔给予恩德（见图5－15）。一般情况下的祈祷词是：

英勇的圣主，
请您把众民
拥在宽襟下，
言在宽宏之中，
闻在您的万聪中，
看在您的千目里。
保佑我们永远
前程无量，
所向披靡，
安居乐业吧！

图 5-15 哈布图·哈萨尔祭奠仪式——祭拜

祈祷完毕，接着“呼呼格”跪在哈萨尔像前诉说“柱拉格”：

苍天的太阳，
尊于父母双手！
有魁梧的身板，
善良的心灵，
尊贵的玉体，
敏捷的记忆，
屈膝下跪，
低下俾着，
再听首！

诉说结束后，“呼呼格”提议：“请诸官臣们举杯！”随后当“呼呼格”宣布“请诸位品尝‘秀斯’”时，诸位举起前面的木盅酒敬向天空。“宝日其”进入“欧日嘎”，将“秀斯”分解开，端出屋外，直接递到每一位朝拜者手中或扔到其衣襟上。吃“秀斯”时从不用刀，而是用手剥或用牙啃着吃。整个仪式结束时，“呼呼格”宣布：“请上马追赶，碰马!”这时一位男士骑上匹好马（扮作敌方）奔驰而去，“呼呼格”骑上白马从其后追赶，如果赶上，就碰其马镫、抽打其坐骑后凯旋；如果没有赶上，就返回来，但这种情况一般视为不吉利，是不被赞成的。

除夕之夜，“呼呼格”在家里把祭奠的“秀斯”煮好拿来祭供。正月十几日的吉日，诵经喇嘛来献牛奶，除夕之夜的祭奠也宣告结束。

祭奠仪式的戒律：据当地牧民说，哈布图·哈萨尔的祭奠仪式是一种非常神圣而严肃的祭奠活动，所以非常讲究洁净。妇女、刑期未满的罪犯、白天以内的非洁身者、家里有人去世或有坐月子不足百天的人家的男人不准参加祭奠仪式。

哈布图·哈萨尔祭奠仪式如此严格的戒律，给这传统祭奠活动披上了一层神秘的色彩，多了许多传说。如果鸟从“欧日嘎”的上空飞过就会当即摔死；牛用角蹭“欧日嘎”时，牛角就会自然断落；有些不守戒律的人参加完祭奠仪式，或疯或得重病的事时有发生。

五月和十月的大型祭奠活动结束后，有时要举行小规模的那达慕，进行赛马、摔跤、射箭等传统体育竞技比赛。2010 年五月二十七日（农历），课题组在巴音杭盖嘎查进行实地调查时，亲临了哈布图·哈萨尔祭奠仪式和小规模那达慕的全过程。

二 敖包祭祀

祭敖包是蒙古族古老祭祀习俗之一。“敖包”汉语为

“堆”的意思。蒙古人认为世间的山水、草木都有神灵，因此为了表达对万物神灵的崇拜和感恩，在高山丘陵、森林莽原、江河溪流等处对垒敖包进行祭祀。用石块、泥土或树木枝叶搭建，造型一般为一层圆锥形实心塔，也有在石台基上再对垒二层或三层重叠圆锥形实心塔的。敖包顶端插旗杆，从上挂下数条经旗。旗杆周围插大量树枝，树枝上挂哈达。

祭敖包原是蒙古族萨满教的祭祀活动之一，喇嘛教传入以后，祭祀活动逐渐由喇嘛主持。有盟、旗、苏木敖包，也有部落、氏族和家族敖包，并都有固定的祭祀日期和特定的祭祀供品。每当举行敖包祭祀时，都在敖包前摆放全羊、奶食、圣酒等供品，牧民们围跪在敖包前，祈盼甘露，祈求降福，保佑人畜两旺，之后，顺时针方向绕行敖包三圈。祭祀仪式结束后，举行传统的赛马、摔跤、射箭等活动。

改革开放以后，祭祀敖包的活动在蒙古草原逐渐恢复，并成为蒙古族最为隆重的祭祀活动之一。据调查，巴音杭盖嘎查牧民一直保持着祭祀敖包的传统习俗。目前嘎查境内有三个敖包，分别是敖日格勒敖包（见图 5－16）、满都拉敖包、朝日格图敖包。每年农历五月十三日是祭祀敖包传承已久的大型祭日，整个祭祀仪式依然按照传统习俗进行。祭祀敖包一般由几家牧户共同完成。

敖日格勒敖包距巴音杭盖嘎查委员会所在地西南 2 公里处，满都拉敖包距嘎查委员会所在地往西 11 公里处。这两座敖包每年都进行两种祭祀仪式：一种是红食祭祀，是指杀羊祭祀；另一种是白食祭祀，是指用奶食品祭祀。红食祭祀和白食祭祀的牧户每年轮流进行，也就是说今年用红食祭祀敖包的牧户，第二年用白食祭祀敖包。用红食祭祀敖包的牧户三年轮上一次。朝日格图敖包距嘎查委员会所在地西南6公里处，这座敖包每年都必须用白食祭祀。

祭祀的前一天，敖包主人对敖包进行全面装饰，将象征敖包魂魄的“苏鲁锭”、敖包顶上的鲜树枝、五彩拉链等装饰全部更新，并在敖包上插满“阿日查”。祭祀当天，参加祭祀敖包的牧民扶老携幼，从四面八方赶来。主祭者献完萨察礼后，其他祭祀者把带来的肉食和奶食品等供品摆放在祭祀台上，并在彩色拉链上拴上憧憬美好吉祥的哈达，意味着向敖包神灵报到。

祭祀仪式开始后，喇嘛诵经，祈求天地神保佑人间风调雨顺、人畜两旺、福满人间。此刻，牧民们举起手中的供品，顺时针方向摇晃，并齐声高呼“呼瑞艾”。喇嘛诵完经后，敖包祭祀者顺时针方向绕行敖包三圈并磕头。

祭祀仪式结束后，祭祀的牧民开始分享祭祀敖包的肉食、酒水和奶茶。主祭者请大家欢聚一堂，杀牛宰羊，彻夜狂欢。

图5-16　巴音杭盖嘎查敖日格勒敖包

第五节 人生礼俗

人生礼俗是人生各个阶段通常要举行的仪式、礼节以及由此形成的习俗，是民俗生活中不可或缺的组成部分。据调查，巴音杭盖嘎查牧民在日常生活中很重视以下人生礼俗。

1. 求子习俗

年轻男女婚后两三年内不怀孕的话，就会举行求子礼仪。据牧民讲，通常有以下两种方式，一种是依靠科学的方法。如果不怀孕的话就去医院检查，在大夫的指导下吃药治疗。如该嘎查的一位牧民就在大夫的治疗下，摆脱了不孕的困境。另一种是相信迷信。据说，去往巴彦淖尔的路上有个叫“哈布其拉阿巴”的山崖，山崖上有很多洞穴，求子者把从家乡带来的石头放入洞穴里就能怀孕。有的牧民会找算命先生，择吉日向算命先生跪拜祈祷恩赐儿女，算命先生根据求子者的手心，讲述不怀孕的缘故以及该注意的事项等。有的牧民祭拜苍天大地、寺庙，以祈祷恩赐儿女。

2. 怀孕及生子习俗

怀孕蒙语称“达布呼拉”或“呼鲁浑都”等，意为已有身孕。据调查，20 世纪 60 年代的时候，盛行怀孕妇女不能长时间休息，必须参加劳动的习惯，这是为了容易临产。孕妇有很多禁忌，如不能进入河流和水井里、不能在河水或井边洗澡洗衣、不能喝酒、不能吃凉食等。

20 世纪 90 年代以后，巴音杭盖嘎查牧民临产基本上都去医院。之前，几乎都在自己家临产。在家临产时请来

“别日嘎其”[①]，“别日嘎其”有男有女，对生产有丰富的经验和知识。临产时，“别日嘎其”根据孕妇的情况用手掌摸孕妇的肚子或腰部，这样会容易生产。生产后，把胎盘收藏，把脐带包在红绸里收藏。妇女生产后在外面挂红布，表明此家的妻子已生产，外人不能乱串门或吵闹。

3. 寿礼

寿礼是蒙古族敬重老人的习俗之一。蒙古族谚语说：“尊敬德高的人，敬爱年老的人。”据牧民讲，巴音杭盖嘎查牧民到73岁和81岁时才举行规模较大的祝寿礼；61岁时举行小型的祝寿礼，只是亲戚们送礼祝福；13、25、27、49岁不举行祝寿礼。祝寿和过本命年一般在正月举行，也有的牧民另定吉日。祝寿的礼品较为贵重，主要有绸缎、点心、羊乌查、皮、棉、夹袄等，还有各种长袍和靴子等。20世纪80年代以后，祝寿礼金成为主要礼物。祝寿宴会隆重热烈，来宾都为老人斟满酒、献哈达、献礼品，祝老人幸福长寿。祝寿完毕，祝寿者不能空手返回，主家要回赠毛巾、荷包或给孩子食物、零用钱等。

4. 丧葬

蒙古族的丧葬习俗因地区不同形式也各不相同。巴音杭盖嘎查牧民的丧葬习俗除沿袭蒙古族传统的野葬、火葬的同时，也采用农区的土葬习俗。

野葬是将死者以白布或黄布裹身，或者穿着衣服，用牛车运到野外任意颠簸前行，直到遗体自然落在地上。三天后家人去探视，看遗体是否被野兽或老鹰之类吃掉。如果被吃掉了，便以为死者已归天堂；若未被吃掉，则认为

① 蒙古有些地区称“伊都根”或“德木其”。

死者生前有罪孽，要请喇嘛念经替他赎罪。

火葬是将死者的衣服脱去后用白布缠裹遗体，有的装入棺材，用车拉到野外后，用木柴、牛粪或羊砖搭成平台，将棺材和遗体置于其上，点燃燃料，将棺材和遗体一起焚烧。待全部燃烧后，将其骨灰收集在一个容器内，拿回庙里供奉或送五台山、塔尔寺再行安葬。因病死去的或自杀的年轻人的遗体，用火烧后都单独安葬在很远处的荒野上。幼儿死后，用竹席子或草包住后，放在人烟稀少处。

据牧民讲，目前巴音杭盖嘎查土生土长的蒙古族牧民一般都采用火葬，而嘎查的汉族人和外地来的蒙古族多采取土葬，如果常人因患传染病或车祸等其他原因而死去的话，则采取火葬。土葬的方法是将死者的遗体放入棺材，用车运到选定的墓地埋葬，墓地的具体位置和方向要让德高望重的老人选。葬礼的规模和葬品的数量由死者的人际关系和亲属关系来决定，人际关系和亲属关系广泛的话，葬礼的规模就很大，否则相反。20 世纪 80 年代后，巴音杭盖嘎查出现了一个新的现象——死者的家人要登记参加葬礼者带来的礼品数量和种类。

第六章　文教卫生与宗教信仰

第一节　文化

一　语言文字

蒙古语属于阿尔泰语系蒙古语族。由于蒙古族居住地域广、居住分散等原因，在长期的历史发展过程中，不同部族之间逐渐形成了不同的蒙古语方言。据调查，目前巴音杭盖嘎查牧民日常所用蒙古语接近察哈尔方言。牧民非常重视使用民族语言，在日常生活中都用蒙古语相互交流，表达流利、顺畅。同时，由于与汉族牧民的长期接触和交往，大部分牧民的汉语表达能力也很强。该嘎查不少汉族牧民也会说蒙古语。该嘎查牧民使用的汉语属陕北地区汉语方言，是山西、陕西等地汉族移民迁入本地区的缘故。

据调查，巴音杭盖嘎查大部分成年牧民只有小学文化程度，有些牧民甚至小学都没毕业。但由于在学校都接受过蒙语授课教育，所以大部分牧民都能读懂蒙古文文字，能用蒙古文书写日常生产生活方面的一些事宜。

表 6-1　巴音杭盖嘎查牧民语言文字表达和写作能力

问题	蒙语表达能力			汉语表达能力			蒙语写作能力			汉语写作能力		
答案	较好	很好	不好	较好	很好	不好	较好	很好	不好	较好	很好	不好
人数（人）	12	10	2	10	2	5	18	2	4	2	2	12
比例（%）	50	42	8	59	12	29	75	8	17	13	13	75

资料来源：根据问卷调查统计。

据表 6-1 可知，巴音杭盖嘎查牧民蒙汉语表达能力和蒙语写作能力较好以上者占 90% 左右，而汉语写作能力很差。这在一定程度上说明了牧民对本民族语言文字的使用和重视程度。

二　娱乐活动

1. 传统娱乐活动

巴音杭盖嘎查牧民的传统娱乐活动主要有赛马、摔跤、射箭、棋牌类、羊拐等。摔跤、赛马、射箭是蒙古族的传统竞技体育活动，蒙语称“额仁古日班那达慕”，意为男子三项竞技。据牧民讲，每当邻近苏木或嘎查举行那达慕时，巴音杭盖嘎查牧民都积极参与。新中国成立前后，该嘎查马群多，不少牧民的马经常在各种那达慕上取得好成绩。有时候，嘎查牧民之间也进行赛马比赛。20 世纪 80 年代以后，巴音杭盖嘎查牧民的马群逐渐减少，骑马或赛马的人自然就不多了。目前，只有饲养马匹的个别牧民才有条件参加赛马。

摔跤也是牧民最喜欢的娱乐活动之一。除了那达慕上参加摔跤比赛外，牧民平时也经常相互摔跤娱乐。牧民们休闲时候的娱乐活动没有比摔跤更有趣的了。

牧民的射箭活动平时并不多，只是在举行那达慕或祭奠仪式时才进行射箭比赛。

棋牌类有五子棋、跳棋、象棋等。据牧民讲，20 世纪 80 年代左右，巴音杭盖嘎查牧民经常玩蒙古象棋。目前，全嘎查基本没有会玩蒙古象棋的人。儿童娱乐主要有“沙嘎”①、玻璃球、毽子等。

2. 现代娱乐活动

巴音杭盖嘎查牧民的现代娱乐活动主要有看电视、听收音机、看书、打扑克、打麻将等。目前每个牧户都有彩色电视机或黑白电视，用卫星信号接收器的电视能接收 10～15 套节目。牧民普遍喜欢收看内蒙古蒙语卫视台，常收看的电视节目有新闻、牧业科普知识、民族歌舞、民族文化介绍等。因接收信号不好、电压不足等原因，有时牧民们无法收看完整的电视节目（见表 6－2）。

表 6－2　巴音杭盖嘎查牧民收看电视娱乐节目情况

是否喜欢看电视（单选）			不看电视的原因（单选）			喜欢看哪些节目或频道（多选）	
选　项	人数（人）	比例（%）	选　项	人数（人）	比例（%）	选　项	比例（%）
喜欢，经常看	89	42.8	节目没意思	30	14.4	新闻	71
						农牧科普知识	43
喜欢，不常看	119	57.2	信号不好，不清楚	60	28.8	本民族文化介绍	71
						民族歌舞	86
不喜欢，很少看	—	—	电压不足	118	56.7	电影、电视剧	29
						蒙文频道	86

资料来源：根据调查问卷统计。

① “沙嘎”：内蒙古有些地区还称“阿日嘎”，汉语称羊拐。

收音机普及的时间比较早，20 世纪 60 年代牧民开始购买收音机，随后收音机逐渐普及。白天收音机的信号比较弱，牧民多在晚上收听。收听的收音机节目主要以新闻、音乐、“乌力格尔”（蒙古族说唱）、牧区类节目为主。收音机安电池，所以电源比较稳定，随时随地都能收听，并且可以随身携带。

近几年，看报读书的牧民逐渐增多。有的牧民进城后购买蒙古族历史文化和饲养牲畜方面的杂志、刊物或书籍。大部分牧民家里收藏着蒙文版的《蒙古秘史》《红楼梦》《西游记》《三国演义》等书籍。

目前，麻将成为巴音杭盖嘎查牧民最受欢迎的娱乐之一，成年男女几乎都会玩儿。

3. 娱乐活动的消费

娱乐活动的消费包括购买各种娱乐用具、答礼费和年节费等。随着牧民生活条件的改善，娱乐消费也逐渐增长（见表 6－3、图 6－1）。

表 6－3 巴音杭盖嘎查典型 12 户牧民的年均娱乐消费情况

单位：元

户主	电视机和接收器		录音/收音机		教育费	答礼费	年节费	总金额
	购买年代	金额	购买年代	金额				
甘珠尔	1989	2000	1986	240	—	2000	2000	6240
阿拉腾巴雅尔	1988	2000	—	—	50000	4000	3000	59000
达来	2004	1250	—	—	6000	3000	5000	15250
米·照日格图	2005	650	—	—	25000	3000	2000	30650
恩格代	1987	1300	1983	650	—	5000	5000	11950
毕力格	2008	650	—	—	—	400	2000	3050
浩日老	1987	3900	1987	750	—	3000	2000	9650

续表

户　主	电视机和接收器		录音/收音机		教育费	答礼费	年节费	总金额
	购买年代	金　额	购买年代	金　额				
孟德巴图	1998	800	—	—	8000	500	1000	10300
照那斯图	1994	1500	—	—	—	5000	4500	11000
套格套	1988	1550	1986	80	—	3000	4500	9130
苏和巴特尔	1988	750	2008	150	—	2000	5000	7900
其木德	2003	1900	2003	80	1500	2000	3000	8480

资料来源：根据“住户基本情况调查表”整理。

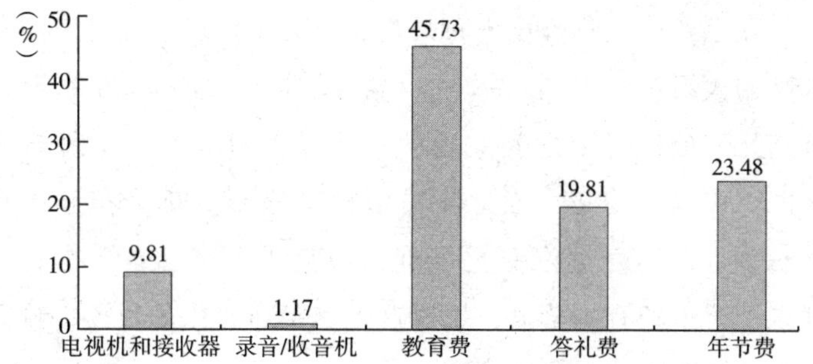

图 6－1　巴音杭盖嘎查牧民娱乐消费比例

据表 6－3 可知，巴音杭盖嘎查牧民的年均娱乐消费的总金额为 182600 元，每户牧民年均消费金额为 15216. 67 元。据图 6－1 可知，全嘎查牧民年均娱乐消费的比例分别为：电视机和接收器占 9. 81%，录音机或收音机占 1. 17%，教育费（上学）占 45. 73%，答礼费占 19. 81%，年节费为 23. 48%。

三　传说

巴音杭盖嘎查很早以来流传着一个叫“布赫布日杰”的传说。据牧民讲，从前，巴音杭盖嘎查有一位力大无比的博克手（摔跤手），他智勇双全、臂力惊人、移孝为忠。

他无论到哪里参加博克比赛，总是背着母亲和蒙古包走。他参加多次那达慕，从未被摔倒过。就这样布赫布日杰一辈子参加各地的那达慕，后来布赫布日杰带着他的母亲，背上蒙古包到了锡林郭勒盟乌珠穆沁，并在乌珠穆沁病死。他一生没有子女，所以他的遗体放在了荒野上。后人说他的尸体放在荒野之后，有一群狼在他的胸腔里打窝住了下来。这样一来，他留下的练习博克的石尊被后人供奉了起来，而且传说布赫布日杰的灵魂附在了乌珠穆沁草原上，因此乌珠穆沁草原上屡屡出现力大无比的博克手。

在巴音杭盖嘎查境内布丹高勒以北1公里远处有一座几米高的大石头（见图6-2）。据牧民讲，这座石头是布赫布日杰从别处搬过来立到此地的，而且他每天搬起这座石头来锻炼自己的力量。当地牧民都把这座石头称为布赫布日杰石头，以缅怀这位受人尊重的博克手。布赫布日杰石头往东1公里处有冬营盘，据说这是布赫布日杰的牧场，牧民把它称为布赫布日杰冬营盘。

图6-2　传说中的布赫布日杰石头

四　文物古迹

1. 汉长城遗址

位于达茂旗境内的汉长城遗址，其南端一道自武川县西南部的哈拉门独乡往西北进入武川县与固阳县交界处，出固阳县卜塔亥乡北的边墙壕村进入本旗乌兰忽洞乡的添力格图村，经西河乡政府驻地，营路村，明安镇的巴荣坤兑、敖包阿日、库伦、超勒根、本红和巴音杭盖嘎查的那日图、百胜等地进入巴彦淖尔市的乌拉特中旗城库伦苏木。通过达茂旗境内的总长度为98公里。

通过巴音杭盖嘎查那日图、百胜的汉长城遗址大约有15公里长。由于年代久远，自然破坏严重，大部分遗址只能见到高约2米的土圪塄。山里能见到较完整的石砌墙，高0.5~3米。

2. 岩画

达茂旗境内的低山丘陵地带，随处可见草原岩画，经有关专家的辨认约有千余幅。大都是在山丘顶部裸露的石崖上凿刻或磨制而成，每幅画面积大不过两平方米，小的只有尺把见方，笔画有手指般粗细，刻痕较浅，经多年的风蚀裂变，已模糊不清。因为这些岩画在乌兰察布草原深处，为了区别于阴山岩画和河套岩画，有关专家将其定名为“乌兰察布草原岩画”。

草原岩画内容丰富，天体形象有太阳、月亮、行星、飞行物；野生动物有狼、虎、豹、鹿、野羊、鹰、鸟等；家畜有牛、马、羊、骆驼及其蹄印等；生产工具有弓、箭、车等；还有人物形象、人物活动场面以及各种文字、符号、图腾等。这些岩画构思巧妙，题材多样。从表现风格看，有单独的人物、动物图画，也有群体活动的场面；有写实性的，也有写意性的，动静结合，远近搭配，形象生动逼真，生动而真实地反映了古代草原游牧狩猎民族的生产生活状况。

巴音杭盖嘎查境内乌兰温都尔、德力格尔花等地已发现几处岩画。德力格尔花岩画中有呈圆体形的载具，车轮为圆板实体（见图6－3）。

图6－3 巴音杭盖嘎查境内的岩画

3. 突厥石人墓

达茂旗境内已发现三座突厥石人墓，其中一座在巴音杭盖嘎查德力格尔花南约5公里处的平滩上。该墓呈西南、东北方向，长7米、宽3米，用青板石圈起来的长方形墓的东侧向阳处立着两个同样高的石头人，面目清晰，右手举在胸前，手中握有杯状物，腰系宽带，露出地面的身体部分高1.2米、胸宽0.35米。该墓已被盗，两个石头人目前存放在达茂旗草原文化宫（见图6－4）。

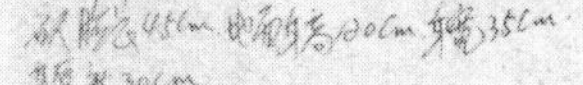

图 6－4　巴音杭盖嘎查境内被盗的突厥石人墓

4. 寺庙遗址

据史料记载，随着喇嘛教（佛教）的传入，在达茂旗境内先后兴建了 20 余座寺庙。除现有的百灵庙、席勒图召庙（也称希拉穆仁庙）外，大部分在“文化大革命”期间被毁。百灵庙每年农历正月十五日、六月十五日，席勒图召庙每年农历六月初四分别会举行大型庙会。

巴音杭盖嘎查境内的“宝日罕图山”（“宝日罕”，蒙语意为佛）下有一座叫宝日罕图庙的寺庙遗址，其是敖日格勒庙的续庙。据史料记载，敖日格勒庙为明安部部长车根之孙诺尔布于 1672 年在毕其根河北岸修建的。此庙于 19 世纪末屡遭破坏及土匪骚扰，于民国 13 年（1924 年）迁到宝日罕图，得以重建。因重建后的敖日格勒庙坐落在宝日罕图山下，所以敖日格勒庙又称为宝日罕图庙。宝日罕图庙在“文化大革命”期间被毁。据牧民讲，当时该庙有十多名喇嘛。1977 年，在宝日罕图庙原址附近修建了巴音杭盖嘎查小学。1981年，嘎查小学合并到巴音珠日和苏木小学后，这里曾一度成为巴音杭盖嘎查委员会所在地。宝日罕图庙地理位置独特，依山傍水、地势险峻（见图6-5）。

图6-5　巴音杭盖嘎查境内宝日罕图庙旧址

五　现代名人

巴音杭盖嘎查人杰地灵，优美的草原风光陶冶了牧民的情操，艰苦的牧业劳动造就了牧民坚强的意志。虽然自然条件严峻，生活艰苦，但这里的牧民热爱草原，热爱家乡，热爱生活，艰苦朴素，勤俭持家。这里涌现出艰苦创业的嘎查老领导毛闹海、女作家贺希格陶高、大学日语名师孟德巴雅尔、多才多艺的阿·敖特根巴雅尔、牧民诗人毕力格巴特尔等优秀牧民子女代表。

1. 嘎查老领导——毛闹海

毛闹海，男，蒙古族，1936年9月出生，中共党员，小学毕业，原籍为内蒙古自治区兴安盟科尔沁右翼中旗人。按照上级指示，达茂旗为成立牧区社于1958年从兴安盟科尔沁右翼中旗和扎赉特旗等地选拔部分人才到达茂旗工作，毛闹海踊跃报名并顺利通过选拔，于当年7月份来到达茂旗。在旗里学习一个多月后，毛闹海被分配到巴音杭盖嘎查，任嘎查会计，当时巴音杭盖嘎查刚刚成立。1962年，毛闹海任巴音杭盖嘎查主任（队长）职务。1966年加入中国共产党。1970年巴音杭盖嘎查党支部成立，毛闹海任党支部书记职务，1982年辞去嘎查党支部书记职务。

毛闹海是巴音杭盖嘎查成立以来的第一任嘎查会计、第一个嘎查党员，也是第一任嘎查党支部书记。作为巴音杭盖嘎查第一任党支部书记，毛闹海对嘎查党支部的创建做了很多开创性的工作。在他担任嘎查队长和嘎查党支部书记职务的20多年间，巴音杭盖嘎查畜牧业经济快速发展，牧民收入明显增长，成为苏木乃至旗里有名的牧业嘎查，曾多次荣获旗、苏木牧业生产先进嘎查称号。由于毛闹海一贯坚持原则、秉公办事、不计个人得失、一心为公，所以他深得牧民的拥护和上级组织部门的赞扬，多次被达茂旗旗委、旗政府选为先进工作者，并代表嘎查牧民多次参加内蒙古自治区、乌兰察布盟以及达茂旗先进代表大会，同时作为先进代表曾参观、考察乌兰察布盟各旗县及山西省大寨村等。1974年，内蒙古广播电台专题报道了毛闹海的先进事迹，说："毛闹海是一位在基层少有的好党员、好领导。团结群众，关心群众，能够及时解决群众生产生活方面的困难。"

毛闹海在多年的基层领导工作中养成了艰苦创业、任劳任怨的工作作风和谦虚谨慎、为人正派的人格魅力。虽然离开嘎查工作岗位多年，且已是70多岁的老人，但他仍然关注着嘎查的发展，关注着牧民的生活（见图6-6）。

图 6-6 毛闹海老人

2. 女作家——贺希格陶高

贺希格陶高，女，蒙古族，中共党员，大学本科学历。1950 年出生于包头市固阳县新建苏木磴口嘎查一户牧民之家，1956 年随父母迁居巴音杭盖嘎查。1958 年入达茂旗新宝力格苏木达尔加小学读书，1964 年以优异成绩考入达茂旗百灵庙中学。1967 年作为知识青年返回达茂旗巴音珠日和苏木巴音杭盖嘎查，先后当过牛倌、接羔员、翻译、保管员、赤脚医生、代课教员等。

1973 年考入内蒙古蒙文专科学校翻译专业，1975 年毕业后被分配到内蒙古文化厅《内蒙古文艺》（今内蒙古文联《花的原野》杂志社前身）编辑部工作。1984 年任内蒙古文联《世界文学译丛》编辑室主任。1992 年任《世界文学译丛》编辑部副主编。1997 年任《花的原野》杂志社和《世界文学译丛》编辑部副主编。贺希格陶高从事编辑工作 36 年以来，在《花的原野》及《世界文学译丛》两大文学刊物上编辑、翻译、审定、刊发了几千万字的稿件。同时，她还发现了一大批文学新人，在她审定、刊发的作品中，有几十篇优秀作品曾荣获全国少数民族文学创作“骏马奖”、内蒙古自治区“索龙嘎”奖及其他各类文学奖项。贺希格陶高曾被评为全国蒙文期刊功勋编辑并荣获“花的原野功勋编辑”金质奖章。

《花的原野》是国内创刊最早的蒙文文学期刊，是我国蒙古族作家成长的摇篮，也是我国蒙文文学繁荣发展的历史见证。新中国成立以来，《花的原野》多次荣获区内外优秀期刊奖。贺希格陶高在《花的原野》工作之余创作、翻译、撰写发表了《战争》、《叶，泪》、《爱的奉献》、《浅谈仁·斯琴朝克图诗作〈风中鸣唱的花瓣〉》、《来自远方的歌谣》、《一个家庭教师的回忆》、《年前年后》、《歇马山庄的两个女人》、《玉秀》、《褐色马》、《大迁徙》（长篇合译）等近百万字的文学作品，其中抒情长诗《我的宝力根山》、所译法国中篇小说《田原交响乐》分别荣获自治区文学创作“索龙嘎”奖及自治区社会科学翻译奖。

贺希格陶高的主要著作有《乌热尔图小说选》（与阿尔泰合译），1991 年由内蒙古人民出版社出版；《中国那达慕》（译著），1991 年由内蒙古大学出版社出版；《贺希格陶高诗选》（《女作家文选》），1993 年由内蒙古人民出版社出版；《益智的故事》（译著），1993 年由内蒙古教育出版社出版；《外国小说精品选》（与巴音那一同编译），1993 年由内蒙古文化出版社出版；《诗苑》（与乌云一同撰写），1996 年由内蒙古文化出版社出版；《蒙古星》（主编），2004 年由中央民族出版社出版；《鲁迅文学奖获奖作品选》（贺希格陶高等译），2009 年由内蒙古人民出版社出版；《中国教授闯纽约》（与阿尔泰合译），1996 年由《世界文学译丛》

（蒙古文）连载。另有《毕飞宇中篇小说选》（与巴图苏和合译），《孙慧芬中篇小说选》（与青巴图合译）二部著作，已交付内蒙古人民出版社。

贺希格陶高曾任《花的原野》编辑部名誉主编、编审，现任内蒙古文学翻译家协会副主席、中国少数民族作家学会会员，内蒙古作家协会会员等社会职务，享受正高级专业技术职称待遇，于2010年退休。

贺希格陶高虽然离开巴音杭盖嘎查多年，但她依然深深地热爱着这片草原，眷恋着她学步、成长的故土（见图6－7）。正如她在1997年发表的诗作《我的宝力根山》中抒写的那般：

我高大的宝力根山
是宛若驼峰般的小山
我低缓的宝力根山
是直插云霄的高山

当大地还是个孩童时
她如福祉之痣长于其身
我心中的宝力根山啊
你是拨云开雾的骄阳

白天
坡上的牛羊点缀着你
夜晚
满天的繁星衬托着你
我的宝力根山啊

你永不苍老
这是祖先留下的净土
这是心中永驻的神灵
纵然历经千秋万代
永远屹立长相依

图 6－7　贺希格陶高在家乡的宝力根山下

3. 大学日语名师——孟德巴雅尔

孟德巴雅尔，男，蒙古族，1957 年 1 月出生，大学本科学历，教授（见图 6－8）。1959 年他两周岁时跟随母亲来到巴音杭盖嘎查定居。1971 年在达茂旗巴音珠日和公社小学毕业。1976 年在达茂旗民族中学毕业。1976～1978 年在达茂旗满都拉小学任教。1978～1979 年就读于内蒙古师范大学蒙古语言文学系。1979～1983 年就读于吉林大学外文系。大学毕业至今在内蒙古师范大学工作，其间于 1984～1985 年在当时中国日语界享有声誉的北京语言学院“大平班”进修；1991～1993 年在日本鹿儿岛女子短期大学附属南九州地域研究所进修；1997 年及 2007 年在日本国际交流基金会日本语中心短期进修；1993～2003 年任内蒙古师范大学大学外语教研部日语教研室主任；2003 年至今任内蒙古师范大学外国语学院日语系主任。

图 6－8 在日本学习时的孟德巴雅尔

孟德巴雅尔从小就养成了爱学习、爱思考、爱钻研的良好习惯。他从青少年时期，在文学方面就已崭露头角。1972 年读初中时，他在《内蒙古日报》（蒙文版）上发表了处女作——题为《小树苗》的诗歌。1973 年在乌盟报社编辑出版的《作品选集》（蒙文版）第 30 期上发表了题为《骏马奔腾》的诗歌。1975 年写的诗歌作品《小小牧羊人》被内蒙古教育出版社转载于小学四年级语文课本上。1976 年与同学合著的儿童小说《那日图村的夜晚静悄悄》被收录到内蒙古人民出版社出版的儿童文学集《成长》一书中。1978 年在内蒙古青少年刊物《花蕾》杂志上发表了一首题为《爷爷的伤疤》的诗歌。

孟德巴雅尔于1979年以优异成绩通过内蒙古师范大学日语选拔考试，并被派遣到吉林大学外文系学习日语，成为当时内蒙古师范大学派遣区外大学学习培养的几名优秀大学生之一。在大学期间，他克服语言、生活环境不适等各方面的困难，努力学习，刻苦钻研，以优异成绩完成了4年的大学学业，回到内蒙古师范大学从事日语教学和研究工作。

任教20多年来，孟德巴雅尔一直在日语教学第一线辛勤工作，前后讲授过本科生的“日语语音”“日语书法”“日语视听说”“日语语法”“日本地理”“日本历史”“日语翻译”等主干课程。因其治学严谨，教学效果突出而得到了同行和学生的一致好评。在圆满完成繁忙的教学任务的同时，他还积极投入学院的师资队伍建设、教学改革和专业建设工作当中。在他的积极参与和努力下，内蒙古师范大学外国语学院日语系于2003年成功创建，并于当年开始招收首届日语专业学生。在孟德巴雅尔同志的带领下，目前日语系已成为师资力量强、教学和科研工作突出的具有凝聚力的教学集体，并顺利通过了教育部的教学评估。另外，他还在外国语学院蒙语授课日语教学的教师队伍和教材建设、多媒体课件制作等方面做出了开拓性工作。

孟德巴雅尔积极提倡和探索民族外语教学和蒙语授课日语教学的新思路，他的日语语法教学改革思路得到了内蒙古地区蒙语授课日语教师们的普遍赞同。

在繁忙的教学和管理工作之余，孟德巴雅尔同志积极开展学术研究工作，不断提高专业水平。曾参与和主持完成“蒙语授课日语教学研究”等校级以上多项科研项目，并在省级以上学术刊物上发表《论日语格助词和蒙语格附加成分之间的意义对应关系》《第二语言学习类型及其不同效果》《神的语言、鬼的语言、民族语言》《日本語の母音の発音指導における問題について》《论内蒙古族教育与民族语言》《关于蒙古语句子条件》《から格は奪格になり得るか——から／に同義文をめぐって》等多篇具有较高学术水平的科研论文，其中多篇论文荣获内蒙古自治区民族教育科研成果三等奖、内蒙古师范大学社科二等奖等。他在全国性日语教学会和国际研讨会上宣读过的论文《调整现代日语语法活用表的设想》引起了日语语法界的关注和兴趣，该论文被收录在《日本语教育与日本学研究——第五届大学日语教育国际研讨会论文集》（华东理工大学出版社，2010 年 11 月）中。同时，他还积极投入教材建设工作，参与、主持编写了《大学日语读解》《大学日语疑难辨析》等专著。

孟德巴雅尔从不追求个人名利，而以治学严谨、辛勤工作、敢于探索的精神以及为人正派、公平、公正的优良品德得到了广大师生的普遍拥戴和充分肯定，曾荣获“内蒙古师范大学教学评估先进个人”“内蒙古师范大学学习使用蒙古语文先进个人”等称号。

孟德巴雅尔在工作之余经常回去探望巴音杭盖嘎查的父老乡亲，他对家乡有着特别深厚的感情。他说：“我在这片草原上度过了无忧无虑的童年。家乡的山山水水，一草一木，优美的风光，安详宁静的生活环境，和谐友好的邻里关系，包括时而艰苦的牧业劳动，冬季的寒冷和暴风雪，夏季的炎热和干旱等严峻的自然条件，这一切都陶冶了我的情操，锻炼了我的意志，提升了我的人格，激活了我的灵感，使我对人生、社会、大自然有所感悟，有所发现，有所思考。我成长的这片土地，对我来说是一本厚厚的书，它可能是一部情节动人的长篇小说，也许是一组韵律优美的诗歌或散文，或许是一部悲壮恢宏的史诗。总之它对我来说是一部永远也读不完的巨著，它仿佛时刻向我提醒着：你会不会读我？你将怎样读我？”

4. 多才多艺的阿·敖特根巴雅尔

阿·敖特根巴雅尔，男，蒙古族，1974 年 12 月出生，原籍为巴音杭盖嘎查人。1996 年乌兰察布蒙古族师范学校毕业，当年回巴音珠日和苏木小学任教。在 12 年的教学工作中，他因教学成绩突出，多次荣获嘉奖。如 1996 年荣获达茂旗青年教师教学技能比赛一等奖，2001 年荣获内蒙古自治区新课程改革教学技能大赛一等奖，2001 年荣获包头市蒙古语文教学能手，2002 年荣获包头市及达茂旗优秀课程带头人，2003 年荣获内蒙古自治区蒙古语文解读教学技能大赛二等奖，2005 年荣获包头市优秀班主任等。他是一名优秀的小学教师。

2008 年他被调到达茂旗民族事务局翻译科工作，在民族事务局工作以来，他参与规范达茂旗旗驻地百灵庙镇街道蒙汉语牌匾工作。在旗有关部门的支持下，他策划、组织并主持达茂旗首届马文化节、达茂旗首届白食文化节、达茂旗首届腊月二十三日祭火节、近三年的哈布图·哈萨尔祭奠活动等（见图 6－9），成为远近闻名的主持人。他针对哈布图·哈萨尔祭奠文化创作的《祈祷圣祖哈布图·哈萨尔》一曲荣获 2010 年内蒙古自治区呼麦大赛二等奖、包头市少数民族艺术节一等奖。达茂旗旗委、旗政府把阿·敖特根巴雅尔上报为哈布图·哈萨尔祭奠文化的传承人。

阿·敖特根巴雅尔在工作之余还参与达茂旗民间文学

征集工作，参与《达茂旗颂词》(2010 年由内蒙古人民出版社出版)、《包头市中小学学生作文集》的征集与编写等工作。他组织达茂旗多名诗人参加包头市民族事务局 2008 年以来每年举办的“阴山的回声”诗歌大赛，获得中外著名诗人的高度评价。2009 年他组织达茂旗蒙古族学生参加“艾不盖河的抒情”诗歌朗诵大赛。他被聘为包头市首届“阴山的吟咏”蒙古族学生诗歌朗诵大赛的特约评委。2009 年他荣获包头市学习使用蒙古语模范。

图 6-9 阿·敖特根巴雅尔在主持哈布图·哈萨尔祭奠仪式（前排左二）

阿·敖特根巴雅尔多才多艺，他不但在工作上成绩显著，而且也是一位诗人。他在中学时代就开始创作诗歌、散文等。阿·敖特根巴雅尔的诗歌充满激情和浪漫，洋溢着浓厚的草原游牧文化风味。自 1997 年在《辽阔的草原》上发表处女作《老鸟》（短篇小说）以来，在《花的原野》《鸿雁》等杂志上发表了 200 多篇诗歌、散文、小说，其中短篇小说《老鸟》被选录在由集宁市文联编写的《乌兰察布盟短篇小说集》里，短篇小说《爱的宿营》被选录在由包头市民族事务局编写出版的《鹿的家乡》里。短篇小说集《爱的营地》于2011年9月由内蒙古人民出版社出版。

作为牧民之子，阿·敖特根巴雅尔以出色的工作成绩和抒情奔放的创作，报答社会、报答家乡人民的养育之恩。

5. 牧民诗人——毕力格巴特尔

毕力格巴特尔，男，蒙古族，1972年8月生，中共党员。高中毕业后，回巴音杭盖嘎查当牧民。他从小酷爱文学，在读高中的时候，就在报纸杂志上开始发表诗歌、散文。自在《乌兰察布日报》上发表处女作《父亲的身影》以来，他先后在《花的原野》《鸿雁》《内蒙古青年》《巴音郭楞》等区内外报纸杂志上发表60余篇诗歌、散文，多篇诗歌被收录在《牧民诗歌丛书》《爱你》等诗歌专集里。

毕力格巴特尔从小生活在大草原上，草原赐予了他创作的灵感、抒发感情的舞台。他的诗歌热情、奔放、朴实，多以赞美草原、赞美牧民生活为题材，代表性的作品有《父亲的身影》《牧场——诗的摇篮》《等待你》《无影的心境》等。

毕力格巴特尔的诗歌深得牧民的喜爱和赞扬，在内蒙古自治区、乌兰察布盟以及包头市举办的诗歌比赛中多次荣获嘉奖（见图6－10）。如1994年举行的内蒙古自治区首届“美的韵律”电视大赛上荣获牧民组的优秀奖，1997年《内蒙古青年》杂志社举办的“热爱家乡”诗歌比赛上荣获优秀奖，包头市举办的首届“美的洋溢”电视诗歌大赛上荣获三等奖，包头市第二届“阴山的回声”电视诗歌大赛上荣获优秀奖，全国“长生天杯”诗歌大赛上荣获优秀奖等。2007年荣获内蒙古自治区学习使用蒙古语突出成绩三等奖。

毕力格巴特尔现任巴音杭盖嘎查党支部宣传委员兼嘎查委员职务。在繁忙的工作和生活之余，他依然坚持创作。

他说，他要用自已的诗歌赞美大草原，赞美牧民生活，报答家乡人民。

图 6-10　毕力格巴特尔在诗歌朗诵比赛现场

第二节　教育

一　传统家庭教育

蒙古族牧民非常重视家庭教育的传统，对子女从小严格教育。正如当地俗语所说“冬季的余寒直到春，老人的遗训传子孙”，“父亲的教导——黄金；母亲的嘱托——智慧”。牧民的家庭教育蕴含着丰富的内涵、深邃的哲理。据调查，巴音杭盖嘎查牧民传统家庭教育主要包括道德品质的教育、传统文化的教育和牧业知识的传授等内容。

1. 道德品质的教育

道德品质的教育是蒙古族传统家庭教育的重要内容之一。

牧民家庭教育中保留着尊老爱幼、讲究礼仪的传统美德。如不能撕啃吃肉；肩胛肉必须大家吃，不许独自吃；屋里不能吹口哨；不能快马闯进门口；河水里不能洗澡或洗衣物；春节拜见长辈或敬酒时必须戴帽子；节日礼宴、集会时，首先把尊贵的位置谦让给年长者。蒙古族谚语说："尊敬德高的人，敬爱年老的人，抬举思慧的人，躲开阴险的人。"牧民特别注重让孩子尊重父母和老师，要教会孩子"对喂乳汁的母亲，要敬爱；对教字母的老师，要尊重"。教育子女平时要爱整洁，说话要和气，不随便动人家的器具等。

2. 民族传统文化的教育

虽然牧民受教育的程度和文化程度普遍不高，但他们非常重视民族传统文化的保护和传承。牧民经常给子女们讲述有关民族历史文化方面的故事，教子女打谜语、讲小说、唱民歌。巴音杭盖嘎查 80% 以上的牧户家都储藏着有关民族历史和生活习俗方面的书籍。新中国成立前后，嘎查牧民会传授子女骑马、摔跤等方面的技能。

3. 牧业知识的传授

牧民在日常生产生活中给子女们传授有关畜牧业方面的知识，要求子女从小掌握对不同颜色、不同年龄、雌雄不同的牲畜的不同叫法以及不同牲畜的生长期、怀孕期、生产期等知识；为寻找失散的牲畜，常让子女从小就学会辨识方向；到 8 岁时教会子女骑马，到 12 岁时让子女学会套马鞍骑马；教会子女们如何宰杀牲畜、如何制作民族衣物以及食品等。据调查，该嘎查的牧民子女或多或少都会制作民族特色的饮食品。总之，牧民希望子女们成为牧业知识和经验丰富的后代。

二　学校教育

1. 义务教育

据调查，巴音杭盖嘎查小学于1977年在原嘎查委员会所在地宝日罕图寺庙的遗址上建造，总面积约500平方米。当年有20多名学生，每年招收10多名学生，有3个民办教师。1981年嘎查小学被合并到巴音珠日和苏木小学。

巴音珠日和苏木小学于1962年建立，第二年开始招生（见图6－11）。当时共有9个班级，其中有6个蒙班，3个汉班，蒙班招收学前班至小学五年级的学生。1984年和1985年学生人数最多，共有400多名。1996～2005年学生数量减少到100多名。2006年巴音珠日和苏木小学被撤销，当时有10多名学生，17个教师。按照上级要求，让10年以上教龄的教师退休，其余少数的老师安排工作。

据牧民阿拉腾苏和讲，她于1991～1997年曾经在巴音珠日和苏木小学任教。当时苏木学校的管理制度很严格，实施奖惩结合的多种措施。如对班内成绩排前三名的学生进行奖赏；如果全班同学的任意课程成绩在全旗排第一名的话，旗教育局会对任课教师发放50元的奖金；如果全班同学的任意课程成绩在全旗排最后一名的话，会对任课教师给予惩罚。当时代课教师（民办教师）每月工资60元，后来增长到150元。学校开设的课程有蒙语文、汉语文、数学、图画、体育、地理、自然等，这些教材都是旗教育局统一发放。

2006年撤销巴音珠日和苏木小学后，巴音杭盖嘎查的学生前往旗驻地百灵庙镇蒙古族小学就读。目前，受义务教育的学生共有12名，其中67%的学生在百灵庙镇就读，其他33%的学生在白云鄂博、集宁、固阳县等地就读（见表6－4）。

图 6－11　巴音珠日和苏木小学旧址

表 6－4　2009 年巴音杭盖嘎查受义务教育阶段学生名册

序　号	姓　名	性　别	民　族	就读学校
1	焦锦博	男	汉	白云铁矿二小
2	达楞太	男	蒙古	达茂旗二小
3	武志国	男	汉	白云铁矿二小
4	崔健	男	汉	达茂旗二小
5	崔明	女	汉	达茂旗二小
6	额日和图	男	蒙古	集宁汉小
7	乌恩都日木拉	女	蒙古	达茂旗蒙校
8	其达嘎	女	蒙古	达茂旗蒙校
9	巴亚力格	男	蒙古	达茂旗蒙校
10	乌日力嘎	女	蒙古	达茂旗蒙校
11	海日汗	男	蒙古	达茂旗蒙校
12	董娜	女	汉	固阳二中

资料来源：根据问卷调查统计。

个案6-1 义务教育

访谈者：常山

被访谈者：海日汗

时间：2010年7月5日

地点：百灵庙镇

海日汗，男，蒙古族，12岁，达茂旗蒙古族小学五年一班的学生。他家5口人从巴音杭盖嘎查搬迁到旗驻地百灵庙镇租房子生活。海日汗在班里担任了3年的值日长，学习成绩在班级处于中等以上水平。全班32名学生，其中男生20名，女生12名。

学校开设的课程有蒙语文、汉语文、英语、数学、体育、计算机、科学、音乐、图画以及摔跤、蒙古象棋等。学校在加强学生基础知识的同时，注重培养学生的独立思考能力、创新能力和实践能力。海日汗在小学三年级的时候参加学校组织的写作比赛，他的作品《小瓷猪》获得了10元钱的鼓励奖，并在《内蒙古青少年》杂志上发表。2009年的六一儿童节，学校举办运动会、歌咏比赛和相声比赛，海日汗获得了100米短跑比赛三等奖、合唱优秀奖和相声二等奖。2010年在学校组织的六一儿童节马头琴比赛中获得了二等奖。

海日汗一年的费用为：医疗保险费一学期50元；校服3年更换一次，价格为145元；买衣服一学期花200元左右；零花钱每学期600元左右。学杂费、书费等享受“三免一补”政策，如果住宿的话，学校每月补助100元。

2. 其他阶段的教育

目前，巴音杭盖嘎查高中阶段接受蒙语授课的学生大部分去包头蒙古族中学就读，每年有几名学生考上中等专业以上学校。据访谈，近几年巴音杭盖嘎查牧民子女的学历层次逐年提高（见表6－5）。按照达茂旗全面禁牧政策的有关规定，自2008年9月起，在校高中生享受免费教育（免学杂费、课本费）；在校专科生每人每年享受生活补贴2000元；在校本科生每人每年享受生活补贴5000元。这些政策措施很大程度上减轻了牧民的经济负担，对鼓励牧民子女继续学习深造起到了积极作用。据访谈，广大牧民对政府实施这些政策措施表示满意。

表6－5 2009年巴音杭盖嘎查高中及以上阶段学生名册

序 号	姓 名	性 别	民 族	就读学校
1	切立嘎	女	蒙古	包头蒙古族中学
2	浩日其楞	男	蒙古	包头蒙古族中学
3	乌日古勒	女	蒙古	奈曼旗蒙古族中学
4	董慧	女	汉	包头固阳县职高
5	曾艳龙	男	蒙古	沈阳技校
6	武丽鹃	女	汉	内蒙古卫校
7	苏龙嘎	女	蒙古	内蒙古商贸职业学院
8	阿如娜	女	蒙古	内蒙古附属医院卫校
9	孟根陶格其	女	蒙古	呼和浩特市职业学院
10	阿如娜	女	蒙古	内蒙古卫校
11	格日乐图雅	女	蒙古	内蒙古民族大学
12	布仁高娃	女	蒙古	北京邮电大学
13	哈斯塔娜	女	蒙古	内蒙古工业大学
14	阿拉德日图	男	蒙古	内蒙古大学
15	乌日汗	女	蒙古	内蒙古师范大学

资料来源：根据问卷调查统计。

据表6－5可知，2009年时，巴音杭盖嘎查高中以上在校学生大部分集中在呼和浩特市各类高校，此外在通辽、沈阳、北京等地高校在读的学生各一名。其中，中等专业学校的学生有4名，专科院校的学生有2名，本科院校的学生有5名。

个案6－2　高中教育

访谈者：常山

被访谈者：浩日其楞

时间：2010年7月7日

地点：巴音杭盖嘎查浩日其楞家

浩日其楞，男，蒙古族，20岁，包头蒙古族中学高三学生。全班学生43人，其中男生19人，女生24人。浩日其楞学的是文科，在高中阶段其学习成绩在全班排名一直在前十名左右，今年的高考成绩为405分。学校对学习成绩优秀的前三名学生实行奖赏制度，分别为一等奖300元，二等奖200元，三等奖100元。

学校每年十一放假之前都举办校运动会，浩日其楞曾经参加过校运动会的100米、400米、跳远、跳高等项目，并获得了好成绩。学校还每年举办一次诗歌朗诵比赛。

浩日其楞的住宿费和材料费每学期600元；伙食费、服装费和零花钱加起来每月700元；一学期的路费500元；班费一学期50元。学杂费、书费等享受“三免一补”政策。

三　牧民文化素质状况

据访谈，在改革开放以前，巴音杭盖嘎查牧民的生活水平普遍较低，加之当时重视教育程度不够等原因，很多牧民连小学都没毕业就辍学回家。目前全嘎查218人中，除了义务教育阶段的在校生12名，高中及以上阶段的在校生15名以外，大部分牧民都只有小学学历，甚至不少牧民连小学都没毕业（见表6-6）。

表6-6　2009年巴音杭盖嘎查25个牧民文化素质状况

	未上过学	小　学	初　中	高　中	专　科
人数（人）	5	10	3	5	2
比例（%）	20	40	12	20	8

资料来源：根据问卷调查统计。

据表6-6可知，进行问卷调查的25名成年牧民中，上过小学和未上过学的占60%。所以从目前的情况看，巴音杭盖嘎查成年牧民的受教育程度不高，文化素质普遍偏低。

随着生活水平的提高和整个社会对文化教育的重视，牧民重视文化教育的意识明显提高。据调查，巴音杭盖嘎查牧民在日常生活中通过电视、收音机、报纸杂志等，经常了解畜牧业生产和生活方面的知识，努力提高文化素养，尤其重视对子女的教育和成长。自从撤销巴音珠日和苏木小学后，牧民的子女只能到旗驻地百灵庙镇达茂旗蒙校就读，这给嘎查牧民的子女上学带来了一定的困难。因此，家里有学前教育或就读小学和初中的学生的牧民，就到百灵庙镇租房陪读。

四　牧民子女受教育面临的问题

按教育部“撤点并校”的改革指示，达茂旗于2006年撤销巴音珠日和苏木小学，这一措施对整合教育资源，提高教学质量方面，无疑起到了积极作用。但同时，对牧民义务教育阶段的子女上学带来了诸多不便和困难。因为，牧民的子女只能到旗驻地百灵庙镇等地上学，学前教育的孩子和上小学的学生必须由家人照管和陪读，这样不但上学路途远，而且明显增加了牧民的经济负担和劳动力负担。同时有些学生由于家人无法照管和陪读等原因，其身心健康发展遇到了很多不利因素。这些是目前巴音杭盖嘎查牧民子女在义务教育阶段面临的最突出的问题。

第三节　医疗卫生

一　合作医疗

据调查，达茂旗于2004年启动了合作医疗制度，2005年起全面实施，并成立了达茂旗合作医疗领导小组，下设合作医疗办公室，制定了《达茂联合旗新型农村牧区合作医疗工作实施方案》《达茂联合旗新型农村牧区合作医疗管理中心职责》等。合作医疗办公室人员深入各乡、苏木开展入户宣传动员、收费、登记、建档、发证等工作，新型合作医疗制度进入了具体实施阶段，全旗农牧民积极参加。到2005年底时，全旗农牧民参加合作医疗的人数达23326人。

巴音杭盖嘎查从2006年开始落实新型农村牧区合作医疗制度，广大牧民积极响应，参加合作医疗的牧民达到100%（见表6－7）。按照规定，参加合作医疗的牧民每人每年交70元，其中牧民自付20元，剩余的50元分别由达茂旗、包头市、内蒙古自治区承担。2009年1月开始，牧民自付的合作医疗费增长到30元。

表 6－7　2009 年巴音杭盖嘎查新型农村牧区合作医疗制度实施情况

参加新型合作医疗的人数			牧民对新型合作医疗的态度	
选　项	人　数（人）	比　例（%）	选　项	比　例（%）
实行了	218	100	很好，很欢迎	57
没有实行	0	0	制度好，但不知道是否能享受到	43
不清楚	0	0	交的钱多，承担不了	0
其他	0	0	其他	0

资料来源：根据问卷调查统计。

据表 6－7 可知，巴音杭盖嘎查牧民不但全部参加了新型农村牧区合作医疗，而且对这一制度的实施表示非常满意。这说明新型农村牧区合作医疗制度得到了农牧民的普遍欢迎，一定程度上解决了农牧民看病难的问题。

二　常见疾病

据问卷调查，巴音杭盖嘎查牧民的常见疾病有关节炎、慢性气管炎和高血压等，而且这些疾病患者大部分为 50 岁以上的牧民。这与牧区寒冷、潮湿的生活环境和传统饮食习惯有关。

据图 6－12，关节炎患者占 36.06%，高血压患者占 26.92%，其他疾病患者占 17.79%，无病者占 19.23%。由此看来，巴音杭盖嘎查牧民的健康状况不容乐观，中年以上的大部分牧民被关节炎、高血压、气管炎等顽疾困扰。因关节炎、高血压等疾病需要常年吃药，且不在医疗保险范围内，所以患有这些顽疾的牧民面临的看病难、治病难的问题依然无法得到有效解决。

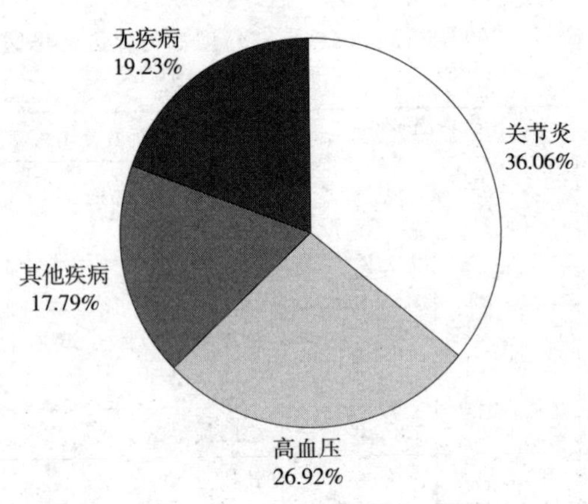

图 6-12　巴音杭盖嘎查牧民健康情况

资料来源：根据问卷调查统计绘制。

三　就医

巴音杭盖嘎查一直没有卫生所等小型医疗机构，牧民治病就医条件很差。巴音珠日和苏木卫生院于 1983 年建成，但由于设施简陋、技术落后、药物不全等原因，卫生院只能治疗感冒、发烧等常见疾病。所以，巴音杭盖嘎查牧民患重病必须到白云鄂博矿区或旗驻地百灵庙镇治疗，有时甚至要到包头市或呼和浩特市等大城市治疗。目前虽然交通方便，合作医疗制度较健全，但牧民治病就医方面的困难仍然很多。

四　计划生育

据调查，自 20 世纪 70 年代实施计划生育政策以来，巴音杭盖嘎查牧民就积极响应政策，自觉遵守计划生育政策的人越来越多，少生、优生的生育观念明显提高（见表 6-8、表 6-9）。

表 6－8　巴音杭盖嘎查牧民实施计划生育后的生育情况

单位：户

时　期	1 个孩子的牧户	2 个孩子的牧户	3 个孩子的牧户	4 个孩子的牧户	5 个孩子的牧户
20 世纪 70 年代	2	2	4	0	0
20 世纪 80 年代	5	8	4	3	1
20 世纪 90 年代	6	7	1	0	0
2000～2010 年	8	0	0	0	0

资料来源：根据问卷调查统计。

据表 6－8 可知，自 20 世纪 70 年代实施计划生育政策以后，巴音杭盖嘎查一个或两个孩子的牧户逐渐增多；相反，两个以上孩子的牧户逐渐减少。

表 6－9　2010 年巴音杭盖嘎查牧民生育观念调查情况

单位：人

观　念	同　意	不同意	说不清	缺　项
少生孩子，家庭才能致富	5	0	2	0
少生孩子，母亲身体更健康	5	0	2	0
孩子多，老了后有依靠	4	0	3	0
生多生少，应该听天由命	3	1	3	0
目前计划生育，对妇女不好	2	0	5	0

资料来源：根据问卷调查统计。

据表 6－9 可知，巴音杭盖嘎查牧民的生育观念与过去“多子多福”的传统观念相比已发生了明显的变化，认为少生孩子对家庭和母亲身体更有利的人越来越多。这说明牧民在现实生活中已感受到了少生、优生政策的好处。

五　生育状况

据调查，自 2000 年 4 月至 2008 年 8 月巴音杭盖嘎查的婴儿出生情况如表6－10年所示。

表6－10 2000年4月至2008年8月巴音杭盖嘎查出生婴儿情况

户　号	出生年月	性　别	民　族	计划生育内/外	是否存活
1	2000年4月	男	汉	内	存活
2	2000年12月	女	蒙古	内	存活
3	2001年11月	男	汉	内	存活
4	2002年10月	男	蒙古	内	存活
5	2004年1月	男	汉	内	存活
6	2004年9月	男	蒙古	内	存活
7	2005年1月	男	蒙古	内	存活
8	2008年8月	女	蒙古	内	存活
合　计	—	6男2女	5蒙古3汉	—	—

资料来源：根据问卷调查统计。

据表6－10可知，自2000年4月至2008年8月，巴音杭盖嘎查共出生婴儿8个，其中6个男孩，2个女孩，全部存活，且都在计划生育以内。这说明巴音杭盖嘎查牧民落实计划生育政策及妇幼保健工作很到位。但是，出生婴儿的男女性别比例出现失调现象。

据访谈，这些已婚产妇年龄大部分集中在20～25岁，总体上处于晚婚晚育的年龄阶段。

第四节　宗教信仰

一　民间崇拜

据调查，巴音杭盖嘎查牧民的民间信仰主要有火崇拜、天崇拜、祖先崇拜等。火崇拜是在每年腊月二十三日傍晚举行，崇拜仪式和内容与前文所述祭火节仪式相同。

天崇拜是蒙古族古老的自然崇拜习俗之一，巴音杭盖嘎查牧民仍然传承着这一古老的传统习俗。每年正月初一黎明前，从家向南几十米处点旺篝火敬献食品的“德吉”，并且全家人向四面八方磕头，祈祷上天保佑人畜两旺、平安幸福。平时饮酒时敬献三次萨察礼，其中第一次萨察礼向苍天敬献，然后分别向大地和祖先敬献。

祖先崇拜也是蒙古族古老的崇拜习俗之一。据调查，巴音杭盖嘎查牧民主要在清明节、腊月二十三日和除夕傍晚举行祖先崇拜仪式，用焚烧饮食“德吉”的方式来祭祀祖先。在平时用餐或饮酒时也向祖先敬献一次萨察礼，表示对祖先的敬重之意。

巴音杭盖嘎查蒙古族牧户家的墙壁上都悬挂着用皮革或毡毯做成的成吉思汗肖像（见图6－13），体现着对蒙古族的共同祖先成吉思汗的敬仰和崇拜之心。

图6－13　牧户家墙壁上悬挂的圣祖成吉思汗肖像

二 宗教信仰

据访谈，巴音杭盖嘎查蒙古族牧民主要信仰佛教（喇嘛教），信仰佛教的牧民占全嘎查牧民的41.55%左右。信仰佛教的牧户家都有佛像，佛像面前平时都摆放着各种点心和奶食品，并且每天早晨烧香祭拜。腊月二十三日傍晚祭火结束后，也要进行祭佛仪式。嘎查部分牧民有时会参加百灵庙每年农历正月十五日、六月十五日的庙会活动。

近几年，巴音杭盖嘎查汉族牧民中出现了信仰基督教的现象，信仰基督教的牧民占全嘎查牧民的2.9%（见图6－14）。

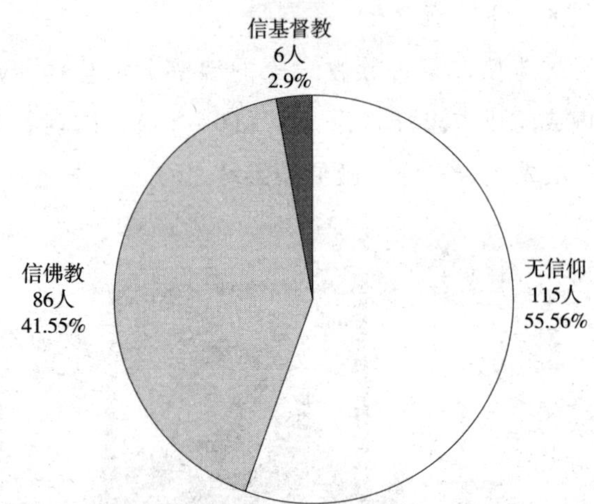

图6－14 巴音杭盖嘎查牧民宗教信仰情况

资料来源：课题组于2009年根据问卷调查制作。

附录1　实地调查日志

第一次实地调查日志

2009年2月6日（农历正月十二）星期五　晴

课题组成员铁柱、贺奇业力图、孟德巴雅尔、乌恩白乙拉、常山一行5人驾车于2009年2月6日早晨7点从内蒙古自治区首府呼和浩特出发直奔实地调查目的地达茂旗明安镇巴音杭盖嘎查。贺奇业力图教授在20世纪70年代曾经在达茂旗学习、工作过，而孟德巴雅尔教授就生长在巴音杭盖嘎查，工作之余经常回去看望家乡，对巴音杭盖嘎查的一草一木依然记忆犹新。所以，他们两位对达茂旗及巴音杭盖嘎查的情况非常熟悉，一路上讲述着当年在巴音杭盖嘎查的所闻所见，两位教授美好的回忆使我们提前进入了实地调查的角色。

车行驶的途中路过号称内蒙古三宝之一的莜面之乡武川县、蜚声海内外的旅游避暑胜地希拉穆仁草原、达茂旗旗政府驻地百灵庙镇、著名的稀土之乡白云鄂博矿区、"草原英雄小姐妹"龙梅玉荣的故居以及在龙梅玉荣故居不远处重建的希日朝鲁庙等。因时间紧，我们只参观了坐落在百灵庙镇的广福寺（即"百灵庙"，蒙语称"贝勒因庙"）

和希日朝鲁庙，初步了解了清朝时期在达茂旗草原兴建的佛教寺庙情况。大约上午 11 时我们到达了巴音杭盖嘎查所属明安镇镇政府驻地查干敖包，之后 15 分钟左右就到达了距查干敖包西 5 公里处的坐落在查干少荣山深处的哈布图·哈萨尔祭奠堂，对祭奠堂周围的自然环境及祭奠堂进行拍摄留念。

午后 1 点 30 分我们到达了巴音杭盖嘎查牧民甘珠尔老人家，这是我们对巴音杭盖嘎查实地调查的第一家牧户，也是实地调查的正式开始。甘珠尔老人家位于巴音杭盖嘎查脑干宝力格处。在老人家吃完了正宗的手把肉和蒙古包子后，分别访谈了甘珠尔老人和他的大儿子毕力格巴特尔。甘珠尔老人在巴音杭盖生产队曾担任多年的保管员和会计，对嘎查的有关情况非常熟悉，而且他是嘎查里少有的上过学的老人。毕力格巴特尔高中毕业，目前负责嘎查共青团和妇联工作，同时担任文书。甘珠尔老人家同嘎查的其他牧户一样，自 2008 年 1 月 1 日实施全面禁牧后，已出栏了大部分牲畜。我们主要向他们了解了嘎查沿革、全面禁牧等有关情况。之后在毕力格巴特尔的引导下到希日朝鲁的孟德巴图家和浩日老家访谈。因正值春节，牧民一般都在家，这对我们的调查创造了极好的便利条件。在这两个牧民家主要进行了住户基本情况调查表和问卷调查的填写。大约晚上 8 点我们返回甘珠尔家住宿。晚饭后直到午夜 12 点，向甘珠尔夫妇了解了嘎查人口状况、牧民家庭状况、婚姻习俗等。

2009 年 2 月 7 日（农历正月十三）星期六　晴

今天早晨 8 点吃完早饭后，在甘珠尔老人二儿子特木尔巴特尔的引导下我们去访谈嘎查党书记兼嘎查达（村主任）阿拉腾巴雅尔。阿拉腾巴雅尔家原来住在脑干宝力格北面不远的宝日罕图，自从禁牧以后，阿拉腾巴雅尔家搬到原巴音珠日和苏木所在地胡硕。因实施禁牧后不让牧民在嘎查里住，因此阿拉腾巴雅尔搬到这里圈养几只羊和几头猪以及几十只鸡来维持生活。阿拉腾巴雅尔自1985年起担任嘎查达，2000年任嘎查党支部书记兼嘎查达，所以我们主要访谈了解了嘎查委员会和嘎查党支部开展的工作以及全面禁牧政策措施的落实情况等。谈到养猪情况时，阿拉腾巴雅尔说，由于缺乏养殖经验及市场消息不灵通等原因，养猪根本赚不了钱。

上午11点从阿拉腾巴雅尔家返回脑干宝力格的途中我们到宝日罕图参观了原巴音杭盖嘎查委员会旧址。这里是原巴音杭盖嘎查学校所在地，1981年巴音杭盖嘎查小学合并到巴音珠日和苏木小学后，嘎查委员会搬到这里办公。后来嘎查委员会又搬到原巴音珠日和苏木学校里办公，这个地方基本上就没人管理了。办公室的墙上只张贴着巴音杭盖嘎查20世纪六七十年代获得的一些奖状，整个房屋已破烂不堪。这里依山傍水，自然景观美丽，是原宝日罕图庙遗址。

中午12点30分左右在特木尔巴特尔的引导下我们到了布旦高勒的其木德和毕力格两户牧民家访谈，主要完成了住户基本情况调查表的填写，同时了解了牧民生活现状方面的事宜。在返回的路上访谈了格日朝鲁的恩格代和朝日格图的达来两户牧民。恩格代曾经担任过嘎查达职务，在嘎查里家庭生活一直较富裕。他家有100多匹马，还有两辆客运班车。在达来家进行了住户基本情况调查表的填写。

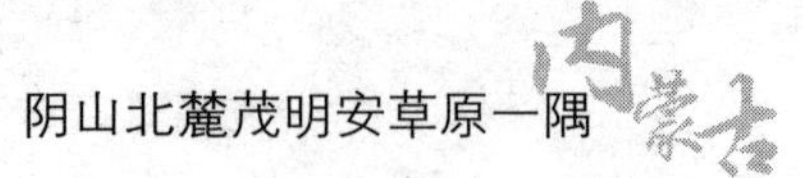

傍晚返回阿拉腾巴雅尔家居住。

2009年2月8日（农历正月十四）星期日　阴

今天早晨8点30分我们吃完早饭后离开阿拉腾巴雅尔家，又在特木尔巴特尔的引导下到乌兰哈布其勒米·照日格图家访谈。米·照日格图家饲养两头奶牛，把牛奶简单加工成各种奶食品后销售，据他讲收入还算可以。上午10点左右我们到了毛敦敖包的照那斯图家，主要了解家庭生活状况及在呼和浩特市工作的三个孩子的情况等。中午的时候到了朝日格图的套格套家，从访谈中了解到，套格套家也是在嘎查里生活状况较好的牧户之一。因禁牧后不让在嘎查里放牧，所以他家到乌拉特中旗租赁草场放牧，此外家里还饲养100多匹马。他家是没有和嘎查签订禁牧合同的两户牧户之一。下午4点我们到了巴音杭盖嘎查最西北处洪奎的苏和巴特尔家，了解了一些生活方面的情况以及填写住户基本情况调查表和问卷调查。晚上返回脑干宝力格的甘珠尔家住宿。

2009年2月9日（农历正月十五）星期一　阴

今天早晨8点30分我们吃完早饭离开脑干宝力格的甘珠尔家赶往旗驻地百灵庙镇。到达百灵庙镇时，广场上正在表演由不同团队组成的秧歌，欢庆正月十五。中午时分到了在百灵庙镇经营小型餐馆——福泽蒙餐馆的那顺乌日图家访谈，主要了解牧民禁牧后的经商活动和外出打工的有关情况等。实施全面禁牧后，那顺乌日图家全部出栏牲畜，并在百灵庙镇租平房居住。他更多关心的是政府如何兑现对禁牧牧民经商活动所提供的各项扶持措施以及自家开的蒙餐馆的经营和营利问题等。下午5点左右我们返回了呼和浩特。

紧张而有序的第一次实地调查到此结束。虽然第一次调查经验不足、前期准备不够充分等，但收获也不少。初步了解了巴音杭盖嘎查的自然环境、地形地貌以及牧民的基本情况等，为以后的调查积累了经验，打下了基础。

第二次实地调查日志

2009年3月22日（农历二月廿六）星期日　晴

由铁柱、乌恩白乙拉和常山一行3人组成的课题成员于2009年3月22日起开始了对巴音杭盖嘎查的第二次实地调查之旅。

早晨7点35分乘坐从呼和浩特开往达茂旗旗驻地百灵庙镇的客车，中午11点30分左右到达百灵庙镇。午饭后乘坐从百灵庙开往巴音珠日和的客车，下午3点30分左右到达巴音杭盖嘎查书记阿拉腾巴雅尔家。由于整整一天赶路而疲劳，所以没有进行调查工作，只和阿拉腾巴雅尔书记闲聊了嘎查的一些情况。晚上住宿在阿拉腾巴雅尔家。

2009年3月23日（农历二月廿七）星期一　晴

早饭后，嘎查书记阿拉腾巴雅尔亲自开车带领我们到阿迪亚老人家。在途中观察到了巴音杭盖嘎查夏营盘、库布其、那日图、诺干乌苏等浩特乌苏的草场植被情况。阿拉腾巴雅尔书记说，自实施全面禁牧后巴音杭盖嘎查草场植被确实比禁牧前改善了许多。车行驶大约40分钟后到达了阿迪亚老人家，向老人问候后开始了访谈工作。

阿迪亚老人是巴音杭盖嘎查土生土长的明安部蒙古族后裔，也是嘎查里最年长者。阿拉腾巴雅尔说，阿迪亚老人非常了解巴音杭盖嘎查蒙古族牧民的传统民俗风情。因此我们向老人主要了解了巴音杭盖嘎查牧民的传统民族风俗习惯，包括衣食住行等方面的传统习俗及其变迁情况。阿迪亚老人很详细地讲述了我们的访谈内容，使我们基本上了解到了巴音杭盖嘎查牧民的传统民族风俗习惯。

下午1点多我们来到明安镇驻地查干敖包，在这里吃午饭后，向阿拉腾巴雅尔书记详细了解了巴音杭盖嘎查自然灾害发生的年份及抗灾情况、人口及蒙汉民族构成情况、贫困户及扶贫措施等基本情况。因为阿拉腾巴雅尔多年来一直担任嘎查党支部书记兼嘎查达，所以对这些情况可以说了如指掌。下午6点左右返回阿拉腾巴雅尔家，整理一天的调查内容。晚上住在阿拉腾巴雅尔书记家。

2009年3月24日（农历二月廿八）星期二　晴

早晨7点30分乘坐巴音珠日和开往百灵庙镇的客车，上午9点45分到达百灵庙镇。安顿好住宿后，在于百灵庙镇经营小型蒙餐馆的巴音杭盖嘎查副嘎查达浩毕斯嘎拉图的带领下我们到居住在百灵庙镇的丹仁扎布老人家。通过丹仁扎布老人请来了高·贺喜格达赖老人。高·贺喜格达赖原是达茂旗政协专职常委，我们向老人主要了解了巴音杭盖嘎查的历史及其建制沿革等情况。老人按照我们的访谈内容详细介绍情况后，还提供了相关文献资料。

中午来到浩毕斯嘎拉图经营的蒙餐馆用餐的同时，我们向浩毕斯嘎拉图了解了巴音杭盖嘎查委员会开展工作的情况、嘎查委员会的选举产生以及保护生态环境方面的措施等。下午4点多我们又来到在百灵庙镇租房居住的巴音杭盖嘎查牧民那顺乌日图老人家访谈，了解全面禁牧政策措施的实施情况以及牧民对全面禁牧的认识等。那顺乌日图老人20世纪60年代从内蒙古东部地区来到巴音杭盖嘎查当牧民。他说，巴音杭盖嘎查牧民的生活水平一直在提高，但是实施全面禁牧后牧民失去了生活基础，找不到合适的工作而整天没事可干；嘎查绝大多数牧民都不愿意签订禁牧合同，故而继续在嘎查境内“偷牧”，禁牧办的工作人员经常来罚款或抓羊，有时候抓羊罚款连收据都不给开；如果继续这样下去的话，巴音杭盖嘎查将出现蒙古乞丐；离开故土的牧民自然而然会失去传统生活方式和传统文化等。那顺乌日图老人的讲述总体上反映了课题组在实地调查过程中了解到的情况及牧民的意见。晚上7点20分左右访谈结束，回宾馆整理访谈内容。

2009年3月25日（农历二月廿九）星期三　晴

上午9点30分左右我们在浩毕斯嘎拉图的带领下去访谈住在百灵庙镇女儿家的毛闹海老人。毛闹海老人是于1958年从内蒙古自治区扎赉特旗选拔来到巴音杭盖嘎查的。他在人民公社时期曾多年担任巴音杭盖大队书记职务，是一位深得牧民拥护和信任的德高望重的嘎查老领导。毛闹海老人主要向我们讲述了人民公社时期巴音杭盖嘎查的建制沿革及畜牧业经济发展情况。从访谈中我们了解到在人民公社时期巴音杭盖嘎查畜牧业经济一直稳步发展，仅在1968年全嘎查牲畜数量就达到13000头（只）。毛闹海老人谦虚低调，在讲述当年巴音杭盖嘎查畜牧业经济所取得的成绩时，一字未提自己的领导作用。

下午3点多我们到了原达茂旗旗长、人大主任孟和德力格尔家。孟和德力格尔老人是20世纪60年代初毕业于内蒙古师范大学历史系的大学生，在繁忙的领导工作之余一直从事蒙古族历史以及达茂旗地方志方面的研究工作，已出版多部专著。退休后依然坚持搜集和整理达茂旗境内的文物古迹，并撰写达茂旗历史文化习俗方面的书籍。在他的积极努力和倡导下创建的达茂旗文化宫目前已对外开放。因当天下午孟和德力格尔老人要外出办事，所以没有进行访谈。通过孟和德力格尔老人的介绍，我们顺便参观了达茂旗文化宫。晚上7点左右回住处整理材料。

2009年3月26日（农历二月三十）星期四　晴

因为前一天没能完成访谈孟和德力格尔老人的任务，所以早饭后我们又去了孟和德力格尔老人家，向他主要了解了达茂旗境内的草原岩画、突厥石人墓、汉长城遗址等文物古迹的来龙去脉。孟和德力格尔老人特别热情，边讲述边招待我们，还赠送了他近期出版的两部个人专著以及达茂旗旗志、达茂旗文献材料等。通过孟和德力格尔老人的讲述，我们进一步了解了达茂旗历史文化的发展变迁概况。

中午12点左右我们乘坐从百灵庙镇开往呼和浩特市的客车，下午4点左右到达呼和浩特市，至此圆满完成了对巴音杭盖嘎查第二次实地调查任务。

第三次实地调查日志

2010年7月2日（农历五月廿一）星期五　晴

课题组成员铁柱、乌恩白乙拉、常山一行3人早晨8点

48 分乘坐呼和浩特市至百灵庙镇的客车开始了对巴音杭盖嘎查的第三次实地调查之旅。中午 12 点 30 分到达百灵庙镇。安顿住宿后，下午我们来到在旗驻地百灵庙镇已购买楼房居住的巴音杭盖嘎查牧民那顺乌日图家访谈，主要了解经商及禁牧补贴情况。实施全面禁牧后，那顺乌日图老人在全部出售 600 多只牲畜的同时，一家 5 口人迁到百灵庙镇经营福泽蒙餐馆。餐馆规模较小，主要以酸奶面、蒙古包子、火烧饼等简单饭菜为主。那顺乌日图老人说，经营餐馆遇到的最大困难是资金短缺、经验不足，加之有关部门未履行相关优惠政策等。因为同样的原因，巴音杭盖嘎查其他在百灵庙镇经商的几户牧民已陆续停业。那顺乌日图老人在百灵庙镇商业步行街经营过另一个“猫和老鼠”的包厢店，不久停业并赔了 3 万多块钱。对于禁牧补贴，那顺乌日图老人主要介绍了补贴不能按时发放、补贴标准低以及由此给牧民生活带来的困难等情况。晚上 7 点左右我们返回住处，整理调查材料。

2010 年 7 月 3 日（农历五月廿二）星期六　多云

早晨 8 点 30 分左右我们去见了居住在百灵庙镇女儿家的浩日老（即甘珠尔老人的夫人，甘珠尔老人年初去世了）老人。浩日老老人跟随女儿在百灵庙镇租赁 3 间平房居住，年租为 3000 元。在浩日老老人女儿家访谈了浩日老老人二儿子特木尔巴特尔。特木尔巴特尔详细介绍了巴音杭盖嘎查牧民敖包祭祀的传统及目前嘎查境内敖日格勒敖包、满都拉敖包和朝日格图敖包 3 个敖包祭祀的有关情况。

下午 3 点开始在百灵庙宾馆我们继续访谈特木尔巴特尔，了解他近几年的经商情况。特木尔巴特尔于 2000 年开始在包头市经营一家蒙餐馆，当时效益还算可以，能维持一家3口人的生活。可是禁牧后由于无法供应肉质好的牧区牛羊肉，他的餐馆不得不关闭。目前，特木尔巴特尔从事口岸贸易买卖。特木尔巴特尔还讲述了全面禁牧后出现的一些问题，如部分牧民越来越懒惰、牧民收入下降、部分牧户不得不返回嘎查继续经营畜牧业、草原上开矿建厂现象严重等。

2010年7月4日（农历五月廿三）星期日　晴

上午在百灵庙宾馆我们请来了阿·敖特根巴雅尔进行访谈。阿·敖特根巴雅尔为巴音杭盖嘎查人，他于1996～2005年曾在巴音珠日和苏木小学任教，后来调到达茂旗民族事务局工作，他非常了解巴音杭盖嘎查牧民文化教育方面的情况。他主要介绍了巴音杭盖嘎查牧民传统家庭教育的内容、巴音珠日和小学教育的基本情况、巴音杭盖嘎查牧民休闲娱乐活动等。阿·敖特根巴雅尔爱好广泛，工作之余经常主持小型那达慕或祭祀活动，也发表过不少诗歌、散文等。

2010年7月5日（农历五月廿四）星期一　晴

上午我们去百灵庙生态移民区拍摄了移民区的整个情景。生态移民区建在百灵庙镇东南方向两公里处，是为禁牧区牧民安置转移而修建的，当时移民楼还没有完全竣工。

下午3点在浩日老老人女儿家我们请来了巴音杭盖嘎查牧民玛奴花。玛奴花一家是巴音杭盖嘎查未签禁牧合同的另一牧户。她介绍了巴音杭盖嘎查牧民们对全面禁牧的不同态度和认识及其原因。她说，像她们家一样的牧户都不支持全面禁牧，因为牲畜多，草场面积也大，如果实施全面禁牧，这些牧户的家庭经济收入会明显下降。她还说，因对全面禁牧持有不同的认识和态度，所以牧民之间也产生了各种矛盾和纠纷等。

浩日老老人的外孙海日汗也介绍了他在达茂旗蒙古族小学就读的一些基本情况。晚上8点我们返回住处，整理一天的调查材料。

2010年7月6日（农历五月廿五）星期二　晴

上午我们在百灵庙宾馆向毕力格巴特尔访谈了解巴音杭盖嘎查自然环境和自然资源等情况，包括矿产资源、野生动植物资源、河流以及文物古迹等。

中午1点30分我们乘坐百灵庙开往巴音珠日和的客车，下午4点30分左右到达阿拉腾巴雅尔书记家。晚饭后向阿拉腾巴雅尔书记详细了解了1983年实施“草畜双承包责任制”以来巴音杭盖嘎查畜牧业经济发展情况。阿拉腾巴雅尔于1985年起担任巴音杭盖嘎查嘎查达职务，因此他对实施“草畜双承包责任制”以来巴音杭盖嘎查牧民的牲畜数量、牲畜种类、牲畜增减情况、畜产品价格情况以及草场面积和草场管理等方面的情况了如指掌。至此，我们基本上掌握了自人民公社时期至2008年1月1日起实施全面禁牧期间巴音杭盖嘎查畜牧业经济的发展概况。阿拉腾巴雅尔书记还介绍了嘎查委员会的选举程序及具体产生办法。晚上住在阿拉腾巴雅尔书记家。

2010年7月7日（农历五月廿六）星期三　晴

上午阿拉腾巴雅尔书记开车领我们到嘎查境内观望牧草生长情况、古岩画遗址、敖日格勒敖包和正在兴建的风机等。

中午在明安镇镇政府驻地查干敖包召集嘎查牧民其木德、呼格吉乐图、阿拉腾苏和、浩毕斯嘎拉图举行了小型调查会。其木德老人主要讲述了在巴音杭盖嘎查流传至今的布博克（摔跤手）日吉的传说以及宝日罕图寺庙的一些情况；呼格吉乐图讲述了曾把牲畜租给巴彦淖尔市乌拉特中旗一位朋友“移牧”的情况以及嘎查其他牧民的类似“移牧”情况；阿拉腾苏和介绍了她于 1991～1997 年在巴音珠日和苏木小学任教期间学校教学与管理方面的情况。同时，他们也谈到了对全面禁牧的一些看法。几位牧民对调查会很感兴趣，如实讲述所闻所见的同时，还希望有关部门能够经常深入牧区进行实地调查，及时了解牧民的生产生活状况和意见等。

下午 4 点 30 分左右在返回的途中我们又到了牧民米·照日格图家，主要了解了其饲养奶牛及销售奶制品的情况。刚从包头市蒙古族中学高三毕业的米·照日格图的儿子浩日其楞也介绍了他在高中期间的学习、生活以及学校的教学、管理等方面的一些情况。浩日其楞的高考成绩已达到了 2010 年内蒙古自治区蒙语授课文科一本录取分数线。

下午 6 点多我们返回阿拉腾巴雅尔书记家，整理一天的调查内容。

2010 年 7 月 8 日（农历五月廿七）星期四　晴

今天是农历五月二十七，是哈布图·哈萨尔祭奠仪式日。上午课题组一行 3 人乘坐阿拉腾巴雅尔书记的汽车来到位于达茂旗明安镇境内的哈日查干稍荣山深处的哈布图·

哈萨尔祭奠堂，亲临了祭奠活动的全过程。乌恩白乙拉和常山还参与了祭奠后举行的小型那达慕的博克比赛。虽然没能取得名次，但平生头一次体验了草原上举行的那达慕摔跤比赛，心里格外高兴。

下午4点左右我们乘坐私家车来到白云鄂博矿区，又从白云鄂博雇车返回旗驻地百灵庙镇住宿。

2010年7月9日（农历五月廿八）星期五　晴

早晨我们到浩日老老人的女儿家收回居住在百灵庙镇的巴音杭盖嘎查部分牧民填写的问卷调查，然后7点55分乘坐从百灵庙开往呼和浩特的客车，中午12点30分到达呼和浩特市。至此，第三次巴音杭盖嘎查实地调查之旅圆满结束，基本上搜集到了撰写调查报告所需的全部资料。

附录2　主要参考文献

文献类

达尔罕茂明安联合旗旗志编纂委员会编《达尔罕茂明安联合旗志》，内蒙古人民出版社，1994。

达尔罕茂明安联合旗旗志编纂委员会编《达尔罕茂明安联合旗旗志（1991—2005年）》，内蒙古文化出版社，2008。

达尔罕茂明安联合旗政协文史资料编辑委员会编《达尔罕茂明安联合旗文史资料》（第1~7辑）。

乌盟政协文史资料编辑委员会编《乌兰察布史略》（第11辑），1997。

巴音杭盖嘎查委员会：《巴音杭盖嘎查档案材料》。

政策法规文件类

《中华人民共和国草原法》，中国民主法制出版社，2002年12月。

国务院发布《国务院关于加强草原保护与建设的若干意见》（国发〔2002〕19号），2002年9月16日。

内蒙古自治区人大（含常委会）发布《内蒙古自治区草原管理条列》，1991年9月12日。

内蒙古自治区政府发布《内蒙古自治区政府关于切实加强防沙工作的决定》，2008年1月7日。

《中共包头市委员会、包头市人民政府关于实施围封禁牧加强生态建设的决定》（包党字〔2007〕32 号）。

《中共包头市委员会、包头市人民政府关于加强推行农村牧区收缩转移集中战略的实施意见》（包党字〔2007〕17 号）。

达茂旗旗委宣传部编《达茂旗牧区围封禁牧政策读本》，2008 年 2 月。

达茂旗旗委宣传部、达茂旗围封禁牧工作领导小组编《达茂旗实施禁牧宣传手册》，2008 年 6 月。

学术著作类

刘永志、常秉文、邢旗：《内蒙古草业可持续发展战略》，内蒙古人民出版社，2006。

敖仁其：《牧区制度与政策研究——草原畜牧业生产方式变迁为主线》，内蒙古教育出版社，2009。

额尔敦布和：《内蒙古草原荒漠化问题及其防治对策研究》，内蒙古大学出版社，2002。

包玉山：《内蒙古草原畜牧业的历史与未来》，内蒙古教育出版社，2003。

敖仁其：《制度变迁与游牧文明》，内蒙古人民出版社，2004。

后记

本调查报告课题组成员由内蒙古师范大学历史文化学院教授铁柱、贺其业力图，内蒙古师范大学外国语学院孟德巴雅尔教授，内蒙古师范大学军事教研部乌恩白乙拉讲师，内蒙古师范大学历史文化学院中国少数民族史硕士研究生常山5人组成。从接受调查任务到实地调查及撰写调查报告，历经两年多的时间，现在终于即将付梓。

本调查报告的第一章、第四章由铁柱撰写，第二章、第五章由乌恩白乙拉撰写，第三章、第六章由常山撰写，最后由铁柱流稿和定稿。在实地调查和撰写调查报告过程中我们得到了许多同仁及巴音杭盖嘎查牧民的大力支持和帮助。

首先，要感谢中国社会科学院边疆史地研究中心研究员毕奥男和内蒙古师范大学历史文化学院院长于永教授。从确定实地调查地点到撰写调查报告的过程中，他们给予了大力的支持和帮助。

其次，要感谢巴音杭盖嘎查党支部书记兼嘎查达阿拉腾巴雅尔、副嘎查达浩毕斯嘎拉图、嘎查委员毕力格巴特尔以及牧民毛闹海、其木德、那顺乌日图、特木尔巴特尔、呼格吉乐图等。尤其要特别感谢巴音杭盖嘎查书记兼嘎查达阿拉腾巴雅尔同志，在3次实地调查过程中，阿拉腾巴雅尔同志不辞辛苦，亲自开车带领我们到牧民家走访，并提供食宿、相关资料等，甚至阿拉腾巴雅尔同志专程来到呼和浩特市，为我们调查报告的撰写提供补充资料。在此，一并衷心感谢为我们的调查工作提供方便和帮助的巴音杭盖嘎查领导和牧民。

最后，还要感谢原达茂旗旗长、人大常委会主任孟和德力格尔及原达茂旗政协专职常委高·贺喜格达赖等老领导，他们不但提供了大量的相关文献资料，而且详细介绍了巴音杭盖嘎查历史文化方面的变迁情况。

正是在课题组成员齐心协力、共同努力以及多方无微不至的帮助和关怀下，我们的调查工作最终得以如期完成。但是由于实地调查经验不足，掌握的调查资料不全以及作者水平有限等原因，书中的不足、遗漏甚至错误之处在所难免，恳请学界同仁及读者批评指正。

铁 柱

2011 年 5 月 20 日

图书在版编目(CIP)数据

阴山北麓茂明安草原一隅：内蒙古达茂旗明安镇巴音杭盖嘎查调查报告 / 铁柱等著. —北京：社会科学文献出版社，2018.6

（当代中国边疆·民族地区典型百村调查. 内蒙古卷. 第三辑）

ISBN 978-7-5201-1495-0

Ⅰ. ①阴… Ⅱ. ①铁… Ⅲ. ①农村调查-调查报告-达尔罕茂明安联合旗 Ⅳ. ①D668

中国版本图书馆 CIP 数据核字（2017）第 240112 号

当代中国边疆·民族地区典型百村调查：内蒙古卷（第三辑）

阴山北麓茂明安草原一隅

——内蒙古达茂旗明安镇巴音杭盖嘎查调查报告

著　　者 / 铁　柱 等

出 版 人 / 谢寿光

项目统筹 / 宋月华　范　迎

责任编辑 / 范　迎　孙智敏

出　　版 / 社会科学文献出版社 · 人文分社（010）59367215

地址：北京市北三环中路甲 29 号院华龙大厦　邮编：100029

网址：www. ssap. com. cn

发　　行 / 市场营销中心（010）59367081　59367018

印　　装 / 三河市龙林印务有限公司

规　　格 / 开 本：889mm×1194mm　1/32

印 张：7.625　插 页：0.125　字 数：167 千字

版　　次 / 2018 年 6 月第 1 版　2018 年 6 月第 1 次印刷

书　　号 / ISBN 978-7-5201-1495-0

定　　价 / 119.00 元（共 2 册）

本书如有印装质量问题，请与读者服务中心（010-59367028）联系